The Campaign of Trafalgar 特拉法尔加战役

〔英〕朱利安·S. 科贝特（Julian S. Corbett）/ 著

陈 骆 / 译

社会科学文献出版社
SOCIAL SCIENCES ACADEMIC PRESS (CHINA)

让 我 们 一 起 追 寻

本书根据 Longmans，Green and Co. 1910 年版本译出。

根据后人对特拉法尔加战役的研究以及相关的解密档案，

本书对原书进行了部分修订，并添加了注释，以便理解。

书中航迹图以及有关插图已据原书内容进行了重绘。

导言：朱利安·科贝特与
特拉法尔加战役

The flag which braved the battle and the breeze,
No longer owns her.

朱利安·科贝特的海军史研究

1854 年 11 月 12 日，朱利安·斯特福德·科贝特（Julian Stafford Corbett）出生于伦敦城肯宁顿街的沃尔科特宅邸。他父亲是一位成功的建筑商，在政治理念上奉行自由主义。科贝特自幼生活在富裕的上流社会中，深受家庭氛围的影响。他就读于剑桥大学的马尔伯罗学院与三一学院，于 1875 年取得法学一级荣誉学位，两年后取得律师执业资格。但是，他毕业后却从未从事法律工作，反而像小说中典型的维多利亚时代的花花公子，开始了漫长的浪荡生涯。他曾在斯莱德艺术学院学习绘画，1877 年起便前往印度、北美、北非、意大利等地长期游历。在美国期间，科贝特与著名文学家马克·吐温结交，向他学习写作小说的技艺。回国之后，科贝特在家中致力于小说创作和传记写作，尽管入不敷出，却仍保持着花花公子的秉性。他时不时地放下手边的文稿，在垂钓季前往苏格兰或挪威度假，或是到英国南部的萨塞克斯打猎旅行。他还曾担任特约记者，前往非洲报道英军占领苏丹的消息。我们或许很难想象，这样一位游手好闲的贵公子竟会在中年之后一头扎进海军史的专门研究，成为英国最为杰出的海军史学者，甚至对一战前的英国海军战略产生巨大的影响。

1890 年代中期，支持科贝特文学事业的母亲病逝，而他的创作仍未赢得预想的声誉。他已完成了两部与海洋有关的小说，并撰写了德雷克与蒙克的传记，却被讥讽为写小人书的外行。受此刺激，科贝特毅然用数年时间对德雷克时期的英国海军展开了前所未有的深入研究，却由此因缘发掘出自己最强大的潜力。1898 年，他出版了《德雷克与都铎海军》一书，以翔实的文献运用、对国家政策与海军战略的精彩阐释而声名鹊起。在撰写该书的过程中，英国海军史权威约翰·劳顿（John Laughton）发现了他的天赋，邀请他加入新近组建的海军档案协会（Navy Records Society），对无敌舰队之役的相关史料进行整理。1899 年，在新婚妻子的劝说下，45 岁的科贝特终于决定割舍他热爱的文学，全心投入严肃的历史撰述中去。

尽管科贝特具备一流的思维与文学训练，并且通晓多国语言，但以现代人对历史研究的普遍认知，我们或许很难相信这样一位中年转行的花花公子能够在十年之间成为当世最卓越的海军史学者。但若放眼于 19 世纪以降"海军史"的发展历程与时代背景，我们或许便能理解他的经历。作为专门学科的海军史事实上由两个部分构成，其一可称之为"以海军为题材的历史"（history of navy），其二可称之为"服务于海军的历史"（history for navy）。19 世纪前期的海军史以前者为主，处于广义的历史研究的边缘境地。在 1840 年代之前，各国海军仍以 16 世纪登场的风帆木制炮舰作为主要武器，其作战模式与 17 ~ 18 世纪并无本质区别。此时主掌海军的军官正是从拿破仑战争中成长起来的一代，他们对这套作战模式有着丰富的经验，并没有从历史中汲取教益的需要和动力。英国律师威廉·詹姆斯撰写的《大不列颠海军史，1793～1827》（1822～1824 年）与法国小说家欧仁·苏（Eugène Sue）撰写的《路易十四时代法国海军史》（1835 年）堪称彼时最优秀的著作，但两书的作者都不是专业历史学者；而从其立意与体例上看，这更多是由民族主义情绪推动的普通叙事史，且因缺乏对海军专门性的把握而存在不少问题。然而，19 世纪中叶发生的蒸汽舰与铁甲舰革命改变了这一切。从 1860 年代起，海军军事技术的变革日新月异，基于风帆时代技术条件的经验知识已无法指导新时代的海军作战。与此同时，进入工业时代的各国对海洋的竞逐也愈发激烈，但"不列颠治下的和平"却使各主要强国毫无获取实战经验的时机。如此一来，时代的需求便为海军史研究赋予了新的使命。

1876 年，英国海军教官约翰·劳顿与菲利普·H. 科隆布将军（Admiral Philip H. Colomb）在格林尼治海军学院开设了一门海军史课程。尽管课程的内容仅限于通过对风帆时代的战术研究得出适用于蒸汽舰的教益，教学对象也仅仅是较低级的尉官学员，它却标志着现代的海军史学科伴随着现代海军的发展登上了历史舞台。此后，立足现实的海军史研究在世界范围内迅速展开，其研究范围也在西方海军历史的丰富积淀中极大拓展。历史叙事的非凡魅力更使海军史研究的作用范围远远超出了军界，广泛地影响着学界、政界与市民社会。1890 年，劳顿的追随者之一、美国海军上校阿尔弗雷德·T. 马汉出版了《海权对历史的影响，1660～1783》。这部名著将风帆时代海军史的研究对象拓展到了宏观的海军战略与国家盛衰，使海军史在世界范围内的影响力迈向顶峰。海军史陡然成为军事学、国际政治学、社会学与国际法学等诸多研究领域中的热点。在"海权至上"信条的指引下，美国、德国、日本等新兴国家以愈发激进的姿态投入对世界海权的角逐，马汉也因此成为名留青史的显赫人物。

然而，在劳顿的主持之下，英国的海军史研究却呈现出与此不同的面貌。相较于用二手文献构建宏大理论的马汉，劳顿在一生中始终恪守实证主义的史学精神，多次批评马汉的疏阔史论。1893 年，劳顿在花甲之年主持成立海军档案协会，统合海军内外的人才，专门负责整理出版新近开放的英国海军历史文献——在他看来，这才是科学的海军史研究与现代海军教育的必要起点。半路出家的科贝特虽然同样具有研究宏大主题的野心，但在劳顿的指导下，他先后在海军档案协会整理出版了《英西战争期间海军相关文件，1585～1587》（1898 年）、《海军作战指令，1530～1816》（1905 年）、《舰队信号与指令，1776～1794》（1908 年）等大部头档案集。海军档案协会对科贝特的学术成长极有助益。他不仅得到了扎实的文献训练，更在协会中接触到当时最杰出的海军史学者与当世一流的研究作品。他的知识背景、文献训练与学术环境使他找到了一种独创的研究模式：在《德雷克与都铎海军》一书中，他首次将扎实的历史考据与宏大主题相结合，以专题研究的方式，在具体、复杂的历史情境中探讨当代人关注的战术、战略与政策问题。用唐纳德·舒曼（Donald Schurman）的话说："他开创了一条前人未及的、用细致手法研究英国海洋战略的精巧路径。"① 科贝

---

① Donald M. Schurman, "Julian Corbett's Influence on the Royal Navy's Perception of Its Maritime Function," *Mahan Is Not Enough: The Proceedings of a Conference on the Works of Sir Julian Corbett and Admiral Sir Herbert Richmond* (Newport, RI: Naval War College Press, 1993), p. 52.

特的著述远不如马汉那般简单明了、具有煽动力，但他细致却又视野开阔的研究更加贴近在具体情境中展开的政治军事实践，这使他很快得到军界与政界的认可，并成为海军改革派领袖约翰·费舍尔将军（Admiral John Fisher）的重要伙伴。

在完成《德雷克的继承者》（1900 年）一书后，科贝特于 1902 年成为格林尼治海军学院的讲师。在世纪更迭之际，海军学院的战史课程已在海军改革派的影响下成为颇具威望、以战略问题为重心的高级讲席；而在 1905 年费舍尔出任第一海务大臣后，海军学院迅速担负起按照改革派的主张培养新型军官与参谋人员的重要使命。同年，科贝特出任英国海军部首席非军职战略顾问。1906 年，科贝特还加入了由丘吉尔担任主席的帝国国防委员会，该部门负责整合外交、军事等各方面人员，为战争与国防提出参谋建议。这是科贝特一生中最为繁忙的时期。他在学术研究之外承担了如此重要的工作，却同时编撰了两部风帆时代的海军战术档案，撰写了《英国在地中海》（1904 年）、《七年战争中的英国》（1907 年）与《特拉法尔加战役》（1910 年）这三部杰出的历史专著，随后在此基础上完成了著名的《海军战略的若干原则》（1911 年）——这本纯粹的海军理论著作至今仍是英美海军军官的必读教义。当费舍尔于 1910 年去职之时，他曾对科贝特做出这样的评价："没有多少人能当得起'他开创了他的时代'这句话。你已经向人们展示他们要追求的方向和那样做的方法。战争的伟大技艺正在大步向前迈进，再也不会折返。"①

---

① Liam J. Cleaver, "The Pen behind the Fleet: The Influence of Sir Julian Stafford Corbett on British Naval Development, 1898 – 1918," *Comparative Strategy*, Vol. 14, No. 1, 1995, p. 52.

一战爆发后，科贝特深入参与了英国大舰队对德战略的制定，为大舰队司令杰里科将军贡献了重要的建议。而在科贝特的战略思想发挥出越来越大的影响之时，他仍在海军史研究的本职工作上努力耕耘。1913~1914年，他主编了18世纪末的海军大臣斯宾塞勋爵（Lord Spencer）的书信集，又于1914~1915年撰写了《日俄战争中的海上行动，1904~1905》。1915年，他被帝国国防委员会与海军部选定为英国海军一战官方战史的作者，这充分说明了他的研究在实践领域得到的认可。科贝特试图将巨量的档案文献组织撰写成一部能体现出海军战略理念的全景式作品，这个困难重重的庞大工程消耗了他此后的大部分精力。就在他撰写这部巨著第三卷的过程中，1922年9月21日，一次心脏病突发夺走了这位仍处学术盛年期的学者的生命。

科贝特的葬礼映衬着海军史研究在世界范围内的迅速凋零。一战后的厌战思潮使市民与政客对旧日的海上争霸失去了热情，而当现代海军军事学科与现代军官培养制度建成之后，立足于服务海军的海军史研究也完成了它的主要使命。随着航空时代与核子时代的相继到来，从高峰跌下的传统海军史日渐萎缩，仅仅在大学历史系与海军参谋学院占据狭窄一隅。1988年，格林尼治的英国国家海事博物馆甚至取消了"1805年前的海军史"展馆。但几乎在同一时间，历史研究向海军相关主题的拓展开始为尘封的海军史赋予新的含义。与马汉和科贝特的时代相比，始自1980年代、以尼古拉斯·罗杰（Nicholas Rodger）、扬·格雷特（Jan Glete）、罗杰·奈特（Roger Knight）等学者为代表的"新海军史"不再以战术、战略与军事决策作为研究中心，他们更加侧重于经济学、社会学、管理学等社会科学的视角，试图将 17 ~ 19 世纪的海军与海洋纳入全球化、现代国家构建、社会变迁等主题中去。而与此同时，C. S. 弗雷斯特（C. S. Forester）与帕特里克·奥布莱恩（Patrick O'Brian）等杰出的历史小说家也在现代社会中培养了为数众多的海军史爱好者，传统的海军史以这种方式间接地恢复了生机。

无须讳言的是，"新海军史"的研究成果已经修正了大量的传统认知，但同样值得说明的是，不同的学术思潮与研究视角只是基于不同问题、探求历史不同面相的不同工具。潮流的变换并不意味着知识价值的优劣高低，若非当日海军史对战术、战略的极端重视，或许没有人会用如此多的精力，调用如此多的文献，对一场风帆时代的复杂战役做出如此周密细致的解析。科贝特开创的时代早已远离我们而去，但他建立在翔实文献基础上的实证研究仍是我们从军事、政治层面了解旧日海战史实的重要指引。出版于 1910 年的《特拉法尔加战役》是科贝特最后一部以风帆时代海军为研究对象的专著。他的史笔与海军思想在撰写此书时已经成熟，他所描绘出的特拉法尔加战役令人既熟悉又陌生，即便从今日看来仍极具颠覆性。在接受新近研究成果的同时，我们完全可以通过这个英国海军史上最负盛名的巅峰篇章领略科氏海军史研究的独特魅力。

通往特拉法尔加：1793 ~ 1804 年的英法海上博弈

在 19 世纪后期到 20 世纪初的海军史研究里，1793 ~ 1815 年的英国海军史以其开创时代的历史意义与相对丰富的档案文献而成为一大中心。作为一部成书于 20 世纪初的海军史专著，《特拉法尔加战役》的受众对这一时期的史实大多有基本的了解。因此，为了更好地理解本书的内容，我们有必要对特拉法尔加战役的"前史"加以简略说明。

自 1689 年大同盟战争始，英法两国围绕着世界霸权展开了被称为"第二次百年战争"的漫长角逐。英国在 18 世纪前期的西班牙王位继承战争与奥地利王位继承战争中逐渐确立起海军优势，并在七年战争中沉重地打击了法国的海外领地，奠定了大英帝国的根基。不甘落败的法国联合西班牙整军备战，在美国独立战争中还以颜色，但由于英国海军在战争后期恢复元气，法国并未从胜利中得到实质性的战利品。1783 年《巴黎和约》签订后，法国耗费巨资为未来的角逐继续扩充舰队，并试图在英吉利海峡南岸的瑟堡开辟海军基地。然而，战争债务与财政赤字最终压垮了法国的国家财政，法王路易十六被迫召开三级会议增收税款，由此点燃了席卷欧陆的法国大革命。

在 1780 年代，英国背负了远比法国更重的战争债务，但首相小皮特成功地用缩减公共开支、发行国债等方式度过了危机。英国在法国大革命爆发之初一直保持中立姿态，他们乐见于革命对其宿敌的削弱，英国社会也对革命者抱有同情。小皮特在 1792 年年初提出的财政预算中甚至打算降低税额、削减军费，期望保持长期的和平。然而在当年秋天，法国共和军在瓦尔密会战与热马普会战中击败普奥联军，随即占领奥属尼德兰，直抵荷兰边境。自 16 世纪以来，平坦而多良港的尼德兰海岸都被英国视为国土安全的禁区。12 月 31 日，英国外交大臣格伦维尔向法国大使表示，英国绝不会坐视法国直接或间接地主宰尼德兰，但法国毫无退缩之意。与此同时，法国大革命的激进思想也开始在英国社会发酵，甚至在爱尔兰激起了反英叛乱，威胁到了英国的国体。1793 年 1 月，路易十六被送上断头台，英国随即与法兰西共和国断绝外交关系。随后，法国宣布吞并奥属尼德兰，并向英国宣战。"第二次百年战争"由此迎来了长达二十二年的大决战。

对英国的战争必须用海军来进行，但让共和国的缔造者们未能料到的是，民族主义与革命狂热并不适用于专业性极强的海军。自路易十四时代以来，法兰西王国海军的军官团全部由贵族组成，这种安排本是为了将封建贵族纳入君主专制之下，却让海军在大革命爆发后遭遇灭顶之灾。自 1789 年起，布雷斯特与土伦相继发生暴乱，反抗管理秩序的船坞工人与水兵很快就对海军军官造成了生命威胁。几位将军险遭刺杀，多位舰长不幸遇难，而革命政府却对这些暴行持放任态度，使旧军官的大规模逃亡在所难免。截至 1791 年 5 月，法国原有的 42 位海军将领仅剩 5 人在职，原有的 170 位舰长仅剩 42 人。而到路易十六被杀、恐怖统治降临之后，绝大部分高级军官都离开了海军。革命政府只得突击大量提拔低级军官与商船船长——在光荣的六月一日海战中指挥法国布雷斯特舰队的维拉莱－乔伊斯（Villaret-Joyeuse）仅用两年多时间就从一位普通尉官跃升为舰队司令。意识形态的破坏还不止如此。1792 年 6 月，基于人人平等的革命观念，共和国发布法令，解散了享有特殊待遇的王家水手炮兵部队（Corps-royal de canonniers-matelots）。这支部队的成员本是专门操纵舰炮的精英，法军引以为豪的远程炮术于是再也未能恢复到革命之前的水平。更糟糕的是，革命后混乱的局势使得海军无法得到中央政府的财政支持和有效管理。法国海军的主要基地恰好位于叛党盘踞的地区，布雷斯特与罗什福尔受到旺代叛乱和朱安党叛乱的直接波及，土伦甚至一度被保王党占领。信息传达与粮饷调运因此变得相当困难，进而严重削弱了舰队官兵的士气与活力。在拿破仑最终恢复法国的内部秩序之前，这始终是缠绕着法国海军的难题。

1793年2月，法国海军的纸面兵力共有72艘战列舰，其中有8艘即将被改造为巡航舰；由于财政困难和物资短缺，只有约40艘能投入作战。他们的敌人是久经战阵、装备精良并由强大国家机器所支持的英国皇家海军，后者拥有145艘战列舰与17艘50炮舰，而在当年年底已有88艘投入现役。更重要的是，英国的财政能力冠绝全欧，远非其他国家可及。然而，英国的战争决策者却犯下了轻视敌人、目标分散的大忌。英国一方面与奥地利、普鲁士、西班牙等国在奥属尼德兰组成反法联军，以求直捣巴黎，另一方面又向法国的西印度殖民地派出远征军。貌合神离的联军很快在革命军的顽强抵抗下止步不前；针对西印度群岛的远征虽取得了早期的成功，但随后便因法国援军的抵达及其发动黑奴的策略陷入胶着。当王党叛军邀请英国地中海舰队控制土伦港时，英国因陆军已尽数派出而无法提供增援兵力。

让英国聊以自慰的只有皇家海军取得的战果。在土伦陷落后，地中海舰队成功攻取科西嘉岛，海峡舰队（亦称西方舰队）则在名将理查德·豪的指挥下赢得了光荣的六月一日海战，以一场大捷首开胜绩。由此开始，英法两国的海军战略开始逐步成型。英国海军的战略目标是防止法国舰队扰乱其海上贸易与其他地区，并护送陆军通过大海，向各战场投送兵力。此时的法国海军受困于物资匮乏，每次出击都必须兴师动众地筹集物资，英国的侦查舰与间谍往往能提前掌握其动向，并向本土复命。1793～1800年，先后出任海峡舰队司令的豪勋爵与亚历山大·胡德都选择了"远程封锁"（open blockade）策略，即让主力舰队在远方的安全锚地待命，接到敌军情报后再行出击。相形之下，法国海军的战略决策则是狂热的革命精神与急迫的内外交困的杂糅品。在1794年以及1795年的春季，法国布雷斯特舰队与土伦舰队两次同时出航，却相继被英军击败。为了避免与英军相遇，法军决定不顾舰队糟糕的航行能力，选择在气候恶劣的冬季冒险出击。这一策略的确能躲开在母港内避风的英军，但巨浪与礁石对他们来说同样致命。1794年年末的冬季大巡航与1796年年末的爱尔兰远征都以遭受灾难性的损失而收尾。

但是，在陆地战争的过程中，法国逐渐寻找到了另一种反制策略。1794年冬，法国共和军跨过结冰的河流攻入荷兰。荷兰随即爆发革命，新成立的巴达维亚共和国及原先的荷兰舰队成为法国的盟友。1795年，法国赢得了尼德兰战场的胜利，并在南线攻入西班牙本土。普鲁士与西班牙随后退出对法战争，西班牙甚至认为与法国结盟更为有利。1796年春，拿破仑率领法军在北意大利接连取胜，并迫使南意大利的那不勒斯王国接受了法国的和平条件。英国在地中海内的盟国海港几乎丧失殆尽，而西班牙在当年10月向英国宣战，更使仅有不足20艘战列舰的英国地中海舰队要面对法西两国40余艘战列舰的强大兵力。英国舰队被迫撤离科西嘉，进而撤往直布罗陀，让拿破仑顺利地夺取了科西嘉、科孚等关键岛屿。与此同时，荷兰与西班牙为法军阵营带来了70余艘战列舰，三国联盟使得法方拥有了抗衡英军的纸面实力。

在此背景之下，英国在1797年迎来了海上局势最为险恶的时期。1796年年末试图远征爱尔兰的法国舰队并未遭到英军阻截，而在1797年2月，一支伪装成英军的法军小部队甚至在威尔士成功登陆。更严重的是，4～6月，海峡舰队与北海舰队因水手待遇问题发生大规模哗变，使英国本土门户洞开。与此同时，让市场吸纳国债以化解赤字压力的政策也达到了其能力的极限，导致了一场全面的财政危机。所幸的是，约翰·杰维斯（John Jervis）率领地中海舰队在2月14日的圣文森特海战中击败西班牙主力舰队；法国布雷斯特舰队则因爱尔兰远征而元气大伤、无所作为；当年10月，亚当·邓肯（Adam Duncan）又率领刚刚平息哗变的北海舰队在坎伯当海战中大胜荷兰舰队。英军的辉煌胜利重振了皇家海军的赫赫声威，也充分暴露了法军盟友的种种问题：西班牙受制于财政困难，无法招募到足够的海员，战舰上充斥着不习海战的陆军士兵；荷兰海军尽管战技娴熟，但战舰的体型与火力远逊于英军。1797年的财政危机促使小皮特开始了一系列影响深远的财政改革，他大幅度增加直接税，使税收成为英国在拿破仑战争（Napoleonic War）中的主要财源，确保了英国的最终胜利。

然而，法军却在1797年10月逼迫奥地利签署和约，宣告了第一次反法同盟的瓦解。英国成了法国及其盟友面前唯一的敌人，入侵英国的行动很快提上日程。拿破仑受命为侵英军团司令，但在考察了北方海岸之后，他认为这种行动无法在短时间内进行，转而提议入侵埃及。法国计划在布洛涅港建造渡海船队以营造侵英假象，同时让土伦舰队护送拿破仑的军团杀向埃及，随后攻向印度——法国眼中英国最富饶的殖民地。拿破仑天真地相信，英国会在布雷斯特港外集结60艘战舰，在布洛涅港外与荷兰沿海各集结12艘战舰，再在直布罗陀海峡外集结22～25艘战舰，从而使他可以自由地发动跨海攻击。但英国早已得知土伦港的异动，杰维斯已派纳尔逊分舰队进入地中海，本土也及时派出了增援兵力。1798 年 7 月 1 日，法军护航船队抵达亚历山大港。他们的行动犹如天佑：纳尔逊缺乏侦察巡航舰的舰队恰好在一天前离开，否则一场灾难必将降临。然而，拿破仑的好运只救下了运输船上的陆军。一个月后，回过身来的纳尔逊在尼罗河口与法国舰队相遇，法国土伦舰队几乎被纳尔逊尽数歼灭。

尼罗河口海战的惨败不仅让法国远征军陷入困境，其也是俄国、奥地利、土耳其与那不勒斯组建第二次反法同盟的一大动因。1799 年夏，奥军与俄军在英俄海军的掩护下杀回意大利，英俄陆军则向巴达维亚发起海上入侵。在危急关头，拿破仑于当年 10 月潜回法国，通过"雾月政变"执掌军政大权。与此同时，法国海军则力图解救埃及、马耳他与科孚岛的被困陆军。1799 年 4 月底，法国海军部长布吕克斯将军（Admiral Bruix）率领 25 艘战列舰从布雷斯特出航。英军事先接到了情报，亚历山大·胡德率领英国海峡舰队及时赶到港外，但因巡航舰布局的疏失与法军擦肩而过，随后其因怀疑法军要入侵爱尔兰而向北驶去。加迪斯港外的英国地中海舰队也未能截住法军，基斯勋爵（Lord Keith）的追击反而使被封锁的西班牙舰队获得自由。布吕克斯顺利地驶入土伦，但法军的糟糕状态使他无法完成任何战略任务。在短暂休整后，法军踏上归程，并在卡塔赫纳与 18 艘来自加迪斯的西班牙战舰相遇。他们在 8 月 8 日一齐驶回布雷斯特，使法军在此集结起 43 艘战列舰的庞大舰队。不过，紧追不舍的基斯勋爵也在第二周抵达港外，平衡了双方的实力对比。此次行动虽未取得任何实质性战果，却让法军意识到大范围兵力调动的可能性——拿破仑在特拉法尔加战役中的集结计划便是以此役作为原型。

反法同盟在欧陆战场的优势并未持续多久。入侵荷兰的英俄联军不久便战败撤退，俄国宣布退出战争，奥地利随后在马伦哥会战与霍恩林登会战中失败。1801年2月，法国与奥地利签署了《吕内维尔和约》，确认法国拥有莱茵河左岸，双方尊重北意大利诸邦与巴达维亚共和国的独立。英国再次失去了大陆盟友，但在海外仍掌握着主导权。1800年4月，因圣文森特海战而得到圣文森特勋爵封号的约翰·杰维斯出任海峡舰队司令，英国海军战略出现重大的转变。圣文森特勋爵延续了他之前对加迪斯采用的策略，即用主力舰队在敌军港外进行"近距离封锁"（close blockade），使法军无法在适航季节造成任何威胁。法军只得在冬季冒险出击。1800年冬天，冈托姆少将率7艘战列舰驶向土伦，于次年策动了对埃及远征军的不成功的救援。这支舰队随后试图与西班牙联合作战，却一同被英军封锁在加迪斯。1801年年底，埃及法军在英国与土耳其的海陆夹攻下最终投降。两国就在这种情形下走向了短暂的和平。

1801年2月，小皮特因统合爱尔兰导致的宗教争端宣布辞职。继任首相亨利·阿丁顿随后开始与法国接触，并于1802年3月签署了《亚眠和约》。英国承认法兰西共和国的地位与巴达维亚共和国的独立，承诺撤出马耳他，并归还从法国、巴达维亚与西班牙手中夺得的大部分殖民地；法国则承诺从那不勒斯与教皇国撤军。在短暂的和平时期，法国力图恢复其海外贸易，以求增强财政能力。拿破仑决定在西印度群岛重新恢复奴隶制种植园，并派舰队前去镇压黑奴起义。然而，英法间的脆弱和平却日渐动摇。在英国返还大部分领土后，拿破仑仍在欧陆的政治与经济事务上排斥英国，并拒绝按英国的要求从巴达维亚撤出法军。法国在欧洲与西印度群岛的行动更让英国怀疑拿破仑的和平信念，又使英国坚决拒绝撤出马耳他。双方的外交冲突迅速激化，最终让战争在 1803 年 5 月重启。

拿破仑清楚地知道战争无可避免，但英国的宣战时间还是出乎他的意料。法国商船正在公海上航行，海军仓库并未储备足够的木料，被派往西印度群岛的舰队只得仓皇返航，被困在西班牙的港口里——而昔日的盟友西班牙则一意保持中立。拿破仑迅速重启了 1797 年被放弃的侵英计划，从洛里昂到荷兰的所有港湾都热火朝天地建造起平底运兵炮艇，他计划在法国北部与尼德兰海岸集结一支由 15 万人、1 万匹战马与 400 门火炮组成的侵英大军。法国海军的战术素质尽管仍旧糟糕，但国内交通与财政基础的改善使之能随时保持待命状态，因而具备了更大的战略威胁性。1803 年秋，拿破仑准备让布雷斯特与罗什福尔的主力舰队搭载数万名士兵，在冬季或来年春天与平底船队一齐发动侵英战役。

拿破仑曾放出豪言：“只要我能主宰海峡六个小时，我就能主宰世界。”然而，英军的迅速动员与灵活反应很快打破了他的幻想。面对法军舰队的威胁，战略意识极为敏锐的海峡舰队司令威廉·康沃利斯对布雷斯特、罗什福尔与费罗尔展开了堪称完美的近距离封锁，甚至将封锁维持到危险的冬季；基斯勋爵则率北海舰队封锁了法国北部与荷兰的海岸，密切监视着布洛涅大营。拿破仑的第一个计划已经失败，他转而将希望寄托于地中海内的土伦舰队——土伦港外风向复杂，纳尔逊的地中海舰队不可能维持近距离封锁，使法军可以寻隙出击。他计划由布雷斯特舰队牵制康沃利斯的主力舰队，同时让能干的海军中将拉图什－特雷维尔（Latouche-Treville）在 1804 年夏秋时节率土伦舰队出航，在绕过纳尔逊所部与费罗尔之后和罗什福尔舰队会合，再绕过布雷斯特港外的康沃利斯，用 16 艘战列舰与 11 艘巡航舰掩护布洛涅大军渡海入侵。但拉图什－特雷维尔在此前的西印度群岛远征中身染热病，最终于 1804 年 8 月去世，这个计划又化为泡影。

1804 年年末，拿破仑正全神贯注于登基称帝。侵英计划已被暂时搁置，他只想用海军发动一场对英国殖民地的袭击；但西班牙在 1804 年 12 月加入对英战争，这又让他看到了用联合舰队击败皇家海军的可能前景。而在海峡对面，重登相位的小皮特正在入侵威胁下酝酿着英国的进攻计划，他正试图向有史以来最为强大的宿敌发动反击。双方的努力最终造就了 1805 年的特拉法尔加战役。

决战神话的破灭

自特拉法尔加海战的第一份消息抵达伦敦之时起，这场海战与这场战役的意义就双双坠入了历史评价的迷局。对这场海战与这场战役的历史形塑从一开始就充斥着基于种种目的的外部因素，它们在 19 世纪到 20 世纪曾成功地维系着一个与真实情况大相径庭的历史图景，同时也在军界、学界与舆论界引起了广泛的误解与争议。基于这种图景的结论至今仍拥有相当广泛的受众，我们可以简要地用"决战神话"将其命名——这种观点认为，特拉法尔加海战是纳尔逊深思熟虑的战术全胜，同时也是打破拿破仑侵英计划、确定英国海权决定性优势的战略胜利。极力鼓吹海权优先与舰队决战的马汉学派正是这种观点的典型。马汉在《海权对法国大革命和帝国的影响，1793～1812 年》（1892 年）一书中引用查尔斯·艾伦·菲弗

（Charles Alan Fyffe）在《欧洲近代史》（1880年）里面的评论，极力颂扬这场决战的历史意义：

> 特拉法尔加不仅是最伟大的海战胜利，它也是整场法国革命战争——包括海洋战场与陆地战场——中最伟大也是最重要的胜利。拿破仑的任何一场或任何一系列胜利都无法对欧洲造成与之相当的影响。……特拉法尔加结束了法国再次从海上对英国造成严重威胁的时代。自英国组建海军以来，法国一直抱有的击败英国海军的希望彻底破灭。此后，拿破仑只能将他的希望转移到用迫使所有欧陆国家排斥对英贸易的办法来耗尽英国的资源。特拉法尔加迫使他将枷锁强加给整个欧洲，迫使他放弃了征服大不列颠。……纳尔逊最后的捷报使得英国拥有了这样一种位置：除了那些终将导致欧陆解放的方法，没有什么还能给它造成伤害。[①]

基于对口耳相传的旧日辉煌的沉迷，基于对陈陈相因的教条化的"海军传统"的自豪，19世纪后期的英国海军轻而易举地接受了这种对舰队决战与海上目标优先的迷信。1902年，英国海军部在殖民地防卫会议上威严地宣称：

> 制海权取决于海上决战的结果，取决于诸如萨拉米斯、亚克兴、勒班陀、无敌舰队之役与17世纪英荷战争

---

① Alfred Thayer Mahan, *The Influence of Sea Power upon the French Revolution and Empire, 1793 – 1812*, Vol. 2 (Little, Brown, and Company, 1905), p. 196.

中的那些双方集中所有可用兵力以求决定性结果的海战。任何海上强国的目标都必须始终是摧毁敌舰队。尽管大海战在它发生的地方不会留下痕迹，但不论它发生在哪，它的影响都会遍及整个世界。……我们之前的话中始终没出现过"防御"这个字眼。这是有意的忽略，因为英国海军的首要目标并不是防御任何东西，而是攻击敌人的舰队，并通过击败它们来保护英国的领土、物资和贸易。①

然而，这种简单粗暴而又得意扬扬的想法恰恰是科贝特希望打破的幻觉。自《德雷克与都铎海军》开始，科贝特就力求去除传统海军史中的浪漫色彩，希望用历史科学的精神探求真正的海军传统与历史教训。而在费舍尔的改革步入正轨后，他的主要职责正是向未来一代的军官传授现代的、科学的海军军事理念。基于坚实的文献基础，科贝特决定用冷静而理智的史学手法将在以往海军观念中如神圣图腾般存在的特拉法尔加拉下神坛，以此来清除那些附着在盲信、讹传与谎言上的错误观念。在《特拉法尔加战役》这部专著中，科贝特首次在英文世界内完整地构建了特拉法尔加战役的历史图景，首次对流传甚广的"决战神话"提出了全面而有力的反驳。尽管他用意激进的著作最终也未能阻止"决战神话"的继续流传，但书中的主要观点却在后来的学术发展与第一次世界大战的海军实践中得到了应验。

科贝特首先认为 1805 年的特拉法尔加战役并不是单纯的

---

① "Appendix Ⅳ: Memorandum on Sea-Power and the Principles Involved," *The Collective Naval Defence of the Empire*, *1900 – 1940*, Vol. 136 (Navy Records Society, 1997), p. 7.

海上战役，而是一场海陆联合战役。在 1804～1805 年的具体政治局势中，英国的战争决策者们绝不是在构思什么海权决战，小皮特试图在欧洲大陆组建的陆军同盟才是贯穿整场特拉法尔加战役的战略关键。1804 年年末，英国开始与俄国展开同盟谈判，并在同盟缔结之前约定在南意大利组织一支陆上联军。由于英俄同盟是日后第三次反法同盟的必要前提，直接关乎英俄同盟缔结的这支小规模的远征军便由此成为反法同盟政策的基石，具备了特殊的政治含义。英国人对本土防御极为自信，他们在 1805 年的战略目标并不是打破拿破仑的侵英计划，而是在欧洲大陆上向拿破仑发起全面攻击。着眼于此，我们才能认识到特拉法尔加战役的真实目的。这场战役中的英国海军不仅是要保卫英伦本土的安全，不仅是要保卫庞大的大英帝国，更是要保卫英国向海外投送陆军和资源的交通线，这是组建欧陆同盟的必要前提。换言之，特拉法尔加战役中的海军与海权只是实现国家政策的手段，而非目的；而评价这场战役成败的标准只能是决策者们设定的政策目标，而不能是后来者基于后见之明而建立的简单抽象的因果联系。

在此基础上，科贝特做出了更为激进的推理。科贝特认为，英国海军在这场战役中的战略使命在法西联合舰队被迫退回加迪斯之后就已完全实现：拿破仑的侵英计划已经破产；英国派往那不勒斯与好望角的两支重要远征军已经安全；欧洲大陆上的反法同盟也已成型。法国海军本来就并不具备挑战英国的实力，因此，随后发生的、被视作英国海权与舰队决战之顶峰的特拉法尔加海战并不具备决定性的战略意义。科贝特还指出，让拿破仑逼迫维尔纳夫驶出加迪斯、继而导致这场海上决战的直接动因恰恰是英俄联军在南意大利的陆上威胁；这也就是说，这场最经典的舰队决战恰恰是基于陆军而非海权的逻辑。法西联合舰队的毁灭只是阻止了其对西西里的海上入侵，并使这些兵力无法在将来损害英国的贸易；但拿破仑赢得的乌尔姆战役与奥斯特利茨战役却决定性地挫败了第三次反法同盟，粉碎了小皮特的战略目标，使法兰西帝国对欧洲大陆的统治格局得以长期存续。换言之，英国在特拉法尔加海战中取得的成功远远无法抵消它在反法同盟上遭遇的战略性失败。海军行动只是这场战役的组成部分之一，其中最为关键的人物是首相小皮特、海军大臣巴勒姆、海峡舰队司令康沃利斯，然后才是我们的传奇英雄纳尔逊。

另外，科贝特对纳尔逊在特拉法尔加海战中采用的海军战术也得出了颇具颠覆性的结论。长期以来，纳尔逊都被视为一位鲁莽好战的战略家与天才般的战术家，但在科贝特的笔下，这一形象却遭到了逆转。科贝特认为，纳尔逊在特拉法尔加战役中的几乎所有战略决策都秉持着谨慎而理智的理念，他绝不像时人所想象的那样鲁莽好战。相反，他却在此生最后也是最精彩的大海战中做出了严重误判，背离了战前设定的合理的作战计划，转而展开了一场并不必要的致命冒险。在科贝特之前，许多海军史研究者已意识到纳尔逊在战前制订的作战计划与他实际采用的战术大相径庭，他在海战中采用的纵队舰首对敌的阵型也完全与合理的海军战术背道而驰；可他们却被纳尔逊传奇的光芒与精心构造的掩饰所诱惑，反而试图弥合而非澄清这三者之间的差别。然而，基于对现代海军史学科与费舍尔改革的理解，科贝特却认为现代海军必须摒弃非理性的纳尔逊传奇，讴歌特拉法尔加海战中的战术错误无异于传播鲁莽不智的作战观念。科贝特在书中坦诚地表示，纳尔逊未按照预先计划重整阵型就匆忙发起进攻，这使得他事先设计的精妙战术无法施展，进而以反面教材般的糟糕姿态投入了战斗，"他所承担的这种风险几乎超过了理智指挥的极限"。

然而，特拉法尔加海战并不仅仅是一段逝去的历史。长期以来，它已成为英国海军与海上霸权的象征，在社会文化中具有特殊意义。正因如此，向这些象征符号猛烈开火的《特拉法尔加战役》甫一问世就引起了巨大的争议。一位牛津大学的近代史教师在书评中认为，科贝特拔高了陆军在特拉法尔加战役中的地位，贬低了海军粉碎侵英计划的意义；①而更大的反对声浪则指向他对纳尔逊的战术的批评——他们担心这将会动摇海军信奉的"纳尔逊精神"，甚至有损公众的爱国热情。由于争议激烈、事关重大，议会指派海军部在 1912 年成立了一个特别委员会，"用以全面核验和考察纳尔逊在特拉法尔加海战中所用战术的全部相关证据"。委员会用 15 个月的时间查验了英、法、西三方文献，随后向议会递交了报告。尽管没有明确承认，他们的报告却在事实上确证了科贝特的结论。但即便如此，特拉法尔加神话仍是英国不愿割舍的精神图腾，科贝特的神话解构仍然遭到了社会各界的冷处理。普通的公众读物仍然充斥着已被他驳倒的旧说，甚至一些学术性较强的著述也倾向于维系这种有利于海军形象的错误图景。在世界大战后的海军史低潮中，曾担任英国战列舰舰长的阿尔弗雷德·H. 泰勒（Alfred H. Taylor）少将所撰写的《特拉法尔加海战》因其翔实的文献基础与战场描述而成为 20 世纪后期影响最大的作品

---

① C. T. Atkinson，"Reviewed Work：The Campaign of Trafalgar by Julian S. Corbett，" *The Scottish Historical Review*，Vol. 8，No. 29，1910，pp. 76 - 80.

之一；而这篇论文仍在小心地弥合作战计划、实际战术与合理战术原则之间的裂缝，使已经被推翻的神话得以延续。①

在随后的冷战期间，目睹苏联陆权威胁的英国历史学家逐步接受了科贝特提出的海权有限观念。G. S. 格雷厄姆（G. S. Graham）的《海军霸权的政治：英国海上优势研究》（1965 年）与保罗·肯尼迪（Paul M. Kennedy）《英国海上主导权的兴衰》（1976 年）都对特拉法尔加海战的战略意义做出了极为保守的评价，他们认可海上优势的必要性，但在与陆权国家的战争中，海战胜利并不是赢得战争的充分条件。专注于海军战术史的布莱恩·滕斯托尔（Brian Tunstall）在其《风帆时代的海战：1650～1815 年的战术演进》（1990 年）中对科贝特的战术研究多有商榷，但他充分肯定了科贝特在书中对特拉法尔加海战的分析，只是利用新出史料修订了一处细节。

1990 年代以降，冷战的终结、英国海军的衰落与"新海军史"的兴起彻底改变了特拉法尔加海战的研究格局。在纯学术领域内对特拉法尔加的重新评价终于成为可能，于是，在2005 年特拉法尔加海战两百周年前后，这个旧日海军史的巅峰篇章再次成为新一代海军史学者的关注热点。值得注意的是，尽管他们的治学取径与科贝特时代大相径庭，但他们却在不同方向上追认了科贝特在近一个世纪前做出的史实判断，并在其基础之上继续向前推进。当代著名的英国海军史学家尼古拉斯·罗杰在 2005 年的《海事研究杂志》（*Journal for Maritime Research*）发表了《海战胜利的本质》（The Nature of

---

① Alfred Hugh Taylor, "The Battle of Trafalgar," *The Mariner's Mirror*, Vol. 36, Issue 4, 1950, pp. 281 - 321.

Victory at Sea）一文。他首先驳斥了认为特拉法尔加海战挫败了拿破仑侵英计划、确定了英国海上霸权的陈说，承认特拉法尔加并未在欧洲造成直接的战略影响。但他也认为科贝特、格雷厄姆与肯尼迪忽视了海战在经济、外交方面的独特性质，过度限缩了海军在最终胜利中的间接贡献。[①] 与此同时，埃克塞特大学海军史教授迈克尔·达菲（Michael Duffy）也在 2005 年的《水手之镜》（The Mariner's Mirror）中发表文章《"一切都已被掩盖"：被隐藏的特拉法尔加》（'. . . All was Hushed Up'：The Hidden Trafalgar），这篇精彩的论文雄辩地揭示出英军在特拉法尔加海战中的重大失误以及传统叙事的根源。达菲指出，由于纳尔逊鲁莽的接敌阵型与英舰的迟缓行动，仅有半数的英舰在战斗打响的一个小时内投入了战斗，本可以在半个小时内全部投入战斗的科林伍德分队花了两个多小时才全部参战；而在整场战斗中，仅有 13 艘战舰执行了纳尔逊的近战命令。但为了保全老友纳尔逊的身后荣誉，为了防止这场大胜演变为军事法庭上的相互攻讦，继任司令科林伍德与那些未尽职责的军官一起向政府和公众隐瞒了这一切。[②]

时至今日，对特拉法尔加海战的探讨仍远未终结。尽管作为海权象征与教义来源的特拉法尔加战役已经远逝，尽管曾笼罩这场旧日海战的神话已被打破，但历史本身的魅力并不会因后人赋予的意义而有所增减，为它着迷的人们仍会为这卷泛黄的宏伟史诗描摹出新的细节、新的图景、新的侧面。2010 年

① N. A. M. Rodger, "The Nature of Victory at Sea," *Journal for Maritime Research*, Vol. 7, No. 1, 2005, pp. 110 – 122.

② Michael Duffy, "'. . . All was Hushed Up': The Hidden Trafalgar," *The Mariner's Mirror*, Vol. 91, Issue 2, 2005, pp. 216 – 240.

11月，在当年第 4 期《水手之镜》中，本业为软件工程师的海军史研究者托尼·比尔斯（Tony Beales）通过对部分战舰的航迹整理，在《"远大前程"：英国战舰在特拉法尔加海战中的接敌》（'Great Expectations'：The Approach of British Ships at the Battle of Trafalgar）一文中对英军的失误提出了新解。比尔斯认为，纳尔逊在战斗前夜的机动导致英国舰队在战斗当日极为分散，当日的海风既微弱又多变，这迫使英国舰队要在结阵上花费超出预期的大量时间，部分航行条件和初始位置不佳的战舰因此无法及时驶入阵位。① 这无疑为纳尔逊的临阵决策补充了一个关键侧面，而从另一方面着眼，这也说明人们仍能用海军史的传统视角与传统的思辨能力在这场经典海战中寻得新的发现。对这段历史而言，科贝特在《特拉法尔加战役》中的出色研究无疑为后人提供了相当高的起点。我们可以反对他那 19 世纪的"历史科学"观，可以拒斥那种服务现实的研究目的，可以不接受他的海军战略学说，却难以否定他对恢复具体历史情境的追求与摒弃浪漫传奇的冷静思辨。正是这两种简单而基本的思维素质使得《特拉法尔加战役》成为相关海军史研究中无法忽略的杰作。即便在今日，这种简单而基本的历史思维仍然不可或缺。

陈　骆

2015 年 7 月

---

① Tony Beales, "'Great Expectations': The Approach of British Ships at the Battle of Trafalgar," *The Mariner's Mirror*, Vol. 96, Issue 4, 2010, pp. 455 – 467.

致爱妻

在她的生日这天

1910 年 10 月 21 日

目　录

自　序

在奥曼教授（Professor Oman）最近为《剑桥近代史》
(Cambridge Modern History) 列出的滑铁卢战役研究文献中，完全
致力于阐明史实的作品已有近二十种。但对于 1805 年的特拉法尔
加战役，我们英文世界却几乎一无所成。对那场战斗（battle）本
身已经有了无数的研究，或严肃，或幻想，或热衷于趣闻轶事，
但如下的事实仍然没有改变：在一个世纪之后，仍然没有一位英
文作者能够利用现存的大量史料，为这个海军史的巅峰篇章撰写
一部类似于参谋报告的翔实作品。是的，我们已经欣喜地拥有了
纽波特先生（Mr. Newbolt）的《特拉法尔加之年》（The Year of
Trafalgar）。然而，尽管其中已经包含了目前对这场战斗的最佳研
究，它却完全没有涉及导致这场海战的政策与行动。事实上，近
年来围绕这场海战的所有艰苦努力——包括约翰·K. 劳顿爵士
(Sir John K. Laughton)、利兰先生（Mr. Leyland）和其他人的作
品——都遗漏了这个海军与公众都十分关切的环节，都存在着
与我们大部分的海军史研究同样的盲点。只有纳尔逊参与的部
分得到了充分合理的对待，也的确只有他的视角曾让我们接近
这场战役。不过，他的分量直到战役临近末尾时都还相当有限。
直到他在生命的最后一个月再次统领地中海战区之前，他麾下
仅有 12 艘战列舰与 20 余艘各类巡洋舰①。而在那一年中，现

---

① 需要说明的是，科贝特在本书中广泛使用的"巡洋舰"（cruiser）一词是
　　指所有可以在外海执行巡航、侦察、护航、破交、通信等任务的非主力
　　舰。作为军舰类别的"巡洋舰"概念源自基于不同任务职能（转下页注）

役与后备役中的战列舰远远超过 100 艘，还有超过 400 艘的各型巡洋舰。

在此之外，远比海军方面遗漏得更加彻底的是这场战役的陆军方面。在那一年中，除去在东印度与西印度的部队，英国还有约 5 万名士兵在本土之外积极作战。其中只有一小部分与纳尔逊有所关联，而他们对他的决策造成的巨大影响几乎被完全忽略。事实上，可以毫不过分地说，1805 年战役并非一场海军战役，而是一场海陆联合战役，并且我们从未赋予它与之相应的重要性。同时，仍然极少有人能认识到它并不仅仅是为了防御入侵，它还是一场进攻性的战役。对这些关键事实的误判让人们错误地理解了纳尔逊的行动，让他遭受那些并不应得到的批评，更不用说在其他的各个方面所造成的阴影了。

详尽的研究并不会有损纳尔逊的伟大。这种研究会提高他的同僚们的声誉，但纳尔逊仍是最伟大的海军将领之一。他炫目的个人魅力目前仍主导着相关判断，因此只有长期而严肃地与之保持距离，我们才可能看清事件的主次关联和真实含义。要想能够正确地吸取这些教训，我们不仅要将纳尔逊放到一个与之相适应的从属位置，同时还要坚决放弃只顾海战前线的冲动，从而将自己置身于小皮特（Pitt）、梅尔维尔（Melville）、巴勒姆（Barham）与卡斯尔雷（Castlereagh）

（接上页注①）所做的舰种划分，但这种分类直至 1870 年代才成为海军语言的主流，而在此前的风帆时代，船型与载炮数量才是军舰归类的主要依据。若按照当时的舰种划分，科贝特的"巡洋舰"概念包含了巡航舰（frigate）、轻帆船（sloop）、纵帆船（schooner）、双桅船（brig）等多种军舰。——译者注

所在的密室里。在他们身边，我们才能看到他们用以指挥海上舰队的内在动力，并从间谍、巡洋舰与外交官们发来的源源不断的情报之间找出令他们行动起来或停歇下去的关键信息。

由于所需档案的大量公布，将这种业已广泛运用于陆军战役的细致研究推广到海军中的时机已经成熟。在战役的外交影响方面，我们已经有了霍兰德·罗斯先生（Mr. Holland Rose）为皇家历史协会整理的《第三次反法同盟相关密件，1804～1805 年》（*Select Despatches Relating to the Third Coalition Against France，1804－5*）。不幸的是，编者并未标上密件的收信时间，如果不核对原件，我们很难追索它们与海陆军具体指令之间的关联。除了这本必不可少的资料之外，还有著名的拿破仑与塔列朗（Talleyrand）之间的书信集，而 P. 库科尔先生（Mons. P. Coquelle）的《拿破仑与英格兰（1803～1813 年）》［*Napoleon et Angleterre（1803－13）*］以及夏尔·奥瑞尔先生（Mons. Charles Auriol）的《法国、英国与那不勒斯（1803～1806 年）》［*La France，l'Angleterre et Naples（1803－6）*］也都是价值极高的作品。

在海军方面，我们已经有了利兰先生为海军档案协会整理的《封锁布雷斯特相关信件，1803～1805 年》（*Despatches and Letters relating to the Blockade of Brest，1803－5*），以及最近由康沃利斯·维肯姆－马丁先生（Mr. Cornwallis Wykeham-Martin）的藏稿（*Various Collections，vol. vi，1909*）整理而来、由历史文献委员会（Historical MSS. Commission）出版的《康沃利斯文集》（*Cornwallis Papers*）。然而，最具价值的作品却是来自法国陆军部；如果不说是羞愧，我们也必须虚心地看到自己的问题。爱德华·德斯奇霍上校（Colonel Edouard Desbriére）里程碑式的著作在法国陆军总参谋部历史局（Section Historique de l'État-major de l'Armée）①的指导下出版，名为《入侵不列颠群岛的计划与尝试（1793～1805年）》（*Projets et tentatives de débarquement aux iles Britanniques，1793 - 1805*）与《特拉法尔加海上战役》（*La Campagne Maritime de Trafalgar*）。在书中，德斯奇霍首次尝试为这场战役构建起一种真正的参谋战史（Staff history）。尽管这些作品未能充分利用尚未出版的英方史料，但他们却首次将英国放到了合理的位置上，希望考察这场战役的真实情形。此外，德斯奇霍上校曾亲自为我解释因打字机出错而无法辨认的字句，这更加深了我对这些作品的愧疚之心。在西班牙方面，由加利亚诺将军（General Galiano）———一位特拉法尔加海战英雄的直系后裔———撰写的相关作品仍在《海军期刊》（*Revista de Marina*）杂志上连载。这可以用于佐证德斯奇霍上校的著作，尽管加利亚诺将军业已慷慨地为法国总参谋部提供了德斯奇霍所需的绝大部分重要的西班牙档案。

在最近才能使用的文献资源方面，我们还有保管在公共档案馆的《皮特文集》（*Pitt Papers*）与即将由海军档案协会出版的《巴勒姆文集》（*Barham Papers*）。我被允许使用后者中的资料，并在审阅它们时得到了文集整理者约翰·劳顿爵士的

---

① 1890年代，新成立的法国总参谋部（General Staff）开始对拿破仑战争与普法战争展开全面研究，其总体目的并非对历史做出公正评判，而是希望从历史中得出对未来战争有益的指导意见。他们的研究因1914年大战爆发而终止。尽管如此，他们依然取得了丰硕的学术成果，是拿破仑战争研究中的关键环节。——译者注

宝贵帮助。

在大量的舰艇日记、航海日志、将领与舰长的书信以及其他海军部文档间爬梳，将之改写为叙述或评论型的文体，这自然是一项繁重的工作。但是，人们给予我的现成帮助已经让这条艰苦的道路平整了许多。我要特别向皇家海军的赫德尔斯顿上校（Captain Hudleston）表示感谢，他将他关于本土海域海军防御体系的研究惠赐于我。我要感谢海军部图书馆员佩兰先生（Mr. Perrin），他为我提供了多方面协助，特别是在整理特拉法尔加海战信号时间表的工作上。我还要感谢皇家海军的齐特上尉（Lieutenant Keate），他曾在根据航海日志绘制航迹图的准备工作中提供帮助。

本书首次绘制并发表的这些航迹图是所有战略批评的必要基础，但必须声明的是，它们绝非精确无误。除非另有说明，所有航迹都是通过直接联结相邻两日中午时的位置而得出，又因为经度观测的不准确性，这些位置只能算是大致准确。在一些有小型巡洋舰参与的场合中，它们被忽视的航迹往往能决定性地匡正主力舰队的行动，如奥德（Orde）在加迪斯港外的撤退，或是纳尔逊去西印度群岛追击敌人的最终决定。然而，在费罗尔港外发现维尔纳夫（Villeneuve）最新行动的"鸢尾花"号（Iris）尽管身处如此重要的情境中，舰上却没有一个人曾测得当时的经度。它的航海日志只记着它从乌桑特岛（现称韦桑岛）南下后首先抵达了佩尼亚斯角（Cape Peñas），那里位于奥特格尔角（Cape Ortegal）以西 100 英里。

难度更大的工作则是绘制法军的精确航迹图。我们最初是基于德斯奇霍上校的绘图，不幸的是，这些绘图的质量实在无法与书中的其他部分相比，只能按照档案记录小心地加以修正。一些档案中还有些明显的错误，尤其是关于维尔纳夫在费罗尔和加迪斯港外撤退的部分。在这样的例子中，我们转而采用英军巡洋舰实际观察、报告的航迹。在这种最难确证的情况下，只有两艘或以上的独自行动的巡洋舰给出了相互一致的观察，我们才认可它们报告的位置和航向。

我希望，这些巡洋舰的行动和指令——事实上是整个侦察和情报系统——能被视为这本书中最为有趣的章节。由于詹姆斯[1]创下的不幸先例，巡洋舰行动的记述常常与主要舰队行动相割裂。尽管前者本是后者的有机组成部分，但我们现在却很难了解巡航舰作战之外的其他情况。对于海军军官而言，事实上是对于所有严肃的海战研究者而言，这样写出的历史定会带有让人抵触的不真实色彩。他们需要的是每场行动中各种舰船的综合行动报告，需要清楚地了解行动展开时所依据的情报与指令。简言之，如果海军史的目的是将自身打造成实实在在的行动指导，那么研究者就必须能在这些战役报告中找到与现代行动报告的共通之处。

若从这一点着眼，即便从本书暂时采用的不完善的著述方式看来，所有人都会感到我们目前拥有的大部分海军史都

---

[1] 威廉·詹姆斯（William M. James，1780～1827年），英国海军史早期研究者。他曾在拿破仑战争与第二次英美战争期间（1801～1813年）任职于牙买加的海军中将官署，后投身于海军史撰述。其主要作品是六卷本《大不列颠海军史，1793～1827年》（*Naval History of Great Britain, 1793–1827*）中的前五卷。此书广泛使用一手史料，在当时是相当重要的海军史作品。在该书中，詹姆斯将当时的海战分为主要舰队行动与小型战斗而分别加以叙述，这种叙述方式割裂了二者之间的有机联系。——译者注

存在着相当大的缺陷。不夸张地说，所有内容都需要按照参谋报告的方式重写。除非在海军部成立一个历史研究机构，这样庞大而技术性的工作才可能圆满完成，而需要这样一个机构的呼声已经出现。我们的海军档案中埋藏着成熟的海军传统，埋藏着大量不为人知的学识，世界上的其他任何国家都无法与之相比；但它却遭人遗忘，仍在休眠。这股无法估量的历史力量正在被白白浪费，它们本应该，也只能属于枪炮之后的我们。但是，要重新唤醒这一传统，要使它重新活过来，要让它如同对巴勒姆、康沃利斯与纳尔逊那样再次赋予我们勇气与主动性，再次向我们施展那些奇迹，这绝非个人的努力所能企及。它需要一间不亚于最为专门化的海军技术实体部门的实验室，以让海军内外的专家并肩协作，相互补足缺陷、完善观点。

有人曾建议道，大学中的海军史教席或许能满足这些需要。然而，这些教席虽然可能在陆军史方面取得成功，或许也有助于塑造一种理智的全民观念，却注定无法满足海军的实际需求。旧日的海军传统诞生于咸涩的海水中，它也只能在咸涩的海水中得到滋养；有关海洋的知识必须呼吸大海的气息，否则就只能得出一些学院化的论断。如果将这种复兴任务与海军部相分离，就会使那些难以把握的精神、那些我们独有的财富同它的宝贵源泉相割裂。只有我们才能承担起运用这些知识的任务；最完美的组织，最学术化的研究，最复杂的科技，这一切都无法为它提供立足点。这是几个世纪以来的海上战争的结晶，而我们才是几个世纪之后的继承者。它们诞生时的那种氛围才是问题的灵魂所在，而只有与舰队保持密切接触，它的智慧才能得到人们的信赖。

我希望，这将会在未来的某一天成为现实。在未来的某一天，我们或许能再次拉开奥德修斯之弓①，再次认识到这股力量的价值所在。历史研究机构也将如同高能炸药实验室或测试水槽，被视为不可或缺的国家资产。

J. S. C

---

① 奥德修斯是荷马史诗《伊利亚特》中最具智谋的希腊英雄。他曾设下木马计，使希腊联军赢得特洛伊战争。在《奥德赛》中，奥德修斯在凯旋途中历经险阻，迟滞了十年之久，家中的妻子佩涅洛佩因此遭到许多追求者的纠缠。迫于各种求婚和威胁，她最终将丈夫的弓挂在墙上，宣布谁能拉开此弓，她便以身相许。试者云集却无人能如愿，直至伪装成乞丐回到家中的奥德修斯一把拉开了自己的弓。——译者注

第一章 小皮特的大战略

1804年5月，小皮特怀揣着坚定的战争决心重掌大权。[①]
他已决定，要用他父亲的那种艰苦方法来进行一场同样大规模
的漫长战争。在他写作于此时的文稿中，一段引人注目的雄辩
式的设问正敦促着他重新回到那个曾被威廉三世（William the
Third）、马尔波罗（Marlborough）和他的父亲所取得的关键位
置[②]：他要成为全欧洲反抗其最为强大的压迫者的领袖，要挑

---

① 小威廉·皮特（William Pitt the Younger，1759～1806年），英国政治家。
著名政治家威廉·皮特（William Pitt，1708～1778年）之子，下文的皮
特，如无特殊说明，皆指小皮特。他于1783～1801年、1804～1806年两
度出任英国首相。

　　1804年其第二届内阁名单如下：第一财政大臣（首相）兼财政大臣小
威廉·皮特、大法官埃尔登勋爵（Lord Eldon）、枢密院议长波特兰公爵
（Duke of Portland）、掌玺大臣威斯特摩兰伯爵（Earl of Westmorland）、外交
大臣哈罗比勋爵（Lord Harrowby）、内政大臣霍克斯伯里勋爵（Lord
Hawkesbury）、陆军与殖民地大臣卡姆登伯爵（Earl Camden）、海军大臣梅
尔维尔子爵（Viscount Melville）、军械总局局长查塔姆伯爵（Earl of
Chatham）、贸易委员会主席蒙特罗斯公爵（Duke of Montrose）、管理委员
会主席卡斯尔雷子爵（Viscount Castlereagh）、兰开斯特公爵领地总裁马尔
格雷夫勋爵（Lord Mulgrave）。1805年1月，马尔格雷夫接替哈罗比出任外
交大臣，白金汉郡伯爵（Earl of Buckinghamshire）接替马尔格雷夫出任兰
卡斯特公爵领地总裁，锡德茅斯勋爵，即前任首相亨利·阿丁顿，接替波
特兰公爵出任枢密院议长。1805年4月，巴勒姆勋爵接替梅尔维尔出任海
军大臣。1805年7月，哈罗比接替白金汉郡伯爵出任兰卡斯特公爵领地总
裁，卡姆登接替锡德茅斯出任枢密院议长，卡斯尔雷则兼任陆军与殖民地
大臣和管理委员会主席。——译者注

② 威廉三世（1650～1702年），奥兰治亲王。于1672年始出任尼德兰共和国
元首。1688年"光荣革命"后成为英国国王，在大同盟时期（War of the
Grand Alliance，1688～1697年）作为全欧洲对抗法国的战争的领袖。马尔
波罗公爵约翰·丘吉尔（John Churchill，1650～1722年），（转下页注）

动各大强权达成联合，同时，还要粉碎那种认为英国在伟大的老皮特时代之后就再没出现一位战争名臣的讪谤之语。

英国的国力已在战争中成长，觉察到这一点的人们正期望小皮特能够表现出这种昂扬的精神。他们期望皮特不仅教会他们如何避免一场入侵，更要教会他们如何意识到自己的力量，如何以之击败其头号劲敌——就像英国历史上多次发生的那样。皮特驾驭着这种精神，手握缰绳，开始驱动他的庞大计划，为这场战争描画出一个全新的、更具意义的前景。

自从《亚眠和约》被打破以来，英国采取的政策一直是防御性的。拿破仑肆无忌惮地践踏着他订立的种种外交约定，毫不掩饰其用暴力威胁将英国孤立于欧陆之外的目的，最终驱使追求和平的阿丁顿①政府于 1803 年 5 月 18 日对法国宣战。[1]可宣战是一回事，进行战争则是另一回事。这被证明是超出了该届政府的能力所及。他们完全受制于法军的入侵威胁，让拿破仑夺取了主动权。由于陆军的弱小，英国在欧陆发动攻势的希望完全破灭，而自信的拿破仑则能够得意地向那些试图抵抗他的国家发动攻击。

（接上页注②）英国陆军将领，安妮女王时代的权臣。在西班牙王位继承战争中（War of the Spanish Succession，1701～1714 年）统领反法联军多次击败法军，被誉为英国最伟大的陆军统帅，亦是欧洲对抗法国的军事领袖。威廉·皮特，英国政治家，是七年战争时期的内阁实际领袖。——译者注

① 亨利·阿丁顿（Henry Addington，1757～1844 年），英国政治家，1801～1804 年担任英国首相，以在其任内签署《亚眠和约》而著名。1800 年，小皮特为解决爱尔兰叛乱而提出爱尔兰合并法案与天主教解放法案，但英王乔治三世作为英国国教守护者强烈反对解放天主教。小皮特随后辞职，由阿丁顿接任首相。阿丁顿随即对法媾和，但和约条款并不令人满意。他无法阻止战争再次爆发，在战争开始后又缺乏领袖才能，最终在政敌的攻讦中黯然下台。——译者注

受制于当时的资源，英国所进行的攻势行动只能是纯粹的海上战争，其对象则是法国的海外贸易及其弱小的殖民地。战争爆发之时，即便不将上一次战争中被派往夺取法国岛屿而尚未返回的守备部队计算在内，英军在西印度群岛也还有相当可观的兵力。他们随即夺取了圣卢西亚（St. Lucia）——这个在过去的历史经验中被视为背风群岛（Leeward Islands）关键海军据点的岛屿，它的归属问题甚至一度危及结束七年战争的和平协定。由于上一次战争的苦涩教训，英军在这次战争刚刚开始时就不顾约定夺取了多巴哥（Tobago），以及德梅拉拉（Demerara）、埃塞奎博（Essequibo）、伯比斯（Berbice）、苏里南（Surinam）这四处荷兰据点。这些据点都需要驻扎卫戍部队，其结果是占用了英国本不宽裕的陆军兵力的相当比例，进一步降低了其在本土周围展开积极行动的可能性。[2]

阿丁顿及其同僚因此遭到了无情的责难，但若能诚实理性地看待当时的政治局势，我们就不会接受这些仅仅基于一贯的反对立场而提出的批评。首先，英国并不具备独自用陆军在欧洲展开行动的任何可能性，但他们只能独自面对战争。其次，对荷兰殖民地的突袭事实上有着一个经过深思熟虑的目的。战争爆发的真正原因，正如现在双方都承认的那样，是由于拿破仑打破《吕内维尔和约》的无耻行径——在和约的墨迹尚未干透时，拿破仑就迫使荷兰与法国结盟。类似的行为还发生在北意大利与瑞士，他的背信弃义引起了愈发激烈的抗议。对荷兰的实质吞并不可避免地召唤着战争的重启，因为这一行径触碰到了英国传统政策的底线，英国从来不能忍受在本土海域（the Narrow Seas）周边遭遇威胁。作为回应，英国拒绝按照《亚眠和约》的约定从马耳他撤军，新的战争因此而起。在此背景下，对荷兰殖民地的突袭在逻辑上也就完全合理。这是一场立即就能发起的突袭，而且它能教会世人，如果法国不让英国在欧洲格局中占据一席，法兰西帝国也就别想在大海对岸享有任何余地。

征服西印度诸岛并未收获任何有利的政治影响，但就战争实效而言，却也有着相当重要的意义。英军夺取的岛屿是私掠船的聚集地，而私掠船则是对英国海外贸易的最大威胁。历史经验表明，解决私掠船问题不能仅仅依靠舰船的行动，因此，阿丁顿的策略不仅是对法国海外贸易与国家财政的打击，同时也是对英国最为有效的防御。请记住，是英国的财政能力最终让英国击败了拿破仑，财政能力是英国团结盟友的唯一能力，而在此时，英国唯一可能的攻势行动就是打击法国的海外贸易。这种攻击方式无疑让拿破仑倍感头疼，他在和平时期的首要任务正是重建国家财政与海军。因此，责备西印度行动违背了兵力集中原则、对战争无实质意义的判断与批评或许是太过狭隘了。一个海洋帝国必须对大陆国家战略家提出的那些简单公式保持谨慎。海上战争与陆地战争在其本质条件上存在着太多的差异，将其中一方的规则套用在另一方的复杂性之上远远不足以解决问题。而且，阿丁顿的批评者至少应该指出，把部队投入在其他哪个地方能够取得比巩固英国海军优势和减轻其负担更大的收益。[3]

很快，所有人都意识到，更加激烈的事态即将来临。皮特正是乘着这股要求立即改弦更张的激进浪潮重掌大权。英国本土兵力得到迅速强化。在战争开始时，英国本土的正规军仅略多于5万人，而在1804年夏天，这一数字增长到8.7万人，此外还有8万名民兵以及34.3万名志愿兵——总兵力已超过

50万人。皮特的第一个措施是进一步增强正规军兵力，但即便如此，对抗像拿破仑这样的强权不可能仅着眼于单边行动。他开始考虑像他父亲那样联合起欧洲大陆上的陆军强国，通过一个联盟来聚集巨大的战争能量。

在试图组建联盟的谈判与初步行动中，我们得以发现特拉法尔加战役的关键意义。若将这场战役视作那种旧式的、已经被皮特放弃的、仅仅是为抵抗入侵的防御政策的结果，我们就无法理解其真实含义。这种错误认识已衍生出大量批评，而真正的教益却被掩埋在一大堆错误的战略推理里。如果我们想重现旧日海军经验留给我们的珍贵财富，就必须将之从这些错误中挖掘出来。作为第一步，我们首先应当对皮特的反法同盟政策有所知悉。当拿破仑因英军拒绝撤离马耳他而千方百计地恫吓阿丁顿政府之时，他公开宣称要让英国从欧洲大陆孤立出去。英国在拿破仑眼中孤立无援；他那近乎疯狂的自负使他相信，他能阻止欧洲固有政治机制的生效，能够践踏赋予英国国际政治地位的基本法则，即便它们从未从欧洲格局的历史中隐去。然而，这些被他蔑视的法则几乎在第一时间就再次生效了，甚至在皮特重掌大权之前就已在俄国那里取得了进展。拿破仑在荷兰、意大利与瑞士的行为让俄国相信，他想建立欧洲帝国的野心一刻也不会停息，因此，俄国一心希望组建一个防御同盟来对抗他的大计。

危机已经到了最急迫之时，只有英国能够给予他们有效的帮助。据信，拿破仑正计划从阿尔巴尼亚与希腊两路攻略奥斯曼帝国，俄国因而必须在科孚岛（Corfu）与爱奥尼亚群岛（Ionian Islands）保持一支小舰队与一支驻军。英国同样深切关注拿破仑的企图，土耳其是攻向印度的重要一步，因此，即便违反《亚眠和约》，英国也必须固守位于东西地中海交界之处的马耳他。当然，英俄两国还有其他共同利益。这一利益的交集，就是被拿破仑公开威胁、将成为其近东攻略之起点的南意大利。俄国已将那不勒斯王国纳入其特殊保护之下；而自克伦威尔时代以来，防止两西西里王国（包括西西里岛和那不勒斯）落入法国之手就是英国的传统政策——正如防止其他强权染指低地（the Low Countries）① 一样。

自然地，伦敦很快收到了俄国人的提议。沙皇的大使沃龙佐夫（Woronzow）② 告诉刚刚上任的英国首相皮特，俄国将从黑海调出一支大军，按照时局需要派往爱奥尼亚群岛或是意大利，而沙皇希望英王陛下能在马耳他保有一支部队，准备届时与俄军联合作战。[4]

英俄两国的联合意图正是那条最终导致特拉法尔加海战的线索的起点。它是如此的隐微，但只有它能确切地引导我们走出这场战役的迷局。长期以来，那些或喜或悲的大事件让这条主线晦暗不明；但在今天，我们可以理智地断言，如果拿破仑不是被它困扰，这场历史上最为著名的海战就根本不会发生。正是试图挣脱它的努力让拿破仑赔上了他的舰队，而如果我们不能清楚地将它控制于指掌之间，我们也会走上歧途，无法理解这一年中所有行动的真实含义。现在，让我们继续追踪这条曲折前行的线索，直至其坚固地构织起最终的事件。

---

① 即尼德兰地区，约为今比利时与荷兰所在地区。——译者注
② 谢苗·罗曼诺维奇·沃龙佐夫（Семён Романович Воронцóв，1744 ~ 1832 年），俄国外交官，1785 年起任驻伦敦大使，属亲英派，1806 年退休后在伦敦居住直至逝世。——译者注

沙皇脑海中的意图，是在英国的支持——尤其是财政支持——下，与奥地利、普鲁士和瑞典组建一个防御同盟。这些国家是否愿意加入尚不得而知，且组建起这种同盟也势必要花费相当多的时间。在此期间，拿破仑很可能已极大地强化了他的阵势，但是英国与俄国至少能够共同阻止他在地中海继续向前。在《亚眠和约》中，拿破仑同意从那不勒斯的奥特朗托（Otranto）和塔兰托（Taranto）撤军，可现在又重新占领了这两处意大利南部的海港。从这里出发，拿破仑不仅威胁着亚得里亚海对面的陆地，而且还可以穿过卡拉布里亚，向西西里发起突袭。这是对当前局势最为致命的威胁，也是必须力图避免的威胁，因此，在地中海投入英军也就成了皮特战略的标志与考验。皮特向俄国施压道，同盟应该是进攻性的，且应立即展开行动，而沙皇随即要求英国加强在地中海的驻军，且要求组建一支在意大利作战的部队。皮特要求宽限两三个月，因为英国目前还没有足够兵力进行这样一场远征。英国驻俄大使约翰·B. 沃伦将军①马上补充道，英国可以在马耳他与直布罗陀的驻军中腾出一大部分来组建一支军队，剩余兵力则将在沙皇组建攻守同盟之后很快抵达。[5]

于是，双方接触还不到一个月，俄国就决定向拿破仑发出最后通牒。俄国要求拿破仑撤出普利亚（Puglia），妥善处理意大利问题，对撒丁国王做出赔偿，并从北德意志撤军。如果法方在二十四小时内未能做出令人满意的回应，俄国大使就将离开巴黎。[6]在迈出这坚决的一步之后，皮特派格兰维尔·列

---

① 约翰·波拉斯·沃伦（John Borlase Warren，1753～1822 年），英国海军将领、政治家与外交官，1802～1804 年起出任驻俄大使，随后返回海军。——译者注

文森－高尔勋爵①取代沃伦担任驻俄大使，让他与俄国进行正式的联盟谈判。在他所携带的特别指令中，第一个任务是了解俄军在意大利的目的，扫除英国对俄方行动的误解。皮特希望俄军立即夺取从塔兰托进入卡拉布里亚的道路，而沙皇则认为其首要目的是独自将法军逐出那不勒斯王国。列文森－高尔指出，沙皇的目的在奥地利加入同盟之前不可能实现，但如果他选择前一行动，马耳他的2000名英国士兵就能马上提供支援。在此时，防止法国通过一场穿越卡拉布里亚的奇袭夺取西西里是英国最为紧急的目标。如果失去了作为补给基地的西西里，英国地中海舰队就很难继续保持在有效的阵位上。

这封特别指令中的其他语句也值得铭记。这是由皮特的外交大臣哈罗比勋爵②写给列文森－高尔的，它在字里行间解释了如此重要的海军战略，为我们提供了理解纳尔逊对于那不勒斯问题的意见的钥匙，从而与之后所涉及的复杂的海军问题相联系。在英俄谈判中，英国的实际资本在于地中海的制海权，而这又取决于纳尔逊对法国土伦舰队的控驭——他的办法不是那种不必要的近距离封锁，而是如他所说，"让它处于掌握之中"，直至他能够与之遭遇，将之歼灭。"如果西西里陷落，"哈罗比向列文森－高尔写道，"能否像现在这样保持对土伦的

---

① 格兰维尔·列文森－高尔，格兰维尔伯爵（Granville Leveson-Gower, Earl Granville, 1773~1846年），英国政治家、外交官。曾于1804~1805年、1806~1807年出任驻俄大使，1824~1828年、1830~1835年、1835~1841年出任驻法大使。——译者注

② 达德利·瑞德，哈罗比伯爵（Dudley Ryder, Earl of Harrowby, 1762~1847年），英国政治家。1804年任外交大臣，次年1月改任兰卡斯特公爵领地总裁，随后前往欧陆，担任联系俄国、奥地利、普鲁士三国的重要特使。——译者注

有效封锁就会成为问题。万一法国舰队从港口逃出，并向亚得里亚海派出任何足够强大的分舰队，俄国政府就会担心他们在这一海域中的舰队有暴露的风险，而法军也就有机会向阿尔巴尼亚或者希腊南部的摩里亚（Morea）发起成功的攻击。"

这也正是纳尔逊的看法。他并不是近距离封锁着土伦，而是在一定距离上积极地监守着土伦舰队。一旦它们向东方出击，危及他所特别保护的地区，他就会前去与之交战。直布罗陀与马耳他对这一目的作用甚微，它们的位置并不适于作为纳尔逊的基地。法军有可能向西驶出直布罗陀海峡，也可能向东驶向那不勒斯或地中海东部，因此，英军最理想的海军基地应该能让纳尔逊保持在敌军这两种可能行动的共同内线位置上。这就是为什么纳尔逊一再强调，撒丁岛与西西里是英军战略位置的关键。

哈罗比继续向列文森－高尔写道："你将会收到我给沃龙佐夫的保证，我方会尽力加强马耳他驻军。你可以向他们表示，5000～6000人的增援兵力将会在未来数月中抵达。这些部队将按时局需要而被用于守卫西西里、卡拉布里亚以及土耳其……但是目前看来，他们的关注重心应该已被特别吸引到防卫……西西里。"[7] 不过，一个新提议的出现结束了这一调兵计划。按照这一提议，俄国将立刻派出军队，与卡拉布里亚当地人一道防守通往西西里的道路，而英国则负责支援，并为他们提供补给以及武器。同时，从马耳他出击的英军则要占领墨西拿。

列文森－高尔还收到了另一份特别指令，要求他向俄方施压，让撒丁王国重新得到皮埃蒙特，以此作为法国重建意大利秩序的阻碍。加强萨伏依王室是为了保持地中海的均势，这是英国一贯的策略。撒丁王国陆军的重要性已经得到广泛认可，但是在英国眼中，它作为海军基地的价值也毫不逊色。自纳尔逊统领地中海舰队以来，他一直向英国政府强调撒丁岛的战略意义。皮特上台不久就在给他的指令中表达了本届政府对这一观点的赞许。在写给列文森－高尔的这封指令落笔之时，纳尔逊已经获知，英国政府正特别关注着撒丁岛的局势。[8]

但是，英方多线行动的提议并未得到俄国政府的赞许。俄国人希望得到一支更大的军队，在意大利展开联合行动，由一位将军统一指挥。然而考虑到拿破仑在布洛涅的大军团对英国本土的威胁，列文森－高尔只能以英国目前无法再在地中海投入兵力作为回应。[9]不过，伦敦的小皮特正尽一切努力加强英军的机动兵力，他不仅继续强化正规军，更采取措施让地方武装承担起本土防御的任务。[10]在数次讨价还价之后，俄国接受了英国在一到两个月内提供 8000 名士兵的承诺，并同意以科孚岛的 20000 名士兵与之联合。联军将由一位俄国将领作为总司令，英方则承担必要的运输任务。英国政府同意了这一计划，在 1804 年年底，埃塞克斯防区司令官詹姆斯·克雷格爵士①接到准备向马耳他调兵的命令。

在英俄两国商议地中海行动军事安排的同时，组建一个稳固同盟的谈判也在重重困阻间继续。困难的原因主要是奥地利的摇摆不定，以及随之在各国间引起的相互猜疑。俄国不甘于英国对保留马耳他的执着，英国又怀疑俄国的真实目

---

① 詹姆斯·克雷格爵士（Sir James Craig, 1748～1812 年），英国陆军将领。1804 年年底出任那不勒斯远征军司令。1807 起出任加拿大总督，直至逝世。——译者注

的是攻略土耳其。较之从拿破仑的威胁下解放欧洲，奥地利更关心如何在北意大利恢复哈布斯堡王朝的旧日势力，普鲁士则只对篡取汉诺威有兴趣，而瑞典只准备通过有限的行动赚得英国提供的佣金，而这些行动与它们的实力和获得的报酬完全不成比例。

尽管这一情况让皮特恼怒至极，但在 1804 年冬季来临时，英国的处境已极大地好转，甚至能够解散部分守备军。英国本土的防御体系尽管陈旧，却仍然坚不可摧。对法军入侵的恐惧已经让位于一种强烈的复仇意愿，他们正渴望着向那个让英国陷入如此的恐慌、付出如此的代价的人发起反击。

英国的防御体系已在历史上多次展现其实力，任何花招和设计都难以突破它的阻击。由小炮艇和小军舰组成的英国舰群直接面对着从泰瑟尔岛到勒哈弗尔沿岸的法军阵营，它们使得拿破仑的运兵船队在取得战列舰队的支援之前无法渡海入侵。英军的轻型舰群得到了一支小型战列舰队的加强，这支舰队的实力足以对付泰瑟尔岛的荷兰战列舰队，以及任何从被封锁的大西洋港口逃逸的小股敌军。基思勋爵①负责指挥这些部队，其指挥部设在唐斯锚地（the Downs），又在雅茅斯（Yarmouth）与诺尔沙洲（the Nore）设立了下属基地，用以监视泰瑟尔与敦刻尔克的敌军动向。英方总体的防御计划是让轻型舰群与被称为"封锁舰"的岸防战舰布防于英国海岸，结成若干集结点。[11] 前出的轻型巡洋舰队负责监视法军的行动，如果法军运兵船试图驶出布洛涅、埃塔普勒（Étaples）、维姆勒

---

① 乔治·埃尔芬斯通，基思子爵（George Elphinstone, Viscount Keith, 1746 ~ 1823 年），英国海军将领。1803 年战争爆发后，他出任英国北海舰队总司令直至 1807 年。随后又出任英国西方舰队总司令。——译者注

（Wimereux）或昂布勒斯特（Ambleteuse）四处港口，它们就
应抓住一切机会发起攻击。在海峡群岛还设有一支由索马里
兹少将①指挥的独立巡洋舰队，负责防止法军运输船通过周边海
域，或是对海峡群岛发动攻击。但他的另一个重要使命是保持基
思所部与西方舰队（Western Squadron）的联系——后者的职责是
掩护整个战区。[12]西方舰队是英国海军的核心主力，它由康沃利
斯②指挥，扼守着英吉利海峡的西部入口，并封锁着布雷斯
特。此外，还有两支从西方舰队延伸出的分舰队在罗什福尔和
费罗尔港外封锁着港内法军。[13]

通过这种久经考验的方式，英国舰队牢固而不可动摇地阻
挡着意图入侵的敌人。拿破仑却仍如他的前辈那样天真地认为，
他可以出其不意，靠用远方的战列舰队发起突然袭击的方式来
突破这些防御。他认为法军能轻松地避开康沃利斯，因为后者
会因封锁布雷斯特的任务而固守在港外；但这种看法却是对英
国西方舰队之职能的误解，真实情况早在半个世纪之前就已被

---

① 詹姆斯·索马里兹，索马里兹男爵（James Saumarez, Baron de Saumarez,
1757~1836年），英国海军将领。在法国革命战争中经历诸多战事，并
在1798年尼罗河口海战中担任纳尔逊的副官，1801年独立指挥阿尔赫西
拉斯海战。1803年起指挥海峡群岛舰队。1808年起出任波罗的海舰队司
令，迫使俄国与瑞典、英国保持贸易，这是拿破仑于1812年率军侵俄的
重要原因。——译者注

② 威廉·康沃利斯（William Cornwallis, 1744~1819年），英国海军将领。
曾参与七年战争与美国独立战争。1794年任海军中将。在1795年的第一
次格鲁瓦海战（Battle of Groix）中，他率5艘战列舰冲向12艘法舰，成
功吓阻敌军的追击。1799年升任上将，出任西方舰队副司令，并多次在
总司令圣文森特勋爵离职时暂代总司令。他在1803~1806年主掌西方舰
队，以敏锐的战略意识完美地遏制着拿破仑的渡海威胁。虽无赫赫之功，
却是保障英国本土安全的重要功臣。事迹详见 Alan Schom, Trafalgar:
Countdown to Battle 1803-1805（Atheneum, 1990）。——译者注

诺里斯（Norris）与安森（Anson）阐明。[1] 如同今天的很多人一样，拿破仑仅仅将西方舰队视为一支封锁布雷斯特的舰队，但事实上，这支把守海峡通道的舰队却承担着英国本土与贸易保护所需的综合任务。封锁布雷斯特，正如封锁罗什福尔与费罗尔，只是它的临时任务之一。在战争中的任何情况下，任何敌舰队在与西方舰队交战并将之击败前都绝不可能进入甚至接近英吉利海峡，甚至用兵力更强的舰队试图与英军交战的策略也一再遭到失败，这已得到了 1779 年与 1782 年战役的证明。[2] 法国海军与英国海军部对此都了然于胸。

---

[1] 英国西方舰队即一般所称的英国海峡舰队（Channel Squadron）。它成立于 1745 年，最初目的只是为了在海峡西部保护贸易航线。1746 年，安森将军出掌西方舰队，之后又出任海军大臣。他赋予西方舰队更强的实力与更重要的使命，而此后的一系列重大战事也证明了它的战略意义。在与法国和西班牙的长期战争中，西方舰队所处的关键位置使之成为英国海军的主力舰队，也是英国海上优势的基石所在。它长期巡航在英国西部的航道上，承担着最为重要的任务：阻止渡海入侵、保护贸易航线、拦截敌舰、监视甚至在必要时封锁敌港。其防区从爱尔兰西南部的法斯内特岩（Fastnet Rock）延伸至西班牙西北部的菲尼斯特雷角，涵盖 150000 平方英里的广阔洋面。——译者注

[2] 1779 年夏，法国与西班牙组成了拥有 66 艘战列舰的强大舰队，试图驶入海峡掩护陆军入侵。兵力处于劣势的英国西方舰队只有 38 艘战列舰，它们选择了谨慎的避战策略，但同时始终保持着威胁，最终迫使敌人放弃侵英计划。1782 年 1 月，时任西方舰队总司令的肯彭菲尔特将军在一份备忘录中详尽地阐释了西方舰队的防御策略。其核心是保持一支机动性较强的弱势舰队，通过机动避战和保持威慑来牵制敌人，迫使兵力较强的敌舰队无法执行任何侵袭计划，进而在其他战场投入更多的资源。之后，肯彭菲尔特意外身故，理查德·豪接任西方舰队司令。他继续执行这一策略。1782 年 6 月初，一支法西联合舰队从加迪斯出海，并于 7 月初与法国布雷斯特舰队会合，意图以 36 艘战列舰封锁英吉利海峡入口，希望拦截英国商船队或迫使英国舰队与之交战。此前荷兰舰队的异动牵制了英军的部分兵力，豪只得率领 25 艘战列舰出击。他沿着海峡北岸向西航行，前往爱尔兰海岸成功掩护了一支大规模西印度船队，并占据了敌舰队的上风位置，最终迫使联合舰队于 8 月初无功而返。参见 John B. Hattendorf, *The Idea of a Fleet in Being in Historical Perspective*（Naval War College Newport Ri, 2014）。——译者注

我们可以借由梅尔维尔勋爵——皮特的海军大臣——在1804年8月致康沃利斯的一封指令清楚地了解到当时的英国政府是如何看待自己的处境的。当年7月底，康沃利斯从西方舰队司令的职位上休假回国，从封锁敌军的紧张中放松自己，将指挥权移交给他的副司令官查尔斯·克顿爵士（Sir Charles Cotton）。仅仅两三周之后，法军即将发动入侵的危机出现。英国政府、海军部都对康沃利斯抱有高度的信心，但毕竟无法十分从容地对待他的缺席。[14] 在他休假期间，梅尔维尔一直与他保持着联系，最后，康沃利斯结束休假，返回西方舰队的指挥位置，这就是8月24日的这封指令发出时的背景。

这封指令首先复述了一则情报，表明法国布雷斯特舰队即将有所行动。指令认为，法军有一到两个可能的目的地，而问题的答案取决于出击的舰队是否搭载着陆军。如果没有搭载部队，这可能意味着其目的是掩护大军团入侵。"这看起来是一次绝望的尝试，"指令写道，"如果他们试图利用任何偶发情况逃脱你的监视而驶入海峡，那也很可能使他们的舰队招致毁灭。"由于历史上的类似尝试全都以灾难性的惨败而告终，因此海军部甚至不认为这种情况可能会再次出现。[15] "不过，"指令继续写道，"如果现在的法国政府决定冒上一切风险执行这个长期威胁我国的计划，我们也无法用理性思维来估算其可能性。我们必须警惕这种概率极小的事件，毕竟一时的激情放肆也可能使它发生。"因此，康沃利斯应该用尽可能近的距离封锁敌军，即便他们侥幸脱逃，他也能很快跟上敌舰并将之歼灭。指令进一步提醒道，如果敌军的真实目的是进入海峡掩护大军团渡海，他们便会用尽一切办法试图误导封锁舰队。我们在这里看到，英国政府早已洞悉了拿破仑内心深处最隐秘的意图——骗开康沃利斯舰队正是拿破仑入侵计划的前提之一。

指令之后的部分为敌军各种可能的行动制定了不同的反制方案。若敌军舰队倾巢而出，康沃利斯又与它们脱离了接触，他就应该驶向利泽德半岛（Lizard）① 附近，在那儿肯定能得到法军是否进入海峡的消息。如果法军尚未进入，他就应在此固守，或者前往爱尔兰海岸他认为更加可取的其他要地。若只有部分敌舰搭载着陆军部队出航，它们的目的便可能是爱尔兰，他应该派出一支实力相当的分舰队如前所述般进行截击。若部分敌舰向南方出航且未搭载陆军，其目的有可能是与地中海舰队会合。若敌舰不超过五六艘而又搭载着陆军，目的就可能是西印度群岛，他仍应如前所述，派出兵力相当的分舰队。

这封指令也设想了全部敌军或敌军主力出击可能是为罗什福尔与费罗尔解围的情形。其应对措施，是让那儿的两位舰队司令"在西班牙北部海岸或其他地方将两支舰队集结起来"，康沃利斯则应率西方舰队与之会合。他还应安排巡航舰为他随时提供预警信息，并以其主力舰队为巡航舰提供增援，使之具备持续跟踪敌舰队的实力。如果两者中的任何一支封锁舰队因强敌出现而被迫解除封锁，它就应立即加入另一支舰队，一同等待增援的到来。接下来的部分对如何封锁布雷斯特做出了若干指示。这些指示极其琐碎，但其中仍包含了一个保留条款，在保证战役计划照章进行的同时也赋予一线将领某些决策自主权。"我们

---

① 利泽德半岛位于英国康沃尔郡西南部，即大不列颠岛西南端，也是英国的最南点。——译者注

意识到，这些指令在许多无法预见的具体情况中也许是难以执行的。在这些情况下，你必须用自己的酌定权与决断力来指导你的行为，及时通过我们的秘书向我们报告你的进展。"[16]

这些睿智而全面的指令自然不可能全部出自梅尔维尔勋爵一人的手笔。几乎可以确定，它们是在康沃利斯尚在休假时与之共同订立的，其中不仅包括康沃利斯的观点，也可能包括未来的巴勒姆勋爵查尔斯·米德尔顿①的意见，后者即将成为特拉法尔加战役的最高指挥官，此时正担任海军大臣梅尔维尔的私人机要顾问。或许正因如此，这封指令能够成为这一继承自18世纪大海战时代、同时又保持着活力的海军战略传统的最精要的表述，值得我们致以最高的敬意。除却以上提及的战略性论述，我们还能通过这些指令看到一个典型情境，借之了解英国海军部一般是如何指挥本土海域内的舰队行动的。我们还能看到的是，他们眼中的入侵威胁显然并不危急。

拿破仑究竟在何种程度上意识到侵英计划的不可行，至今尚不清楚。有时候，他说自己从未认真考虑过这一企图；而在另一些场合下，他又说这一计划仅仅是因运气不佳以及海军将领的无能才招致失败。我们能够肯定的是，没有哪位高明的陆军大师曾如此致命地误判了发动入侵的可能性与局限性，也没有哪位能干的管理者曾在组织工作中失败得如此彻底。拿破仑对其大军团渡海侵英的安排正是这样的反面典型。计划中的任

① 查尔斯·米德尔顿，巴勒姆男爵（Charles Middleton，Baron Barham，1726 ～ 1813 年），英国政治家、海军将领。他是皮特第一届政府前期最亲密的海军顾问，力主海军改革，并以推动废奴运动而闻名。1805 年出任海军大臣，是特拉法尔加战役的实际指挥者。1806 年年初随着皮特病逝、政府倒台而退休。——译者注

何部分，甚至是大军团本身，都不曾准备完毕。[17]侵英计划已如此明显地破产，但为了维护尚未破损的拿破仑神话，其一塌糊涂的准备工作只能有一种合理解释：这位伟大的将领从未认真地将这一计划加以施行。

情况或许就是这样吧。1804年秋天来临之时，拿破仑已经意识到皮特与沙皇在他身边构织的阴谋，但他任其发展，而将全部精力投入加冕称帝的工作中去。当年冬天，整个侵英计划已经被他放弃。大部分运兵船被拆除，港口得不到维护修理，花费数百万挖掘出的水道很快就被海沙填埋。拿破仑拥有法国在过去一个世纪中所有类似行动的经验，但在18个月的准备工作之后，他甚至没能解决一些最基本的问题。为了在失望的国民与士气低落的大军团面前挽救他的名誉，他开始把战争焦点转向奥地利。

在沙皇的压力下，奥地利对法国的态度日益变得强硬。它开始扩充军队，在亚得里亚海的末端与蒂罗尔（Tyrol）布设弹药补给站，准备直接对拿破仑夺取的北意大利发动攻击。英国与俄国间的联盟谈判似乎即将完成，奥地利看起来也已经打定主意要加入它们的阵营。在拿破仑看来，局势的危险程度已发展到难以被忽视。他还没有做好准备去面对一支由英国资助的大陆盟军。侵英行动对英国的威慑虽然一直有效，目前却难以继续下去；无论用什么手段，英国决不能在此时继续制造问题。正在他如此思考的时候，合适的机会也正好出现在他的手里。西班牙一直是法国实现其野心的工具。自从因受到恫吓而对法国舰船开放港口以后，西班牙的中立早已形同虚设；只要拿破仑再对它施加一点压力，就足以让它丢弃仅仅存在于纸面上的中立，加入法国的阵营。拿破仑果然开始向西班牙施压。面对这一局势，皮特则祭出了那柄历史悠久，但他的父亲却不能使用的利器。不宣而战地向富饶的西班牙运宝船队发起突袭，自弗朗西斯·德雷克于1585年首次发起那次失败的攻击之后，这就是英国在类似情况下的惯常之举。英国一次次地展开此类行动，尽管很少能得手，却也乐此不疲。9月底，地中海的纳尔逊与费罗尔港外的亚历山大·科克伦（Alexander Cochrane）接到了这一命令，要求他们夺取自蒙得维的亚（Montevideo）归航的西班牙运宝舰队。此外，一支雄心勃勃的新舰队也被组建起来，负责封锁加迪斯与安达鲁西亚（Andalusian）海岸，由约翰·奥德爵士（Sir John Orde）所统领。当年11月，莫尔准将①麾下的特遣巡航舰队已经捕获了4艘西班牙运宝船。西班牙随即于12月12日向英国正式宣战，而拿破仑的新计划也开始成形。②

---

① 格雷厄姆·莫尔（Graham Moore，1764～1843年），英国海军军官，英国陆军名将约翰·莫尔的兄弟。1803年战争开始后负责指挥4艘巡航舰组成的舰队（故得到准将的临时职衔），于1804年10月5日不宣而战地捕获了一支由4艘巡航舰组成的西班牙运宝舰队。随后加入考尔德将军的费罗尔封锁舰队。——译者注

② 西班牙加入战争的原因较科贝特所述更为复杂。西班牙在法国大革命爆发后一度加入反法同盟，与英军一道入侵土伦，摧毁了法国地中海舰队。之后，西班牙遭法军入侵，被迫与法军媾和，于1796年8月与法国结为反英同盟，开始与英国作战。1803年10月19日，西班牙与法国再次订约：西班牙退出反英同盟，宣布中立，代价则是向法国船只开放港口，向法国提供15艘战列舰、6艘巡航舰与4艘轻巡航舰，再提供18000名步兵与6000名骑兵。然而，英国无法接受这样的"中立"。1803年12月，英国要求西班牙与法国划清界限。西班牙同意向英国开放港口，延缓海军武装进度，但这远不能满足英国的条件。1804年，英国海军与私掠船开始袭击西班牙船只，拿破仑也一直向西班牙施压。马德里继而宣布没收领土范围内的英国资产、在费罗尔修建海军基地，并下令攻击英国船只。1804年12月12日，西班牙正式对英国宣战，再次与法国结盟；英国也在次年1月11日向西班牙宣战。参见Jose Ignacio González-Aller Hierro, "Some Strategies and Tactics Regarding the Trafalgar Campaign," *Journal for Maritime Research*, Vol. 7, Issue 1, 2005。——译者注

西班牙的参战意味着拿破仑在纸面上又得到了 32 艘战列舰。西班牙、荷兰与法国的联盟使他在纸面上拥有了略超出英国舰队的总实力。但皮特的先手行动让西班牙在尚未做好准备时加入了战争，拿破仑最多能指望它在 1805 年春提供大约 25 艘适于行动的战列舰；而在此之前，他只能单独行动。他希望展开某些行动，尽力将英国舰队的注意力引离他的海岸。他希望调动兵力进行一次殖民地攻击，进而在英国国内唤起一阵停战呼吁。此时的拿破仑还并不打算让舰队杀回海峡，他仅仅希望用一次殖民地袭击从英国内部颠覆皮特政府，让英国海军在他面对大陆同盟的威胁时从其背后撤离。这一设想就是著名的西印度行军的缘起。

在他刚刚放弃的前一个方案里，出击的土伦舰队要躲开纳尔逊，再用一个大范围机动绕开费罗尔港外的科克伦，之后为罗什福尔舰队解围，与之会合后再用一个大范围机动绕开布雷斯特港外的康沃利斯，最后驶入海峡。而在新的殖民地攻击计划里，土伦与罗什福尔舰队应搭载着陆军部队分头出击，航向西印度群岛这一共同的目的地。他们应夺回被英军占领的荷兰岛屿，加强当地法军的防御，尽可能地攻取英国殖民地，随后在次年春季一道返航，击败科克伦，解救费罗尔舰队，然后共同进入某处法国港口。与此同时，布雷斯特的冈托姆①舰队则应搭载第三支陆军部

①　奥诺雷·约瑟夫·安托万·冈托姆（Honoré Joseph Antoine Ganteaume, 1755～1818 年），法国海军将领。大革命后作为战列舰舰长参与了光荣的六月一日海战与同年的冬季巡航。1798 年作为舰队参谋长参与埃及远征，在尼罗河口海战中在"东方"号爆炸前夕惊险撤离。随后护送拿破仑返回法国。1801 年率舰队试图解救埃及远征军，捕获了 1 艘英国战列舰与 1 艘巡航舰，但未完成战略使命。《亚眠和约》签订后参与了对西印度群岛的远征。1804 年升任中将，受命指挥布雷斯特舰队，但始终未能成功出击。——译者注

队，抓住时机尽早出击，让陆军入侵爱尔兰，此后再驶向北方，最终到泰瑟尔岛掩护马尔蒙①的陆军部队渡海入侵。

需要指出的是，拿破仑提出这些计划的真实目的始终难以确定。他很清楚，自己的身边——甚至是在他的国务委员会里——布满了叛徒与奸细。因此，他常常编造一些从未认真考虑执行的计划来扰乱敌人的情报。可以确定的是，这个计划对冈托姆行动的描述主要是为了蒙骗英国间谍，其目的是让他们相信，令他们最为敏感的入侵威胁依然存在。对土伦的维尔纳夫②与罗什福尔的密歇希③的行动计划则的确属实，且得到了后

---

① 奥古斯特·德·马尔蒙（Auguste de Marmont, 1774～1852 年），法国陆军将领，拿破仑的亲密伙伴。1803 年，他负责在布洛涅准备侵英军团的炮兵，后于 1804 年 3 月转任荷兰军团司令。1805 年一度登船预备侵英；侵英计划破产后随拿破仑入侵奥地利，在乌尔姆会战（Battle of Ulm）中表现出色。——译者注

② 皮埃尔 - 夏尔·维尔纳夫（Pierre-Charles Villeneuve, 1763～1806 年），法国海军将领。他在 1798 年尼罗河口海战中任后卫舰队司令，在战斗后期率 2 艘战列舰、2 艘巡航舰成功撤退，使它们逃脱被全歼的命运，赢得了训练有素和幸运的声誉。1802 年指挥舰队远征向风群岛。1804 年，在杰出的拉图什 - 特雷维尔将军病逝后，维尔纳夫接任土伦舰队司令。在特拉法尔加海战的惨败后被英军俘获，1806 年 4 月回到法国，在驿站中身中 6 刀离奇身死。维尔纳夫被普遍视为无能而软弱的指挥官，在接管土伦舰队后使法军士气迅速衰弱。但英军对他评价较高，认为他冷静清醒、不好浮夸。他的消极表现或许源于他清醒的认识：法国海军的糟糕状况根本无法与英军为敌。——译者注

③ 爱德华·托马斯·布尔格斯·德·密歇希（Édouard Thomas Burgues de Missiessy, 1756～1837 年），法国海军将领。法国大革命爆发后继续留在海军服役。1792 年任战列舰舰长，次年升任海军少将，但因贵族出身遭到监禁，后流亡意大利。1803 年任布雷斯特海岸守备司令。1804 年出任罗什福尔舰队司令，并于次年执行了对西印度群岛的远征，远征结束后病退。1809 年再次出任位于荷兰的斯海尔德河口（Escaut）舰队司令。他组织的防线成功抵御了英军的渡海入侵，随后升任海军中将与北海海岸守备司令，并于 1814 年在安特卫普成功防御反法联军的攻击。——译者注

来事态的证明。这样一来，我们就可以清楚地理解拿破仑的想法。他对爱尔兰与苏格兰仅仅是试图保持威胁，遥远的西印度群岛才是其真正的攻击目标。他由此便能避开英国战略布局的重心。整个计划显然是为了取代未遂的入侵；在他努力将奥地利逐出尚未结成的反法同盟之时，他试图以这一计划让英国内阁难堪，确保他们不会在欧洲方向再投入舰队和陆军。

次年春天，拿破仑的三支舰队将会集结在一处不为我们所知的港口里，这就是这个计划的最终结局。或许这是因为他面前的局势尚不确定，但他知道，这一切必须取决于能否制服奥地利。他可能只是想将所有兵力攥在手中，静候变迁的时局。或许，他已开始意识到他的先辈们一再从痛苦经验中取得的那个教训：除了用海战夺取制海权，再也没有其他办法能击败英国。西班牙将在明年春天完成战备，它的海军至少还让拿破仑怀揣着一丝希望。

拿破仑的下一步动作证实了他对英国的恫吓意图。1804年年底，他紧急命令维尔纳夫与密歇希迅速出海。而在不久前，他正向英王乔治三世发去一封和平提议，同时又向维也纳发去一封措辞严厉的信函，要求他们对奥地利的军事行动做出解释。在等待回复之时，拿破仑向他的新一届国务委员会正式解释了他的总体构想。在全盘考虑各路情报之后，他在此刻相信，他已得体地脱离了执行侵英计划的两难困境。然而，没有哪个意欲统治法国的人会忘记罗马共和国的那句战吼："迦太基必须毁灭！"（Delenda est Carthago！）① 看似即将要爆发的对

---

① 这里的寓意是，拿破仑意识到国务委员会中的野心家们一定会坚持继续战争的政策，自己只能用其他的战争借口来规避执行侵英计划。——译者注

奥战争给了他一个理想的理由，只需对准备入侵的巨额开支做出解释，他便能无损英明地从侵英计划中脱身。"两年来，"拿破仑说道，"法兰西已经为我们的需要做出了最大的牺牲和奉献……但是，为了组建这样一支全副武装、拥有 20000 匹炮兵挽马的大军，我们必须找到一个借口，让我们集结部队的行动不被其他大陆强国所警觉。这个借口就是入侵英国的计划……两年来，我一直没有将这些告诉你们，但这的确是我唯一的目的。你们现在已知道了，这就是那许许多多问题的解释。但我们现在还不能开始战争，我正在同英国国王开始一场谈判，试图缔结和平协定。"[18]

在拿破仑刚刚完成这次精彩演说之时，英方的回复抵达了。英方仍然不承认他的皇帝头衔，而这个称呼却凝聚着他全部的虚荣心。英方回信的开头是"致法国政府的首领"，其末尾落款人也不是英国国王，而是一位内阁大臣。在正文中，英方寥寥几句就拒绝了拿破仑提出的让英国与其他大国——尤其是俄国——停止接触的和平条件。这封回信激发了拿破仑性格中最激愤丑恶的一面，更为糟糕的是，奥地利皇帝不久后又送来了一份请求和平的手记，将他发动战争的借口逐一规避。拿破仑在盛怒中发现，自己已被重新掷回那个让他绝望的侵英计划里。他的舰队已被派出，分散在大西洋中；他的陆军无所事事，士气低沉；他的海峡港口里满是沙砾；而他的渡海船队甚至已经被解散。他的声威与名誉仍然被捆绑在侵英计划上，甚至比往日捆得更紧，且因他先前的行为而陷入更严重的矛盾和错乱。这就是他那自负的好斗心理为他赢得的一切。现在，他只好假装本来就要继续这一计划，将这件已经耗资过半的荒废事业从头做起。

　　皮特因这封强横无礼的回信受到了英国各界的指责，但他的父亲当年正是如此回复舒瓦瑟尔①，而他也将以同样的方式对付西班牙。在这里，精巧的诡计被近乎残酷的直率所击退。皮特知道自己行为的后果，英国人很容易就会原谅他。他们从中看到了这个国家的昂扬精神，看到了国力增长带来的自信，看到了唤醒欧洲的崇高使命，看到了那绝不动摇、斗争到底的坚定信念：如果拿破仑不被击败，欧洲大陆就无法恢复自由与和平。

　　此时，组建联盟的谈判已经取得了重要进展，彻底划清界限的时机已经成熟，英国再也不用孤军奋战了。1804 年 11 月 6 日，俄国与奥地利缔结了防御同盟，约定两国将在法国继续攻略德意志、意大利与东欧之时联合加以阻击。普鲁士仍坚决要求取得对汉诺威的保护权，以此作为参与欧洲事务的报偿；但瑞典已同意向英国提供吕根岛（Rügen）与施特拉尔松德（Stralsund），作为英国与俄国联合行动的海军基地。英俄两国间的谈判则取得了更多成果，皮特与沃龙佐夫已经在伦敦商定了联盟的主要条款。在严词拒绝拿破仑的和平提议后，圣彼得堡的列文森－高尔收到了伦敦发来的正式盟约。[19]

　　然而，谈判的进程不可能毫无波折。在俄国人眼里，克雷格的马耳他远征部队能否如约抵达仍然是对英国是否有意愿与能力达成盟约的考验。他们需要以此确定，英国人并不只是自私地从他们的国土正面引开拿破仑的关注重心。因此，英方所提出的让马耳他的英军夺取墨西拿，而俄军在南意大利展开行

---

　　①　在七年战争期间，法国重臣舒瓦瑟尔公爵（duc de Choiseul）曾与英国首相老皮特在 1761 年通信议和。但老皮特坚定而激烈地拒绝了舒瓦瑟尔提出的条件，他的侵犯性言辞还使法方提出抗议。——译者注

动的新提议随即遭到了俄方的怀疑。不过，英方对俄国将领在南意大利拥有最高指挥权的承诺很快又将这分怀疑消去。留到最后的问题是英国是否愿意从马耳他撤军，但不幸的是，英国绝不愿在这一点上让步——它甚至甘愿为此发动一场战争。远东地区在它的帝国版图中越来越重要，而拿破仑对奥斯曼帝国领土的野心已不可忽视。马耳他因此成为英国此时的外交政策的重要基石，正如直布罗陀之于威廉三世。

这个焦点问题几乎使所有的谈判成果化为乌有。英方起草的盟约里没有一个字提到马耳他，但在圣彼得堡的进一步谈判中，沙皇却坚持让列文森－高尔接受一条有关马耳他的独立条款，然后才会签署盟约。沙皇的目的是将整个同盟作为向拿破仑施压的筹码，以武装调解的方式逼迫拿破仑接受盟约所安排的欧洲秩序。很显然，如果英国一定要占领马耳他，调解就必然会失败。因此，沙皇要求英国，如果拿破仑接受和平条件而又坚持解决马耳他问题，英国就应当撤军。由于接到了国内对这一问题的严格指令，列文森－高尔坚决回绝了俄方的提议。沙皇不相信皮特也会像他的大使这样固执，于是，他让英方将盟约带回伦敦，还附上了自己的强硬声明：除非这一条款加入其中，否则俄国不会签署同盟协定。皮特大为惊骇，他已经准备好修改其他条款做出让步，但马耳他问题却无可商议。在他眼里，马耳他是整个计划的关键所在。英俄两国关系立即紧张起来，甚至濒临破裂。沃龙佐夫向皮特提出了种种恳求与抗议，皮特则回复道，法国一直是历史上最为强大的陆军强国之一，它的统治已从西班牙的加迪斯延伸至意大利的契维塔韦基亚（Civita Vecchia），它正用尽一切努力征服地中海。不仅如此，法国还意欲征服整个奥斯曼帝国，希望将英国逐出印度。

地中海的自由、黎凡特与埃及的独立都需要英国占有马耳他。简而言之，南意大利、爱奥尼亚群岛以及奥斯曼帝国所有领土的安全都取决于英国能否坚实地掌控这个昔日的海上骑士团要塞。沃龙佐夫不为所动，他坚持道，英方的固执将会破坏刚刚约定的、为了拯救欧洲而成立的同盟。皮特打断了他的发言："这不会拯救欧洲。一旦英国舰队不再拥有这处得到强大要塞保护的良港作为基地，地中海、黎凡特还有埃及都会瞬间落入法国的支配范围……因此，"他总结道，"如果其中包括了让我们放弃马耳他的条款，无论这对我们来说是多么痛苦，我们也只能放弃签署盟约的愿望。我们将继续独自作战，仍旧在大海上作战。"[20]

在这里，我们得以从皮特的亲口阐释中了解到他对这场战役寄予的期望，以及他希望达成的最终目的。这场战争是为了地中海与周边国家的自由而进行的，而且也不仅仅是一场海上战争，同样也要在陆地上展开。皮特坚决地向沃龙佐夫声明，马耳他是不列颠帝国的必需。而接替哈罗比担任外交大臣的马尔格雷夫勋爵（Lord Mulgrave）更争辩道，让英国保留马耳他符合整个欧洲的利益。沙皇无非要重建马耳他骑士团，但马尔格雷夫指出，查理五世（Charles the Fifth）之所以在这个小岛上建立骑士团，就是为了让他们保护基督教国家，对抗其共同的敌人。① 而现在，即便骑士团得以重建，他们也没有力量执行这一任务。只有大不列颠——这个在地中海沿岸没有领土野

---

① 16 世纪初，哈布斯堡王朝的查理五世同时兼任神圣罗马帝国皇帝及西班牙国王，是欧洲权力最大的君主。1522 年，驻守罗德岛的医院骑士团被奥斯曼帝国逐出罗德岛。查理五世决定将西班牙治下的马耳他永久租予医院骑士团，即后来的马耳他骑士团。——译者注

心的头号海军强国——才是骑士团的合法继承者；也只有作为
英国的港口与军事基地，马耳他才能在对抗欧洲公敌的战争中
发挥作用。马尔格雷夫总结道："国王陛下在保留马耳他的问
题上已全面考量了整个欧洲与英国的利益，将保留该地作为陛
下尽其全部巨大的努力能够做出的国家利益牺牲的唯一例
外。"考虑到英国要在相当长时间内担负起对半个欧洲的巨额
财政资助，它所要求的这个报偿很难说是过分的。

总而言之，这种紧张的情形就是拿破仑与皮特各自启动其
战役计划时的外交处境。在英俄盟约终于签订的那一天，维尔
纳夫正试图驶出地中海，克雷格与他的远征军也即将在一周之
后起航。

然而，盟约并未立即生效，局势在此后的几个月内仍然晦
暗难明。为了更好地研究这场战役，我们有必要探究推迟盟约
生效的复杂原因。沙皇对英国提出的核心条件，其一是马耳他
撤军问题，其二是改革英国的战时航海法典（Maritime War
Code）①，两者都被他个人视作盟约生效的必要条件。皮特对
保留马耳他的执着极大地加深了他对英国真实目的的怀疑。面
对英国大使的恳切抗议，他指出克雷格的马耳他远征部队未能
及时出发。最后，克雷格部队如约出发的消息终于送达，同时
送到的指令也让俄国人完全感到满意。尚未生效的联盟部分地
组建了起来，但沙皇的心思却变得更加难以捉摸。他又提出要
求，抵达意大利的克雷格在与那不勒斯最高司令官莱西将军
（General Lacy）[21]商议之前不得展开任何行动。英方也接受了

① 沙皇主要的诉求是让英国废除在战时检查公海上的中立国船只的政
策。——译者注

这一提议。为了促使盟约全面生效，皮特甚至决定在马耳他的独立条款上做出一点微小让步。他打算，如果实现欧洲和平将取决于马耳他的归属问题，他便会在若干条件得到满足之时从马耳他撤军。条件之一是让西班牙将梅诺卡岛（Minorca）割让给英国——这块英国原先的领土刚刚在《亚眠和约》中被西班牙夺去。但是，这个让步只出现在拿破仑立刻接受和平条款的前提下。如果战争爆发，英国则会将马耳他继续占据下去。沙皇并未立即接受英方的提议，他仍然希望英国能修改航海法典。一直到1805年7月，沙皇才最终批准盟约生效，结束了他那极其令人不快的迟疑。[22]

因此，我们在研究这场战役时必须随时注意，在它开始之时，这场战争的核心要素尚未确定。皮特与海军部都无法肯定，这场战役到底是与其他陆军强国联合作战，还是由英国独立进行。因此，我们在评断将领与政治家的行动与布局时必须考虑到，他们是处在这种不稳定的状态里。这本是联盟协定在一开头就要给出答案的问题，却直到很晚才得以确定。

盟约第一条规定，俄国有义务尽力组建一个大陆国家的联盟，并与它们协调一致，提供一支规模超过50万人的大军。第二条宣示了它们的目标：迫使法国从汉诺威与北德意志撤军；重新让荷兰和瑞士恢复独立；将皮埃蒙特还给撒丁王国；确保那不勒斯王国的主权完整；从包括厄尔巴岛（Elba）在内的整个意大利撤军。第三条规定了英国的义务，除提供海陆军之外，英国还应担负起盟军行动所需的运输工作，同时还要按照每10万投入战场的正规军每季度100万英镑的比例向盟国提供财政支援。

随着盟约的生效，自这场战役开始以来的战争政策因为一个伟大的新要素的登场而彻底改变。英国舰队不再仅仅被用于海上行动，它已将自己与一场规模庞大的陆地战争联系起来。如果只有奥地利加入同盟，英国舰队与陆军的主要活动地点就将是意大利海岸与东地中海，纳尔逊正期盼着在那儿展开行动。如果普鲁士也加入进来，英军就能以吕根岛和施特拉尔松德作为基地，在北海和波罗的海周边作战。

盟约给战争中的英国所带来的第二个新要素，即战略学者所说的"攻势回归"（an offensive return）。皮特从他父亲那儿继承的那股精神，以及迪穆里埃将军①提出的著名国防方案，其在皮特政府上台之初即呈给了英国，在那一刻终于变为现实。"现在，是时候让波拿巴高悬在英格兰头上的利剑落下来了，"迪穆里埃如此说道，"没有什么比一味固守更加危险，它为敌人提供着用各种手段展开攻击的广阔空间……我问你们，这种纯粹防御到哪里才是尽头？……如果我们仍旧在恐惧下继续忍受目前的形势，又如何能成为欧洲各大强权的新核心？……毫无疑问，我们需要从防御至上转变为进攻性策略。如果从今年开始进攻政策还不能取代固守政策，你们就将看到，波拿巴得手的机会将会迅速增加。"[23]

离开了这两个关键要素，我们就只能一次又一次地对特拉法尔加战役产生误解。如若将之视为一场防御性战役，认为它纯粹是为了保护不列颠岛屿的安全，我们就会错误地评判那些

----

① 夏尔·弗朗索瓦·迪穆里埃（Charles Francois Dumouriez, 1739～1823年），法国陆军将领。在法国大革命期间非常活跃，一度成为法国最具权势的军事领袖，后在雅各宾派与反法联军的夹攻下流亡国外。1804年移居英国，在英国陆军部担任对法战争的重要顾问。后随威灵顿参与半岛战争，最终在英国去世。20世纪初，他给英国本土国防提出的重要建议被研究者发现。——译者注

战役设计者，而他们本来对此有着最为确切和洞达的理解。对于他们而言，这场战役的真正意图并不是如何避免失败，而是如何让敌人遭受失败。英国重新回到了自己的传统。马尔波罗与老皮特的精神正在振奋起来，它正全力准备出击，一刻也不愿等待。这场战争是为了整个欧洲，而不仅仅是它自己。若认为它一心只顾自己的安危，我们就完全忽视了这个宏大的主题，将那些主动承担风险的水手的勇敢自信误解为鲁莽粗心。缺乏清晰把握与正确理解的后人往往将这些精巧的谋划视为无知的失误，现在，是时候将这些错误清扫掉了。让我们纵览这场战役的全局，追踪他们行动间的微妙联系，虚心地坐在缔造这场战役的巨人们的脚边。我们或许能够了解到，这些被鲜活的海军传统所鼓舞、因丰富的战争经验而成熟起来的人，将如何正确地思考，如何无畏地承担风险，如何明智地遵从战争的中心意图，如何建立起他们的功勋。

第二章 拿破仑首次受挫

　　1805 年年初，罗什福尔的密歇希为拿破仑的新计划迈出了第一步。就在向伦敦发去和平提议的同一天，拿破仑紧急命令密歇希率舰队出海。法国罗什福尔舰队在埃克斯岛（Isle of Aix）装载了 3500 人的部队，它们正驻泊于河口浅滩，早已做好出航准备。在英国海军部看来，安全地对大西洋港口实施冬季封锁是一项不可能完成的任务，但罗什福尔仍处在英国西方舰队的一支分队的监视之下。这支分舰队的指挥官是托马斯·格雷夫斯爵士（Sir Thomas Graves），他曾在哥本哈根海战中担任纳尔逊的副司令，有相当出色的表现。可是，他的任务还包括封锁波尔多（Bordeaux），防止运输船由此北上前往准备侵英的港口；其职责范围从约岛（Isle d'Yeu）一直延伸到吉伦特河口，跨度近 100 英里。比起封锁港口，要在冬季的外海上为舰队进行补给则是更不可能完成的挑战。正因如此，在密歇希受命出航之时，格雷夫斯正决定去基伯龙湾补充淡水——自从霍克将军（Admiral Hawke）在 1759 年取得那场伟大胜利之后①，基伯龙湾就一直是英国舰队的前线锚地。帕特里克·坎贝尔舰长（Captain Patrick Campbell）指挥的巡航舰"多丽丝"号（Doris）被留下来继续监视。1 月 8 日，他进行了一

---

　① 1759 年 11 月，在七年战争中的基伯龙湾海战中，霍克将军率领 24 艘战列舰与驶出布雷斯特的 21 艘法国战列舰相遇。在恶劣的天气中，法军决定退入暗礁丛生的基伯龙湾。霍克勇敢地命令英军发起全面追击，在法军完全退入海湾前咬住其后卫舰队，歼灭 7 艘法国战列舰。——译者注

次近距离侦察，发现密歇希正在忙碌地装载部队与物资。坎贝尔匆忙离去，途中遇到了刚从格雷夫斯处驶来的纵帆船"菲利克斯"号（Felix），从它那里得到了英国舰队的位置。于是，坎贝尔将"菲利克斯"号留在他先前所在之处，自己则驶向北方，将这个消息报告给格雷夫斯。

11日，埃克斯岛一切准备完毕。裹挟着雪片的暴烈海风从东方袭来，密歇希决定在午后起锚，于当日夜间突破英军的封锁。正确的决断和好运气使他获得成功，他确信自己已在风雪中隐遁，只是没料到负责监视港口的"菲利克斯"号仍保持着高度警惕。第二天清晨，"菲利克斯"号发现了法国舰队，观察到1艘三甲板战列舰、4艘74炮战列舰以及5艘巡洋舰。它在这一天里远远地跟随着敌人，在夜色掩护下于约岛西南50英里处悄然脱离，乘着刮起的西南风前往基伯龙湾报信。当它脱离目标之时，法国舰队正在向北行进。

与此同时，"多丽丝"号在赶往大部队的途中也看到了法国舰队。它以不惜让帆具受损的高速抵达基伯龙湾，却发现格雷夫斯已经离去。格雷夫斯据说已前往贝尔岛（Belle Isle）西南方。"多丽丝"号再次试图强行军，却不慎撞上一块暗礁，花了一整夜时间才控制住进水。"菲利克斯"号也赶到了基伯龙湾，它向"多丽丝"号报告了敌舰队的方位，让坎贝尔陷入了绝望。一股海潮正从西南方涌来，坎贝尔知道格雷夫斯将按照常规做法驶入某处港湾以保护舰队，这将使他无法展开任何行动。因此，他必须在一切变得太晚之前阻止这场危机。然而，"多丽丝"号只能勉强漂浮，帆具也严重受损；他还要对抗正在涌起的海潮，这都超出了他的能力。最终，坎贝尔只得顺流下锚。"多丽丝"号在两天后沉入海底，但所有人都被

"菲利克斯"号成功解救。16 日，格雷夫斯终于露面。"菲利克斯"号向他打出敌舰队出航的信号，格雷夫斯立即转向上风，尽力往回航行。但格雷夫斯已驶离得太远，在激烈的海潮中无法回到贝尔岛的上风位置，也只能无奈地下锚停船。[1]

密歇希也在海湾外艰苦地努力。他同样在航行过程中遭到了种种磨难，但最终凭借坚定的决心而成功逃离。英国巡洋舰的侦察已经获知法军的一些灾难性遭遇，但英国舰队中却无人知晓该如何利用法军的不幸。他们普遍认为，恶劣的天气将迫使法军返回罗什福尔、洛里昂甚至布雷斯特。英军的确相信布雷斯特是密歇希的目的地，法国舰队向北的航向更强化了这一印象。康沃利斯的舰队并不在那里，他已被海潮赶回普利茅斯，直至月底才能返回。糟糕的天气使得英军在整整一周时间内无法侦察这三处港口，因此无处得知密歇希的位置。没有人考虑过罗什福尔舰队前往西印度群岛的可能性。可谁又能猜到，拿破仑会忽然离开他下得正起劲的棋局，把他的舰队派到一场殖民地远征中去呢？除了深谙政治局势的人，没有人能够预知到事实真相。正是在统帅部——情报信息的中心——英方首次意识到这一可能性。

但即便在伦敦，对密歇希目的地的推测仍是存在争议的问题。情报得出的结论在西印度群岛与地中海这两个目标之间徘徊摇移。内阁认定后者是最为可能的目的地，而这也是他们最为担心的地区，因为与俄国在南意大利展开联合行动的谈判才初步成形。得知密歇希舰队失踪后，他们的第一反应是，如果有情报表明敌军穿过直布罗陀海峡，就应向纳尔逊的地中海舰队派出援军。这一措施以英军一贯的办法进行。2 月 14 日，康沃利斯收到命令，派出他麾下排位第三的将军——罗伯特·

考尔德爵士①——率领 6 艘战列舰离开布雷斯特封锁舰队，去接替费罗尔港外的科克伦，而科克伦所部——与密歇希兵力相当的 6 艘战列舰——则受命追击这支法军。科克伦首先应前往里斯本打探，如果没有消息，再去寻访圣文森特角附近的约翰·奥德——他的 5 艘战列舰在英国与西班牙决裂后一直负责监视加迪斯。如果密歇希前往地中海，他便应尾随其后并与纳尔逊会合；如果一直没有音讯，他就应前往马德拉群岛（Madeira）、佛得角群岛以及西印度群岛的巴巴多斯继续探听，然后在背风群岛加入塞缪尔·胡德准将（Commodore Samuel Hood）的舰队。如果仍旧没有法军的消息，他应派出 3 艘战列舰支援牙买加的戴克斯（Dacres）所部；如果听说敌舰队去了他们北方的圣多明各，支援兵力就应提高到 6 艘战列舰。考尔德于 1 月底抵达费罗尔，接到命令的科克伦随即起航，但早在一周以前，密歇希就已抵达了马提尼克岛的法兰西堡。[2]

而在地中海，拿破仑战役目标的忽然转移给英法双方都造成了同样的困惑。维尔纳夫于 1 月 2 日接到了皇帝下达的加急命令，此时，纳尔逊的舰队正在土伦港外梭巡。纳尔逊是在头年 12 月 26 日出现的，这次近距离侦察让他获悉维尔纳夫"正在装载部队，正在准备某种迫在眉睫的远征"。[3] 此时的纳尔逊正处在他那多变的性情中最为糟糕的一种状态里。战列舰

---

① 罗伯特·考尔德（Robert Calder，1745~1818 年），英国海军将领。曾参与 1797 年的圣文森特角海战。1805 年任费罗尔封锁舰队司令，于 7 月 22 日在菲尼斯特雷与法西联合舰队进行了非决定性交战，但战斗结束后未能积极地再次求战。之后被康沃利斯派往加迪斯执行封锁任务，随后因菲尼斯特雷海战后的行动被解职，并被军事法庭判决有罪，从此再未率军出海。1810 年被宣告无罪，晋升上将，任普利茅斯守备司令。——译者注

"敏捷"号（Swiftsure）刚刚加入他的分舰队，带来了他工作中油水最足的部分已离他而去的坏消息。[4]在皇家海军的传统布局中，地中海舰队的防区从地中海延伸到直布罗陀海峡之外，一直到伊比利亚半岛西南端的圣文森特角，覆盖了满载财宝的西班牙美洲船队的丰饶航线。然而，当皮特下定决心痛击西班牙时，他决定改变这一传统布局。地中海舰队远离英国本土的情报中心，其指挥官还要分出精力掌管地中海东部，这一传统的兵力布置无法灵活地回应新的局势。因此，皮特批准新成立一支直属海军部的"西班牙舰队"，其防区从直布罗陀海峡出口一直到西班牙西北端的菲尼斯特雷（Finisterre），在此接续延伸至费罗尔的西方舰队防区。海军部为这支油水丰厚的舰队选定的指挥官是约翰·奥德爵士——他正是纳尔逊的死敌。在纳尔逊看来，奥德在尼罗河口海战之后就再也不能容纳自己了。当时，奥德的官秩在纳尔逊之上，他希望杰维斯任命自己为特遣舰队的司令。但取得这一职位的却是纳尔逊，他随即赢得了尼罗河口海战的光荣胜利。① 奥德和他的属下在此时表现出的失望让纳尔逊相信，他们之间的怨念永远不会停息。无论奥德的感受到底如何，我们可以确定地说，由于纳尔逊非凡的胜利与荣耀，人们的确忽视了奥德受伤的自尊心。这或许

① 当时英国海军任用和升迁军官的主要依据是《海军军官表》（*Navy List* 或 *Flag List*），这份表格主要按照海军军官的官阶、资历、奖惩进行排序，任用和升迁在理论上应参照表格排序的先后来进行，这是海军长期通行的制度。在 1795 年组织西印度群岛远征时，当时的海军大臣斯宾塞勋爵受主持陆军的重臣亨利·邓达斯影响，选择了一位排序靠后但善于组织运兵船队的将领担任舰队指挥官。此举直接导致海军部的重要成员查尔斯·米德尔顿——后来的巴勒姆勋爵——宣布辞职。而在 1798 年 5 月选派分舰队司令时，圣文森特也是在斯宾塞勋爵的支持下选择了排位靠后的纳尔逊。——译者注

正是梅尔维尔如此急促地任命他的原因，但更可能的解释是，这是由于本应被授予此职的纳尔逊此时恰好申请回家养病。

面对着法军即将出击的态势，纳尔逊仍旧沉浸在这一任命的怨恨里。他并不知道奥德的态度已经转变，如果他当时没有被新设指挥官导致的经济损失所干扰，他的人格一定会更加超群。他这一时期的信件里充斥着抗议，且令人生疑地不断强调这一切仅仅出于对任命本身的不满，而无关价值丰厚的战利品。即便这可能是真实的，但其他关键的事实同样清楚地表明，纳尔逊从始至终都对奥德——这一本应与之真诚合作的重要同僚——抱有根深蒂固的怀疑，这种偏见甚至已经威胁到了国家利益。

纳尔逊强烈盼望一场战斗来平复他焦躁的神经。他在土伦港前一直待到 1 月 10 日，然后留下了 2 艘巡航舰继续监视，随即前往位于撒丁岛以北的拉马达莱娜（La Maddalena）的前进基地。而罗什福尔的密歇希此时已受命出击。"至于那支法国舰队，"纳尔逊向英国驻那不勒斯外交代表休·艾略特（Hugh Elliot）写道，"我期盼上帝让他们出海。"他的祈祷很快得到了回应。1 月 14 日，维尔纳夫发现英军已经离去。在花了两天时间试图驱逐纳尔逊的巡航舰之后，维尔纳夫率领着 11 艘战列舰与 9 艘巡航舰于 1 月 17 日出海。与此同时，拿破仑正告知他的国务委员会，他从未打算对英格兰发动入侵。英国巡航舰成功地跟踪了法国舰队两天，然后在阿雅克肖（Ajaccio）附近双双脱离正向西南方前进的敌军，驶向拉马达莱娜以通知纳尔逊。按照通常情形，这 2 艘巡航舰是不该同时与敌军脱离接触的，其原因已无从探寻，但很有可能是被维尔纳夫阵中兵力更强的巡航舰部队所驱赶。不过，这对纳尔逊毫无意义，在他眼里，只有一种措置需要立即进行。他向来以无与伦比的敏锐把握着自己处境的核心意义，并能坚韧地固守他在战争全局中的关键位置，绝不允许任何可能影响其行动的分兵。他以这样的方式统治着地中海，而维系这一统治的关键则在于西西里岛的安全。我们可以设想，伦敦的内阁大臣眼中展开着一幅如此巨大的帝国版图，而他们却努力地将本土防御的宝贵资源投入在这里。英国积极地支援即将组成的同盟，这是皮特努力建构的战争机器，而地中海则是这架机器的轴心。纳尔逊同样认定这一点。着眼全欧，他认为拿破仑的首要目标是全面征服意大利。他并不认为康沃利斯或格雷夫斯之外的其他人能干扰到已经投入这场角逐的强大敌人，同时，他也绝不认为他对局势的理解与把握需要有任何游移。在他的舰队已成为拿破仑最有可能的针对重心之时，即便纳尔逊对时局的把握并不这么坚定，我们也很难期待他能做出比历史情形更为合理的反应。他对战斗的热情、对歼敌的狂信能让他扫平行军道路上的一切困难，但他从未做出让托付于他的关键据点直面威胁的冒险决定。他从未因追求某个不确定的战斗机会而将必须保护的据点暴露给敌人。这一次，纳尔逊仍旧如此。

在夜深人静的西北海潮中，纳尔逊毫不犹豫地率军驶过危险的比什海道（Biche Passage），冲向撒丁岛东侧，在维尔纳夫驶向那不勒斯或西西里的航线上准备截击。他对他的密友、英国驻马耳他专员亚历山大·波尔爵士（Sir Alexander Ball）解释了如此行动的原因：在法军出航的两周前，土伦港外东风正盛，维尔纳夫却没有出击，可见他的目标并不在西边。尽管法军已驶向西南方，但这更像是为了躲避战斗。尽管他们攻击撒丁岛、那不勒斯或西西里的可能性看上去并不大，"但是，我不能冒险"。他首先要确保敌人的目标并非这三处战略要地。[5]

抵达撒丁岛南端以后，纳尔逊遭遇了一股自西方涌起的强大海潮，将他一直滞留到 26 日。他的巡洋舰纷纷前来传信，却没有任何关于维尔纳夫位置的消息。他们唯一知悉的是，一艘法舰已在恶劣天气中受损瘫痪。同罗什福尔港外的格雷夫斯一样，纳尔逊面前可供决策的信息也极度匮乏。他派出巡洋舰进行了如此广泛而全面的侦察，却仍然无法确定敌舰队的位置。这使他确信，他面前存在着两种可能性：其一，法军已返回土伦；其二，法军正前往攻击希腊或埃及。这两处地点是仅次于那不勒斯、撒丁岛与西西里之后的重要目标，其防御任务也同样被托付给了纳尔逊。他对这一推论深信不疑，随即驶向希腊南部的摩里亚，却发现那儿一切平静，除了听说法国大使刚被君士坦丁堡召去之外并没有法国舰队的消息。于是，埃及似乎已是维尔纳夫确凿无疑的目的地了，纳尔逊便争分夺秒向亚历山大港赶去。

实际上，出航后的维尔纳夫既没有密歇希的好运，也没有他的坚定决心。维尔纳夫发现，他的军官与水手无法在海流中操控那些满载着部队的战舰，一切都被潮水破坏，舰队很快失去了秩序。维尔纳夫还面对着不知将从何方出现的强敌，他认为继续这场行动与发疯无异。他咨询了陆军部队司令官雅克·洛里斯东（Jacques Lauriston）——他是拿破仑高度信任的侍从官——然后共同做出了返航的决定。"我们观察到，我军在头一天夜里已被 2 艘英国巡航舰发现，"维尔纳夫在信中向拿破仑解释道，"他们会带来敌军的全部兵力，而我们用尽全力也无法让状况如此糟糕的战舰升起足够的帆，于是我们决定返航。"这一决定是在 19 日做出的,到 21 日时,他已安全抵达土伦,而纳尔逊此时正在撒丁岛南端等待着法军。显然,如果纳尔逊选择在获悉维尔纳夫出航的时刻直接冲向敌军,他很可能已经摧毁或俘获了所有敌舰。一位不那么优秀的指挥官很可能就已经这样行动了。但对于纳尔逊而言,这不是战争的正确方式。遭遇敌军的机会是如此的不确定,他绝不能以此来交换让关键据点失去保护的重大危险。[6]

对拿破仑而言,舰队集结行动的破产无疑是一次严重的挫败。但他仍希望将全部的海军投入对敌方殖民地的袭击之中,在 1 月 16 日——维尔纳夫出海的前一天——他还在忙于策划一场对印度的大规模攻击。这场行动将由冈托姆的布雷斯特舰队负责。他的 21 艘战列舰、9~10 艘巡洋舰与 6 艘运输船将搭载着大约 15000 名士兵,在合适的时机突破封锁,前往洛里昂与一艘战列舰会合,然后到罗什福尔,让另一艘战列舰与 2000 人的部队加入他们。随后,他将前去为费罗尔舰队解除封锁,得到 5 艘以上的法国战列舰、8~9 艘巡洋舰以及许多西班牙舰船。其中一半将是武装运输船,上面搭载着另外 6000 人的部队,其中法国人与西班牙人各半。这支大舰队随后将驶向毛里求斯,在那里再添上 3000 名士兵。这样,他就将集结起由 23000 名法国士兵与 3000 名西班牙士兵组成的大军。"毫无疑问,"拿破仑写道,"他们会给英国带来一场可怕的战争,让他们做出最后的决定。"计划中对英国舰队可能的行动一字不提,这一关键要素的缺席是如此引人注目,但这正是拿破仑海军战略的一贯特点。与其陆军战略构成鲜明对比的是,他几乎完全忽略了他的敌人,或是把他们设想得天真到难以置信。[7]

在维尔纳夫出航失败的消息送抵之时，拿破仑的海军大臣德尼·德克雷①正在为这幅非凡的战役图景努力工作着。几乎在同一时刻，拿破仑又因皮特充满蔑视的回复而勃然大怒。此时，奥地利的乞和回信尚未送抵。他已向维也纳发出战争威胁，却没能恫吓住皮特，似乎即将面临两面夹击。此时的处境如此晦暗难明，他的思路也因此而变得几乎无法把握，我们只能借由他那些考虑不周的命令来探索其中奥理。

密歇希的舰队已经无法召回，现在的首要任务是提醒他，他的舰队无法得到除几艘巡洋舰之外的任何支援，与维尔纳夫会合的计划已经被取消。"皇帝陛下已经决定，"德克雷向密歇希写道，"将维尔纳夫将军的舰队派往另一处目的地……因此，你必须独立行动，接下来应该按照原来行动方案中若无法按计划会合的预定选项来执行。"这意味着，他要将舰队装载的支援部队与补给物资运至圣多明各，然后返回本土。他被告知，到那时，通往罗什福尔航线"可能"会是畅通的。

但是，拿破仑所说的维尔纳夫的新目的地又是哪儿呢？显然不会是入侵英格兰。此时，拿破仑尚未采取任何行动来重启

①　德尼·德克雷（Denis Decres，1761～1820年），法国海军将领，拿破仑的海军与殖民地大臣。出身于海军世家，法国革命初期在印度洋作战，1795年回国旋遭逮捕，后授予战列舰舰长之职，参与爱尔兰远征。1798年任海军少将，负责指挥埃及远征舰队中的轻型舰艇分队，在尼罗河口海战中随维尔纳夫撤退。1800年3月，他指挥满载伤病员的"威廉·退尔"号（Guillaume Tell）战列舰试图从被英军围攻的马耳他突破，遭到了2艘战列舰与1艘巡航舰的截击，尽管最终被俘，但其英勇抵抗的行为仍赢得了双方的赞誉。1801年回国后出任洛里昂海事主管、罗什福尔舰队司令，自当年10月起出任海军与殖民地大臣，直至拿破仑退位。1804年5月晋升海军中将。德克雷有出色的行政管理才能，对海军的认识亦冷静客观。但拿破仑并不尊重他在战略与作战计划方面的专业意见，每每要求海军实现他异想天开的构思。——译者注

已经破败的准备工作。即便没有奥地利与俄国在东部边境以及意大利的威胁，入侵英国也超出了他力所能及的范围，更何况奥地利的威胁看似迫在眉睫。维尔纳夫被命令重整受创的舰队，在舰队休整之时，洛里斯东也将部队从船上卸下来，将他的兵营重新补满，同时收集更多的运输船。"在月底，"拿破仑告诉他，"你将接到让部队重新登船前往别处的命令，而实现之前那个目标的时机已经逝去。"

在拿破仑写下这封故弄玄虚的信件的同一天，执行奥地利战役的命令被全部撤回。维也纳送来了一封盼望和平的回信，但即便如此，没有任何迹象能够表明，拿破仑已经意识到他只能回过头去向英国发起直接攻击。法国总参谋部对当时局势的深入研究指出，拿破仑仍然醉心于他构想中的印度战役，维尔纳夫所部将被派去加入冈托姆的海陆大军。此时的拿破仑一定已怀疑俄国与英国的联合是为了阻止他在东地中海的进取。那么，将计就计地瞒骗他们，绕过好望角发起一场攻击，这不是他最为典型的作风吗？当然，他必须假设的是，入侵印度要比入侵英国更容易。他或许已经意识到了这个一再被军事史所证实的、看似矛盾的真理：跨过开放水域发起的攻击远比通过狭窄水域攻击来得容易。原因很简单，进攻方在开放水域中更容易突破敌人的布防，这已被奥什（Hoche）对爱尔兰的攻击以及拿破仑自己对埃及的远征所证明。

不过，这整个计划也有可能仅仅是为了干扰英国的间谍，或者，即便其最初意愿并非如此，但在计划被证明不具备可行性之后被改用于这一目的。我们知道，在此后的数月之中，拿破仑的确沉浸在将英国海军的注意力引向印度的幻想里。可以确定的是，无论印度远征计划是否被严肃地构想过，它在被构想出来的数周之后就被放弃了。在 2 月底，出于目前尚难以理解的原因，拿破仑已经重新拾起侵英大计，并开始为此筹划一场不比他的印度幻梦现实多少的海军集结行动。在 2 月 29 日[①]与 3 月 4 日之间，他发布了那些著名的、在西印度群岛集结舰队的命令。

为了尽可能理解此时的情况，我们需要回到他最初放弃的那个计划，看看拿破仑脑海中最为关注的问题，尽管此时的局势已较当日更为严峻。这个问题就是如何将北意大利吸纳到法兰西帝国中去，而他施展的手段，是在从撒丁、奥地利与热那亚的旧势力废墟中诞生的诸多革命城邦之上建立起一个新的意大利王国。这一政策的最大阻碍在于，若拿破仑出手鲁莽，将可能导致奥地利参战，并刺激沙皇与皮特组成反法联盟。数周以来，他都在试图说服他的诸位兄弟接受新王国的王冠；而在遭到一致的拒绝后，拿破仑终于决定再次为自己加冕。于是，他就必将面对奥地利的震怒，面对为了阻止他在意大利进一步扩张而组建的英俄联军。他被迫让他的军队进入战备状态，并公开宣传入侵英国的威胁。这是防止英国在地中海投入兵力，继而与俄国组成不可阻挡的军势并鼓动奥地利加入战争的唯一办法。

拿破仑是否相信侵英行动的可能性，这一点不得而知。即便他相信，这也只能是出于他著名的赌徒性格，认为他所欲想的一切都有可能实现。天命曾使他移走阿尔卑斯的高山，也曾使他相信他能让埃及大漠流淌着奶与蜜。而现在，他或许相信自己能跨越大海。

---

①　原文如此。——译者注

除了这种解释，我们已无法理解他下一步行动的疯狂企图。首先，他开始集结陆军，认为投入行动的必要兵力应达到15万。英国陆军以及整个本土防卫部队正在兵力、士气、训练与组织方面得到极大加强。而在海峡对岸的天际线愈发阴云密布之时，拿破仑维持在英吉利海峡沿岸的部队却仅仅达到其预想兵力的一半。即便在六个月的准备工作之后，在那个关键时机即将到来、传奇行动将要展开的时刻，拿破仑仍旧受制于那些失职无能的海军指挥官。他麾下只有不到9万人能登上对应的渡海船舶，登船与运输工作的安排则更加混乱。多处港口被淤泥堵塞，船只即便在涨潮之时仍会搁浅；除了次要的维姆勒港，耗费数月的准备工作几乎没能取得任何进展。在布洛涅，六个月的努力仍旧无法让一半的部队在一次涨潮中驶出港口。运兵船队分散在毫无联系的陆军各部队之间，仍旧无法集结，毫无组织可言，且迫切需要整修。拿破仑能在两个小时中让15万大军登船的说法是关于他的种种传说中最大的神话。仅就可能性而言，在完美天气的配合下用十二到十八个小时装载9万人的军队就是他能够做到的极限。但在实际操作中，这仍是从未企及过的。[8]

毫无疑问的是，正是来自西班牙的一封封捷报使拿破仑能够蔑视这一切的困难。自英国不宣而战以来，西班牙人以超过预想的热情投入了战争。拿破仑对西班牙舰队的所有要求和期待几乎完全得到实现。如果说陆地上的准备工作使得行动前景愈发黯淡，而在大海上，他却看到了更大的希望。他将所有乐观精神投入行动的海军部分中去，而干脆忽视了他无心面对的其余问题。

在2月19日与西班牙政府的通信中，拿破仑首次提出了在西印度群岛集结起全部海军兵力的观点。第一道正式命令在当月 27 日下达，在这一天，拿破仑向密歇希发去指示，取消令其返航的上一道指令，改令其原地待命至 6 月末，并立即准备与出现在马提尼克的友军会合。统领法国费罗尔舰队的古尔东将军（Admiral Gourdon）也接到命令，要求他准备与另一支即将出现在港外的法国舰队会合，与港内适于出海的西班牙战舰一道出击。三天后，拿破仑发出了行动的核心命令。布雷斯特的冈托姆被要求搭载 3000 余名士兵，与 21 艘战列舰、6 艘巡航舰、2 艘运输船择机尽早出击，去联合古尔东的舰队。他将前往费罗尔，努力歼灭考尔德的英军封锁舰队，而后打出信号让古尔东出港，一起航向马提尼克，在那儿与土伦舰队和罗什福尔舰队会合。在用 1000 名士兵加强当地守军后，他将即刻与余下的部队及其麾下的 40 余艘战列舰返回欧洲。在乌桑特岛周围，冈托姆要攻击他所发现的任何英军舰队，然后穿过海峡，在 6 月 10 日到 7 月 10 日间抵达布洛涅。这就是拿破仑希望达成的整个计划，但如果土伦舰队无法抵达，还有一套备用方案。若冈托姆拥有 25 艘以上的战列舰，而维尔纳夫在三十天内仍未出现，他就将继续行动，独自打开通往布洛涅的航路。如果他阵中的战列舰因种种原因低于 25 艘，那么他就应返回费罗尔，在那儿遇到集结于此的欧洲海域的所有法国与西班牙战舰。他们将在港外联合，然后按照原计划驶向布洛涅。

　　同一天，对应的命令也被授予土伦的维尔纳夫。在冈托姆为费罗尔舰队解围的同时，维尔纳夫则应解救加迪斯舰队，然后与之共同驶向马提尼克。在接下来的四十天中，他应时刻做好准备：如果布雷斯特舰队抵达马提尼克，冈托姆将不会下锚，而是打出信号让维尔纳夫与之会合。若冈托姆在四十天期限截止时仍未出现，维尔纳夫应该让舰队搭载的陆军士兵登上法国的岛屿，然后尽其所能打击英国殖民地，再前往加那利群岛（Canaries）攻击英国的东印度贸易航线。冈托姆也许会在那儿与之相遇，但若仍未能在二十天内出现，维尔纳夫就应返回加迪斯待命。在这些命令中，拿破仑并未对在费罗尔集结大舰队做出计划，尽管这是在冈托姆未能在马提尼克集结舰队且兵力不足时的备选方案。这可能是因为拿破仑希望根据未来局势的发展而做出进一步安排。

这就是这位天才构想出的宏伟航程。拿破仑是如此看重这一蓝图，他认为——正如他对维尔纳夫所说——世界的命运将因此而改变。可是，他手下的海军将领对此又做何感想？这些想法没有被记录下来，但他们的后继者对此问题耐心而详尽的研究已经给出了能让我们满意的答案。德斯奇霍上校指出："两次从被优势兵力封锁的港口中突围；打破加迪斯与费罗尔两处封锁，然后在马提尼克——这个在密歇希突围后已经被英军推测到的地点——集结舰队。如果我们只看这些指令书信，这就是整个计划的行动流程，这无法得到历史学者的欣赏。如果我们不能在其中发现某些更深层的含义，这样的计划实在配不上拿破仑其人及其天才。"

那么，我们在其中还能发现些什么深层含义呢？这只能是拿破仑为了挽救自己脸面的一出诡计，让他从前途无望的侵英行动中威名无损地脱身而去。既然布洛涅的陆军必须等待舰队的到来，他们在下一步行动之前就至少要原地等待三个月。三个月的时间足够发生太多的事，他们所处的形势氛围必定会更新，而拿破仑的意图更可能随时转变。站在辩护立场上的德斯奇霍进一步指出，这整个计划都建立在完全忽视敌人的基础上，而拿破仑历来的行为和他的才华让我们无法相信他竟然没有考虑到英军的相应行动。他断言，拿破仑一定知道这里有多大的风险。"如果冈托姆成功"，在他加强殖民地防卫后"与48 艘战舰在西印度群岛组成庞大的舰队，一场大规模海战就必然会来。这可能发生在美洲或欧洲海域，但在英国这样的对手面前，这场海战肯定无法避免。拿破仑比任何人都更清楚这一点……一旦冈托姆战败……这将意味着侵英行动的结束，但惨败的责任不会被归结给拿破仑，而是由别人的脑袋来承担……另一方面，如果海军取得大胜，这就意味着英国的毁灭，甚至后续的登陆行动都无须展开……简而言之，3 月 2 日的计划看起来像是那种被他的秘书称为双重目的（thèmes à deux fins）的类型。最糟糕的结果无非法国的庸劣海军在远海战败，而这次失败很快就会被陆军所取得的伟大胜利所掩盖。但这一计划无法实现拿破仑构想它的最初目的——'在控制海洋之前让陆军渡海'。相反，这一目的随着局势变迁逐渐被弱化乃至被搁置，直至海战胜利取得制海权，陆军渡海的问题甚至都根本不可能出现"。[9]

　　这就是法国研究者对拿破仑实际意图的最为权威的观点。拿破仑真的意识到这场行动终将对阵英国舰队吗？他真的意识到这个宏伟计划与不掌握制海权而发动入侵的目的是矛盾的吗？他真的是如此自信地冒着险吗？从英国方面看来，这些解释就像拿破仑的计划一样不切实际。旧日的混乱思想在一封封命令间不断地摇摆。尽管教导海军的主流学说声称海战能够取得完整的制海权，但实际上，他们很难在面对突发状况时完全确保某一临时、局部的控制权。因此，这些解释并未把握住问题的关键。一个判断力尚未被拿破仑的传奇色彩所干扰的英国人则会在这里看到，这只是一个自负的海军外行的谋划，表现出一个伟大的士兵对海陆军战略之本质区别的无知，表现出一个不愿接受挫败的恼怒独裁者的某种盲目自信。

但是，这个宏伟的计划仍然继续推进着。尽管半个世界已被卷入其中，英国方面却似乎毫无展开行动的迹象。纳尔逊赶忙从埃及回到他原本的位置上，而其他区域的舰队仍旧维持着缄默的警戒，几乎没有人意识到拿破仑规模惊人的舰队集结方案。皮特正在朴次茅斯准备着那场小规模的马耳他远征。事后看来，这正是一支刺向拿破仑的阴险毒针，让他的帝国感染、溃烂，让他招致最终的失败。

第三章　战役开局

截至此时，英国政府对拿破仑的谋划还毫无察觉。法军的所有举动似乎只是为了扰乱英军的本土防御、阻挠其向地中海派遣部队，因此，他们可能只是想在密歇希之后再发动一场殖民地袭击。为了应对他们所认定的这一事态，3月2日，海军部向康沃利斯发去一封指令，后者此时正在托尔贝（Torbay）组建着一支由5艘战列舰组成的快速舰队（flying squadron）[1]，为其筹备远航所需的物资补给。这支舰队由科林伍德①指挥，旗舰设于拥有三甲板的战列舰"无畏"号（Dreadnought）。但康沃利斯并未让其立即出击，仍将之收在自己麾下。3月7日，他与这些战舰一道返回西方舰队，使其战列舰数量达到21艘，其中至少8艘是三甲板战舰。如果科林伍德与之分兵，他的兵力便只余下7艘三甲板战舰与9艘其他战列舰，他要封锁的冈托姆舰队则拥有3艘大型三甲板战舰与18艘普通战列舰。换句话说，康沃利斯只能以16艘战列舰面对敌人的21艘战列舰。

在对特拉法尔加战役的现代批评中，康沃利斯因分兵所造成的兵力劣势总是人们乐于提起的一个话题。不过，英国海军部与法国冈托姆方面却并不如此认为。在那个时代，评估不同

---

① 卡斯伯特·科林伍德（Cuthbert Collingwood，1748～1810年），英国海军将领。法国革命战争爆发后作为战列舰舰长参与了光荣的六月一日海战与圣文森特海战，表现出色。1803年战争爆发后在西方舰队服役，应对拿破仑的侵英威胁。1804年晋升中将。法国土伦舰队出逃后受命指挥一支特遣舰队，随后负责封锁加迪斯，作为纳尔逊的副司令参与了特拉法尔加海战，并在纳尔逊战殁后接替指挥舰队。此后一直出任地中海舰队总司令。后在病休回国的途中病逝。——译者注

战斗单位的价值或许同今天一样困难。除非谁能提出某种评判兵力布置的标准，否则这种对彼时策略的批评就毫无意义。

但有一点是清楚无疑的。从各种表格、文书来看，我们能够确定地说，英方或法方海军参谋都绝非只考虑了兵力数量的问题。在下文的列举中，敌我兵力的衡量常常倚仗于比较战舰的类型。比起其他战舰，拥有三层炮甲板的大型战舰显然具有特别的重要性，其理由在当时的海军语境中相当清楚有力。纳尔逊的随军牧师在特拉法尔加海战后写道："我们拥有 7 艘三甲板战舰，他们只有 3 艘；但他们的战舰普遍体积庞大，装有 80 门火炮。"在纳尔逊麾下参与西印度群岛追击的一位舰长说："他知道法国舰队中没有三甲板战舰，他断定三层炮甲板在近距离交战中对双层炮甲板享有巨大的优势。"托马斯·哈迪①——纳尔逊旗舰"胜利"号的舰长——在日后担任第一海务大臣时也力主建造三甲板战列舰。与他熟识的托马斯·布里格斯（Thomas Briggs）告诉我们，"他特别推重三层甲板战舰与 90 炮战舰，就像伏尔泰推崇强大的军团"——拥有三层甲板战舰的一方总能得到上帝的眷顾。②

我们在法国方面也可以找到相同的表述。3 月末，当冈托姆向拿破仑解释他从布雷斯特突围的尝试如何失败、如何惊险地从一次锚地袭击中逃脱时，他这样写道："敌军比我方少 3

---

① 托马斯·哈迪（Thomas Hardy，1769～1839 年），英国海军军官。曾作为巡航舰舰长参与尼罗河口海战，并于 1798 年 10 月起担任纳尔逊的旗舰长。在哥本哈根海战中负责勘测港区水情，表现出色。1803 年起担任纳尔逊旗舰"胜利"号的舰长，直至纳尔逊在特拉法尔加海战中战殁。——译者注

② 据说伏尔泰曾有过这句名言：天意总是站在军团更强大的一边。（Providence is always on the side of the big battalions.）——译者注

艘战列舰，但是他们有 8 艘是一级战列舰，而我方只有 3
艘。"[2] 拿破仑的确接受了这种解释，事实上，对三甲板战舰
的最高评价正出自他的笔下。8 月 9 日，他在谈及考尔德的战
斗时说："3 艘三甲板战列舰在对抗一支没有三甲板战舰的舰
队之时，相当于 8 艘经验丰富、训练完美的普通战列舰。"[3]
当然，这种极端的表述并不能只按字面理解，因为拿破仑的写
作目的正是试图将这场行动描述为维尔纳夫一方的胜利。① 但
无论如何，英法双方对三甲板战舰价值的认可都确凿无疑。值
得注意的是，此时两国的新式 80 炮双甲板战列舰的标准侧舷
射击投射量已能匹敌于英国的 98 炮二级三甲板战列舰，较之
一级战列舰也仅仅弱十七分之一。[4] 然而，在弹药投射量之
外，三层甲板战舰还具有其他战舰不可比拟的优点。法国海军
战术家比戈·德·莫罗盖②指出："在进行接舷战时，它们能
宰制那些低级的战舰。大型战舰上的轻型枪炮能够压制小型战
舰，所有的枪弹都可以越过舷墙，从上方射下。"当英国的三
甲板战舰在艏楼与艉楼甲板上装备了 68 磅卡隆炮之后，这种
"宰制"的优势便愈发明显。"其次，舰员从高处跳上一艘较

---

①　考尔德的战斗详见本书第十四章。在此战中，拥有 4 艘三甲板战舰与 11
　　艘双甲板战舰的英国舰队击败了拥有 20 艘双甲板战舰的法西联合舰队。
　　如果按照拿破仑的说法，英国舰队的实力本就强于联合舰队，联军在劣
　　势兵力下的较大损失就不能算是失败。——译者注
②　塞巴斯蒂安－弗朗索瓦·比戈·德·莫罗盖（Sébastien-François Bigot de
　　Morogues，1706~1781 年），法国海军将领、海军战术家。莫罗盖对海军
　　的学术研究极有兴趣，曾任法国海军研究院（Academie Marine）的第一
　　任主管，发表了诸多战术、造船、炮术、水兵健康等方面的论文。他最
　　著名的作品是出版于 1763 年的《海军战术：论机动与信号》（Tactique
　　navale ou Traité des évolutions et des signaux），该书对海军战术进行了详尽
　　的理论阐释，对欧洲各国海军产生了相当大的影响。英国、荷兰等国先
　　后出版了此书的译本。——译者注

小的战舰，比从低处爬上一艘较大的战舰更加容易。在底层火炮都无法使用的高海况下，大型战舰能更容易地操作下层甲板的炮组，如果双方被迫近距离炮击，三层甲板战舰在火炮方面甚至优势更大，因为它们能以两层炮甲板对付敌人的一层，而不是普通情况下的三层对两层……大型战舰更加坚固，能更好地抵御攻击。"以上观点在当日的英国海军——至少在当时的海军课本中——极为流行。[5]

那么，当时的英国海军部是怎样衡量不同战舰的战斗力的呢？这是一个更难确定的问题。在特拉法尔加海战的一周之前，纳尔逊曾要求巴勒姆勋爵派出他先前承诺过的三甲板战舰，因为考尔德在返回本土时乘走了"威尔士亲王"号（Prince of Wales），其他三艘的航行状况也颇为糟糕。他在信中写道："我长期盼望能得到一艘较快的战舰，两艘靠在敌舰侧舷的双甲板战舰要胜过远距离开火的三甲板战舰。"这或许暗示着，在他看来，一艘航速足以确保其正确战斗位置的三甲板战舰要优于两艘74炮战舰。[6]这一推测并非没有旁证。① 在对战役双方舰队的分析中，我们一次又一次地发现，如果将三甲板战舰换算成2个单位，而将74炮战列舰算成1个单位，双方在多个场合中的单位数量常常几乎相等。这种换算关系出现得极为频繁，而又颇为精确，英国海军部的确可能将之作为

---

① 最直接有力的证据来自美国独立战争时期的老将罗德尼。他在1782年圣徒岛海战后给海军大臣的信中写道："我的大臣，三甲板战舰是保证我国海上统治权的必需，没有什么能与它们为敌……与其拥有18艘双甲板战舰，我更希望拥有10艘三甲板战舰，如果它们战败我就提头来见。"换而言之，1艘三甲板战舰胜过1.8艘双甲板战舰，约等于科贝特提出的战斗力公式。参见 Brian Tunstall, *Naval Warfare in the Age of Sail: The Evolution of Fighting Tactics, 1650–1815* (Naval Insitute Press, 1991), p. 160。——译者注

在某些关键位置上配置兵力的公式。由此可以进一步推出，既然英国海军部用这种计算方法在多个场合下保持着与敌人相当的兵力，那么，他们必定相信英军具有更强的战斗力，并以此作为其实力优势的必要保证。类似的计算方法同样可见于法国方面。在战役危机到来时，拿破仑曾命令冈托姆率领 21 艘战列舰——其中 3 艘为三甲板战舰——冲入海峡。到那时，他可能会面对 30 艘英国战舰，其中 12 艘为三甲板战列舰。冈托姆就此抗辩道："他们的兵力几乎是我军的两倍。"[7]

在试图对这场战役做出正确评判之前，我们还需要弄清另一个关于战斗力对比的问题。一些权威的现代批评者提出，尽管英军在三甲板战舰上占有优势，但这一优势却因法国战舰的优越性而打了折扣——在某一艘或某一级战舰的对比中，法国战舰往往在尺寸与火力投射量上优于英国战舰。[8]但是，这一结论是通过对比纸面登记的战舰火力而得出的，这些数据往往只计算了战舰分级所参照的长炮数量。如果考虑到大多数英国战舰已在其艉楼或艏楼上装备了卡隆炮（Carronade）①，那么，这一结论显然就无法成立。像"玛尔斯"号（Mars）这种在上层炮甲板装备 24 磅炮的顶级 74 炮战舰，同时也装有 12 ~ 14 门 32 磅卡隆炮，这样便将其在战斗距离上的侧舷投射量提高到了 1000 磅以上。[9]

---

① 卡隆炮是苏格兰卡隆公司（Carron Company）制造的一种短管火炮。它身管短、初速低、射程近，但在中近距离上却具有不逊于重型加农炮的弹药投射能力，其低速重弹能造成大量破坏性的船壳破片，具有比加农炮更强的杀伤力，恰好契合英国海军的近战战术。同时，其重量远轻于加农炮，操作所需人手比轻型加农炮更少。它在 1770 年代作为商船自卫武器开始流行，此后逐渐被海军接受，成为一种装备广泛的武器。但直到纳尔逊时代，卡隆炮仍非英国海军的制式武器，不同战舰之间的装备情况存在极大差异。——译者注

连炮兵大师拿破仑都肯定了这种火炮布置的战术价值与后勤优势。在海战危机临近时，他最为担心的问题之一就是敌人因卡隆炮而取得的优势。1805年3月，他忧心忡忡地向海军大臣德克雷下达了一道命令，要求以统一口径、统一重炮的布置方式重新装备各型军舰，其中就有74炮战列舰。所有12磅以下的轻型火炮将被卸载，只有36磅加农炮与36磅卡隆炮保留下来。他写道："正如我多次说过的那样，我的计划是用同样口径的火炮装备战列舰。我认为，卡隆炮具有比我们标准的18磅加农炮更大的威力……当战舰在600托阿斯（约1170米）的距离上射击时，二者都无法造成足够的破坏，但在300托阿斯的距离上，36磅炮弹足以击毁索具与桅杆。"德克雷按这种方式装配了一艘巡航舰与一艘74炮战列舰——它的下层炮甲板装着36磅加农炮，上层炮甲板装备着36磅卡隆炮，艏楼与艉楼则装备着轻型卡隆炮。拿破仑在信中说："英国人最先在战争中使用卡隆炮，每次都给我们造成巨大损害。我们必须迅速效仿他们的体系，在战争中，优势总是属于口径更大的一方。只要装弹没有困难，我们就该把舰炮口径提高到36磅上。我特别希望你不要忽视这个极其重要的问题。我相信，用这种方式装备起的74炮战列舰能够装载74或76门36磅炮，远远强于常规布置的战舰。"[10]但拿破仑的难题是无法获得足够数量的卡隆炮，在这一年中，他一直催促着他的大臣为此努力。"就是因为有卡隆炮，英军才能将'东方'号（Orient）打得着火（指尼罗河口海战），对我军占得巨大优势。"两周后，德克雷向他报告供应卡隆炮的困难，而他在回信中更急迫地写道："我向管理部门提出的最低要求是，要让士兵有足够的武器投入战斗。这是作为一位大臣的首要职责，没有什么可以作为逃避的托词。我们难道不是受够了因缺乏那些武备造成的劣势吗？你的那些'如果'和'但是'通通不能被当成借口。"一周之后，当危机临近，而冈托姆仍无法从布雷斯特出航时，拿破仑的措辞变得愈发激烈："但是，看在上帝的份上，给我运些卡隆炮来！只要有火炮，你就能武装那些战列舰，而他们除了那些大口径火炮之外什么也不缺。"他每周都要对此呵责催促一番。在布洛涅的大军预定登船出发的时刻，拿破仑仍在热那亚写信催促德克雷："英国人不说一个字，就悄悄用上了这种方法。我们已经落后于他们的海军十年……但我发现，竟没有人关心这个问题！"然而，他自己最终也没能完成这番事业。[11]

尽管拿破仑在海军战术和战略方面并不入流，但他却是炮兵领域的一流权威。这个最为关心炮术问题并通过其优秀的海军情报部门完全理解此时事态的专家，已经对这个炮术与火力布置的问题做出了评判：他毫不怀疑英国海军的领先优势，而单舰火力投射的对比也不利于他的舰员。因此，英国海军在三甲板战舰方面占据的优势是无法被法国双甲板战舰在尺寸与表面武备上的优势所抵消的。

在缺乏强有力的反驳证据时，我们不妨有限度地接受这样一个观点。这个从英军实际兵力布置中归纳得出的，得到冈托姆与拿破仑确证的，且从英法双方都找不到理由否认的战斗力公式是：舰队中的 1 艘三甲板战舰至少相当于 2 艘双甲板战舰。即便是强大的法国 80 炮战舰也无法动摇这一普遍规律，这不仅仅是因为英军同样拥有这种战舰，还因为英方拥有制衡这种超重战舰的 100 炮三甲板一级战列舰——而载炮低于 100 门的三甲板二级战列舰则对应于普通的 74 炮战舰。

利用这一规律，我们得以用谨慎的态度来评估双方舰队的实力，粗略地接近这场战役的历史真相。在 3 月临近结束之时，真正意义上的特拉法尔加战役拉开了帷幕。在理解此刻的态势时，我们必须注意到，它之所以被视为战役的开局，并不仅仅是因为拿破仑开始了他的大规模攻势行动，同样也是由于英国与俄国的陆军开始在地中海协同作战。我们需要记住的是，英俄同盟已在 3 月中旬基本敲定，英方起草的盟约文本已经送抵圣彼得堡。条约签署尚未完成，克雷格的地中海远征军便已准备出发。这支远征军由 300 名轻龙骑兵与 6 个步兵营组成，其中 2 个营前往直布罗陀，剩下的则作为马耳他的驻军，这样一来，英国就能在地中海抽出 8000 人的季度性机动兵力。45 艘运输船已做好了运兵的准备，护航兵力是 2 艘战列舰——三甲板战舰"王后"号（Queen）与 74 炮战舰"龙"号。奈特少将①是船队的护航指挥官，他还要派"龙"号去增援加迪斯港外的奥德舰队。

在 3 月 28 日签发的一封行动指令中，英国陆军与殖民地大臣卡姆登伯爵②要求远征军径直驶向马耳他，除非某些突发

---

① 约翰·奈特（John Knight，1747～1831 年），英国海军将领。幼年时随父亲参与七年战争，后参与美国独立战争中的诸多战事。法国革命战争爆发后曾在西方舰队、地中海舰队与北海舰队服役，在 1797 年歼灭荷兰舰队的坎伯当海战中表现出色。1801 年升任少将。1805 年护送远征军前往马耳他，随后被任命为直布罗陀守备司令，直至战争结束。1805 年 11 月升任中将。1813 年升任上将。——译者注

② 约翰·普拉特，卡姆登伯爵（John Pratt，Earl Camden，1759～1840 年），英国政治家。曾在皮特第一届首相任期内担任海军部委员、财政部委员、枢密院顾问、爱尔兰总督。1804～1805 年出任陆军与殖民地大臣，1807～1812 年任枢密院议长。——译者注

状况迫使其必须改变航程。这封指令显然有违老皮特时代指挥军事行动的传统方法，那时，行动决策者会列举出所有可能的目标，让将领们按照他们所处的不同环境自由地采取最有利的行动。但在此刻，他们面前的目标已然十分确定。"最为重要的是，"指令如此写道，"西西里不能落到法国人手里，保护这些岛屿应被视为这场远征的首要目的。"按照预定计划，克雷格应该听从英国派驻那不勒斯特使休·艾略特的指导，由他来考虑在那不勒斯国王同意或不同意合作的前提下展开行动的不同情形。如果国王同意合作，克雷格就应尽力协助他防守西西里。但如果国王拒绝英军的帮助，又在法国教唆下禁止英国舰船驶入其港口，或者法军的进攻已经迫在眉睫，那么，他就应该竭尽全力，与纳尔逊一起在未取得国王许可时守卫西西里。这封指令的内容仍旧如同之前的目标列举。但是，不管其统治者怎么看，这个地中海的重要枢纽决不能落入法国之手，这就是指令的实质含义。英国早已对此下定了决心，甚至在联盟谈判中失去俄国的支持也在所不惜。

不过，下一封"极密"指令则提供了与俄国合作的方案。其中仍旧有两种情况需要考虑。"第一个是，若法国向那不勒斯发起攻击，艾略特先生或俄军指挥官将要协助防御那不勒斯领土。第二个是，若俄军要将法军驱逐出境，或者法军由于北意大利的反法军事行动而撤出那不勒斯。"在这两种情况下，克雷格被授权在艾略特、奥地利或俄国指挥官请求协助时，依照自己对行动效果的判断，决定是否在意大利投入其部队；而为了实现这些目标，他有可能要接受俄军总司令莱西将军的指挥。但与此同时，他的身上还有其他一些使命，诸如保护亚历山大港和撒丁岛。这些任务可能也要动用这支军队，因此，他不能在大陆战役中卷得太深，以至于无法在必要之时抽身而去。[12]

远征行动的军需主官亨利·班伯里（Sir Henry Bunbury）对这些指令提出了严厉的批评："詹姆斯·克雷格先生的注意力被导向这些不同且不相干的目标上，让我们有足够的理由认为，内阁对这场行动缺乏主次分明的明智规划。"但是，这些指令显然是基于不确定的外交处境及各种可能的发展状况，这已然足够明智了。这个行动计划与英俄联盟相关，而英国的底线是表达它的决心：无论是否有盟友相助，英国都要保卫那个被纳尔逊视作地中海制海权之关键的海军基地。事实上，在克雷格的命令被签发的前一天，一份命令的副本就已被抄送给纳尔逊。[13]在了解这个事实之后，我们完全可以打消对内阁行动计划的任何怀疑。

在保护远征部队之外，奈特将军的舰队还承担着保护地中海、东印度与西印度贸易的使命。他给克雷格提供的护航到伊比利亚半岛西南部的圣文森特角就宣告结束。在护航中止之后，克雷格还要在未掌握制海权的海面上航行 2500 英里，面对 5 支未受到严密封锁、未曾与英军交战的敌方舰队。面对尚未被击败的法国舰队，这次远航绝不是一个轻松的任务。

英国海军在这种行动中分配兵力的原则可以被归为两条。首先，提供一支足够抵抗敌方小型巡洋舰队袭扰的护航舰队；其次，提供一些防止敌方大型舰队发起袭击的掩护舰队。奈特的舰队承担前一种任务，而后一种情形中的掩护舰队则由英国在各处港口前的封锁舰队来扮演。接着，只需要让各处舰队结成彼此连续的保护区，它们就会构成一条环环相扣的防御锁链。这样的命令已经发布。康沃利斯确保布雷斯特港外的安全，而考尔德确保费罗尔外海的安全。驶过葡萄牙的安全海岸之后，加迪斯之外的奥德继续为船队提供掩护，其保护区穿过直布罗陀海峡，一直到西班牙东南部的卡塔赫纳。接着，纳尔逊将阻击任何从土伦出发的敌方舰队，并掩护克雷格驶向马耳他。[14]这是一个大胆的行动，即便如此安排，他们仍须承担一定风险。我们即将看到，这些风险究竟有多么的大。

在最后的准备工作完成之后，运载着地中海远征军的船队集结于斯皮特黑德（Spithead），而拿破仑的大规模舰队调遣的条件也已经成熟。确凿无疑的消息从每处被封锁的法国港口传来：在费罗尔港外，考尔德得到信息指出，法军准备在3月22日起锚出海。26日，布雷斯特的英军也观察到了冈托姆的行动，他已将舰队从布雷斯特港内挪到了港外的水道。此时，康沃利斯已经因病假离开了舰队，而继任的加德纳勋爵①尚未到来，康沃利斯的副将查尔斯·克顿爵士成为临时司令官，统帅着17艘战列舰。与土伦不同，布雷斯特港外的英军一直是以尽可能近的距离封锁着法国舰队。[15]克顿立即让舰队驶近港口，他更倾向于将法国舰队吓止在原先位置上，而非诱使其出海决战。他的举动让拿破仑恼怒万分，因为他的战役计划正是让冈托姆在避免战斗的前提下出海。3月24日，冈托姆致信拿破仑，称英国舰队正位于港外的伊洛瓦斯航道（the Iroise passage），法军不经战斗而出航的意图已不可能实现。

---

① 艾伦·加德纳，加德纳男爵（Alan Gardner, Baron Gardner, 1742～1809年），英国海军将领。曾参与七年战争与美国独立战争。1793年升任少将，次年参与了光荣的六月一日海战。1799年升任上将。1800年起担任爱尔兰海岸舰队司令，基地设于爱尔兰南部的科克港。1805年3～6月短暂出任西方舰队总司令，随后返回科克。1807年担任西方舰队总司令，在任上去世。——译者注

冈托姆的侦察哨仅观察到了 15 艘敌方战列舰，他因此希望冒险一战："我们无疑能取得成功，我正等候着陛下的旨意。"但拿破仑却回复道："一场海战的胜利对目前的局势毫无意义。要始终关注那个唯一的目标——完成你的使命。出海，不要交战。"

在这个最后的命令之下，冈托姆于 3 月 26 日率领舰队驶出布雷斯特海峡（Goulet de Brest）①，进入港湾之外的贝尔托姆锚地（Bertheaume anchorage）——这里受到强大要塞的掩护，便于法军寻隙出击。现在，他需要的只是一个浓雾天气。浓雾在第二天凌晨降临，他随即打出起锚的旗语；但在法国舰队努力升帆之时，雾气又忽然散去。在春日清晨的明亮阳光中，他的侦察部队很快传来了英国舰队正在逼近的消息。克顿和他的 17 艘战列舰屹立在轻柔的北风中，而阵型受到狭窄海域限制的冈托姆只能令全军原地下锚，此时，克顿距离他已不到 5 英里。冈托姆无法再忍耐下去。他害怕在下锚时遭到英军攻击，造成第二场尼罗河口海战的惨剧。此时的风向已不可能让他返回布雷斯特港湾，但他仍然下达了准备升帆的命令。事后，他对拿破仑报告道："在当时的情况下，我因所处的位置而遇到了极大的困难。我发现，我只能被迫违反您的命令，在事态尚未明朗时冒险与敌军交战。"当他观察到克顿舰队在一次转向后坚守待命时，冈托姆实际上已经打出信号，令舰队切断锚链，以各自便捷的方式组成战斗阵型。然而，正如克顿所说的，英国舰队并没有抓住作战的时机："黑夜来得很快。在

---

① 即连接布雷斯特海湾与大西洋的狭窄水道，长 3000 米，宽 1500 米。——译者注

派出托马斯·格雷夫斯少将的 4 艘战列舰与其他小型舰艇并确保它们对敌舰的监视之后，我与我的舰队继续在原地待命。"一个绝佳的机会，一个至少能让法国布雷斯特舰队在一场战斗后退出战局的机会，就这样错失了。但克顿毕竟只是这支舰队的临时指挥官，我们很难责备他没有在这样危险的海域里让舰队冒险，或者采取某种更加疏阔的部署，实现他"如果他们进入大海，我定能将他们拦下痛击"的豪言。冈托姆没有继续尝试突围。在第三日早晨，海面刮起清新的西南风，他立即率军返回布雷斯特，保障了舰队的安全。[16]

当这些行动报告送抵英国海军部之时，他们正将关注重心放在费罗尔港。费罗尔看起来像是拿破仑正在进行的秘密计划的核心，于是，海军部向新任的西方舰队司令官加德纳发去紧急命令，要求他即刻前往舰队上任，然后尽全力为费罗尔港外的考尔德派出增援。其实，费罗尔并非威胁所在。港内的法国舰队不会在冈托姆舰队抵达之前起锚，一切仍保持着往日的平静。只有在土伦港中，局势发生了些许改变。拿破仑在 3 月 24 日给冈托姆的命令中说："出海，不要交战。其他舰队与你会师的行动已经开始。"但这并不属实。维尔纳夫仍在土伦港内，而纳尔逊正盯守在港外。事实上，这只是拿破仑用乐观消息激励其手下的一贯手段。当纳尔逊航向东方，确认了摩里亚与埃及的安全之后，他又火速赶向撒丁岛南部的普拉水道（Pula Roads）与补给船会合。在 3 月的第一周里，他完全被糟糕的天气所阻碍，直至 9 日才到撒丁岛西南的帕尔马斯湾（Gulf of Palmas）完成了补给。第二天，维尔纳夫再次让陆军登船的消息传到了他的军中，他决定率领舰队直扑土伦。[17]

在危机来临之际，纳尔逊不得不完全靠自己的心智做出决断。此前，连续两艘来自本土的通信船都未能抵达他的舰队：一艘在加迪斯外海触礁，另一艘则撞上了维尔纳夫的舰队，被法军俘获。如此一来，自1804年11月之后，纳尔逊就再也没能收到任何来自本土的信件，而他的处境此时已变得相当困难。土伦港的一切迹象都表明维尔纳夫将要出海，但他却不知道法军的目的地在哪里。他已经从过往的经验中认识到，他对西西里和地中海东部的坚决保护迟早会让土伦舰队有机会逃出地中海。不过，他仍倾向于认为埃及是法军的目的地。同时，由于他之前的任务和个人判断，他仍以西西里岛和撒丁岛作为首要的保护对象。除非在土伦港前面进行近距离监视，他无法同时兼顾由土伦向东或向西的两条航线；但这种监视不可能长期保持，在此过程中，他也无法迫使维尔纳夫出港交战，从而一举消除威胁。纳尔逊必须在两条航线中做出选择。他认为，法军驶向直布罗陀所能带来的威胁较小，而航向西西里岛与那不勒斯的危险最大，他必须优先确保它们的安全。如果他决定前往其中一处，反方向的另一条航道就会敞开。纳尔逊决定利用这一点设下伏击圈套，迫使法军与之交战，一劳永逸地打破这个战略困局。

3月11日，纳尔逊在一份"极密备忘录"里记下了他的方案。英国舰队的集结位置要能同时掩护那不勒斯、撒丁岛与西西里岛，基于这一考量，他选定了撒丁岛西南的帕尔马斯。但在英军前往那里之前，纳尔逊首先要在巴塞罗那现身。这就是他的圈套所在：一方面，他的现身能够阻止维尔纳夫偷偷驶过西班牙东部的加泰罗尼亚海岸；另一方面，这又能诱使法军乘机出海，驶向东方——他始终相信那里是法军的真正目的地。为了诱使法军中计，他在土伦港外只留下两艘巡洋舰。

3 月 26 日，维尔纳夫接到了最后的行动指令，让他在两天之内出发，驶向马提尼克。他刚刚收到纳尔逊于 17 日在巴塞罗那出现的消息，只得无奈地写道："如果他保持在那个位置上，我将很难前往直布罗陀海峡。"30 日夜间，维尔纳夫乘着 80 炮战列舰 "布森陶尔" 号（Bucentaure），率领另外 3 艘 80 炮战列舰、7 艘 74 炮战列舰、8 艘巡洋舰与超过 3000 名士兵悄然起航。为了与巴塞罗那保持较远的安全距离，他决定取道更偏南方的航线，从巴利阿里群岛①外侧驶向西方。第二天，他发现自己已被纳尔逊留在土伦港外的 2 艘巡航舰发现，但在晚上，英军巡航舰便已离开。截至此时，一切仍如纳尔逊所希望的那样，维尔纳夫选择的航线仍使法军处在纳尔逊秘密集结点的打击范围之内。然而，在英军计谋得手前的最后时刻，在海上战争中常常出现的那种不可预见的因素改变了一切。第三天早晨，维尔纳夫幸运地遇到了一艘拉古萨②商船。在与中立国船长的交谈中，他获知纳尔逊的真正位置并不在西班牙沿岸，而是在撒丁岛西南端。维尔纳夫迅速改变航线，转而取道巴利阿里群岛内侧；而纳尔逊的圈套，由于这糟糕的运气，在距离成功仅有几个钟头之时不幸败露了。就严格的批评视角看来，纳尔逊本应考虑到，维尔纳夫能够在这片繁忙的海域里从中立方获得情报；而且，他也不应该让巴利阿里群岛内侧的航路如此敞开，至少要在离开时留下一艘巡洋舰——更何

---

① 巴利阿里群岛（Balearic Islands）是西班牙东南外海中几处岛屿的合称，包括马略卡岛（Majorca）、梅诺卡岛、伊维萨岛（Ibiza）与福蒙泰拉岛（Formentera）。——译者注

② 拉古萨共和国（Republic of Ragusa）是一个存在于 1358～1808 年的海洋城邦，领土范围在今日克罗地亚沿海地区，以杜布罗夫尼克（Dubrovnik）为中心城市。1808 年被拿破仑帝国所征服。——译者注

况卡塔赫纳港内此时还待着一支西班牙舰队。无论维尔纳夫向东还是向西行驶，这都是纳尔逊理应做到的。或许由于巡洋舰数量不足，纳尔逊没能实现这种完美的布置，而维尔纳夫因此得以在他的视野之外溜过西班牙海岸。[18]

于是，战役中的一个紧迫危机出现了。在维尔纳夫成功打通进军道路之时，克雷格的远征部队刚刚在朴次茅斯尽数登船，做好了出发的准备；奈特的护航舰队则在等待着一阵适于出航的海风，以及等待他所要护送的商船集结起来。一切迹象都表明，敌对双方的攻势行动很可能在大海上相遇，英国的地中海远征正面对着突如其来的灾难性威胁。

第四章　维尔纳夫出逃[*]

直至此时，维尔纳夫对自己正在参与的大集结还一无所知。他只知道他的任务将全部围绕西印度群岛进行，诸如对抗英国据点或是增援当地法军。行动的其他内容仍被密封在拿破仑下发的密函里，只给他透露了一丁点信息——"这支舰队与我所信任的司令官将会执行一个远较我最初的计划更加重要的行动。"这就是拿破仑在 3 月 22 日急令维尔纳夫出海并与西班牙加迪斯舰队会合的命令中的词句。而当法国皇帝正在草拟这道命令时，纳尔逊与他的舰队正下锚于帕尔马斯湾的集结点，守候着他设下的圈套。

纳尔逊正等待着他的侦察巡洋舰前来报告敌情，他那易于冲动的性格随着时间的流逝而愈发紧张和焦急。他仍因自己错误地出击埃及而烦躁不已：在他离开之时，航向英国本土的黎凡特商船队遭到了从土伦出发的法国巡航舰队的攻击。两艘护航舰都被俘虏，但他们的坚决抵抗使大部分商船安全地逃入了直布罗陀。纳尔逊刚刚接到这一消息，他知道商船队又将暴露在阿尔赫西拉斯的炮艇的攻击之下，于是派出理查德·斯特罗恩爵士^①指挥的 74 炮战舰"声望"号（Renown）前往护送，

---

* 本章可参见彩插中的图示 1。

① 理查德·斯特罗恩（Richard Strachan，1760～1828 年），英国海军军官。1805 年 11 月率一支分舰队全歼了从特拉法尔加海战撤退的 4 艘敌舰，随即晋升少将。1809 年负责指挥在尼德兰发起的瓦尔赫伦岛远征，但斯特罗恩缺乏类似行动的经验，并与陆军沟通不善，导致行动最终失败。此后他再未得到指挥职务。1810 年凭资历晋升中将，1821 年晋升上将。——译者注

这艘战舰正好也要回国修整。[1]

不过，在纳尔逊脑海中的种种焦虑之间，黎凡特商船队的重要程度还仅仅是最低的。日子一天天过去，土伦港仍未传来任何消息，他开始怀疑维尔纳夫根本不打算出击。"我还会在这儿待上几周，"他给他的朋友、马耳他的亚历山大·波尔爵士写道，"如果法国人还不出海，我认为他们在这个夏天很可能不会有行动，除非布雷斯特、费罗尔或加迪斯的舰队要进入地中海。"他对艾略特也表达了同样的看法。然而，来自那不勒斯的坏消息又迫使他面对着在此展开重大海军行动的可能性，将他之前投向埃及的关注全部引向这里。请记住，拿破仑开始战争的第一步棋就是命令圣西尔将军重新夺取在《亚眠和约》中放弃的那不勒斯南部海港，而普利亚地区随即被法军侦察部队所占领，他们与科孚岛的俄国人隔海相望，监视着那不勒斯宫廷。俄军稍一显露干涉迹象，拿破仑就加强了当地守军，而圣西尔更在俄军开始行动的同时接到了向那不勒斯进军的命令。[2]关于克雷格远征的模糊谣言更恶化了当地形势，那不勒斯人将远征军的规模夸张到 20000 人，随时能与俄军联合行动。这是拿破仑无法容忍的，他立即命令圣西尔发起痛击，不仅要削弱敌军的调动能力，更要达到驱逐英国外交官艾略特的目的。更让纳尔逊感到痛苦的是，艾略特似乎要屈服了。他告诉这位疲倦的舰队司令官，他只想尽量拖延，"争取时间，等到承诺已久的俄国与英国援助部队的抵达"。如果那不勒斯国王要求他退休去西西里，他也许应该听从这一建议。到那时，他希望乘着"卓越"号（Excellent）离开——纳尔逊本计划让这艘战列舰永久待在那不勒斯，用于保卫王廷。[3]艾略特的消极态度进一步加重了纳尔逊的悲观与沮丧，他在给卡姆登伯爵的信中写道："法国很快就将夺取撒丁岛和西西里，如果我们不加阻止，埃及也会步其后尘。"不过，他很快又接到了维尔纳于 3 月 21 日让部队登船的消息，精神随即振奋起来。他立即起锚航向南方，但恶劣的天气迫使其转入普拉水道躲避大风。4 月 3 日，他再次起锚，并于次日清晨与他的一艘侦察巡洋舰相遇，从那里得到了最新敌情。三天之前，3 月 31 日早晨 8 时许，这艘巡洋舰在土伦西南方约 60 英里处脱离了维尔纳夫舰队，那儿距离纳尔逊当时所处的位置约为 300 英里。纳尔逊随即转舵向西行进，他说："尽管我不相信法国人会取道特洛岛（Toro）……但我认为，如果他们没去特洛岛，就一定会去加里特（Galita）。"

　　特洛岛是位于撒丁岛西南末端的小岛，加里特岛则坐落于特洛岛以南 100 英里处的突尼斯海岸边。在纳尔逊看来，法军显然并不是从土伦直接驶向西西里去发起登陆，而是试图贴着非洲海岸绕过英国舰队。他必须将敌人拦截下来。在纳尔逊做出下一步行动的重大决策之前，另一艘巡洋舰也抵达阵中。它在当天下午露面，但只带来了在 31 日夜间与维尔纳夫失去接触的消息。事实上，维尔纳夫在那天夜里已从拉古萨商船那里得知了纳尔逊的真正位置，于是甩掉了它。由于缺乏可靠的情报，纳尔逊被迫采取最为保险的措施。他立刻决定让战列舰队前往撒丁岛与加里特岛之间的正中位置，并将巡洋舰队的侦察范围延伸到从特洛岛到突尼斯海岸的整片水域，希望能阻止法军前往那不勒斯、西西里或埃及。

　　纳尔逊仍将精力集中于这几个特定的目的地，他的思考已经与他被赋予的首要使命牢固地捆绑在了一起。纳尔逊在 4 月 5 日给梅尔维勒勋爵的信中写道："如果这的确是他们的航线的话，那么，法军绝不可能在今日之前通过这里。我必须尽量缩小留给他们的机会，在让撒丁岛、西西里与那不勒斯冒险暴露之前，我必须确定他们是否要向东进军。即便在这个距离上，敌人也可能拖延前来的时间，他们希望我焦急地扑向埃及，然后让他们自由地对付撒丁岛、西西里与那不勒斯。"在这个清楚无误的果断判断中，纳尔逊对于战争全局关键要素的把握仍然没有任何游移，他仍然自信地履行着自己的职责，丝毫不改变目的。他在自己选择的航道中心等待了四十八个小时，随后才终于可以确信，维尔纳夫并非如他怀疑那般想施展那个驶向东方的诡计。不过，还有一种可能性，那就是敌军避开了英国舰队，从其他的航线将部队运往那不勒斯或墨西拿。维尔纳夫有可能已从英国巡洋舰确定其位置之处折返，再快速地驶向科西嘉岛与撒丁岛，从科西嘉以北或两岛间的博尼法乔海峡（Straits of Bonifaccio）前往其目的地。在这一可能性得到确认之前，他所能做的只有继续等待。4月6日，他在写给波尔的信中说："我真的只剩半条命了，可我必须查清他们的位置。但是我决不能急躁地离开撒丁岛、西西里或那不勒斯，将它们暴露给敌军。在没有得到更多敌情时，我决不能贸然向东方或西方出击。"当日夜里，为了确认这一新的可能性，纳尔逊重新部署了巡洋舰，并率领他的战列舰队驶向新的阵位。他选定的阵位是乌斯蒂卡岛（Island of Ustica），位于巴勒莫以北50英里，而他的目的正如他所说，是"准备在敌军驶向那不勒斯时迅速施以救援，兼顾保卫西西里"。[4]4月7日，他抵达了新的阵位，并决定在最终查明维尔纳夫没有攻向那不勒斯或西西里之前一直坚守在这里。他在给艾略特的信中急切地写道："在下一步的行动中，我必须得到一些情报的指引。但在我获得确切的消息之前，我不会驶向西西里以东或撒丁岛以西。"

我们早已习惯于赞叹纳尔逊非凡的灵感与迅猛的攻击，但在这里，可以确定地说，他比任何一位杰出的指挥官都更加计较这些"确切的消息"，都更加小心地避免根据直觉行事。可以确定地说，他在这一刻所体现出的军事才华比其他任何时刻都更加耀眼。他坚定而专注地守望着自己的目标，让自己面对的种种可能性收束到他确定能展开行动的确切程度，无论是紧张疲惫的精神还是对战斗的渴望都无法诱使他逾越界限，做出超过其实力所及或会因小失大的错误决定。可以设想到，以纳尔逊向来冲动易怒的性格，他一定做出了极强的自我克制。在他所面对的所有可能性中，维尔纳夫退出地中海、放弃挑战英国制海权无疑是威胁最小的选项。他的职责就是确保英国的制海权，为此就必须在必要位置上集结一支力能胜任的舰队——他似乎已经预见到，地中海制海权就是皮特整个战争计划的关键。然而，通往直布罗陀海峡之外的航路也就因此而完全敞开了。

就在纳尔逊艰苦地守候着截击法军的机会时，维尔纳夫却毫无阻碍地在他的航路上行进——不过，未受阻碍并不意味着气定神闲。在他们身后，由"暴躁的提督"——这是法国人对纳尔逊的称呼——所率领的英国舰队仍是一个位置不明的威胁。4月7日，当纳尔逊抵达乌斯蒂卡时，维尔纳夫已悄然抵达卡塔赫纳港外。在这里，他看到了由萨尔塞多①所率领的、

---

① 何塞·胡斯托·萨尔塞多·阿劳科（José Justo Salcedo y Arauco，1753～1825年），西班牙海军将领。长期在地中海服役，1805年出任卡塔赫纳舰队司令，但始终未能与法军或加迪斯舰队会和，同时幸免参加特拉法尔加海战。当年11月升任海军中将，负责保护航运。——译者注

已做好了出海准备的 6 艘西班牙战列舰，随即邀请它们加入法
国舰队。西班牙人完全愿意与他一道前往加迪斯，仅需法军稍
候片刻，让他们再给战舰装载些火药并提交出港申请；但维尔
纳夫却不敢冒这个险。当日夜间，海面吹起了轻柔的东风，穿
越直布罗陀海峡的良机已经出现。于是，法军撤下卡塔赫纳舰
队，独自驶出海峡。

　　在维尔纳夫抵达卡塔赫纳时，他已获知了加迪斯的最新情
形。情况并没有改变，格拉维纳[①]率领的 15 艘战列舰仍在港
中，但只有 7 ~ 8 艘双层炮甲板战舰做好了出航的准备。看守
这支舰队的奥德麾下只有 1 艘三甲板战列舰与 4 艘其他战列
舰，其中 3 艘还是较弱的 64 炮战舰。对奥德而言，这的确是
一个关键的时刻。即将发生的事件将使他招致众人的鄙夷与大
众的谴责，但是，以这种姿态来研究当日的情境却毫无意义。
我们不妨来看一看，我们究竟能从奥德所面对的困境、应对措
施及其结果中得到什么教益。

　　奥德此时的恼怒毫不亚于听说西班牙舰队成立时的纳尔
逊。纳尔逊向海军部抗议道，新成立的舰队将造成他的战利品
收入损失；奥德恰好在同时询问，他的战舰已满载战利品，应

---

　　① 唐·费德里克·卡洛斯·格拉维纳·拿坡利（Don Federico Carlos Gravina
　　　y Nápoli，1756 ~ 1806 年），西班牙海军将领。1804 年出任驻法国大使，
　　　参加了拿破仑称帝的加冕礼，与拿破仑和德克雷关系良好，因而在 1805
　　　年 2 月被任命为西班牙海军总司令。之后随法军参与特拉法尔加战役，
　　　在菲尼斯特雷海战中表现出色，受到拿破仑的特别赞誉。在特拉法尔加
　　　海战中负伤，因伤口感染在数月后去世。人们对格拉维纳在特拉法尔加
　　　战役中的表现存在一些争议。维护者认为他表现出了非凡的忠诚和勇敢，
　　　是联合舰队中最杰出的将领；反对者则认为他缺乏领导舰队的资历，并
　　　因家乡在那不勒斯王国而对入侵那不勒斯的法国同僚十分消极，从未推
　　　动维尔纳夫执行拿破仑的命令。——译者注

当如何处理。海军部对奥德的唯一回复是让他将一定比例的战利品分给友军将领。加上其他种种摩擦，他已经无法再忍受这一切，于维尔纳夫出航的三天之前正式提出了辞职申请。[5]

在维尔纳夫离开卡塔赫纳之时，正好有几艘补给船来到奥德阵中。东风尚未刮来，海面一片平静，奥德决定抓住时机，将补给品全部搬上战舰。于是，每艘战列舰旁都靠上了一艘运输船，战舰甲板很快就被木桶和货箱堆满。然而，正在水兵们用晚餐时，一艘在微风中张着全帆的战列舰忽然闯入了他们的视野；它在桅顶挂着信号旗，意为发现敌舰队。这是理查德·斯特罗恩爵士所指挥的"声望"号。一天之前，他已完成了纳尔逊交付的任务，航向本土的商船队已经驶过直布罗陀海峡西南侧的斯帕特尔角（Cape Spartel），并未遭到阿尔赫西拉斯的炮艇与敌方私掠船的袭击。接着，他返回直布罗陀进行了必要的修理。清晨破晓时，他正行至塔里法（Tarifa）附近，恰好看到维尔纳夫的舰队驶出海峡，于是立即与他的巡航舰一道折返，赶往奥德的锚地。[6]奥德相信，要不是斯特罗恩的机敏警报，他很可能就会葬身敌手。

斯特罗恩所乘的微风尚未吹拂到奥德的锚地，但他仍打出了起锚、准备战斗的旗语，并让运输船退往拉各斯（Lagos）附近的中立水域，接着尽全力组建起战列线阵型。随着微风渐渐吹来，他轻扬风帆，以指向左舷的斜向线列（larboard line of bearing）驶向拉各斯方向——这是转入战列线阵型的最为快捷的方式，同时还可以掩护补给船队的转移。然而，维尔纳夫一心只想钻进加迪斯港湾的入口，对奥德的种种动作完全没有侵扰之意。

这算得上一次惊险的逃脱，但既不惊惶，也不匆忙，既没有砍断系锚绳，也没有随风漂移，而是一次操船技术十分娴熟的撤离。下一步要采取什么行动是奥德面对的新难题。他应该在原地等待纳尔逊，还是驶入海峡与之会合，或是向北航行驶向西方舰队？在拉各斯，他让斯特罗恩加入了舰队会议。斯特罗恩不久前才离开纳尔逊，他知道纳尔逊满脑子都想着埃及。他让奥德相信，维尔纳夫的出逃只能被解释为纳尔逊再次错误地向亚历山大港出击。接着，奥德做出了自己的决定。他毫不怀疑维尔纳夫的目的是带走格拉维纳的西班牙舰队，而他刚刚又听说了冈托姆驶入港外的贝尔托姆锚地的消息。他认为，这些情报直指向一次规模巨大的、危险的集结行动：拿破仑想要集结起他的全部舰队。基于这一推论，他只能采取唯一的应对措施。斯特罗恩的巡洋舰"索菲"号（Sophie）立刻被派往乌桑特岛，向西方舰队司令官报信，并通知对方，奥德所部将向他靠近。奥德在给海军部的信件中写道："我将尽我所能与加德纳勋爵会合，在这个关键时刻，迅速地集结起部队也许会非常重要。"

这一决策使奥德遭到了包括纳尔逊在内的许多人的强烈攻击。在审视它时，值得强调的是，他并没有率领整支舰队北上，而仅仅是他的战列舰队。正如我们看到的那样，他将全部的巡洋舰都留了下来，并精心布置了监视维尔纳夫的阵型。两天之后——4月12日——敌人还没有任何动静，他对当前局势的认识得到了确认，将此尽快地通报给海军部也就成了当务之急。不利的风向使他无法赶往圣文森特角，"索菲"号也与大部队一道受困，于是，奥德又多写了一封信，更充分地叙述了他对局势的推测与下一步行动。他在这封写给海军部的信中说："我确信，敌军将不会长久地待在加迪斯，我认为他们的目的地是西方某处，要在那儿突然地集结起数支舰队。波拿巴或许希望以此在英吉利海峡中占得一时的兵力优势，让他能够对他的敌人发起致命一击。"在这封信中，英国方面首次正确地推断出了当前的真实局势，而这竟出自一位广受鄙夷的将领之手。他并不是没有意识到地中海的重要性，他只是认为，那里的危险已经不再是重中之重。"如果有证据让我相信，敌军是要向东方返回地中海，我将毫不犹豫地冒险穿过海峡，尽管我缺乏纳尔逊的位置与行动信息。"在这里，他面对着与纳尔逊几乎同样的抉择难题：敌人对何处的威胁最为严重？奥德认为，此时的答案是英吉利海峡的入口。"我将把我所指挥的大型战舰带回英格兰，让它们能接受海军部的重新分配；如果敌人真要对英格兰或爱尔兰发起袭击，这样做的风险最小，但收益最大。"

　　在接下来的两天中，奥德勉勉强强地绕过了圣文森特角，接着，他又因躲避糟糕的天气或是想侦察先前所在的海域而调舵向南。16 日，他已行进到比直布罗陀海峡纬度更低的海域，一天后终于转向西方，按照常规方式开始了北上航行。其间，奥德仍旧没有发现维尔纳夫的踪影。无论他此番机动的意图为何，其结果都是让他对自己的推断愈加确信。[7]于是，他又派出阵中速度最快的双甲板战列舰"波吕斐摩斯"号（Polyphemus）前往海军部报告他的最新消息。奥德在信中认为，维尔纳夫的消失更有力地支持了他的推论。他向他们保证道，无论发生了什么，敌军绝不可能先于他北上。当然，维尔纳夫没有出现在西部海域也可能意味着他要返回地中海，但奥德认为，在目前的战略局势中，这是可能性最小，也是威胁最小的一种情形。维尔纳夫不可能第二次从纳尔逊手中溜走，即便他与加迪斯的西班牙舰队一道返回，这也并不意味着他们能击败纳尔逊。经历过美国独立战争的老兵们深知，指挥良好的弱势舰队足以组织起坚固的防御；而奥德对纳尔逊——他的军中宿敌——的战术能力更有着极高的肯定。"我敢相信，到那时，纳尔逊与他的12艘战列舰及其余巡航舰将做出毫无损失的成功防御，甚至能稳稳地咬住敌军舰队，使之无法执行任何实质性任务，尤其当他们舰上还有陆军之时。"在旧日战争最为黑暗的时刻，理查德·肯彭菲尔特①就是这样发挥着海军的防御力量，而纳尔逊以同样的方式拖延敌军行动的观念也已广为人知。

接着，奥德推理得出了最后的洞见。"我完全相信，法国人已经充分意识到他们将舰队调出地中海后可能对我军形成的优势。即便让他们返回地中海，他们也会尽量避免这样做。"他的结论完全正确，只是，他尚不能预见法军此次出击将会遭遇的种种苦难，其最终将迫使拿破仑无可避免地下达撤回地中海的命令。

基于这些完全正确的推论，我们可以认为，奥德向西方舰队靠拢的决策符合英军集中兵力的战略传统，而且是出于对拿

---

① 理查德·肯彭菲尔特（Richard Kempenfel, 1718～1782年），英国海军将领，以海军战术与策略的革新者闻名。1779年夏天，法国与西班牙组成了拥有66艘战列舰的强大舰队，试图驶入英吉利海峡掩护陆军入侵。此时，肯彭菲尔特正担任英国西方舰队参谋长，麾下仅有38艘战列舰。英军选择谨慎避战，同时又紧随敌人，保持着威慑。这使法西联合舰队无法保障陆军渡海的安全，最终放弃了侵英计划。之后，肯彭菲尔特接任西方舰队司令，在1781年末以劣势兵力成功地袭击了由优势敌军护航的运兵船队，并在1782年年初的一份备忘录中充分解释了他的防御观念。参见 John B. Hattendorf, *The Idea of a Fleet in Being in Historical Perspective*（Naval War College Newport Ri, 2014）。——译者注

破仑战争计划的敏锐洞悉。即便没有对维尔纳夫展开充分的侦察与警戒，他也绝不应受到严重的谴责；更何况，他在调动战列舰队前已全神贯注、竭尽所能地布置了留守的巡洋舰。他已经命令一艘商船去地中海寻找纳尔逊[8]；而在向北航行之前，他将一艘巡洋舰派往西印度群岛，又让一艘空载的运输船去马德拉群岛警告归航的东印度商船。纳尔逊的旧友、巡航舰"安菲翁"号（Amphion）的萨顿舰长①率领麾下的两艘轻帆船——"黄蜂"号（Wasp）与"猎兔犬"号（Beagle）——也已被他派去侦察维尔纳夫。萨顿应前往圣文森特角附近，"搜集一切关于敌军行动的情报，并防止海角东面的船只落入敌手"。如果他确认维尔纳夫要向西航行，他就应带领沿途遇到的所有战列舰前往乌桑特；如果敌军向东航行，他们就应尽力与纳尔逊会合。"黄蜂"号的任务是监视加迪斯，"猎兔犬"号则在斯帕特尔角与特拉法尔加角之间巡航，萨顿希望它在这里警戒敌方私掠船，同时报告敌军舰队的消息。然而，它并没有长久地待在这个阵位上。奥德尚不知道的是，"猎兔犬"号已经发现了敌舰队的身影。它没能与上级取得联系，于是便径直向英国本土驶去。[9]

可以看到，奥德的决策有着理由充分的基础，他并未在此犯下什么错误。批评者认为，他更好的选择是与费罗尔港外的考尔德一道返航，而这也正是海军部在接到局势报告后对他下

---

① 塞缪尔·萨顿（Samuel Sutton，1765～1832年），英国海军军官。1797年升任舰长，随纳尔逊参加了1801年的哥本哈根海战，曾担任纳尔逊的旗舰长，后随纳尔逊在地中海舰队服役。1804年随格雷厄姆·莫尔参与了袭击西班牙运宝舰队的行动，从中得到巨额赏金。1805年随纳尔逊参与了西印度大追击，返航后因病上岸，从此再也没有出海服役。——译者注

达的命令。但是，当时强劲的北风使他难以靠近费罗尔，而驶向乌桑特岛的航线则更靠西方，便于航行——纳尔逊在后来驶向康沃利斯的行动中也被迫选择了这一路线。事实上，尽管面对着重重困难，奥德的确曾试图接近考尔德，而两军会合的失败也并非他的原因。他在常规的西北航线上行进至 4 月 22 日，然后遇到了一阵足以支持他驶向东北方的海风。乘着这股风势，他在三天之后抵达了菲尼斯特雷集结点。这里一直是英国巡洋舰的侦察阵位，他本应在此与考尔德麾下的巡洋舰取得联系，但此时却空空如也。原来，本应在此守候的、由波因茨舰长（Captain Poyntz）指挥的"墨兰波斯"号（Melampus）巡航舰已在一周前离去。波因茨的行动其实也与当下时局相关：他得到了维尔纳夫驶出直布罗陀海峡的消息，于是便去给考尔德报信。奥德在他的接替者尚未出现时抵达了这里，事实上，他已位于费罗尔的西北方向，距离考尔德的锚地只有约 50 英里。但奥德对考尔德的踪迹一无所知，他认定考尔德一定也得知了维尔纳夫出击的消息并已经驶向乌桑特，正在像自己一样向北行进。[10]

上述一切就是这个有趣案例的真实情形。在我们的历史叙述中，他们的决策遭到了严厉的批判，纳尔逊被苛责为情报闭塞、轻率鲁莽，而实际上他们对当时的局势有着最为真切的判断。如果说奥德还有什么事未能做好，那就是他因巡洋舰数量不足而没能对敌人展开足够的侦察。他在算计敌人、布置巡洋舰阵位时遗漏了十分重要的一点，那就是位置不明的纳尔逊舰队对法国舰队及其指挥官士气的影响——维尔纳夫正因此而极度紧张。这也是情有可原的，毕竟他很难猜到，维尔纳夫既然已冒着这么大的风险与格拉维纳舰队会合，却竟然不敢等待足

够长的时间让全部的西班牙战舰做好出海准备，以全部兵力与
之联合。但是，真实情况就是如此。4月9日晚8时许，法国
舰队在港湾之外下锚，接着向加迪斯港内打出信号，让格拉维
纳的西班牙舰队与早先抵达此处的法国74炮战列舰"鹰"号
（Aigle）出港会合。港内做好出海准备的几艘战列舰于10时
开始动身，而维尔纳夫在次日凌晨1时就下达了起锚的命令。
纳尔逊有可能正紧追在他身后，他急于利用一切机会藏匿自己
的踪迹，连一个晚上也不愿放弃。在加迪斯港外等待了不到四
个小时后，维尔纳夫就匆忙地逃入夜色之中，让西班牙舰队阵
型散乱、勉勉强强地追随着他的航迹。如果奥德还在那里，他
很有可能将之全部俘获。但我们又怎能将这一结果归咎于他
呢？奥德毕竟从未料到敌军如此行动的可能性。只要他多等待
一会儿，弄清真实的情况，只要他能像他期望纳尔逊做的那
样，"稳稳地咬住敌军"一天时间，局势就很可能改变。然
而，早在萨顿的侦察行动开始之前，事态的发展就完全超出了
他的预计。奥德已失去了这个良机。维尔纳夫与格拉维纳率领
着18艘战列舰出航了，从这一刻起，他们就已从英军的视野
中成功逃离。[11]

第五章　巴勒姆勋爵登场

在英国本土这场战争的指挥部，一切都已陷入了混乱；更不凑巧的是，法国土伦舰队恰恰在此刻出击。在 1804 年年底，由圣文森特勋爵①在1802 年成立的著名的海军质询委员会发布了其第十份报告，其中用确凿的证据揭露出海军为抹平账目而采用的多种违规手段，让公众大为吃惊。作为海军大臣，梅尔维尔勋爵必须担下责任。他是皮特的挚友，而这一身份更让反对党希望发起一场政坛风暴。就在维尔纳夫驶向直布罗陀海峡之时，英国下议院爆发了一场激烈的弹劾。皮特用尽全力为他的挚友——同时也是能干的大臣——提出辩护。得益于他那慷慨激昂的精彩演说，皮特距离胜利只剩一步之遥。然而，议长的关键一票却让他在最后关头败北。在这一击之下，皮特崩溃了。当他起身离开时，党内的年轻人如贴身侍卫般在他周围组成一道环绕的人墙，以免政敌看见他的泪水。第二天，就在奥德对加迪斯的封锁被突破的同时，梅

---

① 约翰·杰维斯，圣文森特伯爵（John Jervis, Earl of St Vincent, 1735 ~ 1823 年），英国海军将领。1793 年升任中将，在对法战争中出任西印度舰队司令。1795 年晋升上将，出任地中海舰队司令，赢得了圣文森特角海战的胜利，因此得到伯爵封号。在此期间，他十分赏识舰队中的纳尔逊。1800 ~ 1801 年他统领西方舰队时，开始对法国军港实行近距离封锁。这一政策直至 1870 年代都是英国海军的基本战略。1801 ~ 1804 年在阿丁顿内阁出任海军大臣，展开了激进但并不成功的改革。1805 年年末再次出任西方舰队司令，但因健康原因于 1807 年退休。1814 年晋升为海军元帅。——译者注

尔维尔辞去海军大臣之职，海军部失去了首脑。①

　　幸运的是，这里还有一个人选能维持海军政策的连续性。年迈的水兵查尔斯·米德尔顿爵士仍然在世，尽管年近八十，但他头脑清晰且精力充沛。在美国独立战争期间，他担任海军审计长（Controller）——海军的首席会计师。在那个管理最为混乱的时期，他如支柱一般勉力维持着海军的运作，眼看着他的朋友——那些最为杰出的海军军官——在大海上陷入痛苦和绝望。在他任职期间，海军供应部门的效率最终得到改善，但他仍不满足，一直盼望着进一步的改革。但在得到上层支持之前，他无法取得实现这一愿望所需的权力。几年后，他所需要的权力似乎到来了。1788 年，还在第一个首相任期内的皮特希望用一个文官顶替豪勋爵（Lord Howe）出任海军大臣。候选者是他的长兄，能力平平且缺乏经验的查塔姆勋爵

---

①　海军质询委员会（Commission of Naval Enquiry）是时任海军大臣圣文森特勋爵为了查处海军部门的腐败案件而设立的兼具讯问、调查、审判的特别机构。现代研究者认为，当时的海军部门虽存在效率不良等问题，但实属英国政府的普遍情况。圣文森特勋爵的反腐运动主要是基于他根深蒂固的偏见，其手段蛮横粗暴，不仅没有解决制度性问题，反而对海军的后勤运作造成了巨大伤害。哗众取宠的海军质询委员会报告很快卷入党派斗争，甚至成了圣文森特勋爵打击私敌的工具。由于皮特在野时曾抨击过阿丁顿内阁中的圣文森特勋爵，委员会报告便多次针对皮特的伙伴。质询委员会在第十份报告中指控道，在梅尔维尔于 1790 年代担任海军财政主管时，他的直接下属——一位海军出纳员——将一笔公款存在一家银行的私人账户中，而不是海军部规定的、近在咫尺的另一家银行的官方账户里，这恰恰违反了梅尔维尔此前在议会提出的法案。梅尔维尔在随之而来的政治风暴中辞职，再未重返政坛，但他最终被宣告无罪。参见 N. A. M. Rodger, *The Command of the Ocean: A Naval History of Britain, 1649 – 1815*（Penguin UK, 2006），pp. 478 – 480；Roger Knight, *Britain Against Napoleon: The Organization of Victory, 1793 – 1815*（Penguin UK, 2013），pp. 213 – 250。——译者注

（Lord Chatham）。尽管皮特对协调内阁有着非凡的天分，但这样的提名无可避免地遭到了反对。格伦维尔①建议让米德尔顿出任。此时，尽管他还从未指挥过舰队，但米德尔顿已被视为仅次于豪勋爵的海军事务大师——正如格伦维尔所说："查尔斯·米德尔顿爵士的名望与品格足以掌握局势。"然而，我们却找不到米德尔顿对此的任何回应，他此时正因自己没能成为海军部的委员而深感失望。[1]更糟的是，即便作为海军审计长，他似乎也说不上话了。他的提议被屡屡否决，改革建议被搁置一边——查塔姆勋爵不准备做出任何改变。到1790年时，他已无法忍受下去，于当年2月向皮特提交了辞呈。他向皮特解释道，由于他先前给质询委员会提供了海军委员会（Navy Board）②中普遍恶习的证据，他已在部中大受猜忌。正因如此，他一定会让这些证据在报告中尽早披露出去。尽管皮特与他的兄长一再挽留，米德尔顿却不为所动。他在一周或两周之后写给皮特的信中说："我辞职并非仅仅出于个人原因，我确信，海军部门目前的状态无法让我发挥任何作用，我很高兴您和查塔姆勋爵能坦率地承认我辞职的正当性。"[2]到1794年，他在查塔姆的帮助下进入了海军部委员会，但他对社会性、政治性影响的看法仍旧没有改变，这份工作也没能维持多久。第二年，他拒绝签署查塔姆继任者的一道命令，认为那违背了海

---

① 威廉·温德汉姆·格伦维尔，格伦维尔男爵（William Wyndham Grenville, Baron Grenville, 1759～1834年），英国政治家。曾在皮特第一届内阁中任内政大臣、外交大臣等职，对英国政策的制定与决策有很大的影响力。皮特病逝后曾短暂出任首相。——译者注

② 海军委员会（Navy Board）是海军部（Admirality）下属的行政管理组织，主管舰船的修造、维护、舰队的后勤保障。米德尔顿长期担任的海军审计长即是海军委员会的下属部门负责人。——译者注

军部的优良传统，结果又被迫辞职。[3]

米德尔顿虽然没有正式的工作，却绝非无所事事。下一任海军大臣梅尔维尔勋爵是他的亲戚，于是任命他为自己的机要顾问。国会议员威尔伯福斯（Wilberforce）曾与米德尔顿在废除奴隶贸易的议题上合作，米德尔顿是他最早的支持者，他告诉我们："梅尔维尔勋爵关于王国海军力量的计划实际上是出自查尔斯。"[4] 此时，米德尔顿刚刚被任命为一个新部门的领导，这个部门的任务正是执行质询委员会所提出的建议。① 因此，威尔伯福斯的说法足以采信。对于那些准确而适当的作战部署，对于英国战争策略所体现出的那些最为精妙的老练特性，这是唯一可能的解释。

如果我们相信威尔伯福斯的说法，那么，皮特任命米德尔顿的深层原因正是梅尔维尔勋爵曾亲自认定他为最合适的继任者。但是，这一任命也经历了激烈的人事斗争。英王乔治三世希望查塔姆再次出任，或者是卡斯尔雷，或者是查尔斯·约克（Charles Yorke）——他曾在阿丁顿内阁中担任陆军大臣。已经无力改变战争方向的前任首相阿丁顿在年初时同意加入皮特的联合内阁，并得到了锡德茅斯勋爵（Lord Sidmouth）的封号，但他显然还在期待着更多东西。现在，锡德茅斯勋爵提出用他的人填补海军大臣之缺。然而，在战争的重压之下，皮特无法容忍这种脆弱支离的政府结构。如果没有一位得心应手的

---

① 这个机构的名称是"海军民事活动改进与调查委员会"（Commission for Revising and Digesting the Civil Affairs of the Navy），一般被称为改进委员会，成立于 1804 年 12 月。现代学者认为，设立该机构的目的部分是抵消质询委员会的破坏性，而主要目的则是真正地改革海军行政机构。参见 N. A. M. Rodger, *The Command of the Ocean：A Naval History of Britain 1649 - 1815*（Penguin UK, 2006）, p. 479。——译者注

海军大臣，他一定会被繁重的工作压垮。沃龙佐夫曾向俄国政府报告道："一个人怎能承受如此繁重的工作与辛劳，怎能让他的头脑在如此纠结复杂的事态间保持清晰，并其惊人的洞察力与决断力加以把握和执行，这真是难以置信。"[5] 犹豫了两周之后，皮特告知锡德茅斯，任命已不能再拖延，他要把米德尔顿的名字提交给国王。锡德茅斯与他的亲密伙伴——也就是他的人选——白金汉郡伯爵（Earl of Buckinghamshire）立即请求辞职，一场内阁危机压到了皮特头顶，但皮特顶住了压力。在他做出米德尔顿的任期"不会太长"的承诺之后，两位反对者最终同意留任。

于是，这位老兵的名字作为新任海军大臣的提名被呈报了上去。由于从未在议会任职，他得到了巴勒姆勋爵的贵族封号，用以达成任命所需的条件。即便如此，乔治三世在批准他的任命时仍提出了一条特别规定："他仅限于参加议题与海军相关的内阁会议。"[6] 在这一刻，米德尔顿终于取得了他期待已久的那个能让他奉献余生以施展其抱负的职位。在国家最为危急的时刻，皮特的坚定与睿智终于确保了这个重要职位的人选，任命了一位在海军事务的广度与深度上都极具经验、在整个欧洲无可匹敌的海军大臣。甚至连因未能得到任命而失望不已的查尔斯·约克都大方地承认："今天，查尔斯·米德尔顿爵士成为新的海军大臣。我不知道年迈的他是否具有这份工作所需的健康体能，但如果有的话，他无疑是当下最为合适的人选。他的能力一直被认为是卓越的，他的丰富经验无与伦比，他在海军实务策略方面也鲜有敌手。"[7] 4月30日，巴勒姆的任命得到了最终确证，人事危机随之结束。

在这场危机的顶峰时刻，4月19日，奈特已护送着克雷格的远征军从朴次茅斯出航。他们的出发正当其时：沙皇已对远征军的时间拖延提出抗议，而拿破仑正动身前往米兰去为自己戴上意大利国王的王冠。似乎这正是展开行动的绝佳时机。在两艘穿越比斯开湾的巡洋舰携带着土伦舰队驶出地中海的紧急消息火速回赶时，克雷格和他的部队已沿着预定航线驶入英吉利海峡。当英国政府接到告警时，一切都已太晚。维尔纳夫正在大海上，无人知晓其踪迹，而纳尔逊与奥德都尚未接到掩护克雷格的命令。远征军已经航向大海，奈特麾下仅有一艘98 炮战舰与一艘 74 炮战舰作为护航兵力。

在克雷格出发的一周之后，英国本土才获知此时的真实情形，而这完全是依仗一位巡洋舰舰长的敏锐决断。当维尔纳夫驶过海峡时，由马克·克尔勋爵（Lord Mark Kerr）指挥的巡航舰"费斯格达"号（Fisgard）正在直布罗陀修理，它一半的帆索滑轮已被拆卸上岸。[8]发现法军之后，克尔迅速雇用了一艘双桅快船，让自己的尉官乘着它去向纳尔逊报告。在维尔纳夫匆忙驶向加迪斯时，他正没日没夜地加紧修船，终于在 4月 10 日提前出海，勉强用残缺的滑轮以最快的速度赶向爱尔兰与乌桑特岛报信。[9]海峡之外没有敌军的踪影，他询问了附近巡航的英国私掠船，他们也语焉不详，只知道维尔纳夫已神秘消失。五天之后，顶着那股让奥德无法驶近圣文森特角的西北风，克尔抵达了菲尼斯特雷角集结点，并与考尔德布置于此的巡洋舰"墨兰波斯"号取得联系。[10]"墨兰波斯"号随即前去报告考尔德，而考尔德又派它去向加德纳报告，因此克尔得以直接前往爱尔兰告警。考尔德没有像奥德那样撤退，而是勇敢地坚守在自己的阵位上——当然，他的处境与奥德有很大差异。奥德的封锁已经被打破，但考尔德的并没有，而他的任务显然是将封锁尽量久地保持下去。此外，他也并不像奥德那样处在加迪斯港外风势难测的海域里，也没有被困在港湾内的风险。从南方驶来的敌军无法迫使他交战，他可以自如地撤离。因此，考尔德唯一的应对措施是让加德纳的那艘巡洋舰去菲尼斯特雷接替"墨兰波斯"号，此后便自信地坚守在原地。

与此同时，克尔正匆忙地赶往爱尔兰。在穿越比斯开湾途中，他幸运地遇到了一艘来自格恩西岛（Guernsey，亦称根西岛）的私掠船。他命令它前去普利茅斯港向海军部报信，而自己则前往爱尔兰南部的科克港（Cork），如之前那样向加德纳的外围巡洋舰报告消息。[11] 他的表现堪称杰出，这场战争的某些方面是如此倚仗于巡洋舰资源，倚仗于舰长们传递情报的职责以及他们审时度势做出的决定。

就这样，4 月 25 日，在克雷格与奈特的护航船队出发一周之后，加德纳与海军部第一次接到了来自克尔的告警。他们对此似乎早有准备，在当天就发布了一系列重大命令，这只可能是出自米德尔顿从英国战略传统中积累得来的丰富经验。此时，他一定知晓国王已批准了皮特的提名，并且也一定已经开始了工作。

他们首先考虑的是西印度群岛的安全。法军长期预谋在此发动袭击，在海军部眼中，这是维尔纳夫最为可能的目标。的确，皮特此前已从他的间谍处得到消息，法军正在谋划对牙买加的攻击，而密歇希之前的远征已使西印度群岛陷入危机。于是，他们给科克伦发去了一份行动命令，如果证实维尔纳夫的目的地是牙买加，他就应该率领所有的战列舰前去与牙买加皇家港（Port Royal）的戴克斯会合。这样，他们就能集结起 11 艘战列舰，其中 1 艘为三层炮甲板战舰，足以与维尔纳夫及其从加迪斯带出的西班牙战舰抗衡，并等待增援到来。

他们对最后提及的增援完全不担心，必要的增援将自行与之会合——他们的希望正是纳尔逊。要理解纳尔逊的大追击，我们就必须理解这种古老而被遗忘的海军传统：在这种情形下，地中海舰队司令应该率领或派出相当比例的舰队进行支援，使得受威胁水域中的英国舰队在兵力上强过敌军。最初的时候，地中海舰队的行动指令确实就已包括了这一点。早在1704年，鲁克（Rooke）就曾接到命令，如果土伦舰队驶出海峡，他的首要职责就是追击敌军并与之交战。迟至1756年，宾将军的指令也包括了关于此点的多种情形。因此，我们无须感到惊奇，海军部正期望纳尔逊能够延续这一久经考验的传统，并很快给他下达了命令。

这封命令告诉纳尔逊，"如果你尚未分出与敌军相当的兵力"，奈特的两艘战列舰在圣文森特角完成护航任务后就应立即前往西印度群岛的巴巴多斯（Barbados）；而如果他已经这样做了，奈特就应加入奥德的舰队，奥德则继续掩护克雷格的远征船队。当然，如果维尔纳夫向西进军，地中海中就再没有敌人能威胁到远征船队——根据目前的报告，卡塔赫纳的西班牙舰队尚未做好出海准备。因此，纳尔逊的舰队就无须再如十天前的命令所说的，承担掩护的职责了。新的命令这样写道："诸位先生相信，你已经得到了土伦舰队出航的情报，并派出了与敌人兵力相当的战舰进行追击。"他手下剩余的战舰应去加迪斯港外加入奥德所部，而纳尔逊本人则可以如他之前申请的那样回国养病。[12]

然而在两天后，出于对纳尔逊可能采取错误行动的担心，海军部又布置了额外的预防措施。海军部已经获悉，纳尔逊在维尔纳夫出港时正在撒丁岛的拉马达莱娜位置附近；既然如此，对他漏放维尔纳夫的最自然的解释就是他再次错误地杀向埃及。这种解释在英国本土造成了不小的恐慌，正如查尔斯·约克在写给哈德威克勋爵①的信中所说："他仅剩的那只眼睛只顾盯着东方，让我们陷入了巨大的麻烦。"[13]海军部决定，如果纳尔逊真的误入歧途，他们就要从加德纳的舰队中抽调兵力以增援西印度群岛。这支现成的兵力就是之前成立的、由科林伍德指挥的快速舰队，它正是为了应对紧急事态而组建的。唯一的困难在于，加德纳舰队的成员尚未到齐，贸然分兵将严重削弱其兵力。海军部决心迎难而上。在加德纳的常规预备兵力之外，还有一些仅需装配船员和索具便能出海的战舰。如果加紧工作，它们或许能及时填补因分兵造成的空缺。人们为此绷紧了每一根神经，付出了最大的努力。陆军部也提供了帮助，各港口司令获得授权，可动用周边的卫戍部队协助其工作。港口司令能向陆军指挥官申请所需人手，"尽其一切努力，在舰队分兵时让战舰做好出海准备"。巡洋舰队为目前最为重要的战列舰队做出了最大的牺牲，每个港口都接到命令，将手头所有的巡航舰水手转移到乘员未满的战列舰上。[14]

此时的快速舰队由 10 艘战列舰组成，这次行动则由其中 5 艘进行。加德纳派出了科林伍德的旗舰 98 炮的"无畏"号以及 4 艘双层甲板战舰，并将一则密封的命令交给科林伍德。依照这则命令，科林伍德将伴随着克雷格的远征船队前往马德拉群岛，不待下锚，就要去探寻法国舰队与经过此处的英国舰

---

① 菲利普·约克，哈德威克伯爵（Philip Yorke, Earl of Hardwicke, 1757～1834 年），英国政治家。——译者注

队的情报。如果他确切地听说 7 艘或更多的英国战舰正在追击敌军，他就应该返航；而如果情报并非如此，他就应前往巴巴多斯，加入科克伦的舰队，然后搜索敌军并与之交战。如果他发现法军已经离开背风群岛北上，科克伦就应将旗舰转设为巡航舰并原地布守，由科林伍德率领所有的战列舰驶向牙买加，协同戴克斯的舰队一道保护这个岛屿，继续索敌交战。最后，命令也包括了那则常见的条款：为了保卫英国领土不受袭击，他可以按照自己对最佳时机的判断采取自主行动。[15]

马德拉群岛是快速舰队的目的地，海军部已在此采取措施，加强对周边海域的监视。一个多月前，在为筹建中的快速舰队做着未雨绸缪的先期准备时，海军部便已采纳一个提议，要为它提供所有业已逃脱、亟待追击的敌舰队的情报。最终，他们从基思与索马里兹的海峡舰队中抽出了 3 艘巡航舰，让它们在距马德拉东南 40 里格（league）① 到西北 100 里格之间的海面上巡航。它们已在此守候了一个月，一旦其中一艘发现了敌舰队，它就会立即驶向本土告警，而其余两艘则将如影随形般盯住敌军，直至其航行方向得到确定。[16]

在科林伍德接到命令之时，对应的命令也被发往纳尔逊。他被告知，如果他没有分兵，科林伍德就会与奈特的 2 艘战舰一起前往巴巴多斯。如果这样，英国在西印度群岛的舰队兵力就会达到 18 艘战列舰，其中 2～3 艘为三层甲板战舰，无须纳尔逊再去增援。那么，在对地中海内的剩余敌军做好应对之后，他就应将舰队中的 4 艘战舰留给奥德，然后率领

---

① 里格为欧洲古代的长度单位，1 里格在英语国家中通常被规定为 3 海里。——译者注

余下的战舰返航。与此同时，加德纳也被要求向奥德派出巡洋舰，在获得关于维尔纳夫的情报之后去马德拉群岛向科林伍德报告。[17]

截至此时，英国海军部对维尔纳夫的使命似乎尚未产生怀疑。基于他们先前掌握的情报，维尔纳夫似乎只是执行着拿破仑最初交给他的命令。指挥部尚未对他突然杀回英吉利海峡或是在大海上与克雷格船队相遇的可能性感到任何不安。土伦舰队的目标就是牙买加，这一印象已在指挥部之中取得了压倒性的优势。他们开始觉得，纳尔逊对其首要目标的坚决守卫已迫使拿破仑落入了皮特的股掌之间。维尔纳夫放弃了在地中海展开行动的一切机会，被派去执行一场次要的殖民地袭击，让地中海完全向他们蓄谋已久的、协同俄国的行动敞开。然而，在围绕西印度群岛——这个他们认定的位置——发布的命令下达后不久，一切又都变得悲观下来。4月30日，加德纳发出了那封他从奥德那儿获得的信件。指挥部很快就认清了当前的情形。无人知晓纳尔逊的位置，最可信的观点来自斯特罗恩：他已经跟丢了敌军，几乎可以确定地说，正在赶往埃及。奥德仅仅知道维尔纳夫在加迪斯出现过，并放弃了自己的封锁阵位。因此，这两位受命掩护克雷格远征船队的将军，在这个至关重要的时刻竟然都不在自己的位置上。奥德并不知道维尔纳夫的目的地，他可能向北，也可能向南。但正如我们所看到的那样，奥德小心翼翼地提出自己的猜想，法军应该是向西航行，折返杀回英吉利海峡可能是他们的最终目的。

我们现在知道，这就是法军在特拉法尔加战役中的真实行动，而在当时却无人严肃地提出这种情形；但从奥德信件抵达的那一刻起，他们便再也没有遗漏过这一可能性。在英国方面

看来，如果考虑到皮特的计划，维尔纳夫接到的任务很有可能
是接近英吉利海峡，摧毁克雷格和奈特的远征船队。克雷格和
奈特有 50 艘运输船，已经驶入了大海，显然面临着被歼灭的
巨大威胁，而这样的打击将让反法同盟陷入令人绝望的崩解危
机。关于远征的风言风语已经传出，英国政府无法用拿破仑并
不知晓来自我慰藉，更何况大海上还有其他的运输船队。在爱
尔兰的科克港，还有一支与克雷格所部性质相似的、由艾尔·
库特爵士（Sir Eyre Coote）指挥的远征军，其目的是加强印度
的卫戍部队。这两支远征船队都很难逃离法军的刻意袭击，事
实上，尽管拿破仑尚不清楚克雷格的使命，但他已经对英军的
动向产生了关注和怀疑。在塔列朗（Talleyrand）写给拿破仑
的报告中，这两支远征船队被描述得无足轻重，只是皮特政府
陷入绝望处境而不择手段的证明。但葡萄牙的法国外交官接到
消息，一些情报向他们警告道，里斯本的特茹河口（Tagus）
可能是远征军的目的地——这有些超出了塔列朗的预计。"这
仍然算不上什么计划，"塔列朗写道，"考虑到英国的态势和
内阁的尴尬处境，这些计划是不可能存在的，是荒谬的，我们
可以安全地排除这一可能性。如果他们真要进行什么远征，他
们目标肯定不会像现在这样；而如果这一切仅仅是他们刻意
的威慑性表演，他们要去葡萄牙、北方、黎凡特或者印度也都
没有什么不同。"[18]

　　但是，拿破仑本人对此却要严肃得多。他已听到一个模糊
的传言，称密歇希已经夺取了多米尼克与圣卢西亚，这让他与
他的下属们相信，最初将罗什福尔舰队派往西印度群岛的错误
决策竟是一招天赐的妙棋。他们已让英国战略陷入混乱，将其
关注的重心引向远方的殖民地，为法国的侵英计划铺平了道

路。英国派出的远征军似乎很好地印证了这种看法，但是，这真的就是拿破仑对敌军行动的真实看法吗？在阅读他的批复时，我们或许会对此产生怀疑。在接到塔列朗报告的三天之后，拿破仑给帝国大法官（Arch-Chancellor of the Empire）康巴塞雷斯（Cambacérès）写去一则备忘录，后者被他留在巴黎辅佐其兄长约瑟夫（Joseph），以在他前往意大利时主持国家政事。拿破仑在信件下的注记里写道："似乎有两支规模为5000～6000人的远征军已经或正准备开拔，一支前往印度，一支前往西印度群岛。他们并不是民兵或者志愿兵，而是英国最好的部队。"[19] 法军入侵的威胁没能将英国陆军的精锐束缚于国内，这让拿破仑感到出乎意料并且很恼火。他继续写道："如果我们的船队接到行动命令，如果合适的海风、雾气或夜色能持续六个小时，英国人就会遭到奇袭，并发现他们最为精锐的部队不在身边。"

这显然不是他的真实想法。在拿破仑多变的计划里，没有什么比这一点更加确切：他此时已经完全放弃了由海峡船队独自发起突然侵袭的方案。他或许一度相信过如此行动的可能性，英国大众的看法也是如此，但现在，双方都有了更为深入的认识。拿破仑业已采纳了海军的观点，因此，这些言语只能被视为一些情绪化的表达——他正因自己的威胁无法持续而恼怒不已。拿破仑的自尊心受到了伤害，在这番恼怒过后，他转而以自欺欺人的态度对待着这一切。他说服自己，他已将英国的关注引向它在印度和西印度群岛的殖民地，而在他写下备忘录的同一天，他也将此告知了他在意大利王国的陆军大臣皮诺将军（General Pino）。皮诺显然对英国在地中海的行动感到焦虑，但拿破仑向他保证，英国除了金钱之外无法给奥地利提供任何支援。据他所说，他对印度的威胁已经迫使英国政府派出了由查尔斯·康沃利斯勋爵①率领的数个军团，而为了保卫牙买加，他们还需派出 8000～10000 人的远征军。[20]

在拿破仑跨过阿尔卑斯山为自己戴上那顶新王冠之时，这就是他为自己绘制的那个玫瑰色的美好图景。我们已无从得知他在何种程度上相信着这一切，但可以相当确定地说，他已开始感受到皮特那令人痛苦的刺击。也许他仍然相信主动权在自己手中，尚未意识到一场以夺走它为目的的行动早已开始。而在皮特方面，他却不敢相信自己已经骗过了那位欺诈战术的大师，在他眼里，维尔纳夫驶出海峡的行动一定是拿破仑在醒悟之后为了阻止远征军而做出的回应。如果不是如此，那也可能如奥德所说，他执意要实行入侵英国的计划，以此来掩饰一场大规模海军集结。

在这一刻，英国本土的整个氛围瞬间改变，变得极度紧张，悸动不安。通过阅读当日的文件，我们仍能感受到这场危机所造成的震颤。然而，主持这一切的皮特却无法专注于此。4 月 29 日，当新的消息抵达下议院时，他在那儿花掉了整整一天的时间。质询委员会发布了他们的第十一份报告，其内容

---

① 查尔斯·康沃利斯，康沃利斯侯爵（Charles Cornwallis, Marquess Cornwallis, 1738～1805 年），英国陆军将领。他是海军上将威廉·康沃利斯的长兄。曾参与七年战争与美国独立战争，1777 年晋升中将，次年起出任北美英军副司令，1781 年在约克镇围城之战中投降。1786～1793 年出任印度总督，任内取得第三次英迈战争的胜利（Third Anglo-Mysore War），晋升上将。1795 年进入皮特内阁。1798 年任爱尔兰总督。1802 年代表英国签订《亚眠和约》。1805 年再度出任印度总督，同年 7 月于加尔各答上任，但于 10 月 5 日病逝。——译者注

关乎海军的军事行动，在议会中引发了一场超乎寻常、令人精疲力竭的激烈争辩。在此过程当中，皮特宣布了新任海军大臣的任命，而反对党的福克斯①则提出控诉，称皮特曾试图避免让质询涉及自己的好友。一份对梅尔维尔进行犯罪调查的议案让事态达到了白热的顶点。绝大多数的反对党领袖都用投票支持的方式折磨着他们的首相，不顾国家所面临的危险。这是一场激烈的争斗，尽管他们恶言相向，皮特最终还是顶住了压力。拖着刚刚为好友辩护的疲惫身躯，他在次日的凌晨两点才返回家中，随即看到了奥德从西班牙海岸发来的信件。皮特安插在巴黎的间谍曾传来消息，土伦舰队即将起航，目的地暂时不明，不过普遍认为是爱尔兰，而据间谍推测可能是牙买加。但在所署日期为 4 月 17 日的第二份报告中，间谍让皮特确信，拿破仑目前的整个计划只是将英国的注意力从他真正的攻势上引开。[21]这一情报确证了奥德的观点，即一个突然在海峡集结兵力的计划正在进行。皮特无法安然入睡，两点半时，他又坐在了桌前，为新任的海军大臣写下一封警告信：

　　一从议会回来，我就看到了这些文件，它们是目前最为重要的。我好几个小时内都不会休息，已准备好尽早在你方便时会见你。为了筹集额外的人员、让所有的战舰做好出海准备，我想我们必须立即采取措施。目前的事态是

---

① 查尔斯·詹姆斯·福克斯（Charles James Fox，1749～1806 年），英国辉格党政治家，长期任下议院议员，是皮特担任首相期间的主要政敌。曾大力谴责策划派兵镇压美国革命的首相与英王乔治三世，对法国大革命予以肯定，极力反对英国对法国作战以及对国民实施的战时高压政策。1806 年年初皮特去世后与格林维尔联合组阁，出任外交大臣，试图与法国媾和，但不久就因病去世。——译者注

如此的紧急，我想我们必须保证此时的人力供给，必须采取那些在这种极端急迫的情况下才能采取的措施。[22]

在上任的第一天，巴勒姆正为改组海军部做着繁重的准备工作。现在的海军大臣是一位年迈的水兵，而他还要负责指挥这场海上战争，海军部的工作架构因此需要改变。[23]他或许也是彻夜未眠。第二天，4月30日，他向大海上的舰队指挥官们发出了一系列极其清晰的命令，这一切都是在极度紧张、缺乏休息的情况下做出的。其首要目标是拯救克雷格的远征军，其次是维持对费罗尔的封锁，最后，如果奥德的推测被证明是正确的，他们还要按照传统方略，封锁英吉利海峡的入口。

巴勒姆向考尔德发去的命令是，如果他发现了已受到威胁的远征船队，他就应该截留住奈特和他的两艘战列舰，克雷格的运输船队则应在巡洋舰的护送下返回普利茅斯或科克港。而发给奈特的命令是，当下最为紧迫的需要是加强费罗尔港外的英国舰队，以防维尔纳夫试图打破封锁。如果他在护送运输船队驶过圣文森特角之前接到了这封命令，他就应该把船队带回费罗尔，再按照发给考尔德的命令行事；如果他已经驶过圣文森特角并确信维尔纳夫已经离开了加迪斯，他就应当把旗舰转设到一艘巡航舰上，将他的两艘战列舰如前文描述的那样派往考尔德或加德纳，然后与剩下的巡洋舰继续将运输船队护送到直布罗陀。

发给奥德的指示则是让他在加迪斯留下侦察所需的巡洋舰，然后立即率战列舰队去费罗尔与考尔德会合。考尔德将听从他的指挥，而他则听令于加德纳。这意味着，他们已经放弃了对加迪斯的封锁，新成立的西班牙舰队已被并入西方舰队。

这样做的目的，正如命令所说，是为了加强对费罗尔的封锁。如果封锁失败，则所有舰队都应集结于英吉利海峡的入口。因此，如果发现考尔德已经返航，奥德也应当驶向乌桑特。但如果他和考尔德能够在费罗尔会合并维持封锁，他就应该遵照这则命令。如果他们有理由认为法西联合舰队正在接近费罗尔，并处在"你们认为无法有利地与之交战"的情况下，他们也应一道返回乌桑特，与加德纳会合。最后，海军部指示加德纳，如果情报表明联合舰队已经驶向北方，他就应该命令考尔德向自己靠拢。[24] 如果将这些命令与奥德的实际行动相对比，我们就会发现，他实际上已经准确地把握了海军部的意图。他们都遵循着那个众所周知的传统措置，依靠这种方略，英军就能在任何对其战略布局的袭扰出现之时自发地在关键的时间与地点完成集结。英国舰队勇敢地分散在大海的各个角落，但这个传统方略却留存在舰队指挥官的心中，就如同他们的直觉。一旦有警报认为分散已不合时宜，他们就会如条件反射一般向战略中心收缩兵力。奥德的行动就是基于这种直觉，并得到了巴勒姆的认可。在急于指责纳尔逊之前，我们最好牢牢记住一点——纳尔逊对他已知的这些情况从不会说第二遍。

在向大海中的舰队发出命令的同时，海军部还在加倍努力地强化西方舰队的核心兵力。他们立即派出了三层炮甲板的"乔治亲王"号（Prince George）战列舰；罗利将军（Admiral Rowley）则被派往查塔姆船坞，督促 2 艘即将完成的 74 炮战舰加紧建造，还要去雇用 6 ~ 8 艘用来传递信件的轻帆船。[25]

以上这一系列命令的真实含义并不难理解。英国正试图让一支陆军部队穿过无法控制的大海，也就是说，英国在这片海域中并没有决定性的制海权。英国舰队的掩护锁链已经被突破，因此，远征军必须撤退，除非他们已经安全地驶离了危险。然而，如果敌军的行动并不是针对远征军，他们就必须假设敌人是针对着最为危险的目标，英军就必须守住英吉利海峡的入口——那个传统的战略关键点。

在英国海军看来，只要他们坚守着这个坚不可摧的传统布局，拿破仑的入侵计划就会像它的所有前辈那样，根本不可能成功。在谈及法国对海峡奇袭的盲目自信时，德斯奇霍上校曾这样写道："不幸的是，英国早就听见了这种危险行动的风声，并在确证其严重性之后发布了集结命令。因此，具有压倒性优势的舰队必定会守御着海峡。在这种沉着应战的传统布局面前，拿破仑的任何计划都会被撞个粉碎。"[26]

就这样，巴勒姆勋爵开始了他值得纪念的九个月任期。得益于长期工作的丰富经验，他还在紧张繁重的工作之余对海军部进行了改组，使这一战争机构能出色地处理好所有诉求，直至胜利日的到来。在开始下一章的叙述前，我们最好能对他创设的新制度有所了解。

他并未给自己安排特定职责。他在备忘录中写道："海军大臣负责总体监督和全盘部署。"

"职务最高的第一位军职大臣"——此时由甘比尔将军（Admiral Gambier）担任——"会在海军大臣缺席时接替其工作。他的职责还包括处理每日的文书，但更侧重于港口和秘密工作方面。"这意味着他将主掌各处海军基地和情报部门。"他会将所有送到他部门且他认为有必要记录的命令与信件交给他的秘书，然后由秘书抄录下来。"

巴勒姆对其职责权限还做了进一步说明："在海军大臣的许可下，他能调动本土与海外基地的所有舰船，有权向战舰上的将军、舰长或其他指挥官下达命令，有权调配水手和海军陆战队员……他还要处理所有军舰的装配事宜。"实际上，他在物资供应方面的职责仅限于那些已经入役而尚未做好行动准备，因而被划入他部门管辖范围的军舰。他还要负责通过对比战舰的日志来确认海军部的命令是否得到执行，还要"考虑决定所有的军官升迁"——尽管是由海军大臣来签署晋升状。

主要的物资供给则由"第二位军职大臣"负责，"他将从秘书那儿得到所有审查过的，属于海军委员会、运输委员会、伤病委员会与格林尼治医院的书信与文件"。

第三位军职大臣则"在海军大臣的监督之下"主管所有现役军官与专职军官（warrant officers）的任命，并确保所有的军舰都配上了足够的军官——但舰长与尉官（Lieutenants）的空缺则需"报告给海军大臣"。

"文职大臣的任务，"巴勒姆在备忘录的最后写道，"是让军职大臣们能不受干扰地完成他们所负责的多种重要工作，负责签署所有从部里发来的命令、授权、保护单等文件。他们还要向海军部提供咨询意见。"[27]

通过对海军部的改组，巴勒姆将他的同僚们变成了他的下属。第一海务大臣（First Sea Lord）——即巴勒姆所谓的第一位军职大臣——承担了类似于海军参谋长的职务，他指挥着战争的每一步行动，同时也要负责入役战舰的装备与人员配给。第二海务大臣掌管着物资供给，第三海务大臣掌管高级人事。而巴勒姆本人，正如海军部秘书巴罗（Barrow）所言，从未在海军部的办公室中工作过。他似乎只关心这场战役中的重大行动。巴罗告诉我们："年迈的巴勒姆勋爵满足于各司其职的工作方式，他安静地待在自己的房间里，偶尔提几个问题，将海军的日常事务交给部里的几位大臣去商量解决。事实上，他从未出席过海军部会议；但每当疑难问题出现时，一位大臣或秘书就会前往他的房间，请他定夺。"[28]

在巴罗的回忆中，巴勒姆似乎只是一个名义上的领袖。但在他的房间中，他必定在思索着扭转这场战役的战略危机，推测着下一步的威胁所在，随时准备着向大海上的舰队发出必要的命令。这一切都在一系列的"秘密命令"中得到体现，这些密令全都指导着关乎战争全局的重大行动，而落款处都署着巴勒姆的签名。如同巴罗所说，他并不关心"海军的日常事务"，在更高的层级上指挥这场战争才是这位老人未曾止息、从未间断的工作。

他让自己完全专注于唯一的目标，甚至不惜因此而失礼。《巴勒姆文集》中有一篇长长的《致国王的信》，内容是关于1805年9月的海军形势。在信的开头，他就对自己没能前往王宫表示歉意；而他这样做则是因为要同时监管海军部与海军委员会的工作，无法抽出时间等候国王接见。当年11月，他又让皮特代他向内阁递去一份申请，希望那条只让他参加与海军相关会议的禁令能继续下去。[29]没有任何证据能对巴罗有关巴勒姆不在海军部办公的说法构成质疑，他的工作方式似乎是独自起草那些关乎战争方向的战略性命令，然后再将稿件交给海军部同僚以得到正式批准和署名。最为确切地说，巴勒姆就是这场海上战役的真正引导者；但在他眼里，这份工作还必然包括管理物资供给方面的重大问题。就在如此全神贯注的时刻，他仍旧坚持着英国的古老传统，时刻紧盯着后勤部门。也就是说，巴勒姆的职责如同皮特这位战时首相的海军参谋长；与此同时，他也将海军委员会掌控在手心。

第六章　纳尔逊的困境

在英国本土焦急万分的时刻，纳尔逊却一直没有传来只言片语。在战争指挥部看来，他已经如同维尔纳夫那样神秘地消失，理查特·斯特罗恩爵士关于他再次去了埃及的推测似乎颇合情理。但实情并非如此。正如我们所知，纳尔逊在这种极不明确的局势中只做了一个决定：在获得任何确切的情报之前，他不会驶向西西里以东或撒丁岛以西。正因如此，他率领舰队前往巴勒莫附近的乌斯蒂卡岛，在采取下一步行动之前先用两天时间等待消息。

4月10日，他已听到了英国远征军向地中海出发的传闻。他的焦虑事项中突然增加了这样一个重大而复杂的事件，他几乎不敢相信自己没有接到任何预警。在束手无策之时，纳尔逊决定向他的朋友波尔寻求脱困之法。纳尔逊向他写下了一封信："我很难想象，他们会在没有知会我的情况下向这一区域派出远征军，我的看法对这种行动显然非常重要。如果他们就这么出发，一定会被法军截获，法国人对英国发生的一切都了如指掌。然而，我现在却什么也做不了。我对被蒙在鼓里的感觉厌烦至极。"写到这里，他的思绪被一位刚刚登上旗舰的舰长打断；当他再次坐在桌前继续书写时，他已经得到了那则爆炸性的消息。"哈洛韦尔①刚刚从巴勒莫过来，他带来的消息

---

① 本杰明·哈洛韦尔·卡鲁（Benjamin Hallowell Carew，1761～1834年），英国海军军官，纳尔逊的亲密伙伴之一。1793年升任舰长，参与了土伦战役与圣文森特海战。随纳尔逊参与了尼罗河口海战，此后长期在纳尔逊的地中海舰队服役，但错过了特拉法尔加海战。——译者注

说，英国远征军已经出发，另外 7 艘俄国战列舰即将进入地中海。因此，我想法国舰队或许是要驶向西方。我必须全力以赴。愿上帝保佑你。我现在真是可悲至极。"

纳尔逊的处境的确好不到哪去。在数个月的疲惫坚守后，他盼望已久的远征行动终于开始，然而却进行得如此糟糕，似乎一场无可避免的灾难即将降临。他毫不怀疑维尔纳夫的目标就是摧毁这支远征军。那么，为什么没人警告他呢？他并不知道，就在英国与俄国就联盟意向达成一致之时，海军部便已向他发出警报，只是他尚未收到这则消息。[1] 他只知道，他的整个行动计划已经被这个新要素打乱，他精心选择的阵位已然不合时宜。在他刚刚开始给波尔写信时，他正打算"转移到拉马达莱娜或是科西嘉角（Cape Corse）"，显然是希望在广泛分散的巡洋舰仍未发现敌军动向时确认维尔纳夫是否已经折返。但现在，直布罗陀海峡已取代地中海东部，成了当下最为重要且危险的海域。纳尔逊没有丝毫的迟疑，他立即下令，让舰队以最高的航速向西方驶去。

但他并不准备直接驶向直布罗陀，而是制定了一条"机密航线"。在这条航线上，第一个集结点位于撒丁岛南部（第71 号），第二处则位于福蒙泰拉岛，它是巴利阿里群岛的最南端。[2] 在担心克雷格远征军的同时，纳尔逊仍然希望借由这条航线确认维尔纳夫没有杀回那不勒斯，这一点即将在他下一步的行动中得到证明。

然而，他所遭遇的困难还远没有结束。尽管他舰队中的水手拥有极其精湛的航海技艺，尽管他们做出了最大的努力，但他的舰队却根本无法向西航行。强劲的西风与西北风让他无法驶向撒丁岛，直到 11 日，他才刚刚航行到西西里西端的马雷蒂莫岛（Marettimo）。第二天，出于他那长久以来的怀疑，他派出两艘巡洋舰去土伦进行侦察，其中一艘在任务完成后前往撒丁的某处港口，而另一艘则前往撒丁岛西南端的特洛岛。4 月 15 日，在四天的艰苦努力后，他仍旧被海风阻挡在撒丁岛南端。两艘来自那不勒斯的巡洋舰在这里加入了他的舰队。其中之一是被他派去搜索情报的"亚马孙"号（Amazon），另一艘则是从英国本土出发、经过十七天的航行才来到这里的"十年"号（Decade）。马尔格雷夫勋爵的私人秘书史密斯中校（Colonel Smith）搭乘这艘巡航舰，给那不勒斯的艾略特带去了远征军出航的消息以及下一步的行动指令。接到消息后，艾略特在第一时间就派"十年"号去通知纳尔逊，但纳尔逊在一周之后才收到消息。[3]艾略特在信中写道："马尔格雷夫勋爵告诉我一个重大机密：数量可观的部队即将航向马耳他，想必你早已知道他们的目的地。史密斯中校——马尔格雷夫勋爵的私人秘书——给我带来了与之相关的秘密指令，他估计远征军将在'十年'号被派向你处的几天之后出发。我认为让你知悉这一情况是极为重要的。如果法国人也知道了这一点，或许会影响到他们给土伦舰队设定的目的地。"[4]

我们不难想象纳尔逊阅读这封信时的感受。如果史密斯的推断没有错误，如果远征军已经在 3 月底出航，他所面对的局势便不异于恶化了十倍，而海军部之前的沉默也就愈发显得可恨。他在回信中愤怒地写道："阁下关于地中海远征军的来信是我所接到的关于此事的第一份通知。我完全不敢相信，对于这么重要的事，海军部竟然没有通知我，让我提供保护！"如果纳尔逊了解梅尔维尔的倒台对海军部工作的影响，他或许能更好地理解他们的困难；但现在，没有什么能平息他的怒气。"阁下的意思是，您或我早就知道了这件事吗？如果说的是您，我想应该没错；但如果您是说我早就知道了这些部队的秘密目的地，我就必须郑重声明，我对他们的目的地，哪怕是派兵到地中海这件事都一无所知！我很清楚他们想把这好几千人派到哪去，但正如之前所说，我完全不敢相信，有任何部队竟敢在我做出保证之前冒险驶入地中海。如果我预先知道的话，我就会在卡塔赫纳以西或土伦以西的某处海面等待他们。"

纳尔逊只知道远征部队早在两周前已经做好了出航准备，而他不知道的是，在他写下这封信的时候，远征军仍被逆风困在朴次茅斯港外的斯皮特黑德——与之类似的还有海军部向他发出的消息。在他结笔之前，当日夜间，他又收到了一则来自中立国的情报，称土伦舰队曾在九天之前出现在西班牙东南端的加塔角（Cape Gata），正乘着一阵东风向直布罗陀海峡驶去。纳尔逊绝望地写道："如果这则消息属实，他们就打破了我们的层层设计。我真想让它杀死我自己。"[5]

突如其来的危机似乎让纳尔逊的心态失去了平衡。但即便如此，他仍然坚持着自己先前选择的策略。在他看来，只要没有完全确保身后地域的安全，即便面对着看似如此确定的威胁，他也不能贸然向西方出击。因此，他又派出一艘巡洋舰前往土伦侦察，约定与他在福蒙泰拉岛的集结点会合。它还要给之前被派去西班牙东北部圣塞巴斯蒂安角的巡洋舰带去一封信，让其结束任务。纳尔逊在信中写道："我正要去确认法国舰队是否回到了土伦港内，然后向西航行，这就是目前我能告诉你的一切。"[6]

纳尔逊的处境在两天之后终于明晰了起来。在他刚刚乘风离开特洛岛时，巡洋舰"亚马孙"号的威廉·帕克①舰长向他打出了旗语。他遇到了一艘拉古萨商船，它的船员曾在4月8日——十天之前——亲眼看到法国舰队驶过直布罗陀海峡；而更加糟糕的是，先前曾遭到法国巡航舰袭击，并让纳尔逊派出斯特罗恩前去保护的那支黎凡特商船队，仅仅在法军通过之前一天通过了海峡。[7]

纳尔逊被这个新的消息震惊了。他终于能确定自己已被法国舰队远远地甩在了身后。他随即将下一处集结点直接改为直布罗陀的罗西亚湾（Rosia Bay），坐在桌前，重新安排他的整个计划。他给艾略特又写了一封信，其间的语气已完全不同于上一封的激切愤慨："我将跟着法国舰队驶出地中海"；"或许有人认为，我把撒丁岛、那不勒斯和西西里保卫得太过分了，但我认为我做的并没有错，因此并不担心由于放跑法国舰队而即将降临到我身上的命运。"他虽然写下了这些字句，但心里却是既紧张又担心。接着，他就因他的失败而向海军部致歉。"法国舰队从地中海出逃让我感到极为痛苦，我希望各位长官不要将之归咎于我没能给予它足够的重视。相反，正是因为我的警惕心，使敌人认为他们无法在地中海沿岸展开任何远征。"这一直是他的首要职责，他自己也深知这一点。可是，海军部与国家能理解他吗？

① 威廉·帕克（William Parker，1781～1866年），英国海军军官。曾参与法国革命战争。1801年晋升舰长，1802年起指挥"亚马孙"号，随纳尔逊参加了西印度大追击，但错过了特拉法尔加海战。曾两次担任第二海务大臣。1841年起接替伯麦（James Bremer）出任东印度与中国舰队总司令，指挥了第一次鸦片战争中的诸多战事，当时被译作巴加。1851年晋升上将。——译者注

直至此时，他仍未确定舰队的最终目的地。他只告诉海军部，自己将航向西方，在抵达直布罗陀之后再听从新情报的指引。与此同时，他还采取了若干措施，确保英国在他离开地中海后仍能掌控意大利海域。

为达此目的，纳尔逊将麾下的多艘巡洋舰组成了一支舰队，交由托马斯·布莱登·卡佩尔舰长（Captain Hon. T. Bladen Capel）指挥，以他的 36 炮巡航舰"菲比"号（Phoebe）作为旗舰。他受命以特洛岛为阵位并在该岛与马雷蒂莫岛之间巡航，"阻止敌人向撒丁岛、西西里与埃及发起任何袭击"。纳尔逊在命令里接着写道："我只说这些，如果敌人要从土伦发起远征，以上这些地区最有可能是他们的目的地。但在某些情境下，只有你能对那些信息做出最正确的判断，请你一定要自信地依照自己的判断来行动，以防敌军登陆到其他地区。"当这支舰队如预期般集结于特洛岛时，他们将拥有 5 艘巡航舰与 1 艘臼炮艇。加上那不勒斯海军与留在那里的战列舰"卓越"号，即便不算入即将抵达的俄国人，他们也已具备了足够的兵力。[8]

这是纳尔逊最后一次服从于他的基本战略原则。他的首要职责曾是保卫地中海的制海权，而对他来说，现在这一切已经走到终点。摧毁土伦舰队成了他新的目标。为了这个终点，他牺牲了麾下超过半数的巡洋舰，仅将 3 艘巡航舰与 2 艘轻帆船留在身边——他在此刻无比渴求与敌军舰队交锋，而巡洋舰几乎就是一切。但是，他必须为了更高的战略目的做出这种牺牲。他比任何人都更清楚与敌军主力交锋的重要性，这是他为之魂牵梦萦的目标；但他也比任何人都更清楚什么才是局势的关键，要在何时做出让步。

在这里，我们可以真切地看到纳尔逊作为战略家的品格，他的一生中从未有过比此时的考验更为可贵的表现。那场不朽的长途追击的动机已然成了一个传奇，它的动力似乎只是一时涌现的大胆灵感，但实际上，我们可以清楚地看到，这是基于耐心的逐步推导而得出的冷静演算，那些精彩的行动都有着坚实的根基。他以确保身后地域的安全作为行动前提，并以战争所允许的时间损失换来了当前局势的确定性。在我们的认知里，没有什么能与这些决策流程相提并论，没有什么能像这样全面地揭示出一位军事大师的思考过程。纳尔逊尽可能地让这些思考贯穿了他每时每刻的思绪。

在接到帕克报告的一天之后，纳尔逊仍在特洛岛以西10里格的海面上缓慢行进，但他的心情已经平复，下一步的目标已经确立。他再次给波尔写去了一封信："该死的混蛋，该死的混蛋……不过，即便在直布罗陀海峡也没有关于敌军目的地的明确消息，我也明白该要怎么做了……糟糕的运气快折磨死我了，但现在还有可以争取的机会，我决不能因自己的感受而沮丧下去。"他还给梅尔维尔勋爵写了一封信——他以为梅尔维尔勋爵此时还是他的上级："我不会绝望，一切都会按部就班地进行。我已经为自己制订了行动计划，我会好好地依此行事。"

人们通常认为，这个计划就是在直觉的指引下直扑向西印度群岛，但后来信中的内容显然并非如此。他跟丢了敌军，但此时已确定要离开地中海。如果没有得到进一步的情报，他就将遵循那则历史悠久的传统措置，像奥德那样驶向北方，向英吉利海峡入口处的西方舰队靠近。一旦处在难以判断的处境里，当时经验丰富的海军将领就会遵循这一黄金守则，那就像他们的第二天性。

就在这一天里，帕克舰长遇到了马克·克尔勋爵雇来报信的双桅快船，其为纳尔逊带来了重要的新消息。它不仅带来了克尔关于维尔纳夫在十天前驶过直布罗陀的消息，更带来了关于维尔纳夫抵达加迪斯然后又与数艘西班牙战舰一道离去的更新的信息。[9]纳尔逊依此推断，维尔纳夫并不是要去西印度群岛。他坐了下来，将自己的推论写在这封寄给海军部的信里：

> 敌军舰队在很久之前就通过了海峡，并在加迪斯与一些西班牙战舰会合。我已派"亚马孙"号去里斯本打探消息，而我则将尽快驶向圣文森特角。我希望"亚马孙"号能在那里与我会合，并带给我关于敌军目的地的确切信息。考虑到他们与西班牙战舰一道从加迪斯出海，我认为他们并不是要驶向西印度群岛，而是要与费罗尔的舰队汇合，再直接扑向爱尔兰或者布雷斯特——我相信法国战舰上搭载了陆军。因此，如果我没有得到足以改变目前推断的有效情报，我就将从圣文森特角出发，前往锡利群岛（Scilly）以西50里格处，慢慢地驶近群岛，以确保任何传令的船只都能找到我的舰队。之所以选择这个位置，是因为一旦有需要，从这里去布雷斯特或爱尔兰都同样便利。我相信这个计划能够得到各位先生的许可，我很乐于带回11艘优秀的战舰，在娴熟的指挥之下，它们的秩序与状态都像刚刚出海时那样完美……附记：我将把这封信的摘录同时发送给爱尔兰舰队与海峡舰队，让他们的司令官知道在哪里可以找到我。

纳尔逊再一次冷静了下来，他将琐事从头脑中逐出，专注地思考着那些准确而必要的行动。他的精神状态也恢复过来，旧日的愉快音符再次在他写给加德纳勋爵的信里出现。他开始将维尔纳夫驶出海峡视为一个战略胜利——这确实已得到证明——且毫不畏惧法军在海峡之外的行动："亲爱的爵爷，如果土伦舰队与加迪斯舰队去了您那里，我的战舰也一定会在您视野之内。如果您不需要我的帮助，就让我们返航吧。他们溜出地中海让我颇感烦恼，我原已将他们划入自己的责任范围。而现在，我期待着您，我亲爱的爵爷，来消灭他们。"更重要的是，从现在开始，再也没有为克雷格远征船队的安全担忧的进一步迹象了，维尔纳夫去加迪斯与西班牙舰队联合的消息也让他确信敌人有着某个其他更高的目标。

在接下来的一周里，纳尔逊仍然与糟糕的西风做着斗争，但这已无法再改变他的想法。在这周末寄给直布罗陀专员的一封信中，他表达了自己的坚定信念：法国与西班牙舰队的联合必然暗示着为费罗尔解围，而后再向英国本土——而非西印度群岛——展开袭击。[10] 在航向海峡的途中，他派出巡航舰"十年"号带着这封信去直布罗陀报告他的位置。在四天之后的5月1日，直布罗陀海峡东南端的休达（Ceuta）已经出现在海平线上，纳尔逊也收到了来自海军部的直达信。这封信不仅解释了海军部在远征军问题上的离奇沉默，还让他对远征军的安全重新燃起希望。他立即写下了回信："我刚刚收到您4月1日寄给我的信……说奈特少将与'王后'号和'龙'号将在一到两天内出航……运输船队搭载着5000名士兵。"这就是那则他期盼已久的、让他提供掩护的命令。它的意义极其重要，纳尔逊从中得知，远征军并没有如艾略特猜测的那么早出击。

它给出了让人重燃希望的良好理由，正如纳尔逊所说，马克·克尔勋爵的"费斯格达"号仅仅在法国舰队离开加迪斯的两个小时后就驶向了英国，它应该能及时赶到，拦下远征军。[11]

5月4日，风向仍然对纳尔逊不利，他只好在海峡东南岸的特图湾（Tetuan Bay）下锚，利用这段时间进行淡水、牛肉和燃料补给。正在此时，他收到了第一封描述出当下真实态势的情报。这是直布罗陀海军专员奥特维舰长（Captain Otway）寄给他的回信，他将联合舰队完全失踪的消息告诉了纳尔逊，并认为他们很可能已前往西印度群岛。新的消息显然动摇了他先前的判断，这给他造成了新的焦虑，但这还不足以让他改变目的。为了证实这一情报，他希望向奥德的巡洋舰确证联军并未驶过他们的防区；不管大洋西面的威胁有多大，他绝不能仅仅根据一则流言就展开行动。他向奥特维回复道："即便牙买加有陷落之虞，我也不能仅仅依据一些猜测就驶向西印度群岛。"

他的首批传记作者在一个值得关注的段落中清楚地展示了纳尔逊是如何应对这一困境，其中一位是曾在他身边担任秘书的麦克阿瑟（McArthur）。在他们撰写传记时，关于西印度追击源于纳尔逊天赐灵感的传奇说法已经出现，但在他们看来，这种说法应该被扼杀在萌芽状态。他们如是写道："在完全确认敌军不会驶向其他方向之前采取如此大胆的行动，与纳尔逊勋爵伟大的职业品格以及他对军事纪律的重视完全相悖……更为必要的是，我们不能让其他军官效仿这种激情散漫的冲动和鲁莽追击取得的成功，以免他们错误地沉湎于反面的观念，招致自己的毁灭。"[12]

纳尔逊的真实行为完全符合他的传记作者们所坚持的军事

理念。西印度群岛只是一个可能的目的地，如果没有得到足以确证的消息，如果不能排除所有怀疑，他仍会保持着开放的头脑，向英国的战略中心乌桑特靠近。但与此同时，他也做好了应对不测的万全准备。5 月 5 日，他正式命令舰队副司令官理查德·比克顿爵士①在他离开之后出任地中海地区英国舰队的总指挥官，继续执行海军部先前下达的命令，特别是"海军部关于保卫西西里岛以及撒丁王国领地，以及防止敌人向埃及发起远征的指令"。他的兵力将包括纳尔逊几乎全部的巡洋舰，以及可能来自本土的所有增援。听说有一分威胁，他就会做出四分的防备，纳尔逊正是如此小心地保卫着托付于他的地域。但他不可能给留守舰队分出多少重要兵力，比克顿的坐舰是宝贵的一级战列舰"皇家君权"（Royal Sovereign），但纳尔逊需要它，便让比克顿将旗舰转设为其他留守的军舰。

正在他准备着这些命令之时，合适的海风终于出现。他随即率军航向海峡，希望在海峡的那边遇到从里斯本驶来的"亚马孙"号，这是他驱散战争迷雾的唯一希望。里斯本是当时的情报中心，在纳尔逊乘着时有时无的东风驶向西方的同时，让我们在这里尝试着把握战争局势的情形。

---

① 理查德·比克顿（Richard Bickerton，1759～1832 年），英国海军将领。长期在地中海舰队服役。1799 年升任少将，1800 年指挥封锁加迪斯，之后远征埃及。1803～1805 年 9 月担任纳尔逊的副司令，后病退。——译者注

第七章　纳尔逊何以确信？

在特茹河畔的里斯本城中，皮特对抗拿破仑这出大戏里的一条支线正在上演。在英格兰与法兰西旷日持久的帝国竞逐中，里斯本——这个欧洲海上扩张的起点——早已被视为用任何代价都无法换取的必争之地。如同他的所有先驱者一样，拿破仑不仅要求葡萄牙不能成为英国的盟国，甚至不允许它保持中立。法国与西班牙已经像旧日的波旁王朝家族同盟那样约好，他们至少要强迫葡萄牙对英国船只实行港口禁入令。1805 年 2 月底，拿破仑派他的副官与骠骑兵队长朱诺将军（General Junot）出任法国驻里斯本大使，督促约定的履行。朱诺在路上耽搁了相当长的一段时间，他首先去马德里与西班牙政府讨论了海军行动的事务，直至 4 月的第二周才抵达目的地。

这是一个极其凶险的时刻。英国驻里斯本大使罗伯特·菲茨杰拉德勋爵（Lord Robert FitzGerald）已于 4 月 13 日收到了奥德有关其已被维尔纳夫逐离加迪斯港外的消息，他已做好准备，迎接即将到来的外交争斗。朱诺随即于次日抵达，这让菲茨杰拉德深信土伦舰队将在一两天后出现在特茹河口，迫使葡萄牙加入拿破仑的大陆同盟，从而将他推入绝望的境地。他在给英国政府的报告中写道："法国与西班牙舰队在加迪斯的联合将让这里的两国大使得到他们所希望的结果。"他的手中缺乏抵抗的实力。葡萄牙人的确想重振他们的海军，并得到了英国军官、海军少将唐纳德·坎贝尔（Rear-Admiral Donald Campbell）的协助。但坎贝尔现在已率领着包括 1 艘战列舰与

3 艘巡洋舰在内的葡萄牙舰队驶入了大海，据说是去直布罗陀海峡附近打击日渐棘手的阿尔及利亚海盗。[1]

朱诺与西班牙大使所希望的局势很快就初现端倪。萨顿舰长——奥德留下的巡洋舰队指挥官——在拉各斯湾补充食物时遭到了葡方的拒绝。菲茨杰拉德提出抗议，葡方却悄悄地告诉他，禁令并不会实际执行。可随后，葡萄牙又宣布了隔离英国船只的命令。萨顿随即发现，他已无法继续执行奥德的指示。"猎兔犬"号轻帆船已经下落不明，只有"黄蜂"号仍与他保持着联系，而他现在已很难雇到用来侦察加迪斯的葡萄牙小艇。然而，菲茨杰拉德仍然得到了一些来自加迪斯的情报。4 月 24日，他向英国政府报告了法西联军在 10 日驶向西方的消息。他立即让英国邮船发出了这封信，里斯本的压力似乎已经减轻。但在不久之后的 5 月 2 日，他又收到了萨顿的新情报，称"黄蜂"号的军官在 4 月 27 日乘葡萄牙小艇进行侦察时发现，整支法西联合舰队仍然待在加迪斯。如果这是真的，这便意味着维尔纳夫已经折返，他们面临着比之前更大的威胁。菲茨杰拉德无法相信这则消息，他之前已从一位中立国船长那儿得到了精确的细节，证实联合舰队已经驶向西方，而来自加迪斯的每一份报告都表示牙买加是他们的目的地。但是，他也无法取得更进一步的确切消息。在这一困境中，他最终遵循了一则值得记录的行动准则。现在，外交渠道的情报与海军渠道的情报出现了矛盾，但外交形势却要取决于海军形势，这首先是一个海军问题。因此，在咨询了渊博睿智的领事官甘比尔（Gambier）先生之后，他认定目前只能假设海军发来的情报为真。他们随即将这一情况向本土汇报，随后在其力所能及的范围内展开了行动。[2]

此时此刻，立即采取行动的确极为必要。他们知道，奈特和克雷格距离这里已是相当之近。仅仅数日之前，在附近巡航的"俄耳甫斯"号（Orpheus）巡航舰已经携带着奥德离去的消息前去寻找并警告远征军。如果它没能找到他们，而萨顿的新情报又不幸属实，远征船队便无异于朝狮子的巨口驶去。无论如何，他们必须得到警告。另一艘英国邮船刚刚抵达，菲茨杰拉德的一位下属立即乘着它出海，也去搜寻远征军。不过，就在他出发的二十四小时后，远征船队便在特茹河口现身。领事官甘比尔立即向他们传达了紧急消息，他发现他们在一天之前已经遇到了"俄耳甫斯"号，但并没有与那艘邮船相遇。

那么，他们接下来该怎么办呢？里斯本目前的事态极为微妙，但甘比尔力劝奈特与克雷格不要犹豫。"俄耳甫斯"号已被派往南方去搜集关于加迪斯港内状况的可靠情报，而领事官则向葡萄牙政府转呈了一封由两位英军指挥官连署的、措辞强硬的信。信中说，他们希望在特茹河口寻求庇护，而任何尝试阻止他们进入河口的行为都会被视作敌对行径。葡萄牙人态度和缓地下达了相关要求，这封信成功达成了他们希望的目的。第二天，远征船队没有遭到任何阻挠便悄悄地下锚在受到防御工事保护的港口里。

外交气氛立即紧张到了极点。朱诺和西班牙大使都知道维尔纳夫已经前往大西洋彼岸，在他们看来，英军的行动只可能有一个目的。他们显然是要先下手为强，就如同 1762 年那场成功的阻击。[①] 他们对克雷格远征目标的猜测已在心中徘徊了

① 在七年战争中，国王同属波旁王朝的西班牙与法国曾试图迫使葡萄牙加入它们的同盟，而葡萄牙拒绝遵从。1762 年春天，西班牙陆军入侵葡萄牙。英国随即派出远征军协助葡萄牙作战，成功阻击了西军，后将之逐出边境。——译者注

相当长的时间，并向塔列朗警告了这种威胁[3]，而现在，这种担心似乎已变为现实。朱诺和西班牙人向葡萄牙发出恫吓，他们抗议道，这是皮特与葡萄牙人事先设计的圈套，用英国部队来驻守葡萄牙的要塞。他们要求葡方要么做出详尽而令人满意的解释，要么就驱逐英军。

正如我们所知，皮特所能掌握的陆军兵力远不足以支持他执行这样的战争计划，但两位大使的疑心却让他们相信，只要法国舰队有进入特茹河口的迹象，克雷格就会立即安排夺取海岸要塞，这就是他的真正使命。因此，一位好奇的英军军官在记录这件意外事件时如是写道："事态将会变得十分有趣。"

葡萄牙大臣阿劳约（Aranjo）对此束手无策。如果他不能安抚朱诺和他的同僚，就会招致法国与西班牙的联合入侵。而如果得罪了英国人，他们的反击或许会来得更快——纳尔逊的舰队随时都可能出现。任何一方他都得罪不起。他只能转而求助于菲茨杰拉德，希望克雷格不要待得太久，而菲茨杰拉德只能向他保证，一旦"俄耳甫斯"号带来了关于敌军行动的进一步情报，远征军就会离去。[4]

于是，这种情形只能持续下去。法国与西班牙大使依旧发出恫吓，却也无可奈何；驱逐英军的极端要求也没有得到回应。正在迟疑之间，紧张的局势得到了缓解。第三天的时候，"俄耳甫斯"号回到了里斯本。它确证了菲茨杰拉德的推测：维尔纳夫并未折返。更让他欣喜的是，他期盼已久的纳尔逊已经驶出了直布罗陀海峡。奈特随即打出信号让船队起锚，准备出海与纳尔逊相遇。[5]

此前，前往加迪斯打探消息的"俄耳甫斯"号在圣文森特角以北约 50 英里处遇到了帕克所指挥的 "亚马孙" 号——巧合的是，纳尔逊正等着它从特茹河口带来足以做出最终决断的关键信息。它们一同行驶至圣文森特角，即纳尔逊指定的集结地。随后，帕克将他的信件与消息交给了 "俄耳甫斯" 号，让它带往里斯本，而他则怀揣着从 "俄耳甫斯" 号得来的消息，在此等待纳尔逊。这样一来，他们可能就省了一两天时间。而这也正是纳尔逊本人的行事风格。当合适的海风出现时，尽管纳尔逊在特图湾内尚未完成补给，但他仍下达了起锚的命令。靠近直布罗陀时，风势又消歇下去，他再次下锚，继续搬运补给。五个小时后，海风又一次出现，他终于能乘着它前往圣文森特角，在那儿根据新的情报做出最后的决定。

正如纳尔逊自己所说的，他仍旧被包围在一面黑暗幕布里。但在离开特图湾时，他已面对着与之前不同的可能性。他在写给海军部的信中不再提 "没有消息就向海峡靠拢"，而是说可能前往西印度群岛。这一转变的原因已毋庸置疑。在直布罗陀，他与坎贝尔少将的葡萄牙舰队取得了联系，而 "贝尔岛" 号（Belleisle）战列舰的哈古德舰长（Captain Hargood）告诉我们，纳尔逊从坎贝尔那儿得到了 "关于法国舰队目的地的重要信息"。纳尔逊的信件中并未提到这一情节，这也是自然之举：唐纳德·坎贝尔正在为中立国服务，如果别人知道了这件事，他就将陷入棘手的困境——这是我们完全可以推想到的实情。朱诺和他的同僚的确已经盯上了坎贝尔。在坎贝尔回到里斯本后，他们强烈要求葡方将之解聘，迫使他返回英国，在穷困中去世。[6]

不过，并不是坎贝尔的信息让纳尔逊做出了最后的决定。

在迈出这关键一步之前，他一定要得到更加确切的情报，也就是在圣文森特角从"亚马孙"号或奥德留下的巡洋舰那里得到的消息。在 5 月 6 日——他遇到坎贝尔的那一天——的夜间，纳尔逊离开了直布罗陀。乘着轻微的海风，他要到 9 日清晨才会抵达圣文森特。在此期间，他的目标仍然不确定，他也尚不具备足以穿越大西洋的补给。"胜利"号舰长托马斯·哈迪在圣文森特角出现于其视野内时写道："除了他们在 4 月 10 日离开了加迪斯，我们还没听到关于法国舰队的任何消息。因此，纳尔逊勋爵强烈相信他们去了西印度群岛，如果我们在里斯本也打探不到任何关于其目的地的消息，我们就应该追踪而去。我们派出的'亚马孙'号应该在明天就能与我们再次相遇。"直至此时，这个开放性的问题仍然没有答案，但纳尔逊已经最大程度地利用了他们耽误的时间，用以追求行动的确定性。奥德派往拉各斯湾的补给船仍在原地，纳尔逊决定利用这个明显的机会，去那里装载补给。第二天，纳尔逊在拉各斯湾向坎贝尔写道："亲爱的坎贝尔，我们在这里搬空了约翰·奥德爵士的运输船……我们现在能在大海上坚持五个月的时间，明天就向西印度群岛进发……奈特将军与他的运兵船队已在里斯本出现。我希望他能到这里来，但他被一则称联合舰队仍在加迪斯的假消息骗住了——我倒真希望他们在那里。"[7] 当天夜里，他驶回圣文森特角。夜晚 10 时，哈迪在他的信中添上了这样一句话："现在我们正在圣文森特角外海，爵爷已经下定决心，于明天向西印度群岛进发。"[8] 因此，我们可以精确地推断出纳尔逊是在哪几个小时中做出了这个重大的决定，而他依靠的又是哪些信息。

第一份为他描述出真实局势的情报来自他的老友、巡航舰

"安菲翁"号的舰长萨顿，他一直待在奥德为他指定的位置上。尽管纳尔逊在日志中并未承认这一点，但其却毋庸置疑。纳尔逊的日志写道，9日晚7时30分，"安菲翁"号加入了舰队，"我命令萨顿舰长接受我的指挥，而他告诉我，他自敌军离开加迪斯后就再没得到任何关于他们的消息。"但这并不是全部的真相。萨顿仍能为他提供一个消极证据，证明敌军并未留在欧洲水域。两天前，他遇到了巡航舰"活力"号（Lively），后者刚刚在约一周前从英吉利海峡驶来。它在4月27日从斯皮特黑德出发，七天之后，它的舰长登上了加德纳勋爵的旗舰，在那里听说奥德正在返回乌桑特岛途中，而维尔纳夫并未露面。第二天，它快速向南行进，目睹了奥德与加德纳的会合，之后又目送一支并未受阻的商船队向北驶去。纳尔逊由此可以确定，在联合舰队离开加迪斯的三周之后，北方的海域中完全没有他们的音讯。

按照"亚马孙"号舰长帕克的说法，这则消息的作用至少与他带来的情报相当，帮助纳尔逊做出了决断。他在向父亲解释为什么舰队要前往西印度群岛时这样写道："纳尔逊勋爵对最近从里斯本获得的情报十分满意。同样的还有由'活力'号用七天时间从英国本土带来的消息，它证明敌军并未驶向北方。他随即做出了前往西印度群岛的决定。"[9]帕克接着认为，正是这则反面情报最为有力地打消了纳尔逊的迟疑——他由此确信，目前的局势已不再要求他前往乌桑特海域。

在"安菲翁"号抵达一小时后，"亚马孙"号也携带着来自里斯本的情报回到了舰队。在"俄耳甫斯"号交给帕克舰长的这些文件中，有一份是它从一位美国船长那里得到的目击证据。那位船长刚刚于 5 月 2 日离开加迪斯，他能够准确地报告出联合舰队的序列、步兵数量以及将领姓名，他说："关于他们目的地的报告五花八门。一些人认为他们要去爱尔兰，另一些则认为很可能是去西印度群岛，特别是牙买加。"于是，从坎贝尔、本土海域与里斯本得到的这三份坚实的情报最终消除了纳尔逊脑海中最后的怀疑。他坐在桌前，向海军部写下了他接下来要去往哪里。[10]

他面前唯一的困难是敌军已领先他们整整一个月时间。但是，他并不因为无法及时援救牙买加或其他岛屿而感到沮丧。他对英国舰队的航海能力极为自信，他确信，在好运气和正确决断的合力之下，他完全能在追击途中扳回这些时间损失。现在的每个钟头都很宝贵，然而，纳尔逊仍未下达出航的命令。他知道克雷格的远征军已经由于错误的情报驶入了里斯本，而他从本土接到的最后命令则是让他确保远征军的安全前行。从那位美国船长的情报中，他得知加迪斯此时有好几艘战列舰在热火朝天地做着出海准备。尽管他急切地希望前往自己的目的地，但他必须等待远征军抵达，再护送他们通过直布罗陀海峡。

第二天早晨，他的焦虑得到了极大的缓解：奈特率领护航船队在圣文森特角与他相遇，同时还带来了海军部关于此次远征的相关指令。纳尔逊将海军部指令转发给比克顿，让他与克雷格继续展开必要的合作，而自己则在这里排兵布阵，力图用最短的时间确保船队安全通过海峡。他指示奈特让船队绕过加迪斯与塔里法，沿着北非海岸直接驶过直布罗陀海峡。[11] 而在此之后，他们还须当心西班牙的卡塔赫纳舰队。无论付出任何代价，远征军绝不能受到它的威胁。尽管纳尔逊的兵力已经落后于法西联合舰队，但在短暂商讨之后，他还是决定向奈特移交"皇家君权"号战列舰。

在纳尔逊的一生中，没有什么能比这个决定更能展现他对海上战争之目标与意义的坚实理解。他正要追击一支兵力数量占据优势的敌军，并试图与之交战；正如帕克舰长所言，他所倚仗的成功前提之一正是维尔纳夫麾下缺乏英军拥有的三甲板战舰，"他认为三甲板战舰在近距离交战中极大地优于双甲板战舰"。[12] 然而，他是如此坚定地把握着战争的全局蓝图与自己在其中的位置，甚至在最后时刻放弃了一艘珍贵的 100 炮战舰，用它来保护整场战役最为重要的目标的安全。在海上战争中，最艰难的事就是在首要目标与次要目标之间做出准确的取舍，在直接确保战略目标与间接但猛烈打击敌舰队之间做出正确的权衡。在这里，我们能够看到能力处于巅峰状态的纳尔逊对此做出的决断，它的价值再怎么高估都不过分。

这个决断在英国本土也得到了普遍认可。哈德威克勋爵在打开纳尔逊发往爱尔兰的信件时如是写道："正如他对待国事的一贯态度，他似乎已经做出了最为慷慨的行为。为了保卫'王后'号与'龙'号护航的运输船队，他不惜削弱了自己的兵力。"[13]

这天夜里，两支舰队在圣文森特角以南约 20 英里处分手告别。奈特护送着他的运输船队驶入直布罗陀海峡，而纳尔逊即将开始他那漫长的跨洋追击。他的麾下还剩下 10 艘战列舰与 3 艘巡航舰——分别是"十年"号、"安菲翁"号与"亚马孙"号。海军部从他这里接到的最后一份报告是他在 5 月 14 日写下的信，那时的他正要前往马德拉群岛，他让海军部确信即使维尔纳夫并没有驶向西印度群岛，这也并不会对他的追击造成多大损害。他说："如果他们不在那里，我的舰队就会在敌军获知我的真实位置之前于 6 月底返航。"在审视他的决断时，我们不要忘了那个极具分量的因素，即一支方位不明的舰队所能造成的对敌方士气的打击。纳尔逊的精密推算让拿破仑无法厘清思绪，他不知道纳尔逊去了哪里，也不知道他会出现在哪里。而维尔纳夫的意志更因这一不确定的要素而陷入了瘫痪的境地。

第八章 科林伍德的快速舰队

在战争的技艺中，最为宝贵的部分即是对情报的解析。在英法之间漫长的海上战争接近尾声时，英国的情报解析机构已在海军方面达至其能力的顶点。他们的战场是这样的宽广，信息传达是这样的缓慢，而每一条有限的消息又是这样的珍贵。这迫使他们发展出一种职业敏感，时常能做出极具先见之明的判断。一种敏锐的通感弥漫在整个系统周围。参谋部与各条战线能够相互理解，外海上的舰队司令常能窥知海军部的意图，而海军部亦可以放心地让指挥官们各行其是。这就是拿破仑失算的——甚至无法想象的——那个重要环节。过分的自信让他拒绝相信，英国海军竟能拥有与他的陆军同样出色的战略决策机构。事实上，英国海军的这一机构甚至要比他的更加强大、更加可畏。拿破仑只是依靠他一个人的卓越头脑，而英国海军所依靠的则是涌动在每个战略枢要处的、被训导出的直觉。在这场战役的每一个转折点，这种直觉都能被迅速调动起来，尤以海军部的反应最为强烈。他们得出了与纳尔逊同样的结论，随即依此展开行动。

我们在第五章已经介绍过，在最初收到马克·克尔勋爵关于维尔纳夫通过海峡的情报之时，海军部认为牙买加是其最为可能的目标，并派出科林伍德与其快速舰队的一部分兵力前往马德拉群岛。他接到指示，一旦确认敌军目的地属实，而纳尔逊又没有参与追击，他就应该去增援西印度群岛。随后，海军部又接到了奥德发来的消息，称纳尔逊可能再次去了埃及，而维尔纳夫似乎要袭击克雷格的远征船队,之后再在西方某处集结起舰队,夺取英吉利海峡的制海权。接着,我们就看到他们为了拯救克雷格船队而采取了一系列步骤,并在乌桑特岛的加德纳所部周围集结起了相应的兵力。

然而,就在那些必要的命令刚刚下达之际,最新的、更为清晰的情报抵达了普利茅斯。这同样是来自奥德的一艘巡洋舰,而它也正能解释为什么当日海军部对奥德措置的看法与今日的批评者是如此的不同。奥德返回英国之后受到的完全是正常的待遇。他之前已申请辞职,因此在命令舰队进入普利茅斯港修整之后便降下了自己的旗帜。但是,他之前的行为全都得到了海军部的认可。

前来传信的巡洋舰是"失踪已久"的"猎兔犬"号,它是奥德留给萨顿监视直布罗陀海峡的轻帆船,却从它的阵位上凭空消失。现在,这个谜团可以解开了。4月9日,"猎兔犬"号与坎贝尔的葡萄牙舰队一道在海峡西南侧的斯帕特尔角躲避东风,发现有几艘奇怪的舰船跟在驶向英国的商船队之后驶出了海峡。在与葡萄牙巡航舰交流之后,疑虑重重的布恩舰长(Captain Burn)决定去丹吉尔(Tangier)搜集进一步情报。第二天,他从丹吉尔领事官那儿得知,他一天前所看到的是包括13艘战列舰与5艘巡航舰的法国土伦舰队,奥德所部与英国商船队都因此陷入了巨大的危险。他立即出航,去寻找加迪斯港外的舰队司令。次日清晨,他再次在海峡外侧看到了向西行进的奇怪舰船,而葡萄牙舰队仍待在斯帕特尔角。他们一定也看到了敌人的行动,这就是坎贝尔提供给纳尔逊的信息之由来。回到加迪斯集结点后,布恩发现奥德已经离开,土伦舰队也不在港内。但是在港外的海面上,他看到4艘落在后面的西班牙战舰正在费劲地向西行驶。它们显然刚刚离开加迪斯，"猎兔犬"号随即跟踪着它们，直至 4 月 12 日夜晚。在确定了它们的航向之后，布恩迅速赶往圣文森特角，希望在那里找到他的指挥官。途中，他遇到了一艘驶往土伦的美国商船，其称看到了一支由 5 艘战列舰组成的舰队向西驶去。布恩因此认为英国舰队已经去了那个方向，转而向西北方航行；但正如我们所知，奥德却在向南方行进。直至 4 月 18 日，尽管之间的距离一度只有 30 英里，但"猎兔犬"号始终未能发现奥德舰队。布恩决定，一旦合适的西风出现，他就将朝费罗尔驶去。[1]

　　在这里，布恩舰长表现出了值得敬佩的判断力。奥德之后也转向西方，采取了与他相同的航线。然而，"猎兔犬"号所乘的海风比奥德的那阵更为强劲，他领先奥德一天时间，在伊比利亚半岛最北端的奥特格尔角（Cape Ortegal）找到了一艘考尔德所部的巡洋舰。这是由那位西班牙运宝船猎杀者——格雷厄姆·莫尔舰长——所指挥的"不倦"号（Indefatigable）。他领着"猎兔犬"号找到了考尔德，后者正因躲避西风而待在费罗尔西北方的普莱尔角（Cape Prior）。此时，奥德正在他们西面约 100 英里处向北行进，但他们却完全没有关于奥德的任何消息。在报告完所有见闻后，"猎兔犬"号直接航向本土，这或许是听从考尔德的命令。它携带的情报显然极其重要，而且比纳尔逊后来决定追击时所依靠的所有情报都更加确切和清晰。它在 4 月 30 日抵达了普利茅斯。

　　5 月 2 日，巴勒姆得到了这份极其重要的情报，但这并没有让他完全满意。尽管布恩舰长的言外之意是维尔纳夫舰队不在加迪斯，但他并未带来关于他们的准确信息。同时，布恩也没有亲眼看到那 4 艘西班牙战舰从加迪斯港内驶出，尽管他完全确定可以做出这种推理。更不幸的是，他在报告中遗漏了一些对于其可信性不可或缺的关键信息。在那个时代，训练军官以科学的方法汇报情报的概念还没有出现。布恩舰长在其报告中遗漏了他与敌舰队分离时的风向，这使得海军部在完全弄清情况前无法判断他所描述的航线的正误。[2]因此，在取得"猎兔犬"号的航海日志之前，巴勒姆并未做出任何重要的决定。尽管如此，巴勒姆仍采取了一些措施。牙买加所受到的威胁已越发明朗，于是，他向西印度群岛以及大海上的舰队指挥官发去了警报。他授权迈尔斯将军（General Myers）——背风群岛的英军总司令——在必要时向牙买加调去 2000~3000 人的部队，而科克伦则应该用麾下舰队竭尽所能地协助他们运兵。[3]

两天之后，巴勒姆勋爵已经理清了思绪。他掌握了行动所需的确定性，随即决定展开行动——而拿破仑至少要到五天之后才能接到相关消息。西印度群岛就是维尔纳夫的目的地。巴勒姆的第一步行动是通知加德纳派出科林伍德与他的 5 艘战列舰。科林伍德的使命仍旧是去马德拉群岛确定维尔纳夫或纳尔逊是否已经驶过，然后按照命令见机行事，并将他的行动选择告知当地领事官，再由后者发回加迪斯和直布罗陀。如果他找不到确切的情报，就应直接前往巴巴多斯，与迈尔斯将军一道保卫牙买加。[4]然而，由于整体形势尚未完全确定，巴勒姆仍授权加德纳勋爵，如果收到了什么最新情报，他也可以依照自己的判断截下将要派出的战舰。授予科林伍德的行动命令被装在一个密封的口袋中，他在率军出航时才能拿到它，且在驶出英吉利海峡之后才能开启。

在这些命令发出之前，巴勒姆接到了奥德正要向加德纳靠拢的消息。[5]这样一来，之前向奈特发出的命令就必须作废。那则命令要求奈特与奥德一道去增援费罗尔港外的考尔德，而巴勒姆发出的最新命令是，如果纳尔逊没有去西印度群岛，奈特的 2 艘战列舰就应该作为科林伍德的增援部队前往那里。[6]

在所有的这些兵力调遣中，巴勒姆从未放松过对其战略中心的牢牢把握。他坚定地处理着各处遥远的呼救，让拿破仑将英国舰队引离本土的乐观企图化作泡影。在收到奥德关于敌舰队可能在西方海域集结的推测后，他严格要求加德纳，任何诸如科林伍德舰队这样的分兵行为都必须以他自己保有 18 艘战列舰为前提。在这个底线之上，如果可能的话，加德纳还应将考尔德麾下的战列舰数量维持在 8 艘以上。[7]与此同时，巴勒姆还向纳尔逊发去命令，如果他没有跟踪维尔纳夫，那么，在留下足以看守土伦与卡塔赫纳舰队的军舰之后，他麾下的其他战舰就应该来填补因科林伍德离去而造成的兵力空缺。他应该在加迪斯留下 5 艘巡洋舰，用于给考尔德及英国本土传递情报，然后便与加德纳汇合。如果他本人仍想留在地中海，也可以让比克顿爵士率领多余的战舰返回本土。[8]

5 月 9 日，加德纳收到了巴勒姆关于派出科林伍德的命令。他立即让相关船只开始装载补给，并且正如决意前往西印度群岛时的纳尔逊，他给海军部发去回复，称如果没有收到进一步的情报，他就准备立即派出科林伍德舰队。第二天，强烈的西风与大浪让出征舰只的补给装载工作被迫中断。加德纳随即驶向英格兰西南顶端的利泽德半岛寻找平静的海面，在这里，他又收到了给科林伍德所部增加 2～3 艘战列舰的命令。恶劣的天气仍在持续，于是，加德纳将那则密封的命令交给科林伍德，让他率领 8 艘战列舰去普利茅斯港外的卡桑德湾（Causand Bay）继续装载补给，自己则率军返回乌桑特岛附近的原定阵位。[9]

直至此时，巴勒姆手中仍保留着这支用以把握局势的重要预备队。但在这个关键的节点，陆军部却半道杀出。由于西印度群岛已面临着巨大的威胁，陆军部准备将艾尔·库特爵士所统帅的、原定派往印度的远征军转调至西印度群岛。库特将被任命为牙买加总督以及陆军总司令，尽早从爱尔兰的科克港出航。这一决策是在 4 月初做出的，显然是基于阿瑟·韦尔斯利爵士（Sir Arthur Wellesley）——后来的威灵顿公爵——平定印度的消息，以及英国间谍探得的拿破仑的真实目的。他们已经向背风群岛的胡德准将发去命令，要求他派出巡洋舰来迎接远征军，但他们还需要一支兵力来掩护船队通过危险海域。[10]在陆军部看来，维尔纳夫的出逃是巴勒姆未能尽责的表现。他们因此要求将科林伍德的兵力提高到 12 艘战列舰，作为保护远征军的特遣舰队。巴勒姆自然拒绝了这一提议，他认为，这种在制海权受到严峻威胁之时向海外派遣陆军的行为违背了海军战略的首要原则。这种观念上的冲突也正是他在 1795 年与当时的内阁爆发激烈争执、最终被迫辞职的原因。这一次，他的反对更加强烈。陆军部的要求意味着将西方舰队的兵力削弱至底线之下，并使增援考尔德——他正扼守着目前最为关键的位置——变得不再可能。这所有的牺牲都只是为了掩护一个次要的陆军行动。但是，皮特却坚持要这样做。他们的争执并没有文献记录，我们所能知道的是，英王乔治三世给巴勒姆发去了一则明确的指示，让他向普利茅斯下达行动所需的命令。按照这则指示，科林伍德应在出航之际再得到 3 艘来自加德纳或考尔德的战列舰，在前往马德拉群岛之前应先去护送远征船队，若发现纳尔逊已经参与了追击，他就应该返回普利茅斯。[11]

然而，在这些命令还在传递途中时，外交部又收到了菲茨杰拉德从里斯本发来的报告，其中包括了维尔纳夫折返加迪斯的错误情报，以及克雷格远征军正在特茹河口寻求庇护的消息。库特的行动命令立即被撤销，海军部立即向乌桑特岛和普利茅斯发出通知，中止科林伍德的此次出击。第二天，由于担心他已经出击，海军部急令一艘巡航舰立即去加迪斯弄清真相，然后到菲尼斯特雷集结点等候科林伍德并向他报告，再将他最终的决定及说明传回海军部。[12]

尽早弄清这些情况显然至关重要，因为海军部必须为科林伍德制定新的行动命令。目前的局势已变得极其棘手。维尔纳夫折返的消息并不可靠，但他们必须面对这种可能性。如果它属实，便意味着维尔纳夫最初向西航行是为了将他们的注意力吸引到牙买加去，而皮特刚刚得到他最为能干的海外间谍的密报，拿破仑想要虚晃一枪来掩盖他的真实行动。返回加迪斯，意味着他的真实目的地要么是地中海，要么是奥德强烈坚持的英吉利海峡——由于拿破仑本人正在意大利，后者的可能性并不大。此时的政治形势已经让地中海的安全变得愈发敏感。与俄国的联盟谈判正处在拉锯战当中，5 月 9 日——最新命令被发往加德纳的同一天——外交部收到了列文森 - 高尔的来信，称那条关于放弃马耳他的附加条款阻碍了盟约的订立。在海军陷入危机的同时，沃龙佐夫与皮特进行了一次火星四溅的会谈，他告诉这位倔强的首相，英方完全无条件地认可马耳他条款是沙皇批准盟约生效的必要条件。[13]沃龙佐夫告诉我们，听到这则消息的皮特就如同听到晴天霹雳一般。皮特还听说，沙皇再次激烈地抱怨英国对其承诺的地中海陆军行动的拖延，这让他的处境愈发困难——克雷格则正受困于里斯本，无法继续向前。[14]

对皮特而言，沙皇所坚持的这个条件是无法接受的。在从列文森-高尔那里听说俄方提出的新条件之后，皮特的阁臣马尔格雷夫立即向沃龙佐夫提交了一份强烈的抗议。他写道，在法国正谋划着埃及与印度之时，拥有"一处不会在战争开始时被一场突袭所夺走的地中海安全海港"对英国来说是绝对必要的。英王陛下知道，放弃马耳他可以换来一场局部和平，可以保证他自己权位的绝对安全，但是他更想要保持欧洲各大强国的永久独立。正是基于这一点，他才宣称英国是耶路撒冷圣约翰海上骑士团的合法继承者。查理五世让骑士团驻扎于马耳他，正是要让他们作为保护基督国家、抵抗当面之敌的卫士。而现在，这个古老的要塞只有成为英国海军的港口才能发挥其往日的职能。[15]

皮特在答复沃龙佐夫时强硬地指出，沙皇的要求意味着同盟的破裂。这是他与英王都不愿看到的，但任何放弃马耳他的政府都将因群情激奋而倒台。沃龙佐夫私下理解皮特的看法，但他必须忠实地强调俄方的意见。皮特被迫打断俄国大使的发言，提出他的最后条件。他的话值得我们复述一遍："如果其中包括了让我们放弃马耳他的条款，无论这对我们来说是多么痛苦，我们也只能放弃签署盟约的愿望。我们将继续独自作战，仍旧在大海上作战。"[16]

在这个不幸的时刻，来自里斯本的错误情报将整个局势的焦点转向地中海。他们要牢牢把握地中海的制海权，将集结起的敌人困在直布罗陀海峡的入口，使之无法自由行动。那才是科林伍德要去的地方。他必须拥有足够的兵力，一支劣势的舰队只会酿成灾难。按照斯特罗恩的报告，纳尔逊已经去了埃及，可能无法与他联手。科林伍德很可能要孤军奋战，而此时的政治局势更需要他取得一场真正的胜利。瑞典和普鲁士已经退缩了，而拿破仑加冕为意大利国王的消息也未能使奥地利下定决心。只有一场决定性的、不容争议的胜利才能帮助皮特继续他的大计，而任何稍逊的结局都显然会让组建反法同盟的微弱希望走向破灭。

但是，在派给科林伍德足够兵力的同时，乌桑特岛的西方舰队可能因此而陷入危险——他们的兵力已经极其紧张。如果派给科林伍德足够多的兵力，加德纳的战列舰数量就会严重低于巴勒姆规定的底线。这是一个需要极大勇气和决心来面对的困境，是一个需要极强的风险控驭能力来解决的困境。比起纳尔逊的那个决断，处理这一困境更需要对战略价值做出睿智权衡，而皮特和巴勒姆都像纳尔逊一样坚韧不屈。他俩在两天之内下定了决心，即便冒着风险也要重夺地中海的制海权。5月17日，他们向科林伍德发去了最后的命令。科林伍德麾下已有11艘战列舰，但仍然不够，因此他再次找到加德纳，从后者那里调来1位将官、1艘三层甲板战舰以及2艘74炮战舰。会合后科林伍德接着要前往里斯本，让奈特及其2艘战舰加入，这样一来，他们就将拥有3艘三甲板战列舰与13艘其他各型战列舰。这支强大的舰队将前往加迪斯外海，理清当前的局势。如果联合舰队仍在那里，科林伍德就要将之封锁在港中。如果他发现敌人已经前往西印度群岛，纳尔逊又紧随其后，他就应该参照敌军规模为纳尔逊派出增援，然后让剩余战舰返回普利茅斯。如果纳尔逊没有进行追击，科林伍德就应该率领 12 艘战列舰前往西印度群岛，将当地的战列舰数量提高到 18 艘；如果他确信敌军规模比这更大，他也可以按照需求调动足够多的兵力。而另一方面，如果他发现敌军进入了地中海，他就应该跟随其后，找到纳尔逊并向他传达新的指令，然后依计行事。

发给纳尔逊的这则命令是基于维尔纳夫返回加迪斯的情报为真的假设之上。如果的确如此，在他与科林伍德会面后，纳尔逊就应率 20 艘战列舰封锁住联合舰队，同时分出他认为必要的兵力看守卡塔赫纳和土伦。

新的兵力分配将使加德纳只能以 15 艘战列舰对抗布雷斯特港内冈托姆舰队的 21 艘战列舰。尽管如此，他的风险并不如数字对比所显示的这么大，也并未逾越坚固防御所需的基本前提。在他的 15 艘战列舰中，有 3 艘是当时只能勉强算入战列舰的 64 炮战舰；但是，其中不少于 9 艘都是拥有三层炮甲板的大型战舰。[17] 在普利茅斯和朴次茅斯，还有奥德带回的舰队和其他一些后备战舰。它们正在加紧修整，其中大部分都能在二十四小时内做好出海准备。此外，巴勒姆还想出一条妙计，能保证他们拥有至少一周的缓冲时间。这一招极其简单：他指示加德纳，一旦科林伍德到来，他就应率领全军靠近布雷斯特进行侦察，然后再让他们分兵前往加迪斯。这样的兵力展示足以让冈托姆在弄清英军确切实力之前不敢轻举妄动，而到了那时，他们肯定已准备好了后续增援。

这就是皮特和巴勒姆应对这个突然出现的战略困境的解决

方案。令人唏嘘的是，它却由于是针对着一个永远不会发生的情形而被人遗忘了。如此多的用惨痛代价换来的旧日战略智慧，曾经如此有效地发挥过它们的功用，却也由于同样的原因被我们遗忘。只有耐心的考证发掘才能将之恢复出来，而只有通过恢复这些从未执行过的预案，我们才能避免用较少的现存案例做出粗泛推断的危险。

在最后关头出现的两个事件让这一切归于沉寂，并因此被人们遗忘。在科林伍德从普利茅斯出航驶向加德纳时，加德纳收到了纳尔逊从特洛岛发来的消息，称他如果在里斯本打探不到联合舰队的消息，就打算朝锡利群岛驶来。[18]加德纳立即向锡利群岛集结点派出了一艘巡洋舰，并将纳尔逊的信件上呈海军部，请示他们的指令。然而，海军部却决定，在收到纳尔逊下一封消息前不会做出任何指示。

紧随其后的另一则消息则需要他们立刻采取行动。5 月 22日，加德纳与科林伍德正在布雷斯特港前进行着巴勒姆导演的兵力展示。正在此时，考尔德向他们传来急报：十天之前，他麾下的一艘巡洋舰——由梅特兰（Maitland）指挥的"卢瓦尔"号（Loire）——在费罗尔以西 500 英里的海面上发现了一支敌方舰队。它跟踪敌军直至夜幕降临，之后又从一艘美国商船处得到了敌军的细节，确认其就是由密歇希率领的法国罗什福尔舰队，正在向奥特格尔角行进。[19]它马上去向考尔德报告这一消息，并于 5 月 14 日在普莱尔角的常规位置找到了它的司令官。考尔德立即推断，密歇希可能意图在奥特格尔让陆军登岸，然后返回罗什福尔。他于次日破晓时赶到了奥特格尔，但敌军并未如预期般出现。他认为自己或许应该更靠近北方，于是转而驶往北偏东的方向——如果敌军从南方驶向罗什福尔，这样正可以截击他们的航线。强劲的西南风使得费罗尔港内的敌舰队无法出航，这使他可以大胆地执行这些行动，无须顾虑被他封锁的敌港。不幸的是，西南风在当日夜间转为北风，并极有可能继续变换风向；如果东风出现，费罗尔舰队就可以乘风出航。考尔德不敢冒险，只得被迫中止行动。他派出"卢瓦尔"号向加德纳通报消息，然后率军折返费罗尔港外。[20]

在加德纳与科林伍德即将按照最新命令展开行动时，这则重要的消息扭转了整个局势。首先，在维尔纳夫返回加迪斯的情报尚未被证伪之时，密歇希又莫名其妙地重新出现了，这一消息动摇了他们所笃信的巴勒姆对局势的推断。如果密歇希出现在西印度群岛是为了制造法军要在那里展开战役或集结兵力的假象，那么，他的忽然返回又意味着什么？为什么他要在维尔纳夫出击之时返航？维尔纳夫是否有可能根本不打算出击呢？其次，这意味着英军当面之敌的兵力得到了明显的增强。加德纳与科林伍德都对此极为关切，他们在商议后得出结论，梅特兰看到的 1 艘三甲板战舰与其他 4 艘战列舰无疑会安全地回到罗什福尔或是洛里昂。如果加德纳按预定计划派出科林伍德舰队，乌桑特岛的西方舰队就会因兵力不足而陷入危险。作为前提条件的"最新情报"已经出现，加德纳决定执行海军部在指令中赋予他的自主酌定权：他决定扣下快速舰队最后增加的那一部分，即包括 5 艘战列舰在内的格雷夫斯分队。科林伍德将率领剩下的 9 艘战列舰踏上征程。

加德纳在发给海军部的报告中如此陈述了他的理由："在中将先生（科林伍德）正要向西印度群岛派去相当数量的战舰时，5 艘敌舰已经从那里返回……他用 14 艘战舰就足以对付那里的敌军。"至于封锁加迪斯，他认为那不能以牺牲他目前的任务作为前提。"我希望我所采取的措施能得到各位先生的批准，一旦土伦舰队返回加迪斯的消息得到确认，我就会迅速派出我扣留的 5 艘战列舰去增援中将先生，紧随其后抵达他目前预计前往的位置。"[21] 海军部认可了他的措置，但在等待指示之时，他并未想到用他扣留的战舰去封锁罗什福尔，或是去加强亟待增援的考尔德。5 月 23 日，加德纳派出了由科林伍德率领的 9 艘战列舰，之后便静候着海军部下一步的命令。这就是他所做的一切。

第九章　拿破仑改变计划

　　加德纳的行动很好地契合着局势的进展。5 月 20 日，拿破仑意识到他在西印度群岛集结舰队的计划已经破产。此前，他曾多次催促冈托姆用各种手段不经交战直接出海。他最后告诉冈托姆，如果未能在 20 日午夜之前出航，他就应该原地待命，等着执行另一个不同的集结方案。20 日已经到来，而密歇希也正在此时返回了罗什福尔。他的舰队满载病员、士气低落，已完全无法继续作战。

　　密歇希在这场战役中的任务已经失败。当他在新年伊始出航之时，拿破仑暂时放弃了侵英计划，只想让他进行一次殖民地攻击。密歇希的特殊任务包括向法属岛屿提供物资，与当地守备军合作夺取多米尼克、圣卢西亚，以及袭击并劫掠较小的英国岛屿。遵照这些指示，他在 2 月 20 日抵达马提尼克。在与当地官员商讨之后，他在第二天就向多米尼克首府罗索（Roseau）发起了奇袭。

　　这场奇袭完全出乎英方的意料。当法国舰队来到在这个英国城市时，他们受到了友好的接待。当地总督普雷沃斯特将军（General Prevost）甚至派出他的一位幕僚前去欢迎，他登上了密歇希的旗舰，却未能发觉法军的阴谋。法国陆军指挥官拉格朗日将军（General Lagrange）毫无阻碍地让士兵登上了海岸，随即夺取了控制罗索城的关键据点。罗索城已经守不住了，普雷沃斯特只好命令当地守备队停止抵抗；但是在拉格朗日觉察之前，他已让全部的正规驻防军撤向岛屿顶端的卡布里尔要塞

（Fort Cabril）。拉格朗日发现了英军危险的行动，他恳请密歇希派出一部分战舰去阻截英军的撤退。然而，此时海面无风，密歇希无法动用任何一艘船。拉格朗日又提出，可以让水手乘着舰载划艇阻截英军，但密歇希仍然拒绝。让他的舰员陷在一场陆地行动中将可能影响舰队的行动力，他不愿冒此风险。于是，普雷沃斯特成功地逆转了局势，情形开始对法方不利起来。岛屿失陷的消息很快就会传回欧洲，但要想夺取卡布里尔要塞，他们只能进行一场事先毫无预备的围城战。密歇希无法在此久留，只得被迫撤退。在离开之前，他勒索到了价值10万法郎的赎金，又夺取了锚地旁的几艘小船。

他们并没有攻击圣卢西亚，而是向北方展开了几场风险较小的袭击。密歇希让陆军部队在瓜德罗普登陆，加强了当地驻军，接着便扑向其后的一系列英占小岛。他们在尼维斯（Nevis）、圣克里斯托弗（St. Christopher）和蒙特塞拉特（Montserrat）各自勒索了一笔赎金，然后就终止了行动。在他看来，他此时应返回马提尼克，按照命令与维尔纳夫会合，之后再展开一场更大规模的攻击。他的行动的确对英方造成了相当严重的损害：被勒索的赎金与33艘被俘的英国船只总价值约为4万英镑。但比起法军行动的花销，这次远征仍是入不敷出，而英国在背风群岛占据的阵位依旧不可动摇。

对当地的法国官员而言，最让他们恼怒的据点就是位于马提尼克岛西南1英里处的钻石礁（Diamond Rock）。这是一座荒芜崎岖的柱状礁岛，但这块小小的礁石却具有极其重大的战略意义。法兰西堡与圣皮埃尔是这片殖民地的政治与贸易中心，而钻石礁正耸立在它们与欧洲之间的必经航道上，同时又截断了这两座海港和富饶的南部与西部地区之间的海岸航线。

1803 年，塞缪尔·胡德准将乘着"半人马"号（Centaur）战列舰前来封锁马提尼克。他发现，近海船只经常偷偷地从礁石旁溜走，让他的巡洋舰无可奈何。钻石礁成了封锁任务的严重阻碍。在法国人看来，这座耸立在风浪中的陡峭崖石是不可企及的，但胡德并不这么看。他决心夺取此地，让它成为一艘永不沉没的"封锁舰"，并作为近岸划艇的行动基地。"半人马"号尝试着展开行动，凭借着奇迹般的技巧，他们在几小时内取得了成功。一位目击者在行动后这样写道："水手们用绳索滑轮吊起了一门 24 磅炮，他们就像是老鼠拖着一根香肠，这是多么危险，甚至可说是陡峻的行动，你一定会想看到这个场面！……相信我，我不会对任何人脱帽致敬，除了这些英国水手。"他们在礁石的高处建起一处难以接近的据点，又在下方靠近登陆场的海滩上建造了一处小炮台。"半人马"号的莫里斯尉官（Lieutenant Maurice）被任命为这里的指挥官，而钻石礁则被海军正式登记为"英王陛下的轻帆船钻石礁号"。两年来，这里一直驻扎着一支百人左右的守备队，如同《鲁滨孙漂流记》那样在岩洞中艰苦地生活着。尽管不断遭遇袭击，补给常被切断，但他们仍在马提尼克岛的一侧维持着这个让敌人痛苦不安的据点。[1]

钻石礁让法国总督如鲠在喉，他准备在密歇希与维尔纳夫于法兰西堡会合之后夺取此地。然而，在密歇希从北部地区的侵袭中返回时，他接到了维尔纳夫首次出航失败的消息。会师计划已被取消，罗什福尔舰队应该折回法国。在密歇希看来，这就是让他立即返航的命令。当地总督徒劳地恳请他在离开之前夺取钻石礁，但遭到了拒绝。密歇希再次出航，按计划将最后的部队和补给运送至圣多明各，随后便踏上了返回法国的航程。

然而，密歇希并不知道，他过早的返航让拿破仑的海军集结计划遭受了第一次重大挫败。从一开始，拿破仑就对某种可能要发生的状况有所不安。当他接到奥地利的和平请求后，他发现自己只能重启侵英计划，随即传令撤销之前让密歇希返航的命令。维尔纳夫再次试图出航，而密歇希则应该在西印度群岛等待他的到来。但撤销令并未及时地送到密歇希手上，并没能阻止他返航。事实上，拿破仑早在接到维尔纳夫从土伦出航的消息之时就已意识到这种可能性，于是便对他的计划开始了无穷无尽的修改。他的海军将领完全无法领会他的意图，由此陷入无助的困惑中；他自己的头脑也被这些方案搅得一片混乱，分不清哪个是他实际下达的命令，哪个又是前线实际接到的命令。

4月11日——维尔纳夫与西班牙舰队在加迪斯成功会合的一天之后——拿破仑提出了新的计划草案。对于维尔纳夫，拿破仑只知道其离开了土伦，但他已了解到冈托姆出航失败，而密歇希可能正在返航途中。因此，拿破仑已意识到第一个集结计划有可能失败。他转而回到让维尔纳夫独自向英吉利海峡发起突袭的不足信的设想之上，开始描绘另一幅玫瑰色的美好图景。他假设格拉维纳会率领8艘战列舰在加迪斯加入维尔纳夫，而罗什福尔的马贡将军①还有2艘做好了出海准备的战

---

① 查尔斯·勒内·马贡·德·梅迪纳（Charles René Magon de Médine，1763～1805年），法国海军将领。贵族出身，法国革命爆发后长期在印度洋作战。1798年返回法国，1801年年末参与了重夺叛乱殖民地的圣多明各远征，因表现出色晋升少将。1803年时负责指挥布洛涅的运兵船队的一部，曾在演习中损失数十艘船只，但也击退了英军的数次袭击。1805年3月改任罗什福尔舰队司令，率战列舰"阿尔赫西拉斯"号（Algeçiras）与"阿基里斯"号（Achille）前往西印度群岛与维尔纳夫会合，参与了随后的所有行动。在特拉法尔加海战中因身中三弹而战殁。——译者注

舰。如果冈托姆在 5 月 10 日之前仍无法出航，他就将马贡派往马提尼克。维尔纳夫舰队因此将拥有 22 艘战列舰，足以让他绕行苏格兰以北进入北海，去泰瑟尔岛解放那里的荷兰舰队与马尔蒙将军的军团，然后从海峡东面驶向布洛涅。

拿破仑认为这个计划可行的理由，正是他无法理解英国战略细节与实力的显例。他让自己相信，维尔纳夫不会遇到足以与之匹敌的截击舰队，因为冈托姆一定能将 20 艘战列舰牵制于布雷斯特港外，返航的密歇希也会吸引其他封锁兵力。[2] 然而，正如我们已经看到的，英国政府并不会如他所想的那样在布雷斯特保持那样多的兵力，而我们将会看到，罗什福尔的任何舰队都不会让巴勒姆过度削弱其战略要点。

这个乐观的计划只在他脑海里保留了两天，它还不足以体现出拿破仑对其对手能力的极端轻蔑。4 月 13 日，他又构想出了一个全新的计划。他听到流言，说多米尼克与圣卢西亚已经被法军夺取，让他变得更加乐观。他又接到情报，英国各处港口正在加紧工作，两支远征军即将出发，科林伍德的快速舰队已经组建。这让他相信，他的布局已经打乱了敌人的阵脚，对方的参谋们已经陷入困惑，惊愕而焦虑地将他们的强大舰队和精锐部队分散到遥远的天涯海角。[3]

在构思新计划的同时，他正享受着更大的愉悦。拿破仑正在前往意大利的途中，但他对法国各行省对其称帝加冕的态度尚无把握。他来到里昂，在大街上招摇过市，受到了市民们的热烈欢迎。崇拜的欢呼声在他耳畔回响，让他觉得整个世界就像一只包含珍珠的牡蛎，等着他用舰队将之撬开。通过一次突然的集结、用优势兵力夺取英吉利海峡制海权的想法再次浮现。他撤销了之前的计划，不待 5 月 10 日的期限，就让马贡将军携带着发给维尔纳夫的命令立即出航。如果维尔纳夫在接到命令的 35 天内仍未见到冈托姆出现，他就应假设冈托姆无法突围，就应率领 20 艘战列舰——拿破仑认为他应能掌握的兵力底线——返回费罗尔。他们将在那里打破英军封锁，让古尔东与格兰达加纳①的 15 艘战列舰出击，然后去布雷斯特港外与冈托姆会合。他们将拥有 56 艘战列舰——占据兵力上的绝对优势——然后扫清英吉利海峡，前往布洛涅。皇帝本人将在那里下达最终的命令，"在他们成功抵达之时，扼住整个世界的命运"。[4]

当然，如果冈托姆在马提尼克出现，新的安排便不会执行。维尔纳夫仍被命令等候一段时间，但绝非原地待命。如果圣卢西亚尚未陷落，那么这正是夺取它的好时机；如果机会允许，其他英占岛屿也将是他的目的地。

以拿破仑的非凡能力，制定出这样的行动命令只能有一种解释，那就是他已经迷醉在他所取得的统治功业里。在向意大利胜利进军的路途上，他发现整个法国已匍匐在他脚下，远远超出意大利王冠的光芒所及。奥地利和普鲁士公然违背了它们

---

①　多明戈·佩雷斯·德·格兰达加纳·塞拉（Domingo Pérez de Grandallana y Sierra，1753～1807 年），西班牙海军将领。早年曾长期与北非海盗作战，因表现出色而成为西班牙海军入役年限最短的舰长。曾参与圣文森特海战等一系列战斗。自 1802 年起被时任海军大臣的重臣曼努埃尔·戈多伊推举为战争委员会顾问。1804 年对英宣战后重返海军，任西班牙费罗尔舰队司令，并被戈多伊视为出任西班牙舰队总司令的合适人选。但拿破仑在 1805 年 6 月的信中要求由法国的古尔东少将作为费罗尔港内舰队的总司令，并希望由曾担任驻法大使的格拉维纳担任西班牙舰队总司令。当年 8 月联合舰队驶入费罗尔后，格兰达加纳与格拉维纳产生争执，在舰队出航前被解职上岸。后在马德里担任国务委员，直至去世。——译者注

的联盟约定，始终保持静默；而他唯一的当面之敌——英国——看上去正束手无策。这个计划的唯一优点是他似乎第一次面对了真实的难题，开始考虑用一场海战来赢得英吉利海峡的通航权。但他并未意识到其中最为致命的弱点：布雷斯特外海的战斗只能由维尔纳夫舰队独自进行，而免遭战败的唯一机会又在于压倒性的兵力优势。尽管冈托姆与德克雷都曾表达过各自的反对意见，但拿破仑仍旧相信，冈托姆能够出港与维尔纳夫联合，就像陆地上两个移动自如的兵团。另外，尽管这一任务将遇到极大的困难，尽管努力集结舰队极其必要，但他仍让维尔纳夫将其兵力过早地投入一场殖民地袭击。而为了实现这个不合理的计划，他更假定他的敌人们都会按照他所希望的那样愚蠢地行动。很显然，没有什么能比这个计划更加背离那些被称为"拿破仑式"的军事原则了。[5]

尤其要注意的是，拿破仑在发布这些野心勃勃的命令时还并不知道维尔纳夫在驶出土伦港后的经历，更不知道纳尔逊的行动。这些命令于 4 月 17 日从巴黎发往罗什福尔，直至 20 日，刚刚抵达意大利的拿破仑才从热那亚听说，纳尔逊直至 4 月 10 日仍待在撒丁岛南部，并未投入追击。[6]两天后，新的消息从西班牙传来，维尔纳夫已于 4 月 10 日与格拉维纳安全会合于加迪斯，并再次出海。令他失望的是，其中只有 5 艘——而非他预想的 8 艘——西班牙战舰；但他立即决定将剩余的西班牙战舰派上新用场。他仍将美好的愿望建立在敌人犯傻的基础上，他确信，既然纳尔逊没有追击维尔纳夫，那他一定再次去了埃及。对于这个新计划的前景，他比以往任何时候都充满希望；他决心要保住这点优势，将纳尔逊困在地中海里。为了这一目的，他将组建起一支新的土伦舰队。我们已经看到了他先前对密歇希舰队的安排，如果后者没能接到最后的命令而返航，就应待在罗什福尔港内，吸引、牵制一支英国封锁舰队。现在，他想将密歇希调到土伦来，并让西班牙的卡塔赫纳舰队在此与之会合。因与法国媾和而得到"和平亲王"（Prince of the Peace）头衔的曼努埃尔·戈多伊（Manuel Godoy）正在马德里大权独揽，塔列朗受命与之商议新的联合舰队议案。拿破仑在给塔列朗的命令中写道："我的目的并不是让舰队驶出地中海，而是让它作为一种威慑，同时我将在这里（土伦）驻扎下四五千人的兵营，应该能让英国人极度不安。如果和平亲王不同意这个方案，我想卡塔赫纳舰队应该前往加迪斯。"[7]拿破仑的目的是将英国的注意力吸引在地中海或者是加迪斯港内的舰队。加迪斯舰队控制着直布罗陀海峡的出口，几乎具有与新的土伦舰队同样高的牵制价值。为了帮助实现他的希望，他在等待谈判消息的同时利用了欧洲大陆上星星散散的报商，传播着维尔纳夫逃过英军监视、让1万人在埃及登陆的假消息。

拿破仑想用这些把戏骗住纳尔逊，将维尔纳夫和格拉维纳从中解放。由此，他指示海军大臣德克雷为他们下达更充实、明确的命令，让他们征服英属背风群岛。他们不仅要将英军逐出多米尼克和圣卢西亚，还要攻取圣文森特、安提瓜（Antigua）、巴巴多斯，甚至还要重新夺取多巴哥（Tobago）和特立尼达（Trinidad）。[8]即便在老皮特时代最为乐观的时刻，英国也从未制订过这样不合时宜、不合兵力的计划。

在拿破仑看来，他的元帅们最为严重的缺点就是总觉得形势对敌方有利。然而，在他自己的海军谋划中，他却总以为形势对己方有利。他心满意足地看到，英国已被印度的事态震悚，科克伦正在赶往那里；纳尔逊正紧盯塔兰托的法军，全神贯注地防御着埃及。只要英国无法从本土舰队中抽调出比维尔纳夫更强的分舰队，西印度群岛就必定无法守御。可这幅图景中的每条支线都出了差错，拿破仑却看不出这些问题。5月1日，马贡将军携带着他早前的命令驶出了罗什福尔；紧跟其后的巡航舰"迪东"号（Didon）又带去了更新的命令。对维尔纳夫和格拉维纳而言，将英国势力逐出西印度群岛只相当于一道开胃菜，而之后在英吉利海峡展开的行动才是正式的大餐。

作为实现这个虚妄图景的第一步，拿破仑在接下来的一周中为维尔纳夫驶向英国的行动制订了同样乐观的计划。他的计划包括了每一处细节，但每一处细节都是同样的过分乐观。他并不知道马贡已经出航，而那顶自授的铁王冠①已经让他的整个头脑情迷意乱。时间和空间似乎不复存在，广阔的大洋仿佛是一个棋盘，可以让他自如地移动舰队，让愚蠢疲乏的敌人陷入混乱。

对于最后的行动方案，通过突袭而暂时取得海峡制海权的念头仍在其中有一席之地。维尔纳夫在返航本土、打破费罗尔封锁、与古尔东和格兰达加纳会师之后，将会按照自己的判断选择最佳的行动方式。拿破仑仍旧认为，自己所需要的只是在布洛涅之前取得三到四天的制海权。维尔纳夫有两种方案可供选择，一种是与冈托姆会合，另一种是让冈托姆在布雷斯特牵制英国主力舰队，他则绕道苏格兰北部航线，进入与敌军方向相反的北海。这并非没有可能：英国海军部会将首要的关注重

---

① 即象征意大利王权的伦巴第铁王冠，据说内含耶稣受难时所用十字架的铁钉，是重要的基督教圣物，也是欧洲最古老的王室象征物。——译者注

心放在防止布雷斯特舰队与土伦舰队会合之上，他们会在这里仔细地准备对付维尔纳夫。为了截击土伦舰队，他们可能会让康沃利斯与布雷斯特保持一段距离。这将只会有利于法军的袭击。他不应接近布雷斯特，而要绕过康沃利斯，前往利泽德角，从那里冲入海峡；如果风向不利，那就从苏格兰以北驶向泰瑟尔岛。而如果他决意与冈托姆会合并与英军交战，他也可以带上罗什福尔舰队，或者让他们在港口里牵制英国的封锁兵力。在与冈托姆会合之前，他应尽可能地避免战斗，但如果前期战斗不可避免，他应在尽量靠近布雷斯特的地方与敌人交战，以期冈托姆可以与他联合行动。最后，如果以上计划都因某些事件无法继续，他还可以带着罗什福尔舰队航向加迪斯，在那儿与卡塔赫纳舰队汇合，等待着下一步命令。[9]

这是一个突破英国西方舰队内线位置的巧妙计谋，但也是一个典型的、遵循着陆上战争法则与陆军运动方式的陆军式作战方案。其致命弱点，正如海军大臣德克雷所言，在于忽视了海风和潮汐对舰队运动的特殊局限。简而言之，维尔纳夫联合冈托姆的行动计划只是对陆军解救被围友军之行动的错误翻版。如果陆军在围攻一处要塞，要塞内部的驻军和外部的救援兵力的确可以在某些程度上联合作战；但在风帆时代的历史中，并没有被封锁者与港外援军一道对抗封锁舰队的记载。[10]其困难之处首先在于风向：能让解围舰队驶向港口的风向，往往同时让航向相反的港内舰队难以出海。其次，港内舰队很难随时掌握封锁者的动向，即便封锁舰队前去迎击解围舰队、将航道敞开在港内之敌面前，港内舰队在确切地听到港外战斗的消息之前也不敢冒险出海。总之，拿破仑在他的算计中忽视了海上战争的两条首要规则：其一，海军运动依靠风势和潮水，与陆军极为不同；其二，谁也不能在一两天内确知敌舰队的封锁是否已经放开。

就这样，5 月 20 日的午夜，在西印度群岛集结舰队的计划被正式废弃了，取而代之的是在本土水域的集结方案。这天也是拿破仑为冈托姆独自突围指定的最后期限，之后，他就只能等待维尔纳夫为他打开大门。布雷斯特舰队暂时被闲置了，但罗什福尔舰队则完全不同。在西班牙拒绝了组建新土伦舰队的设想后，拿破仑那永不止息的头脑开始设想利用这支部队的新方案。他已听说，西班牙政府坚持将卡塔赫纳舰队派往加迪斯。他们的理由十分古怪。英国政府没能把握到密歇希不期而返的真实含义，而西班牙人对此更是纠结不安。但对他们而言，最为重要的是纳尔逊的踪迹。他曾在克雷格抵达里斯本之时出现在直布罗陀海峡，而现在，当克雷格出现在直布罗陀时，他又没了踪影。他正在图谋什么呢？正如西班牙首相戈多伊对法国大使所说的，这个问题对法皇无关紧要，但对西班牙却是关键问题。纳尔逊最后一次露面是在圣文森特角，他已经落后于维尔纳夫一个月，进行追击很难再有任何收获；那么，他就可能会对西班牙在加迪斯湾沿岸的军工厂发起袭击。萨尔塞多率领的卡塔赫纳舰队必须来这里提供防卫，由此也能尽早地得知纳尔逊驶出海峡后的去向。[11]

拿破仑对克雷格远征军同样困惑不解，但并未如此不安。同往常一样，他还是选择相信与他的计划最为合拍的答案。他在写给德克雷的信中说："著名的秘密远征军在 5 月 7 日进入了里斯本，在 10 日再度出航。船队包括 2 艘战列舰、1 艘轻巡航舰、50 艘运输船，搭载着 5000 ~ 6000 名士兵。他们看上去是因为害怕维尔纳夫而在里斯本寻求庇护。问题在于，他们要去哪？我的看法是，他们没有理由不去夺取开普敦，或者去增援牙买加或向风群岛（Windward Islands）。[12]如果他们要去马耳他，那就更好了。没有什么能比这更能说明英国内阁对欧陆行动的极度无能。这些几千人的欧陆行动简直是侏儒的计划。如果你之后听说远征军去了马耳他，那就尽管高兴吧，他们就再也用不上这 6000 人和这些军舰了。我从英国接到的报告都说他们正在向海外的各个地区派遣部队。"[13]

对皮特战略的批评已被认为是拿破仑的真实看法，而他所批评的这种两栖作战形式也已被视作英国战略的特点。但是，这种理解并不确切。熟悉拿破仑书信的人会注意到他的某些习惯：越是他看重的行动，他就越是不加废话；越是他担心的行动，他就越是言语轻蔑。他的成功和自信为他带来了这样一种心态，他从不相信自己的推断会错漏任何合理的可能性，而如果他无法推测到敌方指挥官的行动方式，他唯一的解释就是那个人是个迟钝的笨蛋。这种思维只是他刚愎的自欺欺人的一个方面，这或许是他作为指挥官的最大缺点，而在这场战役中，他的这一缺点表现得异常明显。在之前的一两个月中，他曾以严肃警告的语调谈起这支英国远征军。而在那些信件之外，在他于这几天写下的其他信件中，他对英军行动的真正感觉远非这样的轻蔑。

他们在米兰的加冕礼前忙碌了两天，皮特联盟的巨大阴影在筹备典礼的盛况中也赫然可见。拿破仑开始怀疑，这场战役的目标是否就是他自己。在将意大利并入帝国的前夕，这一切给他带来了太多的顾虑。他一封又一封地发出信函，里面满是他新的担心。他让贝尔蒂埃元帅（Marshal Berthier）——他的首席参谋长——去巩固以及再次武装科西嘉和意大利的主要港口。他让康巴塞雷斯——他在巴黎的代理人——"响亮地驳斥目前已散布开来的英俄联盟的消息,间接地传播'俄国拒绝听从任何敌对建议'的反面信息"。他让掌握新闻部门的约瑟夫·富歇(Joseph Fouché)发布消息,称法国人在圣彼得堡正越来越受欢迎,而英国人则不受喜欢,联盟的计划已经落空,俄国在任何情况下都不会参与,而且这样遥远的协定也不可能直接有效地实现其利益。他让巴贝-马布瓦(Barbé-Marbois)"小心地阅读英国报纸,尽快及时地获得它们。别心疼那一千路易,将我可能感兴趣的消息——所有船只的运动、所有公布的远征军准备情况——及早地送到我手里"。他在写给若阿尚·缪拉(Joachim Murat)的书信中暴躁地说:"你写给我的关于英国与俄国达成联盟协定的结论完全是废话,全都错了。这些消息是英国在自己一塌糊涂的时刻故意传播的,都是捏造的。"在庆典的那天夜里,在焰火与灯光都熄灭之后,他甚至开始思考他的敌人再次支持法国国内暴动的可能性。他再一次写给富歇:"在这样混乱和丢人的状态下,英国可能会重新在法国内部挑起麻烦。但我不觉得他们会做得太多,它只会如它的无数先例般招致失败。"

皇帝那任性的弟弟热罗姆·波拿巴(Jerome Bonaparte)自美洲归来后一直谋求着舰队指挥官的职位,拿破仑便准备让他率领一支巡航舰队出海巡航。因此,他的第一条命令——加强意大利的主要港口——或许是希望为他提供一些安全的庇护点。但剩下的那些书信则与克雷格远征军和纳尔逊密切相关,并严肃地指向英俄联盟的传言。拿破仑被迫开始怀疑,他的侵英威胁能否如他预期的那样有效地瘫痪英国的行动力。

第二天,他仍然继续关注着直布罗陀的克雷格远征军以及英国与俄国在地中海联合行动的可能性。他致信富歇称："如果英军没有在那里留下更强的舰队，那么把卡塔赫纳舰队调去加迪斯然后封锁直布罗陀就是目前最为迫切的事。"他接着又写道："我已经告诉过你，英俄盟约就是个假消息。这是英国内阁的把戏，他们的阴谋完全破产了。即便你看到英国人把它印在公报上，看到皮特在议会里大声宣扬，你都可以相信那并非实情。"同一天中，拿破仑还听说布雷斯特港外的英国舰队进行了一轮射击，这更加剧了他的紧张与焦虑。他担心马贡舰队遇到了什么糟糕的意外，便与德克雷讨论了这一事件。最后，他向海军大臣保证道："英国已经完全被大陆国家孤立，处在有史以来最为糟糕的处境里。"[14]

　　让拿破仑焦虑的还有毫无音讯的密歇希。他尚未接到罗什福尔舰队返航的消息。西班牙对克雷格远征军的恐惧打破了成立新土伦舰队的所有希望，拿破仑决定还是让他回到维尔纳夫那里。但随着日子一天天过去，拿破仑越来越担心他的行动太迟，或者是被封锁舰队阻截。于是，他又与德克雷商量着用其他方式利用这支部队。尽管英国处在"这样混乱和丢人的状态下"，英国舰队仍然分布在各处海域。他是要用密歇希牵制、诱离一支兵力相当的英国舰队，还是将其掌握在手中，以投入决定性的行动中去呢？5月29日，拿破仑在写过德克雷的信中说："如果我让密歇希去加迪斯或土伦，而英军若撤出地中海，那么在乌桑特岛外海交战的那一天，他们就会比我们多6艘战舰，我应该让密歇希避免这一点。"他们显然还可以派他前往加迪斯，与卡塔赫纳舰队和加迪斯舰队会合，再前往费罗尔。但这样的航程面对着两大阻碍。拿破仑相信，费罗尔港前的考尔德拥有10艘战列舰，而与西班牙舰队成功会合后

的密歇希将有 15 艘。"但是，用 5 艘法国战舰与 10 艘西班牙
战舰去攻击 10 艘英国战舰是足够谨慎的吗？"另外，在费罗
尔集结舰队，正如在错误的时间和地点所进行的所有集结一
样，很可能弊大于利。这样至少会引来 20 艘敌舰，如果不经
一场战斗，维尔纳夫将很难前往那里。布雷斯特的困境再次重
现。出于同样的原因，他也不能让密歇希去布雷斯特。即便他
成功地溜了进去，也会导致拿破仑力图避免的英国在海峡入口
集结兵力的结局。由于没有其他办法，拿破仑最终决定，密歇
希应当作为独立的舰队。如果他被封锁在罗什福尔，至少也能
牵制 6 艘敌舰，并确知他们的动向。如果维尔纳夫驶近，封锁
解除，他就必须出航，在爱尔兰海岸进行一场巡航表演。"这
一行动将加剧伦敦的紧张神经，迫使他们派出 6 艘战列舰。"
与此同时，密歇希则将驶入大洋之中，回到费罗尔港外与维尔
纳夫会合。

不久后，英国海军部在维尔纳夫出逃后迅速下达一系列命
令的消息传到了米兰，拿破仑为自己描画的图景愈发显得乐
观，他对德克雷写道："英国人已陷入极端的混乱。"但与自
欺欺人的拿破仑不同，德克雷仍保持着对真实局势的关切。6
月 1 日，他向乐观的皇帝提醒道，皇帝陛下正在犯下一个严重
的错误。他用颇为嘲讽的语调写道："我们可以确定的是，即
便英国政府还没猜到陛下您的想法，但伦敦的记者们肯定也洞
悉了它们。"[15] 他认为科克伦显然要去西印度群岛，而不是印
度；他警告拿破仑，如果纳尔逊也去了那里，英军就会集结起
18 艘战列舰，"其中数艘为三层甲板战舰"，法国舰队极有可
能在那里提前遭遇战斗。"维尔纳夫将军麾下的一些战舰速度
很慢，他们避免交战的希望十分渺茫。如果这个假设不幸是真

的，战争之神在半个月内就会做出他的评断。"即便科克伦并未前往西印度群岛，维尔纳夫或许能避免战斗，但局势甚至会变得更糟。纳尔逊将迅速跟踪维尔纳夫返航，"如果他无法及时赶往费罗尔，他就会往那里派去一艘快速巡航舰，然后率军前往布雷斯特。这将让敌人在这个要点上集结起一支极为强大的舰队"。

　　为了平衡英法海军战斗力的差距，拿破仑必须在他预想的"乌桑特岛海战"之前让维尔纳夫与冈托姆会师，但德克雷对此的态度却十分微妙。他知道自己不可能说服固执的皇帝，于是这样说道："我不是说两支陆军部队间最微小的意外往往能打乱最精密的集结计划，我并不是将此与那种情况相比。……能使维尔纳夫将军接近加迪斯的风向也正好是不利于冈托姆出航的风向。要让他们成功会合，维尔纳夫将军必须在能让舰队出港时待在布雷斯特港外。"即便如此，维尔纳夫不可避免地要独自在敌方的全部兵力前暴露一段时间。"如果维尔纳夫将军的兵力不足以迫使敌军避战，那么在与布雷斯特舰队会合的至少十个小时之前，他只能独自经受考验。这样的战斗将让胜利者相当比例的战舰无法继续行动，使之不能具备发起第二次攻击的足够兵力。"换句话说，即便一切都按最好的情况发展，他们也无法取得那种决定性的胜利，使之能够确定地掌握英吉利海峡的制海权。

　　德克雷进一步指出了行动不可能这样理想的技术原因。由于缺乏情报支持，维尔纳夫将很难在风向和潮水便于冈托姆出港时恰好抵达。因此，即便在最好的情况下，布雷斯特舰队在维尔纳夫出现的一天之内也不可能出港提供支援。另外，维尔纳夫还可能在那里发现一支比拿破仑的预想要强大得多的敌舰队。在常规的封锁兵力之外,他们很可能还包括所有的后备兵力,包括费罗尔舰队甚至是纳尔逊的舰队。他提醒他的长官,集结计划赖以成功的要素是训练精良的舰队,但联军中的 19 艘西班牙战舰才刚刚被征召出海,它们不仅武器落后,指挥官也缺乏经验。最后,他恳求拿破仑向维尔纳夫下令,让他在确认己方战舰至少多于敌方 6 艘之前避免冒险交战。[16]

这个明智的推演首次预测到了实际发生的情况,但德克雷是否真的提出了它,倒是值得怀疑的。其中还有一个有趣之处:德克雷显然并不怎么相信引开纳尔逊的计划,但他又不敢明说纳尔逊并不像拿破仑认为的那么愚蠢。他只想暗示纳尔逊可能会采取正确的行动,于是选用了一种巧妙的办法旁敲侧击。德克雷如是说道:"他的夸耀只能说明他的无能,但他有一个特点,除了勇气和运气,他对他的舰长们并不浮夸。因此他可以在困难处境中听从他们的建议,尽管他是名义上的统帅,却让其他人实际指挥舰队。"[17]

不管德克雷是否曾冒险提出这些重要的批评意见,但显而易见的是,拿破仑的固执没有丝毫好转。一周后,他责备他的大臣缺乏"足以进行伟大战役的头脑"。绝望中的德克雷恳求他返回法国,而拿破仑却答复道:"我不知道你为什么这样劝我回到巴黎。我的行程正是掩饰我们计划、欺骗敌人的最佳妙计。"他仍在做着敌人蠢笨无能的大梦!他不服气地继续阐述他的计划,尽管证明其错漏百出的消息正接踵而至。

萨尔塞多曾试图前往加迪斯,准备去攻击直布罗陀的克雷格船队。但糟糕的天气迫使他返回卡塔赫纳,随后便被"奥德与纳尔逊正在附近"的流言困在了港里。拿破仑没能看出这则传言的舛误,他又将之纳入了自己的行动图景。对他而言，这意味着在乌桑特位置上削弱敌军的又一个机会已经出现。密歇希现在可以去北海与泰瑟尔岛外进行武装游行，马尔蒙也要在陆地上做出积极行动的样子，以吸引英国政府的注意力。但这一切纯粹是基于他的幻觉。由于英军在加迪斯与卡塔赫纳之间的内线位置，分处于两侧的这两支舰队既不能会合，也无法牵制住比它们更强的英军。一周后，萨尔塞多再次试图前往加迪斯，在接到警报后又惊惶地钻回了母港：科林伍德已经抵达，英军重夺海峡出口处的制海权。[18]

　　但拿破仑的乐观情绪仍然没有衰减，他仍旧认为自己已让敌人完全陷入了混乱，打散了他们的兵力集结。他已听说由12艘战列舰组成的快速舰队已从乌桑特舰队中分出，尽管英方公报已宣称其目的是封锁加迪斯，但他仍旧相信其真实目的地远在印度。他对纳尔逊也是同样的乐观，尽管不知道其确切位置，却完全相信后者就在英国本土海域或者地中海，而密歇希的行动一定能打乱敌人的阵脚，从而让他得偿所愿。他重复道："从任何方面看来，伦敦海军部都已陷入了犹疑和混乱。相悖的命令，优柔寡断，这就是他们的实际状态。"[19]

　　然后，这些让他暗自欣喜的"相悖的命令"却并不混乱。英国海军正在重建因维尔纳夫舰队的出逃而改组的漫长封锁线。他们精密地调整了环环相扣的各个环节，如此稳健地把握着平衡，以简练的手法应对每一种可能性，而每一招反制都巧妙地抵达了他们预计的位置。从泰瑟尔岛到卡塔赫纳，他们的链条开始缩紧了。脱身乏力的各处舰队再也无法突破封锁——而拿破仑正要用它们组建起他的大舰队。

第十章　重掌费罗尔与
直布罗陀海峡

　　在拿破仑依靠狂热的幻想做出回应的同时，巴勒姆勋爵冷静推演出的命令与英军指挥官自信的机动则让这场战役中的英方展现出极其老练的一面。

　　英国海军部起初并未意识到密歇希的返航是敌人的失误，他们最初时认为，法军并没有在西印度群岛发起重大攻势或集结舰队的意图。他们甚至设想维尔纳夫可能根本不打算去那里，于是立即向科林伍德发出命令，让他在得到新的命令前不要驶过马德拉群岛。出于同样的原因，皮特决定不再将艾尔·库特的部队派往西印度群岛。他担心远征军已经出发，便匆忙致信接替加德纳掌管爱尔兰舰队的德鲁里（Drury），让他制止或召回远征船队。[1]维尔纳夫前往印度的可能性也如同拿破仑所希望的那样浮现在英方的脑海中，但在得到最为可靠的证据之前，英国政府绝不会在那样遥远的海域虚掷兵力。他们只是向东印度舰队司令爱德华·佩留爵士（Sir Edward Pellew）发去了警告。[2]

　　海军部正式追认了加德纳用自由酌定权扣下格雷夫斯分舰队的行动，并让他将这支部队用于封锁罗什福尔。一旦法国舰队再次出海，格雷夫斯就应当截击或者追踪敌人，无论他们驶向何处。加德纳在6月5日接到了这则命令，此时距离科林伍德出发已有两周时间。而法国海军大臣德克雷到这时才获悉英国乌桑特舰队兵力削弱的消息，他认为这是让冈托姆打破封锁的良机，于是恳求拿破仑下达行动所需的命令。但是，拿破仑并不准备放弃这个目前看来运作良好的新计划。在他清楚明白地看到最终结局之前，他绝不会放弃通过一场奇袭来摧垮敌人的信念。他向德克雷回复道："一场战斗能带来什么呢？什么也得不到。只要简单地将'英军向罗什福尔港外派出了 8 艘战列舰，因此严重削弱了他们对布雷斯特的封锁'的消息刊发出去……那么，敌人就会对法军为什么没有利用这一局势而感到不可思议。第二天，另一份报刊里再宣称记者们能被允许发布这些消息真是不同寻常。这样一来，在争论他们的将军是否采取了正确行动之前，他们将会发现，皇帝还掌握着某些尚未交给记者发布的英军指令，这会让他们基于其上的所有讨论都失去意义。"[3]

　　英军对罗什福尔的迅速行动使拿破仑无法再动用这支舰队，它唯一的用处就是牵制英军的封锁兵力——事实上，这支舰队从各方面看都无法在数周内再次出航，它们物资完全告罄，舰船亟待修理。在密歇希驶入港口的两周之后，格雷夫斯出现在罗什福尔港外。他坐镇于一艘 80 炮战舰，麾下还有 2 艘三甲板战列舰以及 3 艘其他战列舰，拥有比港内敌人强大得多的兵力。当拿破仑接到密歇希返航的消息时，英军已经完成了封锁。但格雷夫斯刚一抵达就看出法国舰队完全不适于出击，他随即请示加德纳，看是否有必要撤回他的舰队，仅在港外留下 1 艘巡航舰。加德纳的回复表现出当日的海军将领与上级作战指令之间的有趣关系。他并不认为他已得到了能够召回这支舰队或其中任何部分的授权，除非海军部下达特别的命令。最终，他从海军部接到的命令是撤出 2 艘战列舰，将之用于加强费罗尔港外的考尔德或是他自己的舰队。

　　费罗尔的情况已经让加德纳颇为担忧。考尔德不断地抱怨道，他手中的兵力不足以看守港内的敌军。除却他的旗舰、三甲板的"威尔士亲王"号，他只拥有 1 艘 80 炮战舰、4 艘 74 炮战舰以及 1 艘不能算成战列舰的 44 炮舰；而港内的古尔东与格兰达加纳则拥有 11 艘已做好了出海准备的战列舰，还有 3 艘战舰的准备工作也接近完成。更糟糕的是，考尔德的 1 艘战列舰帆索严重受损，另外 4 艘也亟待修整。加德纳对他的处境极为担心，他曾打算将整支格雷夫斯分舰队派往费罗尔。这样一来，扣除需要返航修理的战舰，考尔德在他的 80 炮旗舰之外就将拥有 10 艘战列舰，其中 3 艘为三层甲板战舰。通过前文曾述及的战斗力换算方法，这支兵力将强于港内的联合舰队。然而，海军部让格雷夫斯加入科林伍德舰队、之后又将其派往罗什福尔的命令阻止了这一调动。除非让他自己的战列舰低于 18 艘的底线，加德纳无法再给考尔德派出任何增援。

　　然而，他的担忧是不必要的。巴勒姆敏锐地注视着局势，已经为此派出了援军。这些命令的性质以及海军将领理解它们的方法都极具参考价值。他们提供了一些典型的案例，揭示出处在关键位置上的英军将领将如何凭借丰富的战争经验在阅读命令时领会其间的自由酌定权，坚决而无畏地在自己的头脑与书面指示之间做出决断。

　　我们曾在第八章介绍过，巴勒姆在听说维尔纳夫出逃之后发出的第一道命令是，若纳尔逊没有投入追击，奈特的 2 艘战列舰——为克雷格远征军提供护航的"龙"号与"王后"号——就应与科林伍德的快速舰队一道追击法军；如果纳尔逊已经加入追击，奈特就应将这 2 艘战舰派往奥德所部——当时他仍以为奥德还待在原来的位置上。这是 4 月 27 日的情形。

三天之后，他收到了奥德的信件，其显示奥德正在驶回乌桑特岛，信中还包括他对局势的预测，指出敌军的各支舰队有可能在西方某处海域里集结起来。费罗尔港内正待着一支时刻准备出海的大型舰队，加强费罗尔封锁舰队的兵力、给考尔德提供增援因此变得极为迫切。于是，正如前文所述，奈特接到指令，如果他尚未与运兵船队驶过圣文森特角，他就应该返回费罗尔；而如果他已经驶过，就应在直布罗陀将旗舰转设为一艘巡航舰，然后将他的战列舰派给考尔德。若考尔德已经撤除封锁，他们就应加入加德纳所部。

　　奈特在抵达直布罗陀港时才收到了第一封命令。在那时，纳尔逊已决定留下"皇家君权"号，理查德·比克顿爵士继续以之作为旗舰，而官阶较低的奈特则须听从他的调遣。按照纳尔逊的指令，比克顿将用这支舰队掩护克雷格远征军前往马耳他，再找到黎凡特商船队，任务便就此完结。依照纳尔逊的指示，比克顿决定待纳尔逊投入追击之后，就将奈特的战列舰留在地中海舰队中。他告诉海军部，他之所以违抗将战舰派给奥德的命令而将之留在自己手下，是本着一个极为重要的考虑：海军部在下达这些命令时并不知道西班牙的卡塔赫纳舰队已经完成了准备工作，甚至一度驶出港外。他对这些命令的理解是，如果海军部知道这一情况，便一定会让克雷格的护航兵力留守下来。然而，就在他如此行动之前，他接到了第二封要求增援考尔德的命令。比克顿转而认为，他在此刻已不再享有根据当地情况来自主行动的自由酌定权。他向海军部回复道："我必须放弃之前的目标，服从命令，即便这将把远征船队与贸易航线暴露给阿尔赫西拉斯炮艇与卡塔赫纳舰队。我目前的兵力显然不足以击败这支舰队，他们以拥有5艘战列舰的加迪斯舰队作为后援。……由于我无法通过一场战斗将卡塔赫纳舰队留在地中海内，或是制止其主力与加迪斯舰队会合，所以我觉得我不能不顾各位先生的命令。我认为，他们会将下一步的兵力调配建立在我部战列舰已加入罗伯特·考尔德或加德纳勋爵所部的充足信念之上。"他的行动原则在此得到了清楚展现：在面对明白确切的命令时，处在关键位置上的海军军官并不能行使有可能扰乱战争全局的自由酌定权，除非他看到了统帅部尚未知晓的当地情况，同时有把握对敌方海军发起决定性的打击，或是瘫痪比自身规模更大的敌军部队。[4]

这是一个需要最高尚的统帅品格才能做出的艰难决定。比克顿很清楚当地的处境，他将让一支重要的陆军部队暴露于被歼灭的风险中——加迪斯、卡塔赫纳与阿尔赫西拉斯的敌人很可能联手发起袭击，但他必须服从命令。幸运的是，与他共事的陆军将领也拥有同样高尚卓著的军事品格。比克顿在接到命令后立即通知了克雷格，后者尽管面临着巨大的危险，但仍与比克顿就其眼下唯一能做的事达成了一致。为了清楚阐明情况，他向本土的陆军部寄出信件，保证比克顿的所有决策都曾以"最为亲密和诚恳"的方式与他商议过。克雷格没有一个字眼抱怨过护航舰队的离去，他说："他的行动得到了我完全的认可。"尽管他知道海军部在下达命令时并不了解敌军舰队在直布罗陀海峡附近的规模与活跃程度，但他并不认为自己应该迫使比克顿违反命令。他从奈特与比克顿展示给他的命令中看到，海军部的指示有一个明确的核心要旨，用他的话说，就是"在西部海域集结起一支强大的海军兵力在当下的局势中极其重要，为此甚至可以牺牲任何次要的目标"。

没有什么能比这些言辞更能显示出当日海军与陆军中最为

优秀的将领是如何相互理解、亲密合作，并完满地把握着海陆联合作战的诸条准则的。大海上的克雷格即将失去护航兵力，敌人正蜂拥而至，他几乎无力抵抗。但他并没有忘记，对英国来说，有一种情形可以牺牲掉其他所有的一切。他从海军部的命令中觉察到，一场极其宏伟的、在关键的战略要点进行的大型舰队行动正在展开。如果是这样，那么，此刻的一切——包括他的远征军在内——都必须为之冒险。他没有退缩，甚至没有吐出一个可能让他的海军同僚偏离其首要责任的字眼。[5]第二天，5月17日，比克顿与3艘战列舰转舵驶向费罗尔，而奈特则留在直布罗陀港内。他只能用几艘巡洋舰和炮艇竭尽所能地监视着卡塔赫纳，保卫着远征船队的安全。

十天之后，比克顿已接近了菲尼斯特雷，他在那里遇到了科林伍德的9艘战列舰与1艘巡航舰，随即告知后者目前的真实局势。正如我们所知，科林伍德对运用他的舰队享有较大的自由酌定权。两位将军进行了漫长的商讨，讨论科林伍德能在多大的程度上依照当地情况变更上级命令。科林伍德从比克顿处得知，纳尔逊仅用10艘战列舰去追击拥有18艘战列舰的维尔纳夫。他还了解到，加迪斯与卡塔赫纳港内都存在着活动中的敌舰队。考虑到纳尔逊与维尔纳夫的兵力差距，再考虑到西印度群岛的科克伦最多仅有6艘战列舰，他应该按照命令在纳尔逊之后再派出2艘战列舰，使英军在背风群岛也拥有18艘战列舰。但在他接到命令后，密歇希已经返航，西印度群岛的敌军已失去了5艘战列舰。他由此决定在接到下一步命令之前暂不分兵。比克顿的紧急报告使他确信，目前的局势要求他率领全部兵力前往直布罗陀海峡，保障当地的制海权。科林伍德在给海军部的报告中写道："考虑到卡塔赫纳和加迪斯港内的积极准备以及预计从马耳他驶来的商船队，我应该率领整支舰队前往加迪斯港外待命。"由于海军部在发布命令时尚不知悉卡塔赫纳舰队的情况，科林伍德希望他的上级能认可他对命令的擅自改变。他总结道："我认为，命令的核心要旨是不让这样重要的一支兵力游离于敌军的行动计划之外。"在这里，我们又能看到一个海军将领如何变更其明确命令的典型案例——授予他的这些命令绝不仅仅是字面上的指令。科林伍德的报告随后得到了海军部的认可："批准你参照当地情形。"[6]

由于科林伍德同意前往直布罗陀海峡，比克顿派出了他唯一的巡洋舰去向海军部报信。两位将军的信件在6月8日抵达，海军部立即根据他们目前的情况下达了新的命令。前往费罗尔的比克顿将在那里把"皇家君权"号与"龙"号交给考尔德，自己则乘着"王后"号返回直布罗陀海峡，并听从科林伍德的指挥。

此时，英国西班牙舰队由于奥德的撤退已被重新并入西方舰队。科林伍德已成为英国地中海舰队的总司令，他因此而主掌着从圣文森特角到黎凡特的地中海广阔海域，麾下拥有10艘战列舰，再加上保卫那不勒斯的"卓越"号与把守直布罗陀海峡的巡洋舰队。他受命封锁加迪斯与毗邻塞维利亚（Seville）的圣卢卡斯（St. Lucas）。截至此时，顾虑到中立国——特别是美国——的态度，对此的贸易封锁尚未强制执行。但由于附近的军官传来了西班牙船坞正在加紧工作、调动大批物资的紧急报告，现在他必须严格地执行封锁令。

当科林伍德重掌加迪斯外海阵位之时，比克顿——按照纳尔逊的安排——应当负责海峡内侧的区域。他同时要经常向科林伍德汇报，并服从后者的调遣。他的首要任务是护送克雷格远征军，因此，科林伍德准备将他们的兵力平分，拨给他 4 艘战列舰。[7]

但这一安排并未实现。6 月 8 日，在海军部为他们下达新命令的那一天，科林伍德已经与比克顿分别抵达了加迪斯港外。此时，他又重新考虑起先前推迟增援纳尔逊的决定。他想到，科克伦也可能像纳尔逊那样追踪密歇希回到了欧洲海域。科克伦的离去将严重削弱英军在西印度群岛的兵力，而为了应对这一可能，科林伍德决定向巴巴多斯派出 2 艘航速最快的74 炮战舰。于是，在 6 月 22 日比克顿从费罗尔驶来再次与他相遇时，他手中的战列舰已由之前的 9 艘下降到 7 艘。加迪斯港内有 2 艘一级战列舰与 2 艘双层甲板战舰，他的封锁兵力因此需要 4 艘战列舰。于是，他将 3 艘战列舰交给了比克顿，加上"王后"号，比克顿便也拥有了 4 艘战舰。科林伍德向海军部解释道，这支兵力虽然比卡塔赫纳舰队要弱，但他确信，这足以让萨尔塞多在那不勒斯的"卓越"号加入比克顿之前不敢出击。比克顿率领这支舰队又一次与科林伍德分离，于两天之后再度出现在直布罗陀港外。[8]

比克顿的出现正当其时。自他离去后，奈特与克雷格无时无刻不感到焦虑万分。正如我们所知，科林伍德的及时到来拯救了远征军，使之免受萨尔塞多的侵袭。但这并不意味着麻烦的终结：在直布罗陀港湾的另一端，阿尔赫西拉斯炮艇的数量仍在不断增加。奈特竭尽所能地利用着他的小型舰艇，他让远征船队以密集阵型下锚，亲自指挥 1 艘巡航舰与业已返回原位的"猎兔犬"号轻帆船进行掩护。他还让 1～2 艘武装双桅船与炮艇在周围巡逻，并设置了夜间警戒哨。指挥葡萄牙舰队的坎贝尔也在直布罗陀港湾内下锚，西班牙人就此控诉他有意掩护运兵船队，而他显然也为奈特提供了他力所能及的所有消息。截至此时，这支秘密远征军已经暴露在敌方视域之下长达一个月之久，日趋恶化的局势似乎已不可能再有转机。直布罗陀总督福克斯将军（General Fox）接到情报，称敌军在数日之内就将发起攻击，而阿尔赫西拉斯炮艇的数量已达到40艘，还有许多待在卡塔赫纳。福克斯、克雷格与奈特就此进行了一次联合会议。奈特建议从陆军部队中拨出一些兵员补充给他的巡洋舰，并武装几艘运输船，然后让整支运兵船队出海，由他乘着1艘巡航舰进行指挥。两位陆军将领也赞成他的提议，于是，远征船队就这样利用一个"良好的天气"驶向海峡东面。[9]

奈特的策略完全奏效。运兵船队并未遭到阿尔赫西拉斯炮艇的袭击，而科林伍德出现在加迪斯外海的消息也成功慑止了卡塔赫纳舰队。其实，萨尔塞多毫无出海进攻的打算，反而是忙碌地组织着港口防御——福克斯听说的那些炮艇正是为了保护港口而装配的。事实上，自克雷格远征军从里斯本起航以来，整个安达卢西亚（Andalusian）①地区都在全神贯注地准备抵抗英国的入侵——他们认为克雷格似乎准备对西班牙南部某处发起突袭。[10]

在这种情况下，比克顿率领战列舰队回到了远征船队的身边。6月25日，他不待下锚，就率领远征船队乘风驶出了直布罗陀海峡。他驶近非洲海岸，在此派出"猎兔犬"号去侦察萨尔塞多的动向。"猎兔犬"号在卡塔赫纳以东的提奈斯角

---

① 即西班牙最南部的沿海地区。——译者注

（Cape Tenes）^① 重新归队，报告萨尔塞多所部仍在港内下锚。于是，奈特决定用 3 艘巡航舰继续护送克雷格，而他自己则离开运兵船队，与比克顿一道在卡塔赫纳港外组建掩护舰队。^[11]

　　在拿破仑那些活跃而未被击败的舰队面前，英军最终保障了远征航线的安全，皮特已经为欧洲大陆上的联合围剿迈出了第一步。而在克雷特船队安静地行进的同时，拿破仑也在西方的大海上全力组织着反击。侵英舰队的大集结开始了。

---

① 今阿尔及利亚北部港口。——译者注

第十一章 西印度群岛的行动[*]

　　纳尔逊最后为英国本土所知的消息是他与克雷格分别三天之后寄出的信。那时他正要驶向马德拉群岛，他向海军部简短地保证道，即便联合舰队并未前往西印度群岛，他也能在 6 月底——在敌军获知其真实动向之前——返回加迪斯。接着，他会留下足以完成任务的战舰，随后返回英国。[1]他对于这一行动的自信、对于一支方位不明的舰队的威慑力的判断完全得到了事实的证明。我们可以看到，拿破仑始终认为他没有离开欧洲水域，而在法军指挥部确证他的离去并展开行动之前，他已在直布罗陀再次出现。

　　英国陆军大臣卡姆登勋爵曾让纳尔逊与克雷格合作，并让他向克雷格提出建议。因此，纳尔逊也一道给卡姆登写下一封长信，解释了目前政治局势的困难所在。出于在上一次战争中的实践经验，纳尔逊认为，让克雷格一次性地将部队卸载于西西里将会酿成大错。这样的行动只会给法军提供攻向那不勒斯的信号，那不勒斯国王显然不会同意。但如果是法军首先行动，国王就会欢迎英军的到来。纳尔逊在这则建议中的看法与英国政府高度一致，而他唯一多说的只是督促英国政府保卫撒丁岛的安全。[2]

　　纳尔逊向英国本土传达的最后信息是为了保护他所离开的那片地区。为此，他已经竭尽所能，做到了当日局势所要求的

---

　　* 本章可参见彩插中的图示 2。

一切。说他轻率地放弃了地中海，实在是误解了他的谨慎用心。从战略层面上着眼，他的使命在此时已然十分明了：从今往后，他可以全神贯注于西面大洋上发生的一切。

纳尔逊已经着手了。在之前的几天中，考虑到可能与维尔纳夫的强大舰队相遇，他起草了一份战术备忘录，让"亚马孙"号的帕克舰长在 5 月 15 日将之分发给整支舰队。[3]这则备忘录的内容现在已无从稽考。纳尔逊的首批传记作者克拉克与麦克阿瑟认为，这则备忘录就是他们在圣文森特勋爵文集中找到的一封文件，哈里斯·尼古拉斯爵士（Sir Harris Nicolas）在收集纳尔逊的书信时也沿袭了这一看法。但是，这封文件并未署上时间，很难说就是当日的产物。就其内容证据而言，纳尔逊起草的这份文件是为了用一支兵力相当的舰队对抗 11～12 艘敌舰，而在当日情境之下，他面临的挑战则是用一支劣势舰队对抗兵力强大得多的敌军。他在几天之前给阿克顿①的信中写道："西印度群岛的敌军拥有 24 艘战列舰，而我部兵力处于极大的劣势。我只能率领 10 艘战列舰，并且只能期待还有 6 艘战舰能加入我们。"[4]此处所指自然是科克伦的舰队，当时的普遍看法都认为他的 6 艘战舰在纳尔逊抵达西印度群岛后就将加入其队伍。5 月 15 日战术备忘录的遗失的确是十分可惜的，它记载着纳尔逊在此时对付一支优势敌军的想法。在海军史上，鲜有什么文件能比它更具价值。

为了确保与科克伦舰队的联合，他在圣文森特角派出了 1 艘巡航舰；而这一次，西印度群岛的复杂局势却要让他失望

---

① 约翰·弗朗西斯·爱德华·阿克顿（John Francis Edward Acton，1736～1811 年），那不勒斯王国首相，英国男爵。他是那不勒斯王国的首席亲英大臣，曾与纳尔逊密切合作。——译者注

了。[5] 从费罗尔出发、追击密歇希舰队的科克伦于 4 月 5 日抵达巴巴多斯，比纳尔逊从直布罗陀海峡出发早了一个多月。在这里，他听说敌舰队正在邻近的圣多明各；出于对当时情境、命令要旨与个人倾向的综合判断，科克伦决定继续追击敌军，以确保牙买加的安全。他没有花费时间——甚至都没有下锚——从胡德准将那里接掌背风群岛地区的正式指挥权。他仍旧让胡德担任当地司令官，只是将战列舰"斯巴达人"号（Spartiate）划拨给他，为他的巡洋舰队提供支援，帮助他坚守岗位。他随即率领剩下的 6 艘战舰投入火热的追击中，企盼着与敌舰队相遇。①

4 月 9 日，科克伦抵达了维尔京群岛的圣托马斯，并在那里确信密歇希已到圣多明各卸载了战舰搭载的部队。他还听说法军正等待着第二支远征军，由法西联合舰队对牙买加发起攻击。这则消息是科克伦无法忽视的。科克伦做梦也想不到密歇希已经返航罗什福尔，而是相信他肯定已在返回马提尼克的途中，并在等待着与从法国开来的援军会合，以投身到那场大规模袭击中去。如果能在半路上截击密歇希，他就能将法军的集结扼杀于萌芽之时。于是，科克伦选择原路折返，驶过波多黎

---

① 科贝特在这里介绍的事实并不正确。事实上，科克伦舰队中的 6 艘战列舰只有 5 艘抵达了巴巴多斯；"斯巴达人"号在之前的航行途中搁浅，被留在佛得角群岛的普拉亚（Praia）先行修理。为了对抗密歇希舰队，科克伦不仅没有为胡德提供增援，反而扣下了胡德的"半人马"号战列舰，使其总兵力仍保持 6 艘战列舰。"斯巴达人"号在修理完成后继续前往巴巴多斯，并在那里与纳尔逊相遇。参见 Clarke, James Stanier, and John McArthur, eds., *The Naval Chronicle: Volume 30, July-December 1813: Containing a General and Biographical History of the Royal Navy of the United Kingdom with a Variety of Original Papers on Nautical Subjects*, Cambridge University Press, 2010, p. 375。——译者注

各岛以南，进入莫纳海峡（Mona passage），守候在波多黎各与圣多明各之间。他在这里时刻等着敌人跌进他设下的圈套。然而，密歇希并未出现，而科克伦得到的所有情报都指出，牙买加正处在愈发急迫的危险里。于是，他认为现在只有按照海军部的指令行事。海军部指示道，如果在他抵达之时听说罗什福尔舰队已经去了圣多明各，就应该用 6 艘战列舰增援牙买加，科克伦由此决定率全部战舰前往那里。[6] 由于他自己并不准备待在牙买加，这个决定意味着他要将麾下的所有战舰移交给当地指挥官，将旗舰转移到一艘巡航舰上，这需要他表现出极强的忠诚，做出极大的牺牲。他在背风群岛等候了几天，将 6 艘战舰中的 5 艘移交给戴克斯将军。不过，他与戴克斯都没有巡航舰可供转乘之用，于是，在 4 月 25 日时，科克伦只能乘着 80 炮的旗舰"诺森伯兰"号（Northumberland）费劲地返回巴巴多斯。

在 5 月 14 日法西联合舰队抵达马提尼克之时，这就是西印度群岛的兵力态势。当地的法国陆军立即要求维尔纳夫对英国岛屿发起攻击，但维尔纳夫却面临着许多困难。首先，他在出航时携带的命令严格要求他去皇家堡（Fort Royal）① 等待着与随时可能出现的冈托姆会合。他怎能在此时投入两栖作战？其次，他还面对着位置不明的敌舰队的威胁。他接到报告，一支强大的舰队正在圣多明各与波多黎各附近。这当然就是科克伦的舰队，但位于马提尼克的法军对其阵营、位置和兵力都一无所知。这是不是英国认定他的目标是牙买加并随即派出的追击舰队呢？这是维尔纳夫最初的直觉，而他也不可能得到确切

---

① 即今法属马提尼克首府法兰西堡（Fort de France）。——译者注

的答案。除此之外，现在还有什么目标可供他安全地发起袭击？他只能企及多米尼克与圣卢西亚，但两者都驻扎着守军，而密歇希在多米尼克的新近战例也说明，他们无法通过奇袭将之攻取。维尔纳夫实在找不到什么机会来打发长达四十天的等待时间，只决定派出 3 艘巡航舰出海梭巡以打击英国贸易，并努力搜寻关于当地船只与欧洲派遣舰队的情报。

接着，维尔纳夫将注意力转移到了钻石礁上。"舰长"莫里斯与他的"船员"仍在这艘所谓的"轻帆船"上积极地对抗着敌军。他们升起法国国旗，引得 1 艘落后于维尔纳夫的西班牙战舰靠近礁石，随即用 24 磅炮一阵痛击。这次成功的欺骗战术是他们的最后一次攻击，这已超出了法西联军的忍耐极限。在 3 艘巡航舰出发的一天之后，维尔纳夫派出了一支分舰队，其中包括 2 艘战列舰、3 艘巡洋舰与 12 艘搭载着陆军部队的炮艇，由 74 炮战舰"普鲁托"号（Pluton）的舰长科斯莫①担任指挥官。5 月 31 日，他们终于抵达了登陆位置。面对着拥有压倒性兵力优势的敌军，莫里斯放弃了海滩上的炮台，将他的全部"船员"撤离到崖石峭壁之上。法军立即展开登陆，但很快就发现自己已陷入窘境。他们没有云梯，完全无法企及莫里斯所处的位置；他们的登陆部队已经晕船了两天，正处在饥饿中；而防御者的石块与枪子儿又如雨下，使登陆部队无法从舰队那里取得食物和饮水。即便是海滩上守卫炮艇的士

---

① 朱利安·玛丽·科斯莫－克朱里安（Julien Marie Cosmão-Kerjulien，1761~1825 年），法国海军将领。1793 年任战列舰舰长，多次与英国海军交战。在《亚眠和约》存续期间参与了西印度远征。随后率"普鲁托"号参与了整个特拉法尔加战役，并在特拉法尔加海战中表现出色。成功撤退至加迪斯后又整队出航，夺取了 2 艘被俘的友舰，但最终又损失了 3 艘战列舰。——译者注

兵也无法坚守阵位，许多人或死或伤，只能逃到崖石下的洞穴中暂且安身。这些围攻者转眼竟成了被围攻者，只能眼睁睁地看着他们的炮艇随波逐流，最终撞碎在礁石上。海上的战舰日复一日地轰击着守军，但在云梯抵达之前，他们无法取得任何进展。25 名士兵尝试着用绳索登上峭壁，最后却都成了英军的俘虏。

莫里斯的抵抗绝不是毫无价值的。就在法军开始攻击钻石礁的那天，法国巡航舰"迪东"号抵达了马提尼克。正如前文所述，它是在马贡将军于 5 月 1 日驶出罗什福尔的两天之后出海的，它携带着马贡所领命令的副本和拿破仑在 4 月 29 日制定的新命令。它带来的消息是，尽管冈托姆时刻盼望着出航，但他仍然待在布雷斯特；而纳尔逊则去了埃及，维尔纳夫的行动将不会受到他的干扰。维尔纳夫还听说，马贡已经率领 2 艘战列舰与 800 多名士兵从罗什福尔驶来，将要与他会合，使他"能继续攻击英国殖民地"。这则命令告知他要如何使用马贡到达之后的三十五天时间，而如果时限已至但冈托姆仍未出现，他就应返回费罗尔，而不是之前命令所要求的加那利群岛。拿破仑认为，算上当地的部队，这样的布置将使得西印度群岛聚集起 20 艘战列舰与 12000 人的兵力，具备了将英国势力从整个背风群岛甚至特立尼达驱逐出去的可能性。然而，这则命令的结尾却是一则限制性条款：这些行动必须"服从于皇帝陛下重要战争行动的伟大目标"。

维尔纳夫被拿破仑的新命令惊呆了：新的命令竟假设他在领命之时已经开始攻击英国岛屿。显然，拿破仑忘记了在 2 月 22 日下达给他的最初命令。维尔纳夫到此时才被告知要袭击英国殖民地，而之前的命令则严格要求他只能时刻等待着冈托姆，与之会合后再展开袭击。他在回信中写道，如果他之前得到了通知，肯定已采取了行动，但现在为时已晚。英国人已从奥德派出的巡洋舰那里得到了他们出击的预警，各地都已做好了防御。他试图夺取一块小小的礁石，已经花掉三天时间；原始计划的四十天时间中，十五天已经逝去。而利用马贡到达后的三十五天也是不可能的，因为他的物资储备将消耗殆尽。他向他那位令人恼火的上级写道："我似乎看到您在谴责我之前的无所作为，但唯一束缚我的东西就是发给我的那些命令……我只能说，这不是我承担得起的。虽然如此，一旦我们拿下了钻石礁，就会向安提瓜或巴布达发起攻击。"[7]

与此同时，围攻钻石礁的行动仍在继续。直至 6 月 3 日，法军才终于取得进展。在那一天，法军终于取得了必要的攀缘工具，成功地从背面爬上了那块崖石。面对法军的突击，莫里斯已经弹尽粮绝。继续抵抗已经没有意义了，他打出休战旗，让他的士兵怀揣着作战的荣誉走出据点。在法国方面的记录中，他的有效兵力是 107 人，损失为 2 死 1 伤。法军登陆部队为 260 人，但莫里斯认为，从围攻开始到结束，累计有 1500 名法军登上海岸，其中 30 死 40 伤，而按照法方说法，至少有 50 人或死或伤。毫无意外，这是一场勇敢而有效的防御战。当莫里斯因最终放弃"英王陛下的轻帆船钻石礁号"而走上军事法庭时，他被光荣地宣布无罪，并得到了审判者的最高敬意。[8]

法国分舰队在钻石礁陷落的一天之后重新与维尔纳夫会合，而马贡所率领的 2 艘战列舰也在此时出现。维尔纳夫不想再浪费时间，立即准备向北方的安提瓜或巴布达发起攻击。然而，就在他如此行动之时，甚至就在马贡刚刚加入他的舰队之时，英属巴巴多斯的海岸炮台却传来了礼炮的轰鸣：纳尔逊所率领的英国地中海舰队已经到来了。

纳尔逊的跨洋航行将他与法西联军之间的时间差缩小了10天，他自己甚至还认为缩得更短。巴巴多斯的鸣炮是为了礼送他再次出击。他在那里并没有找到预想中的 6 艘战列舰，只遇到了科克伦和他的"诺森伯兰"号。"诺森伯兰"号是在两天前才从牙买加驶来的，当天夜里，战列舰"斯巴达人"号也来到这里。它接到了海军部所转发的奥德的预警以及新命令，要求它掩护艾尔·库特爵士的西印度远征军——但这次远征已在 5 月 30 日被取消了。于是，它在附近的上风位置梭巡，寻找着从本土驶来的运输船队。纳尔逊让这 2 艘战舰加入了他的队伍，他的麾下便拥有了 12 艘战列舰，而根据当地情报，敌军的战列舰数量据信为 18 艘。这则消息无疑是令人失望的，纳尔逊的兵力比他的敌人弱了三分之一，但这并未阻挠他的求战热情，他唯一想知道的就是在哪里可以找到敌军。

巧合的是，一天之前，圣卢西亚的英军指挥官布里尔顿将军（General Brereton）送来了一则情报。据其下属称，他们曾在 5 月 28 日的夜间发现敌军舰队驶过了圣卢西亚西北部的格罗斯岛湾（Gros Islet bay），布里尔顿认为，这意味着敌人将对巴巴多斯或特立尼达发起袭击。对于这则错误的消息，一种可能的解释是格罗斯岛湾的英军观察哨在夜间错将法军先期派出的 3 艘巡航舰认作了维尔纳夫的主力舰队。当地的指挥官迈尔斯将军（General Myers）对此并无怀疑，立即让他的军事秘书将之转发给纳尔逊。既然敌人并未出现在巴巴多斯，那么，他们就很可能去了特立尼达，截至此时，他们很可能已经让部队登岸了。迈尔斯因此建议，让纳尔逊带上他所能动用的

2000 名士兵。这将使他的出发推迟一天，而纳尔逊并未拒绝。
"我无法拒绝这样慷慨的提议，"纳尔逊写道，"因为，在上帝
的护佑下，我找不到任何理由来怀疑。敌人的舰队和陆军都将
遭到歼灭。"

他原本希望去北方搜寻敌军，但这则情报看上去十分准
确，让他无法置之不理。[9] 他在早年的地中海战事时就已结识
了布里尔顿。后者曾是一位积极能干的参谋军官，参加过科西
嘉的相关行动，让纳尔逊觉得值得信赖。第二天，在迈尔斯与
他的部队匆匆登船之后，纳尔逊率军航向特立尼达，对即将到
来的决定性战斗寄予厚望。

在等待的间隙中，纳尔逊制定出一个极为有趣的战斗阵
型，其中也包括科克伦的 2 艘战列舰。在这里，我们可以看到
他在特拉法尔加海战所采用的那种战阵的原型，二者之间至少
有两处关键的相同点。首先，类似于特拉法尔加海战前著名的
战术备忘录，这是一个将舰队分为两支分队的"航行与战斗
阵型"，是从当年 3 月他在帕尔马斯湾所制定的阵型修改而
来。其次，他的重型战舰并未如通常情形一样分散在舰队的各
个位置，而是集中于他自己所在的那支分队的前端。这种新式
的布阵思想源于法国海军战术家比戈·德·莫罗盖，由罗德尼
首次引入他的信号手册，继而被纳尔逊首先投入使用。就目前
所知，这一阵型命令并没有附随什么战术备忘录，也没有任何
明确的暗示表明他准备以两条独立的纵队投入战斗。但这种阵
型的确与特拉法尔加海战中的那种情况颇为相似，也的确会造
成与之相似的交战形式。[10]

6 月 6 日，英国舰队以这种新阵型驶向多巴哥，其正位于
从巴巴多斯前往特立尼达的航线上。贝特沃斯舰长（Captain

Bettesworth）的双桅快船"好奇"号（Curieux）被派往前方搜集情报。次日，他在多巴哥外海遇到了纳尔逊，为他带来了重要的消息。一天前，一艘美国船告知多巴哥的官员，他曾在圣文森特角遭到法国舰队中的一艘战舰的登船检查，对方随后驶向了南方。这则情报显然是错误的，有可能是想故意误导英军。但不幸的是，英国舰队随即又看到另一艘民用纵帆船向他们打出信号，意为敌舰队正在特立尼达。纳尔逊的运气在此刻坏到了极点。事实上，那并不是打给他们的信号，而是一位多巴哥商人的自编旗语。这位商人急于知道海军舰队在何方，并派出自己的下属前去探看。其旗语意为发现英国舰队，其形式却正好与科克伦所拟定的、意为敌舰队在特立尼达的海军信号相同。这是一个严重的教训，向我们揭示出私人旗语在战争中可能造成的危险。这一事件打消了纳尔逊的疑虑，他打出准备战斗的信号，立即加速向前。当特立尼达进入他的视野时，他又错误地将海滩上的英军哨所认成了敌军哨所，按照常理，英军会撤退到主要阵地，从他们后方的碉堡开火射击。昏暗清晨中的火光填补了推理的最后一环，纳尔逊完全确信敌军已经在此登陆。他穿过龙口海峡（Dragon's Mouth），驶进帕里亚湾（Gulf of Paria），准备在面前的这处西班牙海港里迎接第二场尼罗河口海战。

然而，当他们驶入港口后，却发现这里连敌舰的影子也没有。那些情报看上去是那样确切，他们简直不敢相信自己的眼睛，但纳尔逊一个字也没有多说。他的自控力是令人钦佩的，他性格中最好的一面在此时显露了出来。他将先前的所有情报弃之不顾，立即转向，决心完全依照自己的判断来作战。

6 月 8 日清晨，在再次穿越龙口海峡时，纳尔逊接到了莫里斯"舰长"写来的信。莫里斯在信中说，钻石礁即将陷落，而联合舰队尚未离开马提尼克。他们还有希望。此外，莫里斯还告诉纳尔逊，自己抓的那些俘虏向他保证，法国费罗尔舰队最近已与维尔纳夫舰队会合。纳尔逊知道这有可能是假消息，但写信给他的莫里斯肯定是第一手的见证人。他在写给巴巴多斯总督的信中说："我对费罗尔舰队到达的消息抱有怀疑态度……但是即便如此，像他们这样强大的一支兵力绝不可能不受挂碍地展开任何大规模攻击。我军紧凑灵活，而他们则十分笨拙。我绝不相信维尔纳夫或格拉维纳有能力演奏这把极其精妙的小提琴。"[11]

纳尔逊对一支活动中的存在舰队（fleet-in-being）的威慑能力有着最为深刻的理解。他率军北上，试图为他的理论做出证明。第二天，他接近了格林纳达，莫里斯关于敌军尚未行动的消息似乎得到了证实。但没过多久，他又遭遇了一艘来自多米尼克的巡洋舰。这艘巡洋舰带来了新的消息：在三天前的6月6日夜间，有人看到整支联合舰队在瓜德罗普的最南端转舵向北航行。纳尔逊下令升起满帆，用最快的速度赶往蒙特塞拉特（Montserrat）与安提瓜之间的海域。他在寄回海军部的信中写道："无论他们的目标是安提瓜、圣基茨（St. Kitts）或是回欧洲去，到时自见分晓。"

这一次的情报总算没出差错。6月5日清晨，正当纳尔逊转向南方、航向特立尼达时，维尔纳夫已开始向北行进，其意图正如他在官方报告中所述："我准备对巴布达岛发起攻击。"[12]联合舰队从多米尼克背风的一侧驶过，在那里遇到了一支英国商船队。它与它的护航舰处在锚地炮台的掩护之下，而法军并未发起攻击。维尔纳夫执意要去瓜德罗普再搭载一个

营的兵力，在完成这项工作之后才朝着他的目标进发。6 月 6
日夜间，当纳尔逊正在多巴哥附近时，维尔纳夫已穿过了蒙特
塞拉特与安提瓜之间的水道。他在官方报告里接着写道："上
午 10 时，在抵达安提瓜之后，我们听说在北偏西的方向有一
支由 14 艘船只组成的商船队，仅由 1 艘纵帆船提供护航。我
下令进行全面追击，到夜幕降临时，我们已俘获了除那艘护航
舰之外的所有船只。"[13]

　　除钻石礁之外，这支被俘获的商船队就是被拿破仑寄予厚
望的西印度行动的唯一战果。这是一支要驶向英国本土的船
队，它以常规方式集结于圣约翰水道（St. John's Road）与安
提瓜，等待着正规护航兵力与船队的另一部分从南方驶来。法
国罗什福尔舰队已经与维尔纳夫会合，联合舰队与 10000 名士
兵正要攻击这处岛屿。商船主们一听说这则消息，便立即陷入
了不幸的慌乱。他们恳请当地总督从当地的舰队中抽调护航
舰，并立即让船队出航。在总督的要求之下，圣约翰水道军阶
最高的诺斯舰长（Captain Nourse）决定派出由尉官船长威
廉·卡尔（Lieutenant-Commander William Carr）指挥的"奈特
雷"号（Netley）纵帆船，由他护送船队返回英国。[14]然而，
惊惶出海的他们却一头撞上了维尔纳夫的枪口。卡尔自然无能
为力。面对着进逼的敌方巡航舰，他只能打出信号，让商船分
头逃窜。"奈特雷"号继续监视着敌军，直至遭到敌军炮击，
被迫逃开。2 艘巡航舰在他身后紧追不舍，而在逃跑途中，他
眼睁睁地看着英国商船被法军逐一夺取。太阳落山时，他终于
甩掉了追击者，但整支商船队已难逃覆灭的命运。

　　作为一位年轻的军官，卡尔面前的处境对他来说极为艰
难。虽然他已不再需要护送船队，但他手里还有一封他的上级

诺斯舰长寄给海军部的信。另外，他已弄清了敌舰队的位置及其大致兵力。他应该把那封信带回英国，还是把他偶然得到的这个重要消息带给纳尔逊呢？在这个困境中，他决定采取非常措施，私自拆开了诺斯的信。他发现，信中只是诺斯对派出"奈特雷"号返回本土的解释。他打消了所有疑虑，明确了其职责所在，立即决定调头去寻找纳尔逊。[15]

几乎在同一时间，维尔纳夫也得到了一则同等重要的消息。他从英国俘虏口中得知，英国地中海舰队已经抵达巴巴多斯，并拥有 12～14 艘战列舰。维尔纳夫长期以来最为担心之事竟然成为现实，他的战意因这一打击而完全熄灭。他在报告中如此写道："这支舰队再加上科克伦将军的兵力，即便不比我们的联合舰队更强，也与我军相当。他们的单舰实力更强，其中有好几艘是三层炮甲板的战舰。"在他看来，他们已无法再对英国领土展开任何攻击；他们唯一能做的就是返回马提尼克，花时间休整舰队——"令人痛苦的无所作为已经给船员们的健康造成了灾难性的影响"——随后返回欧洲。然而，即便是用十天时间进行休整，他们仍有可能被英军发现，被迫与之交战。在战斗之后，他们又将无处修整；因此，即便在海战中取胜，他们也将无法返回欧洲。维尔纳夫发现，拿破仑这个思虑欠周的计划的一处致命缺陷已经无可避免地出现在他面前。忧心忡忡的他只好找格拉维纳共同商量，而西班牙水手的健康状况让他们只能做出一个选择：无论冈托姆是否会出现，他们都应该尽快地驶回欧洲，不能再浪费任何时间。他们将夺取的战利品匆忙搬到 1 艘巡航舰上，又让舰队中的陆军部队挤上另外 4 艘巡洋舰，将他们运回原先的驻地。6 月 10 日，法西联合舰队再次起锚，全速开往亚述尔群岛（Azores）。

在这个案例里，处于惊恐之中的指挥官的虚弱意志得到了淋漓尽致的展现，而一支位置不明且积极活动的舰队的威慑能力也得到了最为清楚的彰显。维尔纳夫身边的一位军官如是写道："我们控制了这片海面长达三周时间，并拥有 7000 ~ 8000人的登陆兵力，却没能攻击哪怕是一处岛屿。"[16] 而此时的拿破仑或许仍在幻想着，只要能控制海峡几个小时，他就能够征服世界。

事实上，两位将军对拿破仑糟糕计划的应变绝不是神经过敏。6 月 10 日，正在他们转运部队之时，纳尔逊已向蒙特塞拉特打出信号，告知自己的到来。第二天，他派人去那里搜集情报，并从一位美国船长那里得到了一则重要消息：联合舰队已经离开瓜德罗普，意欲对安提瓜发起攻击。纳尔逊随即赶往安提瓜，但那里同样没有敌人的踪影。现在，他必须要做出决定，做出与一个月前在圣文森特角时同等重要但更为艰难的决定。在 6 月 12 日的清晨，在焦急等待着巡洋舰从岸上带来的情报时，纳尔逊再一次遇到了曾在直布罗陀海峡苦苦折磨他的那种不确定性。他向海军部写道："如果在安提瓜打听不到敌人的消息，我就将守候在鲁伯特亲王湾（Prince Rupert's Bay）（那意味着返回多米尼克）再想好对策。但我觉得，既然他们已经保卫了他们的殖民地与 200 艘以上的运糖船，我们有理由相信，他们已在我军之前改变了航向，驶回欧洲。"在这里，纳尔逊与维尔纳夫几乎同样地猜到了对方的意图，而又被同样的限制束缚了手脚。这封信的墨迹尚未干透，纳尔逊所等候的消息便已到来。据称，从瓜德罗普被带走的法国部队又被运了回来，并已经登上了海岸——这实际上已经证实了他的判断。于是他接着写道："我将去圣约翰锚地（安提瓜）卸载陆军部

队，希望能在早晨出航，跟随敌人驶向直布罗陀海峡的出
口。"

在卡尔的情报送达之前，纳尔逊已经做出了决断。他派出
贝特沃斯的"好奇"号去向海军部报信，告诉他们维尔纳夫
已经返航，而自己将紧随其后。当日夜里，他驻泊于圣约翰锚
地，继续卸载部队。次日清晨，部队全部登岸，舰队立即开始
准备出海。卡尔的"奈特雷"号就在此时抵达了。他的经历
扫除了纳尔逊所有的疑虑，而且卡尔还报告了一个新的信息：
敌军兵力远较纳尔逊所设想的更为强大，他在黄昏中数出了不
少于 32 艘船舰。[17]但纳尔逊不为所动，反而因此增添了信心。
现在，他与维尔纳夫之间的航程差距已从三十天缩短到了四五
天，从任何角度来看，他们都极有可能相遇。事实上，他不仅
认为西班牙舰队将被独自派往哈瓦那，还相信维尔纳夫的剩余
兵力即便与他相遇，也不会阻挠他的追击。他甚至没有留下科
克伦的"诺森伯兰"号，而是让他留守在原地。"斯巴达人"
号则被保留在他的舰队中，这样纳尔逊就拥有了 11 艘战列舰
的兵力。

纳尔逊正准备用这样一支弱势的兵力投入战斗，但这种
战斗必须满足某些明确的前提。一个月前，他曾相信他的战
略使命就是将维尔纳夫赶出地中海，这一目的已然实现。而
现在，他又要将维尔纳夫逐离西印度群岛，并为此更加冷静
地承担着风险。据说，他曾在军事会议上向他的舰长们说：
"别把我想象成那种头脑发热、会在极端不利且缺乏明确目
标的情况下投入战斗的家伙。我的目的已部分实现。如果我
们与他们相遇，而他们拥有不少于 18 艘——甚至我认为是
20 艘——战列舰，你们不用惊奇，我将不会立即发起攻击。

但我也不会在交火之前放走敌人。我觉得，如果我们不干扰他们的航行，他们应该也会很乐于放过我们。这种状态将保持到我们抵达欧洲海岸之时，除非他们给我提供了太过诱人的进攻时机。"[18]

怀揣着这些想法，纳尔逊再一次消失在了宽广的大西洋里，却给科克伦留下一个难题。法军对牙买加的攻击计划有可能极为狡猾，这使他无法认可纳尔逊的观点。值得注意的是，在以上所有行动进行期间，科克伦向牙买加派去的增援舰队始终按兵不动。他们时刻准备参与皇家港防御战，准备尽其所能抗击预想中的来袭之敌。或许有人会说，他们是被敌人诱骗了。但事实上，他们并未从这场博弈中离去。如我们所看到的，正是因为他们存在于西印度群岛海域，维尔纳夫才觉得自己无可作为。但对于科克伦而言，法西联军的威胁仍旧存在。在纳尔逊离去的十天之后，他回到巴巴多斯，焦急地向海军部写去一封信，声称他确信牙买加就是敌人的目标所在。令人好奇的是，他并不知道纳尔逊去了哪里。而根据先前的谈话，纳尔逊似乎认为维尔纳夫要返回地中海。[19] 科克伦对此极为恐慌，他的焦虑也不难理解。胡德准将的舰队已经伴着一支商船队返回本土，现在，他成了背风群岛海域中唯一的英国舰队指挥官。直到三周之后，科林伍德派来增援纳尔逊的"拉米利斯"号（Ramilies）与"光辉"号（Illustrious）抵达安提瓜岛，他的焦虑才终于得到缓解。就在两艘战列舰抵达之时，他又接到一则报告，称联合舰队已在大海上转向，意欲与布雷斯特和费罗尔舰队联合。如果纳尔逊如他猜想的那样去了直布罗陀海峡，那么，一场危机就迫在眉睫。在这一刻，科克伦把所有对自身安危的忧虑都抛到了一边。基于对海军部

决策思维的通常了解，他决定派这两艘战舰立即随两支即将
出发的商船队返回英国。科克伦在发给海军部的信中写道：
"你们或许想把所有空闲的战列舰都调往英吉利海峡。"而就
在他写下这句话时，大洋对岸的英国海军部也几乎同时起草
出了同样的命令。[20]

昔日的西班牙人曾经相信，德雷克拥有一面魔镜，能用它
看到敌人的所有动作，看清敌人的所有兵力。在某种程度上
说，这的确是真的，而且，他还将之一代代传递了下去。这面
魔镜就是他所奠定的海军传统，它被他的继承者们用丰富的战
争经验打磨得愈发光亮，直至成为一种海上战争的鲜活直觉，
为所有人提供着指引。科克伦也是德雷克的继承者之一，他清
楚地看到了本土水域所面临的紧张压力，并预见了即将到来的
战役危机。事实正是如此。

第十二章 巴勒姆直面危机

5 月底，病休离职的康沃利斯向海军部提出了恢复工作的申请。但由于维尔纳夫出逃与密歇希返航所造成的混乱，海军部决定推迟他的上任，暂不改变主力舰队的将领。一个月后，局势再度稳定了下来。康沃利斯随即接到了接替加德纳勋爵的命令，而加德纳则返回他之前的职位，去科克港统领爱尔兰水域的巡洋舰队。[①]

作为乱源的法西联合舰队已经驶向西方，没有人知道它们正在返航途中，英国本土仍是一片平静。在那个长期精心准备的重要时刻临近之时，拿破仑愈发想让他的敌人自以为处在安全之中，至少要将其注意力引离他真正的行动重心。这是他停留在意大利的最后几天，他在这里重整着这个新王国的海陆军资源，特别要在热那亚——那个古典时代的要地——建立起船坞和兵工厂。拿破仑相信，他在布洛涅的长期缺席将会加强他所希望营造的印象。出于同一理由，他多次拒绝冈托姆试图出击的请求，因为那只会让敌人警觉起来。他甚至认为，布雷斯特舰队不应该全部驻泊于港外的贝尔托姆锚地，而应让几艘战舰驶回港口。他向德克雷写道："我想用一种自然的表现让英国人对布雷斯特舰队尽可能地放心，从而将他们的注意力全部

---

① 加德纳的任务并不比执掌西方舰队更轻松。当年 9 月，巴勒姆向乔治三世报告道，加德纳掌控着一张从爱尔兰南部延伸至菲尼斯特雷角的巡航舰幕，这对情报工作和护航任务都至关重要。参见 I. Lloyd Phillips, "Lord Barham at the Admiralty, 1805 - 6," *The Mariner's Mirror*, Vol. 64, Issue 3, 1978, pp. 217 - 233。——译者注

吸引到泰瑟尔去。把这个意思告诉马尔蒙……我将在前往乌德勒支（Utrecht）的道路上设置保卫哨岗，我一抵达巴黎就会宣布前去那里的消息。这会让英国人担心维尔纳夫也将驶向那里，并诱使他们削弱布雷斯特港外的关键兵力。"他向德克雷保证这个手法将会奏效。"英国政府是最为短视的，他们被政党政治所吸引，在喧闹争吵上浪费着注意力。"[1]

这种错误认识并非拿破仑或拿破仑时代所独有。这种错误的观点认为，英国政客在议会争斗中投入的精力将导致在进行战争与治理国家方面的无能，至少在处理其庞大帝国的诸多事务时难免疏失和无知。我们仍然很难相信，像拿破仑这样从未低估过敌人的伟大军人竟然真的想用这种小把戏糊弄住他老谋深算的对手。但是，他给马尔蒙下达的详细命令却的确如此。"英国人在雅茅斯的64炮以上的战舰不超过3艘。在未来的行动中，我希望在那里吸引住更多的敌舰。"马尔蒙首先要与泰瑟尔保持距离，而在7月的第二周，他应该让一个师的部队登船，并将舰队移动到处于安全范围之内的航道的最远端，摆出一副要开始远征的架势。接着，他要在7月20日突然调动他的军团，使之在一周之内尽数登船。随后，他本人也要与熟悉爱尔兰北部水域的引航员一道登上战舰。拿破仑继续写道："这会让你看起来仅仅在等待一阵潮水，只要英国封锁舰队被它赶走，你就会驶入大海。英军将被迫在这里维持至少10艘战列舰，这将让他们极为不安。"这就是此种行动的真实含义，但马尔蒙不应将之告知给荷兰海军将领和他的军官。最后，考虑到运用罗什福尔舰队的诸多可能性，拿破仑也警告马尔蒙不要认为这次登船仅仅是一场表演。它的确有可能演变成一场真正的入侵。[2]

一支装载在运输船上、受到护航舰保护的陆军部队的扰乱威慑力常常遭到人们的怀疑。而在这里，我们至少有证据表明拿破仑的确相信这一点。他在那不勒斯港口中的部队曾对纳尔逊的决断造成了巨大的干扰，而我们在这里也将看到，这种策略将会再一次发生效力。

尽管拿破仑的确想过让罗什福尔舰队与马尔蒙军团会合，但他从未将此纳入他的严肃思考。他的真正意图是用这支孤立的舰队袭击波罗的海的入口，那将威胁到英国人的贸易，并让他们担心在爱尔兰遭到入侵。他面前的难题是为这种大胆而冒险的行动找到一位合适的指挥官。拿破仑对密歇希已愈发反感，他觉得其在西印度群岛的表现缺乏主动性和进取心。他向德克雷写道，"当我读到他没有夺取钻石礁时，我几乎是强忍着愤怒"，"钻石礁将成为这次远征的耻辱柱"。在密歇希返航之后，他曾推算这支舰队在一周内就能再次出击；但他并未等来这则消息，反而收到了这位垂老将领絮絮叨叨的唉声叹气。他病了，他怀疑自己已不再适合出海，他想回巴黎见他的妻子。拿破仑想不到任何能够取代他的人选，只得好声劝诱，试图重新唤起他的雄心。德克雷告诉密歇希，他现在正关系到这场大集结的成败关键，因而不能前往巴黎。"不过，"德克雷向拿破仑写道，"我觉得密歇希夫人是个通情达理、没有野心的妇人。可以让她来罗什福尔。这是密歇希将军见他妻子的唯一方式。要让他明白，他必须完成这场战役。"[3] 然而，一切努力都化作了泡影。由于糟糕的健康状况，密歇希最终还是放弃了他的指挥权。

拿破仑最初想让罗西利将军（Admiral Rosily）——他曾于美国独立战争时在叙弗伦（Suffren）麾下担任巡洋舰长，距现在已有二十多年——接替密歇希。但拿破仑已厌倦了年老的将领，他决心开始一场人事上的改变。在密歇希最终辞职之前，他已经告诉德克雷："事实上，这里并没有合适的人选，我必须从那群 32 岁的年轻军官中选拔我的海军将领。我有数量足够的有着十年服役经历的巡洋舰长，从中可以选拔出 6 位我能信赖的指挥官……同时，先让密歇希或其他什么人率领罗什福尔舰队出击。"[4]

德克雷选中的继任者是密歇希麾下的战列舰"高尚"号（Magnanime）的舰长阿勒芒①。根据报告，他在之前的远征中表现出了非凡的意志和才能，后来的事实也证明他的确是最佳人选。他的上任取得了立竿见影的成效。格雷夫斯曾对这处颓废的军港做出颇为乐观的报告，并让海军部从封锁舰队中调走了 2 艘战列舰。而到了这个月底，出海准备工作已在这里热火朝天地展开，格雷夫斯只能为之前的乐观而懊悔不已。由于这一事态，罗什福尔的封锁兵力又被提高到 5 艘战列舰，格雷夫斯的指挥职务随后被查尔斯·斯特林将军②所接替——他的旗舰是 98 炮战列舰"光荣"号（Glory）。斯特林是一位勇敢无

---

① 扎卡里·雅克·西奥多·阿勒芒（Zacharie Jacques Théodore Allemand, 1762～1826 年），法国海军将领。1793 年战争爆发后升任巡航舰舰长，夺取了英国巡航舰"泰晤士"号（Thames），这是英国在战争中被俘的第一艘军舰。随后升任战列舰舰长，多次进行交通线袭击战，夺取大批商船。1800～1802 年离开作战一线，1805 年参与密歇希的西印度远征，随后被任命为罗什福尔舰队指挥官，再次出海巡航。他是特拉法尔加战役中表现最为优秀的联军指挥官。——译者注

② 查尔斯·斯特林（Charles Stirling, 1760～1833 年），英国海军将领。海军世家出身。法国革命战争爆发后曾参与光荣的六月一日海战与阿尔赫西拉斯海战，1802 年出任牙买加船坞专员。1804 年末返回英国，升任少将，负责封锁罗什福尔。随后参与了菲尼斯特雷海战。——译者注

畏的军官，曾在牙买加担任海军专员。他刚刚返回本土就接到了这一任命，这也是他首次出任舰队司令官。

在费罗尔，危机迫近的迹象同样难以掩盖。考尔德拥有一套极为出色的情报系统，一位战前曾在英美两国担任领事的英国人至今仍是美国驻西班牙的领事官，他为考尔德源源不断地提供着正规情报。拿破仑刚刚给古尔东将军与他的西班牙同僚格兰达加纳将军下达命令，让他们率领完成出航准备的 13 艘战列舰前往附近的拉科鲁尼亚（La Coruña）。一旦维尔纳夫与格拉维纳出现，他们就要与之会合，驶出大海。接到这则命令的古尔东随即指出，拉科鲁尼亚缺乏足够的锚地，因而命令不可能执行；但早在他接到命令之前，它就已经被送到了考尔德的手里。这则情报是在 7 月 3 日被送出的。在那时，考尔德刚刚得到 2 艘来自罗什福尔的 74 炮舰的增援，但他最大的三层甲板战列舰"皇家君权"号却必须返回本土修理。他麾下只剩 9 艘战列舰，其中只有 2 艘是三层甲板战舰。他并不认为这样一支兵力足以担当封锁任务，但他仍向他的上级保证道："如果各位先生认为这支兵力足以完成目前的关键任务，这支舰队就将为国王陛下竭尽全力。"[5]

在更靠南方的海面上，直布罗陀海峡附近的科林伍德也接到了警报。他用 3 艘战列舰近距离封锁着加迪斯，1 艘战列舰则位于海峡西南侧的斯帕特尔角，在直布罗陀还驻扎着 1 艘巡航舰。在地中海中，比克顿将他的战列舰队布置于卡塔赫纳港外，掩护着克雷格的远征军。他的巡洋舰则为船队提供护航，以免遭到从土伦出发的法国巡航舰的袭击。纳尔逊留下的由卡佩尔舰长指挥的巡洋舰队则看守着位于热那亚的法国巡航舰，并将其中 1 艘封锁在尼斯（Nice）的一处港口里。他的部署主要是为了防止敌军向撒丁岛发起任何跨海攻击。"卓越"号仍然待在那不勒斯,它是英国外交政策的保证,代表着艾略特背后的强权。意识到这一政治重要性的比克顿因此并未让它返回舰队。在马耳他,亚历山大·波尔则用1艘50炮战舰与4~5艘巡洋舰保护着黎凡特贸易线。1艘巡航舰在君士坦丁堡护送一位英国大臣,的里雅斯特(Trieste)还有1艘保护贸易的轻帆船。亚得里亚海沿岸的军事据点则由科孚岛的俄国舰队护卫,到7月末时,这支舰队的兵力已达到4艘战列舰与10艘巡洋舰。[6]

这就是6月底时英国海军的真实态势,而通过拿破仑写给德克雷的详细备忘录,我们可以了解到拿破仑对此的推想。他看到在布雷斯特港外有18艘战列舰,罗什福尔港外有6艘战列舰,费罗尔港外有8艘战列舰,地中海内则有不超过4艘战列舰。他对纳尔逊和科林伍德一无所知,只有一则错误的情报称他们于5月15日在圣文森特角相遇,随后双双失踪。他们也许是一起去了西印度群岛,但拿破仑并不这样认为。他确信,纳尔逊将独自去西印度群岛与科克伦会合,而科林伍德则被派往印度。如果是这样,纳尔逊就会在巴巴多斯用几天时间完成集结并装载补给,同一片海域中的维尔纳夫在接到警报后就会有足够的逃脱时间。唯一的后果是,纳尔逊的追击将让维尔纳夫等不到预定集结时限期满,发动入侵的危机窗口将比预计情况更早到来。为了应对新的局势,他只能提前赶往布洛涅。"我要加紧脚步,把原定前往那里的日程提前几天,因为我觉得纳尔逊抵达美洲会迫使维尔纳夫驶向费罗尔。"

然而,拿破仑也无法排除维尔纳夫被封锁于法兰西堡的可能性,在内心深处,他甚至怀疑那场大集结能否成功进行。他的备忘录里还包括另一处改变,即将行动的最终保障托付给了布雷斯特舰队。他接受了德克雷的观点，决定做好两手准备。如果冈托姆抓住了出击的时机，他应该让自己的航线看起来像是要攻击爱尔兰；而事实上，他要突入海峡，将他的舰队独自带往布洛涅。或者，他也可以与费罗尔舰队会合，再率领33艘战列舰驶入海峡。"这无疑是一个备用方案，但如果维尔纳夫遭到封锁，我们就必须要做些什么……把这个大致的主意告诉冈托姆，听听他的意见。"[7]而冈托姆在回信中有力地指出，这些计划完全缺乏对英国防御体系的基本考虑。

在拿破仑写下这些推断的两天之后，英国海军部最终接到了确切的情报，确认维尔纳夫已经前往西印度群岛。据说，他率领16艘战列舰在5月13日抵达了马提尼克。这则消息是由一艘"疾驶而来的商船"带到利物浦的，这些投机商人很乐于见到因贸易线受到威胁而导致的市场饥饿。利物浦市市长很快将此消息发给皮特，并在7月1日送到了他的手上。皮特马上将之转发给海军部，并示意他决定再次将艾尔·库特爵士派往西印度群岛。库特的远征军一直在科克港候命，他接到命令让部队立即登船，海军委员也被要求为他组织护航船队。[8]

但是，内阁的决定并不意味着拿破仑已成功将巴勒姆的注意力引向西印度群岛。就在他们接到这则消息的同一天，海军部已向科林伍德与考尔德发去警报，让他们留神维尔纳夫的突然返航。[9]这是他唯一警惕的事态。得益于丰富的海军经验，巴勒姆比拿破仑更加确定地推测到了纳尔逊驶入加勒比海的后果。事实上，欧洲水域内的所有英军指挥官都已预料到维尔纳夫将会再度露面。科林伍德在这个非常时期写道："我认为，这些家伙在飓风季节之前从西印度群岛驶回并不是不可能的——除非他们直接驶向爱尔兰，我一直觉得那里是他们计划中的一环。波拿巴就像猴子一样诡计多端。我相信，他们在西印度群岛的主要目标并不是征服，而是将我们的兵力从本土水域引开。从罗什福尔舰队来看，这是唯一的可能。"[10] 这就是拿破仑自以为骗过的那些人的洞见。

他们唯一难以确定的是维尔纳夫具体要驶向哪处港口。他有可能前往加迪斯或驶入地中海，这将为英军带来相当大的麻烦。直到 7 月 7 日，巴勒姆才了解到直布罗陀海峡周围的兵力短缺。科林伍德的信在那一天寄到了海军部。他在信中说，他将按照命令给纳尔逊派去 2 艘战列舰，还说会将他的舰队平分给比克顿。[11] 巴勒姆由此正确地推算出，他的麾下将只剩 4 艘战列舰。年迈的海军大臣再次独坐在他的房间，着手重掌当前的局势。最终，他留下了一则价值难以估量的战略手记，旧日英国海军几乎被遗忘的智慧正徜徉其间。[12]

手记的开头描述了当前可动用兵力的分布情况。"布雷斯特港外，22 艘；罗什福尔港外，5 艘；费罗尔港外，包括来自罗什福尔的 2 艘，共 12 艘。"此外，还有 2 艘战舰立即可用，另有 5 艘战舰是用于顶替从前线撤回维修之友舰的后备军。如他所说，这意味着有 38~40 艘"在役或准备"中的战列舰可用于布雷斯特、罗什福尔和费罗尔，即所谓的"西方舰队"。他打算从布雷斯特港外的康沃利斯舰队中抽出 10 艘，立即为加迪斯港外的科林伍德提供增援。他解释道："我推算出那里只留下了 4 艘战舰。敌人很可能会去那里，我们有必要在这个关键点集结起一支强大的舰队。"在这一点上，拿破仑的确成功地误导了他们的视线。与纳尔逊一样，巴勒姆也认为直布罗陀海峡周围是维尔纳夫最有可能的目的地。但巴勒姆从未忽视过联合舰队前往比斯开湾沿岸的可能，并在手记中制定了对策。他准备在维尔纳夫驶近布雷斯特、罗什福尔或费罗尔之前，或在维尔纳夫与其中任何一支舰队取得联系之前，对联合舰队首先发起攻击。显然，这一计划要求用一支以上的封锁舰队作为反击兵力，因此，其困难就在于如何在距离港口足够远的距离上实施打击，而又不放跑任何被封锁的敌舰。他想出的解决办法堪称精妙。他将用费罗尔舰队与布雷斯特舰队分别作为两支独立的攻击部队，并用一种巧妙的方式维持对各自港口的封锁。"给费罗尔舰队派去 3 艘额外的巡航舰，再让它们向北偏西的方向展开。让巡航舰时不时地在费罗尔露面，敌人在这段不确定的时间里就无法弄清它们的真正目标。"罗什福尔则需要维持严格的封锁。他接着写道："布雷斯特舰队的兵力将在此时被削弱到 12 艘，但在得到'防御'号（Defence）、'歌利亚'号（Goliath）与'热情'号（Zealous）的增援后，他们会拥有 15 艘战列舰。他们应当在南偏西的方向上展开，形成一条指向菲尼斯特雷角的直线。这样一来，他们就可以用巡航舰与费罗尔舰队取得联系。"

这个计划——尤其是其中对布雷斯特舰队的安排——的确十分大胆。乍看上去，它似乎严重动摇了这次战役的防御基石。这一布置不仅将意味着英吉利海峡有可能将对敌人敞开，而且从费罗尔逃出的敌军也可能突破对罗什福尔的封锁，接出港内的敌舰。巴勒姆并没有忽视计划的这些方面，但根据他的推算——后来也得到了事实的证明——这些风险其实并不存在。"在敌人构想出这些计划之前，引起他们如此行动的动因将已被我军消灭。这个动因就是返回欧洲的联合舰队，尽管我们现在还无法确定它最后的目的地。"经过多方面的权衡，巴勒姆最终认为，一场胜利所带来的士气影响将是如此的巨大，足以为之担上任何风险。"我所知道的意义最为重大的行动目标就是在其返回欧洲的途中截击这支制造麻烦的舰队。（敌人）未来的所有远征都会因此化作泡影，它还将告诉欧洲，我们可能为了某个明确的目的而偶尔放松我们的封锁体系，将兵力集结在手中以把握方便的时机。"换句话说，一场胜利对士气造成的影响与极其紧张的实兵封锁具有同等效力，而今后任何敌人在遇到英军放松封锁时都会疑心那是故意设下的陷阱。

这就是巴勒姆用于应对这一不确定的艰难时局的精妙方案。他为此花了四十八个小时来进行稳健的推演。在他的敌人意识到英军新阵势的意义之前，巴勒姆已经推算到迷雾散去的时刻，并希望这是迷雾的最后一次降临。然而，就在他将这一方案改写成命令形式时，一束穿透迷雾的亮光出现了。7月8日晚11时，双桅快船"好奇"号的舰长贝特沃斯叩响了海军部的大门。

6月12日时，贝特沃斯在安提瓜接到了纳尔逊让他返回本土报信的命令。二十四天后的7月7日，他的"好奇"号已在普利茅斯下锚，此时的巴勒姆正在构思着他的反击方案。贝特沃斯火速赶往伦敦，但当他在次日夜间抵达时，却发现巴勒姆已经入睡，而他的属下都不敢贸然把他叫醒。老人在第二天的清晨早早地醒来，但看到一直在等待着他的消息之时，他不禁勃然大怒。贝特沃斯不仅带来了纳尔逊的信，还带来了一则极其重要的信息。纳尔逊将驶向直布罗陀海峡，而驶向英国的"好奇"号则选择了一条比他更靠北方的航线。贝特沃斯因此发现了维尔纳夫的踪迹，并确定了他们的航向。6月19日，在北纬33°12′、西经58°，距离安提瓜北偏东900英里的海面上，他发现了法西联合舰队，并发现他们仍在向北方行进。贝特沃斯无疑跟踪了一段时间，随后便带着这一关键信息全速返航。维尔纳夫如此靠近北方的航线只能说明他要前往比斯开湾，而非巴勒姆与纳尔逊所认定的直布罗陀海峡。面对新的情形，巴勒姆在一个半小时内再次做出了决定。

历史学者詹姆斯或许是从海军大臣的秘书那里偶然地听到了一些信息。他告诉我们，巴勒姆低吼着抱怨失去的七八个小时，不待穿戴整齐就写下并发出了那些极为必要的命令。这则轶事的真实性或许存疑，但它的确具有某些事实基础。在他的档案中，有一则为了应对此时局势而匆忙写下的手记，那是用极快的笔速、极大的行距在一张小纸片上写下的，与他之前长长的备忘录风格迥异。现在，加迪斯不再是让他紧张的中心，这位年近八十的老人立即用六行字改变了他之前的设计。考尔德显然处在最为急迫的威胁之下，却也同时处在攻击维尔纳夫的最佳位置之上。但是，用康沃利斯的兵力对他进行加强并非毫无风险。康沃利斯同样有可能首先与敌舰队相遇，如果他的兵力因增援费罗尔而被削弱，是否还有足以补上缺口的备用战舰就成了新的问题。

巴勒姆处在一个颇为棘手的矛盾状况里。他在最初起草的手记里这样写道："我的看法是，立即把这一情报转发给康沃利斯，或许还要指示他为罗伯特·考尔德提供增援，使其兵力达到 15 艘战列舰。"与之前的备忘录一样，他打算"让罗什福尔维持严格的封锁"。但他随即想到，对乌桑特位置的削弱似乎冒着过于巨大的风险，这迫使他开始寻求动用备用兵力之外的解决方案。唯一合理的办法是将所有的兵力集中于这两个关键点。因此，必须牺牲对罗什福尔的封锁，并且命令斯特林加入考尔德的舰队。于是，他修改了这则手记，加黑的部分就是他此次插入的字句："我的看法是，立即把这一情报转发给康沃利斯，或许还要指示他用罗什福尔舰队与他的一些战舰为罗伯特·考尔德提供增援，使其兵力达到 15 艘战列舰，**去菲尼斯特雷角以西 10 ~ 50 里格的海域上巡航。**他的舰队也要在布雷斯特西南方同样的距离上守候十天。加迪斯则留给纳尔逊勋爵。7 月 9 日。"[13]

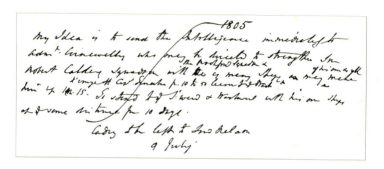

巴勒姆在 7 月 9 日起草的手记

在这则手记中，著名的 7 月 9 日命令已经成型。我们现在知道，巴勒姆曾犹豫地将它提交讨论，看谁能想出更好的方案，但没有什么战略决策能得到比它更为一致的肯定。然而，一旦状况出现，他先前的布局或许能更全面地掌控局面。对罗什福尔的严格封锁可以避免许多麻烦，这些麻烦的影响甚至较联合舰队本身还要恶劣。在特拉法尔加海战的一周之前，它曾严重危及纳尔逊的交通线；它不仅对英国贸易线构成威胁，还差点让英国对好望角的远征遭到挫败。不过，他们肯定已对这些后见之明有了充分的预见。请记得，让英国分出舰队封锁罗什福尔正是拿破仑的计略。这是他最为盼望和期待之事，而巴勒姆则力图避免对乌桑特阵位的控制有任何松懈。没有人能说他做得不对。"若存疑义，则确保海峡入口的安全"，这已经成了一条一再得到事实验证、无人能质疑其正确性的箴言。

巴勒姆来不及走正规程序就匆匆发布了这些命令，而他的同僚们则一致做出了追认。他甚至等不及正式命令的下达，就通过私人渠道向康沃利斯传达了消息。他以极快的笔速匆匆写道："亲爱的阁下，如果我们没有太迟的话，我认为这里有一个截击法国土伦舰队的良机。纳尔逊已经跟它去了加迪斯，如果你能立即联合费罗尔与罗什福尔舰队，并命令他们在西方30~40里格的海面上巡航，如果你能将你的舰队也如此展开，如此巡航六到八天，再回到原来的位置上，我认为我们就可能得到截击它的机会。官方命令会尽快传达下来。您的，巴勒姆。时间就是一切。"

最终草成的官方命令是这样写的："康沃利斯将军：国王陛下的双桅快船'好奇'号得到的情报表明，在上月8日驶离安提瓜的法西联合舰队曾在北纬33°12′、西经58°的位置上被发现。他们首先驶向东北方，随后又转向北偏西，基于这一点，他们应该要驶向法国或西班牙的某处港口。因此，我们需要并命令你用位于罗什福尔港外的斯特林少将的舰队加强费罗尔港外的罗伯特·考尔德中将的舰队，并指示中将立即前往菲尼斯特雷角，在西方30~40里格的海域里巡航索敌，持续六到八天。此外，我们还需要并命令你立即率领你的舰队去西南方同样的距离上用同样的时间进行同样的行动。到时限期满，这些舰队都应回到各自的原位上去。——（署名）巴勒姆，J. 甘比尔，加利斯（Garlies）。"[14]

这一切都是在三小时之内完成的。上午9时，海军部的信使已经出发。正在他向朴次茅斯一路疾驰之时，拿破仑也已从都灵启程。他要前往布洛涅，去那里"改变世界的命运"。

第十三章　康沃利斯敞开
布雷斯特*

7月7日，在"好奇"号抵达普利茅斯的同一天，康沃利斯在布雷斯特港外登上了110炮的"巴黎城"号（Ville de Paris）战列舰[1]，重掌西方舰队指挥权。他直接掌控的兵力是加德纳留下的19艘战列舰。7月9日，从费罗尔返回本土修理的74炮战列舰"可怖"号（Terrible）给他带来了考尔德从美国领事官那里得到的情报：费罗尔港内的舰队已接到了去拉科鲁尼亚等待维尔纳夫的命令。他从中读出，一场战斗已迫在眉睫。普利茅斯港口司令也紧随其后地发来了贝特沃斯带来的情报，称维尔纳夫正在朝比斯开湾驶来。康沃利斯立即将之转发给斯特林与考尔德，让他们当心遭到奇袭。在同一天，理查德·斯特罗恩爵士指挥的80炮战舰"恺撒"号（Caesar）加入了他的舰队。康沃利斯原准备让他指挥由5艘战列舰组成的近海舰队，但巴勒姆的私人信札随即抵达，打乱了他早前的安排。7月11日中午，康沃利斯已经为考尔德和斯特林发出了必要的指令。他并未等候正式命令的传达，就在布雷斯特港前留下了6艘巡洋舰，随即率领战列舰队驶向西南。[2]

这支强大的舰队拥有20艘战列舰，其中至少7艘是三层甲板战舰，3艘是80炮战舰，远较维尔纳夫和格拉维纳的舰队强大。他接到的正式命令是在西南方30~40里格的海域巡

---

* 本章可参见彩插中的图示3。

航十天，在他看来，海军部显然已经赋予他一定的自主权。首先，他将舰队朝南偏西的方向展开，如同巴勒姆最初的计划那样，"形成一条指向菲尼斯特雷角的直线"。他在这条航线上行进了100英里，随后转向西北，穿过驶向布雷斯特的主要航线，最终抵达乌桑特岛西南方70～80英里处的集结点。他在这里一直待到7月15日夜间，直至此时，敌人的踪影仍未被发现。康沃利斯似乎很有把握地相信，敌军根本不打算驶向布雷斯特。我们无法从现存的信件中探寻他当时的想法，唯一能知道的是，他在集结点上留下了1艘巡洋舰，随后率军南下，来到与罗什福尔相同纬度的海面。

　　这堪称是整场战役中最为大胆的行动。按照巴勒姆的命令，他本应守候在乌桑特岛西南方30～40里格处，但康沃利斯显然对在哪保卫他的首要目标有着自己的看法，他认定的最佳阵位就是连接乌桑特和费罗尔的直线与穿过罗什福尔的纬线的交点。这个位置监视着维尔纳夫三条可能航线中的两条：无论他们是先去费罗尔再去布雷斯特，还是沿着纬线直接驶向罗什福尔，英军都能从此发起攻击，所以这是最有可能截击到敌人的地点。然而，直接通往布雷斯特的航线却在这个关键时间点上危险地敞开了。维尔纳夫不大可能长驱直入，他仍旧会为了避战而选择更曲折的航线，何况港外还有康沃利斯的巡洋舰；可布雷斯特港内的冈托姆却可以不受阻碍地自由出航并驶入海峡，他才是英军的最大威胁。正如我们所知，拿破仑发给他的上一封信正是如此建议，这更极大地加深了事态的严峻程度。我们可以想象到，康沃利斯撤离布雷斯特和斯特林撤离罗什福尔的消息将在巴黎引起一阵接一阵的振奋和喜悦。

　　7月10日，在康沃利斯接到命令重新部署舰队的紧要关头，拿破仑回到了枫丹白露。他从都灵赶回来只用了三天半时间，但他还嫌不够快，不断斥责着道路状况，并抱怨皇后总想停下来用餐。他再次投入了工作，一个个计划愈发热烈地在他的脑海里涌现。他首先筹划着从荷兰发起的佯攻，马尔蒙应在荷兰西南部的海勒福特斯勒斯（Helvoetsluys）准备他的远征船队。[3]接下来，他制定了一长串准备在费罗尔港外授予维尔纳夫的指令。维尔纳夫再次被要求取得多佛尔海峡的制海权，哪怕只有四五天的时间。拿破仑给了他相当大的选择自由，他可以依照自己的情况与布雷斯特和罗什福尔的两支舰队会合，或者只是二者之一；而如果他选择了后者，他就应该绕道苏格兰北部，与泰瑟尔的荷兰舰队会合。如果他最终难免与敌军交战，而理想的目标又超出了他的实力所及，他就应该为费罗尔舰队解围，并将之带往加迪斯——而绝不应让他的舰队驶入费罗尔。显然，拿破仑已经考虑到了失败的情形，如果行动失败，维尔纳夫就应回到地中海继续作战。德克雷为他起草的命令更凸显出拿破仑的不安："陛下希望你指挥的舰队能够执行他以天才筹划已久的侵英计划，但由于距离你最初接到命令已经过去了这么长的时间，那样多的变数都可能出现，皇帝陛下睿智地认为不应授予你强制性的命令，而应信赖你的理智与勇敢，尽管陛下希望坚持进行这一大业。"[4]

新任罗什福尔舰队司令阿勒芒的任务最终也被完全改变。考虑到维尔纳夫很可能出现在西班牙海岸并使英军放弃对罗什福尔的封锁，他不应再如先前的指令那样去爱尔兰海岸和北海转移敌人的注意力，而应等候古尔东将军的消息，直接驶向费罗尔。但是，新的命令来得太迟了。就在命令落笔的那一天，斯特林的舰队已经撤离，发现港外安全的阿勒芒随即遵照旧的指令于次日出海。他跟在英军之后直接向西航行，驶向康沃利斯业已占据的那片海面。

与此同时，拿破仑正遭到了另一个打击，或许正是这个打击让他在上述指令中口吻犹疑。他曾向冈托姆问道，如果布雷斯特舰队出海，它应直接冲入海峡还是先去解救费罗尔的友军，随后他便收到了冈托姆的回信。冈托姆的专业知识让他自己得出了十分确定的答案，而他鲜明直露的个性则让他学不会隐瞒和委婉。冈托姆写道："如果驶出布雷斯特的舰队能幸运地躲过封锁舰队的警惕心，它毫无疑问应该先去费罗尔，接着是罗什福尔……如果按照您问题中第一部分所说，以不超过22 艘战舰组成的舰队冒险驶入海峡，我们很快就将被英军发现、与敌舰相遇。他们一定会在这里集结起英国海岸与港口间的一切兵力，在我看来，这可能对我军相当不利。英吉利海峡太过狭窄，我们既不可能躲过敌人的侦察，也难以用机动来应付敌人的优势兵力。"据他计算，康沃利斯拥有21 艘战列舰，其中12 艘是三层甲板战舰；此外还有 5 艘战舰部署于爱尔兰海岸，15 艘在本土作为预备队。[5]他接着写道："要在英吉利海峡这种风高浪大的海域里发起如布洛涅那样的重要航渡，那些征用来的划艇难保不出问题，我认为我们必须将大军渡海的时间估计为至少两周。在此期间，我们的 21 艘战舰将始终处在 30 艘敌舰突然出现的恐惧里——他们的兵力几乎是我军的两倍。"[6]在这里，冈托姆的自述足以告诉我们，敞开布雷斯特的行动并没有多大风险。难道巴勒姆在发布命令时就洞悉了冈托姆的头脑吗？难道康沃利斯在接到命令时就弄清了敌人的想法吗？这并非不可能。他们都知道，自 1744 年以来，哪怕再强大的敌人也不敢在背后的英国舰队未被击败时让陆军渡海。1744年从敦刻尔克起航的法国入侵舰队是历史上最后的例外，偶然的恶劣天气如同1588年无敌舰队之役那样使法军免遭全歼，但两者都同样演变为灾难性的溃败。这就是英国传统防御战略的核心，它的坚实基础就是英国西方舰队的存在。没有哪支舰队能期待着不经战斗就抵达多佛尔，而在此之后，英国本土舰队将占据更大的优势，使入侵舰队招致更彻底的惨败。

拿破仑向来毫不顾忌这些考虑，冈托姆的回复自然招致了他的愤恨不满。7月18日，他向德克雷写道："我完全不能理解冈托姆的无动于衷。他是我所有计划的组成部分，怎么能在敌人消失之时毫无作为？我在指令中已经预料到敌人将从布雷斯特撤离，而现在，他们已经失踪了四天。再加上罗什福尔港外的舰队也已消失，维尔纳夫的到来几乎已是可以确定的了。"他相信危机时刻比他的预想提早了几天，因而陷入了缺乏耐心的焦躁情绪。于是，德克雷向冈托姆下达了一道强制性命令，让他出港驱逐英国巡洋舰，看看它们身后还有什么兵力。如果他发现英国战列舰队已驶向远海去迎击维尔纳夫，他就应该直接驶向布洛涅。[7]

两天之后，皇帝从他的间谍那里得知了"好奇"号以及它所携带的消息，这使他愈发确信维尔纳夫已经近在咫尺。他相信，肯定还有什么其他的消息让英国改变了舰队部署，因为英国海军部不可能如此迅速地做出决策，如此及时地颁布指令。一定是英国本土的巡洋舰发现了维尔纳夫，基于这一推想，拿破仑下达了立即行动的命令。他命令贝尔蒂埃让大军团立即登船，"要让四位元帅都知道，每分每秒都很紧急，一刻钟都不能浪费"。发给冈托姆的命令重复了之前的大意，更加强调了其中的重心。拿破仑甚至为此给他写了一封亲笔信。冈托姆应该驶出布雷斯特，如果他发现港外的敌军兵力低于 16 艘战列舰，他就应该与之交战。如果敌舰队已经前往费罗尔或驶向外海迎击维尔纳夫，他就应该直接驶向布洛涅。他不顾冈托姆的顾虑，用乐观的笔调向他写道："在那里，一切都已经准备好了；在那里，只要控制海面三天，你就能让我们了结英国的命运……当你收到这封信时，我本人将会前往布洛涅的海滩，登船出航就是接下来会发生的一切。"

没有哪位伟大的指挥官曾说过这样疯狂的话语。他难道真的是神志不清，或者只是一场故意的表演？他所描绘的图景与实际的局势完全不相符。渡海船队在 7 月 22 日与 8 月 3 日的报告表明，附近的登船港口塞进了超过 2000 艘各式各样的船只，准备用于搭载约 15 万名士兵与近万匹军马。[8]这一大堆船严重阻塞了港口，而更多的船只仍在按照命令从弗莱芒的船厂源源不断地驶来。精密的组织方案仅仅存在于纸面上，看似漂亮的计划一个接着一个，却根本没有反映现实中的真实状态。做好了登船准备的士兵只有 9 万人——而非计划中的 15 万；做好了登船准备的战马只有 3000 匹——而非计划中的 1 万匹。布洛涅港已被可搭载 7.3 万人的船队堵得严严实实，只有 4.5 万人能登上港口里的船。更糟糕的是，没有人知道运兵船队出海会花费多长的时间。他们从未让船队作为整体一起行动，甚至连相关的行动计划都没有制订过——或许，这已超出了人类脑力的极限。[9]

人们只能做出这样的判断："在这种对达成这一功业极为必要的组织工作中，秩序与登船速度是首要的因素。然而，他的智慧却止步于这样简单而虚幻的构想之前，完全没有考虑到部队的实际状况和港内登船部队的集结方法。我们必须要问自己，他到底是不是真想发动这场跨海突袭？"[10]

那么，拿破仑到底在打着什么主意？尽管已向冈托姆做出了保证，他却并不准备离开巴黎，同时又并未撤回行动命令。不过，这已是无关紧要的了。在布雷斯特舰队能够执行命令之前，康沃利斯持续八天的巡航已经结束，他回到了布雷斯特港外。

在 7 月 16 日抵达与罗什福尔同一纬度的海面之后，康沃利斯并未在此停留，而是立即转向东北方，用战斗阵型操演着海战战术。18 日，他回到了乌桑特岛西南 30 ~ 40 里格的预定位置，在那里按照海军部的命令巡航索敌。到了 20 日，由于之前派出的侦察舰仍旧一无所获，他决定派出巡航舰去罗什福尔与洛里昂打探，而他则待在原位继续巡航了两天。随后，由于时限临近终点，他开始驶向乌桑特岛附近的原位，并在 24 日早晨再次出现在布雷斯特观察哨的视野之内。[11]

最终，巴勒姆的谋划得到了事实的证明。他确信封锁舰队的秘密行动拥有一个巨大的优势，那就是冈托姆在英军完成计划之前无法及时做出反应。如果冈托姆真的出击，如果他真的按照拿破仑的命令偷偷驶入海峡，那只会招致毁灭——冈托姆自己对此也了然于胸。康沃利斯的巡航舰将迅速发出警报，老练而熟悉水文的英国海员足以追上法国舰队，并利用兵力和训练上的优势取得压倒性的胜利。即便冈托姆未经交战就抵达了布洛涅，即便他能够与渡海船队会合，那又能怎样？运兵船队将要在尚未完成组织工作、尚未制定出渡海方案时受命出击，加上基思勋爵位于唐斯锚地的战列舰队，这一定会酿就战争史上举世无双的惨剧。没有迹象表明巴勒姆是故意设下这些陷阱的，但陷阱的确就在那里。直至此时，盲目性愈发膨胀的拿破仑尚未跌落进去，而他面前唯一的阻碍就是这些狡诈多智并被他如此轻视的法国海军将领。

第十四章　考尔德的战斗

在冈托姆于布雷斯特按兵不动的同时，拿破仑还必须在维尔纳夫与费罗尔舰队的集结行动上集中注意力。但在那里，巴勒姆的计划同样取得了成功。7月22日，当康沃利斯正要重新恢复他之前的近距离封锁时，一场决定战役成败——至少关乎拿破仑侵英行动成败——的战斗已经来临。

考尔德在菲尼斯特雷外海的战斗是一场被低估的行动。我们只能在特拉法尔加海战这尊辉煌巨像的阴影之下，在一场对其战术重要性毫无检视的军事审判之间看到它的模糊身影。然而，哪怕仅仅是为了考尔德所属的战术流派，它在海军战术史上的地位也值得肯定。风帆时代战术演进的最后阶段由罗德尼、豪与杰维斯的三个流派所构成。在长期竞逐之后，罗德尼的主张已被豪取代。才华卓越的肯彭菲尔特完善了豪的流派，并赋予其无与伦比的精确性，使之直至此时仍在英国海军中占据统治地位。纳尔逊也是这一派的支持者，但他不拘一格的头脑可以说并不属于任何流派。他显然也受到了特别强调个体主动性的杰维斯的重要影响，而考尔德也正是接受了这一派的训练。① 因此，我们无须对以下断言感到惊讶：这场被忽视的海

①　罗德尼是统帅作风较为传统的老一辈将领，他习惯于在海军部颁发的《永久航行与作战指令》（*The Permanent Sailing & Fighting Instructions*）的信号框架下组织战术，其指挥风格保守而独断。他强调进攻，强调舰长应迅速地服从命令，但不愿为执行复杂战术而制定自己的信号，也不愿给他的下属赋予相应的自主权。豪则是一位创新的战术家，他乐于制定自己的信号系统和额外的战斗指令，继而用自己发明的数字（转下页注）

战的作战经验，正是纳尔逊在特拉法尔加海战前留在那则备忘录中的伟大思想的前提。它对纳尔逊采用的战术具有重大影响，这足以使我们对这场海战的每一处细节倍加留心。

7月12日夜间，斯特林接到了康沃利斯用巡洋舰给他下达的命令：撤除对罗什福尔的封锁，加入考尔德的舰队。[1]他在当天夜里就起锚出航，并于7月15日——康沃利斯大胆地向南方行进的同时——完成了巴勒姆的第二处布局。考尔德为夜幕的降临而等待了一两个小时——他希望以此隐匿自己的行踪——随后便从封锁阵位上悄然离去，朝着西方驶向巴勒姆指定的截击位置。他只在费罗尔港外留下了1艘双桅快船，以此近距离监视着港内敌军。

考尔德现在的兵力包括4艘巡洋舰和15艘战列舰。战列舰中4艘为三层炮甲板的98炮战舰，还有1艘"马耳他"号（Malta）是载重量比三甲板战舰还大的重型80炮战舰；[2]剩下

（接上页注①）信号系统组织某些复杂的战术行动，突破传统战术的藩篱。他的信号系统与战斗指令得到了另一位战术革新者肯彭菲尔特的进一步完善，在他们构建的海军战术体系中，指挥官可以用旗语信号对应海军作战所需的各种行动。在美国独立战争中，尽管豪的流派更为先进，使用它的指挥官却无法取得一场决定性胜利，甚至在切萨皮克海战的关键时刻战败。而罗德尼则赢得了圣徒岛海战的决定性胜利，这场胜利延续了旧式战术的生命，将豪在战术领域的全面胜利推迟了十年。继之而起的杰维斯则侧重于对个体舰长的培养，试图用训练精良、积极自主的舰长来实现更为复杂精巧的战术构想。纳尔逊曾在杰维斯麾下服役，而他在特拉法尔加海战中打出的"近距离交战"等信号则是来自豪与肯彭菲尔特编制的信号体系。不过，他们都十分强调指挥官在战场决策时的核心地位，而纳尔逊却并不重视这一点。考尔德曾长期担任杰维斯的舰队参谋长，并曾协助杰维斯准备其战术训令，因此被科贝特认为属于杰维斯的流派。但布莱恩·滕斯托尔认为，考尔德的行动是由战场的实际情况所决定，而未应用战术学派来分析。参见 Brian Tunstall, *Naval Warfare in the Age of Sail: The Evolution of Fighting Tactics, 1650–1815* (Naval Insitute Press, 1991) pp. 135–258。——译者注

的 10 艘，除却"龙"号是重型 74 炮战舰之外，其他都是小型或旧式的双层甲板战舰，甚至有 2 艘是弱小的 60 炮舰。他得到的消息称，他将要面对的联合舰队只有 16 艘战舰，其中没有一艘有三层炮甲板。航途中的考尔德因而对维尔纳夫舰队并不怎么担心。

但是，被他留在身后的两处港口就有所不同了。他从斯特林那里得知，罗什福尔港内有 9 艘战列舰与数艘巡航舰做好了出海准备，现在已没有什么能阻止他们与费罗尔舰队会合了。他还知道，西班牙人在费罗尔以西的加利西亚（Galician）海岸设置了一系列信号站，这是为了通报维尔纳夫接近的消息，一旦他露面，古尔东将军就能出港与之会合。考尔德成功的唯一机会就是在维尔纳夫靠近海岸或费罗尔之前攻击并歼灭他的舰队。为了实现这一目的，巴勒姆要求他前往菲尼斯特雷角外海，在其西方 30~40 里格的海面上巡航六到八天。[3]

7 月 19 日，考尔德已经位于菲尼斯特雷西北方的数百英里处。在这里，他得到了纳尔逊在一个月前发出的最新消息。6 月 17 日，在安提瓜以北 600 英里处追击着维尔纳夫的纳尔逊遇到了一艘美国小船，它的船长在三天之前曾看到正向欧洲驶去的联合舰队。敌军的目的地是他面前剩下的最后一个疑问，但他完全确信自己距维尔纳夫只有一步之遥，一定能在他驶入港口前追上敌军。6 月 19 日，他满怀着希望派出轻帆船"马丁"号（Martin）向直布罗陀与地中海报信，又将巡航舰"十年"号派往里斯本，再由当地人员将它携带的消息发往费罗尔和乌桑特。

考尔德收到的正是从里斯本发来的信件。但他并没有做出如纳尔逊那样的误判，而是继续驶向西北方，穿过维尔纳夫可能行经的航线。他相信，维尔纳夫已经抵近到了咫尺之前。事实上，就在 7 月 12 日——斯特林从罗什福尔撤离的那一天——维尔纳夫已经驶入了波尔图以西 300 英里之内。然而，强烈的北风却迫使维尔纳夫调转航向，让他用四天时间向西航行，尝试以曲折的方法来接近目标所在的纬度。[4] 这样的状况一直持续到 7 月 17 日，在这一天，风向终于允许他再次转舵，驶向费罗尔所在的东面。

7 月 22 日早晨，考尔德正位于费罗尔西北方 300 英里处。他已抵达预定巡航位置的远端，占据着西偏南方向的上风阵位，随时准备向舰队发出准备战斗或紧凑列阵的信号。[5] "挑战"号（Defiance）与"埃阿斯"号（Ajax）是其舰队中最靠前的战舰，此外还有 2 艘巡航舰按照常规布置分散在前方 6 ~ 7 英里处，而"龙"号——那艘最强大的 74 炮战舰——正在下风约 6 英里处追击着一艘可疑的帆船。轻风拂过海面，浓雾却久久未被吹散，舰队周围的能见度因而变得极其有限。然而午后不久，"挑战"号就打出了发现可疑舰队的信号：24 艘——之后又修正为 27 艘——不明船只在南偏西的方向上出现。考尔德立即迎着它们，向西南方驶去。他组成了队形紧密的两路纵队，以便于转换为战斗阵型。[6]

中午时分，双方指挥官都已觉察到对方舰队的踪影。他们相距约 16 英里，但海面上的雾气是如此浓厚，这使他们在接下来的两个小时中无法施展任何动作。维尔纳夫让联合舰队组成了三路纵队，西班牙舰队位于右舷下风处，由 2 艘战列舰与 2 艘巡航舰组成的轻型舰队则被布置在最前。[7] 维尔纳夫本来是朝着东方的费罗尔驶去，但在前卫舰发现可疑舰队之后，他也像考尔德那样转舵相迎，希望弄清对方的底细。下午 1 时，前方的轻型舰队向他发来报告，一支由 21 艘船只组成的英国舰队正在迫近。他立即命令法国战舰与西班牙舰队组成顶风航行、驶向上风位的战列线，以便投入战斗。而在英军一方，"挑战"号与"埃阿斯"号也辨识出敌方的战列舰队，局势由此明朗朗来。考尔德打出信号，让舰队保持航向，同时将战舰间距缩短半链（half a cable）[8]。他并不准备与敌军争抢上风，而希望在下风位置与敌交战，让他的舰队横亘在维尔纳夫与费罗尔之间。

截至此时，双方尚未认清各自对手的确切实力。浓雾再一次聚拢，两支舰队只能透过雾气模糊地看到敌军的身影。迎风组成战列线的联合舰队以格拉维纳的旗舰作为先导。海风从西偏北的方向吹来，他们的航向自然是指向北面。在接下来的一个小时里，双方舰队在浓雾中继续接近。下午 2 时过后，雾气有所消散。考尔德布置在前方的巡航舰终于看清了联军的战列，于是用信号发回了他们的准确兵力。由于维尔纳夫已让他的轻型舰队加入战列线的后卫，英军又未能分辨出战列线上的巡航舰，因此，他们认为敌军拥有 20～22 艘战列舰。[9]

敌军这样强大的兵力必定让考尔德错愕万分。由于他的名望已因之后的战斗一落千丈，我们有必要在这里特别关注他应对意外时的精神状态。他发现，一支兵力占优的敌舰队已经在上风位置组成了迎风的战列线，而交战也已迫在眉睫。豪勋爵与肯彭菲尔特曾对这种情况做出指导：留下中军不管，攻击敌军前卫与后卫，以防在两端遭到迂回夹击；如果舰队由三支分队组成，中卫舰队则应攻击并牵制尽可能多的敌军中部战舰。[10]换言之，他们的办法就是托林顿勋爵（Lord Torrington）在

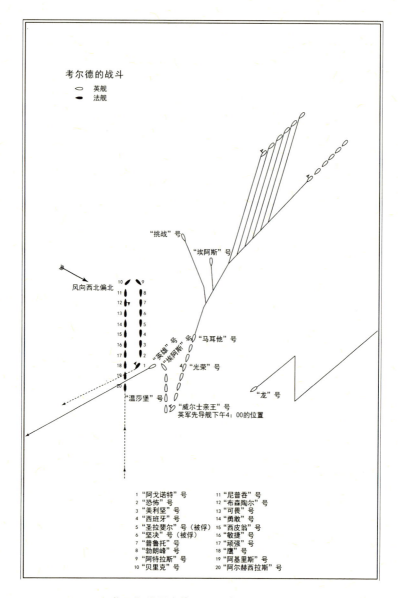

考尔德的战斗

◯ 英舰
◗ 法舰

"挑战"号
"埃阿斯"号

风向西北偏北

"英雄"号
"埃阿斯"号
"马耳他"号
"光荣"号
"龙"号

"温莎堡"号
"威尔士亲王"号
英军先导舰下午4：00的位置

1 "阿戈诺特"号	11 "尼普吞"号
2 "恐怖"号	12 "布森陶尔"号
3 "美利坚"号	13 "可畏"号
4 "西班牙"号	14 "勇敢"号
5 "圣拉斐尔"号（被俘）	15 "西皮翁"号
6 "坚决"号（被俘）	16 "敏捷"号
7 "普鲁托"号	17 "顽强"号
8 "勃朗峰"号	18 "鹰"号
9 "阿特拉斯"号	19 "阿基里斯"号
10 "贝里克"号	20 "阿尔赫西拉斯"号

菲尼斯特雷海战，1805 年 7 月 22 日

1690 年比奇角海战中使用的著名方略。① 但考尔德并不是豪与肯彭菲尔特的信徒。他的海战经验源于 1797 年圣文森特海战，他曾担任杰维斯的舰队参谋长（first captain）②，因此也继承了杰维斯极不信任形式化战术的观念。③ 面对兵力占优的敌人，他执意要发起攻击，但并未选择豪与肯彭菲尔特的战法，而是选择了与纳尔逊在特拉法尔加海战中同样的攻击策略。他准备集中攻击敌方的后卫与中军，这意味着他要暂且放过由西班牙人组成的前卫，攻击敌军战列线尚未组建好的后一部分。我们并不知道这种想法在他脑海中酝酿了多长时间，但我们至少可以相信，他最初的确做出过一个相当勇敢的决定。

菲尼斯特雷海战战列线

英国舰队		
"英雄"号	Hero	74
"埃阿斯"号	Ajax	74
"凯旋"号	Triumph	74
"巴夫勒尔"号	Barfleur	98
"阿伽门农"号	Agamemnon	64
"温莎堡"号	Windsor Castle	98

---

① 1690 年夏，英国海军将领托林顿勋爵率领英国 - 荷兰联合舰队在比奇角海域与法国舰队交战。由于兵力处于明显劣势，托林顿让中军远离敌军炮火，而让前卫和后卫尽量与敌军阵列平齐，与敌交战。但联军前卫未能与法军平齐，中军又远离战火，未能提供有效支援，导致前卫舰队遭到法军围攻而战败。——译者注

② 在当时的英国海军中，"first captain"一词代指"captain of the fleet"，是指在大型舰队的旗舰上协助总司令的舰队参谋长。而"second captain"则相当于"flag captain"，指旗舰舰长。——译者注

③ 布莱恩·滕斯托尔在《风帆时代的海战：1650 ~ 1815 年的战术演进》一书中认为这是科贝特的过度推理。圣文森特尽管认为形式战术并非必须，却也是海军战术的组成部分。——译者注

英国舰队

"挑战"号	Defiance	74	
"威尔士亲王"号	**Prince of Wales**	**98**	考尔德
"却敌"号	Repluse	74	
"理智"号	Raisonnable	64	
"龙"号	Dragon	74	
"光荣"号	**Glory**	**98**	斯特林
"勇士"号	Warrior	74	
"雷神"号	Thunderer	74	
"马耳他"号	Malta	80	

法国 - 西班牙舰队

"阿戈诺特"号	**Argonaute**	**80**	格拉维纳	
"恐怖"号	Terrible	70		原右舷分舰队
"美利坚"号	America	61		
"西班牙"号	España	64		
"圣拉斐尔"号	Saint Raphael	80		
"坚决"号	Firme	71		
"普鲁托"号	Pluton	74		原中央舰队
"勃朗峰"号	Mont Blanc	74		
"阿特拉斯"号	Atlas	74		
"贝里克"号	Berwick	74		
"尼普吞"号	Neptune	80		
"布森陶尔"号	**Bucentaure**	**80**	维尔纳夫	
"可畏"号	**Formidable**	**80**	杜马诺阿	原下风舰队
"勇敢"号	Intrépide	74		
"西皮翁"号	Scipion	74		
"敏捷"号	Swiftsure	74		
"顽强"号	Indomptable	80		原前卫舰队
"鹰"号	Aigle	74		
"阿基里斯"号	Achille	74		
"阿尔赫西拉斯"号	**Algeçiras**	**74**	马贡	

说明：加黑者为将领座舰。

下午 3 时 30 分，两支舰队间的距离已经拉近到 8 英里，两军仍旧分别朝着东北和西南方向稳步向前。考尔德仍旧没有争抢上风的想法，他召回了前出的战舰，随即打出准备交战的命令，组成了指向南偏西方向的战列线——这只能驶向下风方向。[11]几分钟后，他又打出信号要求转向右舷，浓雾随后再次降临，让两军脱离了对方的视线。一刻钟后，雾气又一次消散，两军忽然发觉，他们已经形成了航向相反的两条平行线列，相互间的距离也仅仅比火炮射程多出一点。

对于维尔纳夫而言，考尔德选择这种阵位只能有一种含义。法国海军此时的观念——如同在其他地方也随处可见的类似倾向——受到了上一次重大海战的深刻影响。维尔纳夫就此认为，考尔德准备重演纳尔逊在尼罗河口海战中使用的战术，准备双面夹击其后卫舰队。[12]基于这一设想，他向战列前方的格拉维纳打出信号：如果听到后卫传来炮声，他就应该让舰队依次顺风调头。出乎维尔纳夫意料的是，格拉维纳刚刚从雾气间看到法国巡航舰转发的信号，就立即开始执行调头的命令——不过他却将幸运地因此得益。[13]与此同时，英军先导舰——由艾伦·加德纳舰长指挥的老旧而弱小的 74 炮舰"英雄"号（Hero）——已经靠近了敌军中部。考尔德认为进攻时机已经来临，随即打出信号，令全军依次迎风掉转航向。他打算让英国舰队紧靠在敌军中后卫的下风处，在与敌军相同的航向上展开战斗。在前一信号降下之后，他接着打出"攻击敌军中卫"，一刻钟后又打出"组成紧密阵型"。[14]

他直至最后一刻才让舰长们了解到他的攻击计划，但舰队前方的战舰却并未遵照他"攻击敌军中卫"的关键命令。考尔德的命令并未在加德纳舰长的日志上出现，而他身后的

"埃阿斯"号也只是简单地写着"与敌军交战"。事实上，在这则信号尚未传递到身处战列线前端的加德纳时，他已被迫开始自主行动。他在掉转航向后同维尔纳夫一样朝着北方航行，却忽然发现一支西班牙大舰队正以相反航向迎面驶来。格拉维纳的旗舰一马当先，前来救援后卫的法国舰队。考尔德预想的攻击就这样被完全格挡了，浓密的大雾又让他看不清舰队前端的最新情形。加德纳舰长也看不到考尔德的旗舰，战斗决策的责任落到了他自己的肩上。如果他继续航行，两支舰队就会再次相向驶过，但这是长期以来都被视作无法取得决定性战果的战斗形式。于是，他决定担当起责任，引导舰队再一次转舵，并与敌军保持相同的航向。在他转舵之前，格拉维纳已经杀到他的身边。西班牙旗舰射出了一轮舷炮，但其船身由于糟糕的压舱物而有些倾斜，因此无法准确地造成严重破坏。加德纳得以继续他的机动。这场海战就以这样的方式在下午 5 时打响，完全脱离了考尔德预想的作战方案。

开火之后，格拉维纳随即发现自己已抵达法军殿后舰的位置。由于维尔纳夫曾在他驶过法军旗舰时向他下达掩护后卫的命令，他决定穿过法国舰队的尾迹，顶风转向至右舷迎风的西偏南。在英军方面，"英雄"号之后的"埃阿斯"号遭到了 2 艘西班牙战舰的攻击，它被迫驶往下风、退出战列。考尔德的旗舰在这个时候刚刚抵达加德纳转向的位置，退出战列的"埃阿斯"号决定驶向旗舰，向他报信。[15] 于是，直到战斗开始的三刻钟后，考尔德才弄清了战场的真实情形。6 艘战列舰已跟随加德纳进行了第二次转向，考尔德的旗舰是第 7 艘。他随即打出"全军听令"信号，指示所有战舰到他附近的位置上转舵，追认了加德纳的自发之举。

　　一场构思良好的攻击就这样毁于格拉维纳的提前调头以及他自己无法掌控的战场环境。考尔德现在只能集中攻击敌军的前卫与中军，而这种糟糕的作战方式将不可避免地导致敌军在己方后卫舰队上集中兵力——他们的后卫舰队完全可以赶上前去。此外，只有 12 艘英舰正在与敌军作战。在考尔德转向之前，"英雄"号与"埃阿斯"号已经被逐出战列；在他转向时，格拉维纳已在同英国舰队中的第四艘战舰——98 炮的"巴夫勒尔"号——交战。不仅两艘弱小的先导舰退出了战斗，强大的"龙"号也一直被逆风困在下风方向，从始至终都没能加入战斗。

　　英军战列最后方的"马耳他"号正在与法西联军的第 12 艘战舰交火。那也是一艘 80 炮战舰，是由法军少将杜马诺阿①坐镇的联军后卫的首舰。不过，绝大多数后卫法舰都没有加入战斗，考尔德得以势均力敌地应付面前的这部分敌舰。之后发生的事就没人能说得清楚了：大雾再一次降临，两支舰队在西偏南的航向上继续近距离交战。在大部分时间里，他们根本不知道自己在向谁开火，只是朝着对面炮口的闪光不断射击。维尔纳夫在跟着西班牙舰队转向时甚至部分不清敌军是在左舷还是右舷。而友军的误击也在所难免："马耳他"号在转向之后就曾朝一艘英国巡航舰开火。这种混乱而盲目的战斗一直到夜里 9 时才完全停息。

---

　　① 皮埃尔·杜马诺阿·勒·佩雷（Pierre Dumanoir le Pelley，1770～1829年），法国海军将领。1805 年随维尔纳夫参与了特拉法尔加战役，在特拉法尔加海战中指挥前卫舰队未能及时回援参战，随后率 4 艘战舰撤离战场，几天后在奥特格尔角被斯特罗恩率领的英国分舰队全歼。遣返后遭到法国官兵的强烈谴责，直至 1810 年才被宣告无罪。——译者注

当战斗结束时，英军已夺取了 2 艘位于前卫最后方的西班牙战舰，它们在英勇抵抗之后因重伤瘫痪而不幸地漂到了下风的英国舰队中。98 炮战舰"温莎堡"号（Windsor Castle）对此做出了最大的贡献，但受损也最为严重：它的前顶桅（foretopmast）被打断，舰员死伤 45 人。一位在场的军官曾称赞它"表现精彩"；而从伤亡情况看来，是它与考尔德的旗舰、同样拥有三层炮甲板的"威尔士亲王"号给敌军造成了最大的破坏。能够与之相提并论的只有英军后卫的两艘战舰：战列末端的"马耳他"号与它前方的"雷神"号（Thunderer）遭受了敌军的集火攻击，却也给当面之敌造成了更大的伤害。两艘战舰都遭受了严重的人员损失，"马耳他"号的死伤情况与"温莎堡"号相当。[16]

双方战斗伤亡人数统计

英国舰队				法国－西班牙舰队			
船名	炮数	死	伤		炮数	死	伤
"英雄"号	74	1	4	"阿戈诺特"号	80	6	5
"埃阿斯"号	74	2	16	"恐怖"号	70	1	7
"凯旋"号	74	5	6	"美利坚"号	61	5	13
"巴夫勒尔"号	98	3	7	"西班牙"号	64	5	10
"阿伽门农"号	64	0	3	"圣拉斐尔"号(俘)	80	53	114
"温莎堡"号	98	10	35	"坚决"号(俘)	71	41	97
"挑战"号	74	1	7	"普鲁托"号	74	8	22
"威尔士亲王"号	98	3	20	"勃朗峰"号	74	6	11
"却敌"号	74	0	4	"阿特拉斯"号	74	10	32
"理智"号	64	1	1	"贝里克"号	80	2	8
"光荣"号	98	1	1	"尼普吞"号	80	1	7
"勇士"号	74	0	0	"布森陶尔"号	80	3	3
"天狼星号"	36	2	3	"可畏"号	80	3	3
"雷神"号	74	7	11	"勇敢"号	74	4	6
"马耳他"号	80	5	40	"西皮翁"号	74	5	5
				"西皮翁"号	74	0	0

续表

英国舰队				法国－西班牙舰队			
"天狼星"号	36	2	3	"敏捷"号	80	1	0
		41	158	"顽强"号	74	4	1
				"鹰"号	74	0	0
				"阿基里斯"号	74	0	0
"龙"号	74	未参战，4人意外受伤		"阿尔赫西拉斯"号	74	0	0
						155	341

共计	死	伤	
英国	41	158	
西班牙	111	246	} 155死,341伤
法国	44	95	

说明："可畏"号和"阿特拉斯"号的舰长在战斗中阵亡。

考尔德在次日早晨的信中写道："这是一场很有决定性的战斗，一直持续了四个小时，直到我认为有必要让舰队去掩护被俘的敌舰。"维尔纳夫的说辞则与之相反："敌人匆匆逃离，他有好几艘战舰已被打残，我军仍保有战场。胜利的欢呼响彻我们的战舰。"[17]

双方的夸耀都无法令人满意。不过，考尔德的说法至少在战略层面上还算事实，而维尔纳夫对保有战场的吹嘘则完全没有道理。这次战斗的真实结果是，考尔德守住了他的位置，他击退了维尔纳夫接近费罗尔或加利西亚信号站的企图。他从优势敌军手中夺取了 2 艘战列舰，给敌人造成比己方伤亡大三倍的损失。截至此时，考尔德显然赢得了胜利，他在海战中的行动也得到了海军部的表彰，这一点从未遭到质疑。他当然也觉得自己干得不错，并在凌晨时分传出话来，准备在次日一早再次与敌军交战。

然而当太阳升起时，他忽然发现自己的舰队正散落于广阔的洋面上。舰队前卫远离敌军所在的上风位置，巡航舰、战利舰与"温莎堡"号和"雷神"号则在下风某处的视距之外。更让他为之焦虑的是，它们发来的损伤报告表明其索具严重受损，无法顶风航行。最终，他决定召回前卫舰队，然后转向下风，去与受损战舰会合。

同 1756 年梅诺卡岛海战中的约翰·宾将军①一样，考尔德重新交战的雄心业已被激情消退后的重重顾虑所瓦解。他在发给康沃利斯的一封短信中解释了他此时想法的转变："敌人正处在视距内的上风位置，我在保护好战利舰并整理好舰队之后就会尽可能地抓住机会，或许会给你送去关于联合舰队的进一步的消息。与此同时，我必须防范费罗尔的那支舰队，我相信他们昨晚已将一到两艘受创的战舰派往那个港口。因此，如果必要的话，我可能要率领整支舰队与你在乌桑特附近立即会合。另外，我必须把'温莎堡'号派往你处，它已在战斗中严重受损。"[18]

次日，他所暗示的那种机会并没有发生。事实上，维尔纳夫的确曾显示出继续交战的意图，但他声称考尔德每次都拒绝让他靠近。而考尔德则声称，是占据上风位置的维尔纳夫一直保持着距离。7 月 24 日，风向转为对考尔德有利，但他仍旧没有尝试发动攻击。敌人完全处在视距之内，考尔德却认为强行交战将冒着要让战利舰与受创舰遭受损失或让维尔纳夫接近

---

① 约翰·宾（John Byng，1704～1757 年），英国海军将领。在七年战争初期率领状态不良的英国舰队支援被法军围攻的梅诺卡岛，在一场非决定性的战斗后认定他的兵力不足以再度进攻及援救要塞，因此回师直布罗陀，使梅诺卡岛陷落。这一消息在英国引起舆论公愤，他随即被军事法庭判处有罪，遭到枪决。——译者注

海岸信号站的风险，这超出了他的实力所及。他认为，只要尽量长时间地坚守在这个无须作战就能阻止维尔纳夫接近其目标的阵位上，他就能够确保自己的胜利果实。他总是辩称自己追随着豪勋爵和杰维斯的先例：他们在六月一日海战与圣文森特海战之后的作为与自己并无不同，何况他们身后并不存在兵力相当且未被击败的第二支敌军舰队。他说："就我所处的局势而言，即便我只注意当面之敌，强行与这样一支占据优势的敌舰队交战看来也不切实际。更何况还有 16 艘战舰正在费罗尔，他们可能出海来支援友军……或者驶向英国，发起他们日思夜想的渡海入侵。我认为再次交战太过冒险，会将我的舰队置于过分危险的境地。因此，我觉得最好还是将舰队集结在手里，不要强行与敌人再度交战，除非出现了更有利的时机。同时，我认为他们的目标就是与费罗尔舰队会合，我一定会阻止这种情况的发生。"

他的确做到了这一点。25 日早晨，双方舰队脱离了视线接触，海面风浪也变得汹涌起来。维尔纳夫担心舰队会因此散开，于是决定放弃前往费罗尔的计划，调头驶向加迪斯。即便如此，天气情况仍在迅速地恶化，不久就变得极为危险。格拉维纳提议去西班牙港口比戈（Vigo）暂避风浪，最终得到了军官会议的认可。

考尔德对这些变化一无所知。他的两艘巡航舰正在专心保护受创的战舰，无暇顾及敌军，他只知道联合舰队已在南方消失。在这种情况下，他只能将之理解为自己的任务已经完成。通过一场成功的战斗，他守住了菲尼斯特雷的战略要地，成功阻止了敌军在费罗尔集结。因此，他终于可以自由地行动了。他首先关注的是"温莎堡"号与两艘战利舰，它们正位于北方的远处，在驶向本土，他必须保护它们免遭费罗尔和罗什福尔舰队的袭击。在此之后，他驶向了康沃利斯交代给他的集结点，希望能遇到业已返航、随时可能露面的纳尔逊。如果纳尔逊并未出现，他就将重返费罗尔港外。

在这些行动决策之间，考尔德面对的或许是历史上最为难解的疑题：他必须在歼灭敌舰队的首要目标与防止英国遭到入侵的终极目标之间做出决断。现代批评者指责他不可救药地缺乏勇气，他的错误纯粹出于胆怯。然而，他那些用了三天时间听取相关证据、触及那个关键时刻的敏感要害的同僚却并不能这样肯定。他们花了六个小时举行机密会议，在最后的判决前进行了激烈的辩论，最终才做出了对他加以惩戒的决定。他们的判决理由是"他未能尽力地重启他所承诺的战斗，夺取或摧毁所有敌舰"。他因此遭到指控，并被定罪。但在考尔德看来，这一指控完全回避了问题实质。在他看来，当时自己的职责并不是重启战斗，也不是摧毁所有敌舰，而是保有一支"存在舰队"（fleet in being），以阻止敌人驶向费罗尔。不过，即便用上现代军事概念，今日的海军特别法庭仍会对他做出有罪判决。指出考尔德的错误并做出判决是一回事，但指责他是胆怯的懦夫又是另一回事。

考尔德相信，自己和当年的宾将军一样，只是公共舆论的受害者。这个国家每天都在热切期待着捷报，得到的却是英军撤退的消息，而海军部在公开他的信件时又删去了暗示着不会再次交战的最后一节。他认为，是公众因失望而产生的反感毁掉了他的前程；但事实上，海军部和英国政府的看法与普罗大众并没有区别。如此判决的原因与巴勒姆作战计划的内核密切相关。巴勒姆决定用巨大的风险交换一场极其重大的士气打击。他的目的是让敌人知道，任何溜出港口的敌舰队都将有去无回，从而在他们心中造成一种持久不散的恐怖阴影。他令人钦佩地做出了牺牲，以此为代价，将考尔德置于实现这一目的的关键位置上，但考尔德却没能将之贯彻到底。他的失败是由于他的心理状态，由于他迷茫而焦虑地担心着身后与他无关的问题——巴勒姆对此早有充分的准备。考尔德对战斗精神的背弃不可能得到原谅，这使他无可避免地走上了军事法庭。

事实上，从未有人为考尔德提出过真正有效的辩护。在当日情境之下，没有人给他解释过巴勒姆命令的内在意图。他无须在乎自己舰队的结局，唯一的职责就是竭尽全力地紧紧咬住维尔纳夫舰队——但他对此却并不知情。

用战斗打破迷局，这一原则业已成为现代海军思想中不言自明的公理，但在考尔德的时代尚不为人所知。这个案例最为棘手的部分在于，他是在一套标准下投入战斗的，又是在另一套标准下受到审判的。① 在考尔德的战斗与军事审判之间，纳尔逊赢得了特拉法尔加海战的胜利。这场胜利提供了一种信心充沛、热切求战的理想典型，但在考尔德投入战斗时，这仅仅存在于纳尔逊与他的"兄弟帮"之间。对考尔德抱有深切同情的纳尔逊曾经明确地指出他的问题。纳尔逊在寄给第二海务大臣的信中写道："比起眼前的舰队，他似乎更关心费罗尔港内的敌军……他过分紧张地忧虑着作战之外的其他问题，因此没有去做那些他本可以做到的事。我冒昧地建议让考尔德保留原职，这样就能挽回他的名誉。"[19] 在纳尔逊那里，"无法做到"才是

---

① 对考尔德的军事审判在 1805 年 12 月 23 日举行。——译者注

没能集中精力于当面之敌的唯一正当理由，他与旧时代的蒙克（Monck）都一定会再度展开攻击。然而，我们却无法保证同样情境中的其他人不会犯下与考尔德类似的错误。更好的办法不是执着于那些浅薄的指责，而是应该谦卑地认识到"过分紧张地忧虑着作战之外的其他问题"所造成的巨大精神压力。只有这样，人们在类似的情况下才能避开误入歧途的风险。

第十五章　战后的行动

　　无论我们是否为之辩护，考尔德对其行动要求的误解业已让巴勒姆大胆的反击构想功败垂成。截至此时，拿破仑的计划从各方面看来仍然进展顺利，而英军则已被迫退回到防御姿态。这场战役中最为有趣的环节也开始出现：为了应对敌军集结的威胁，广泛分散的英国舰队开始自发地驶回战略中心。

　　纳尔逊是最早开始行动的。他与巴勒姆最初都认为维尔纳夫的目的地是加迪斯，便决定从安提瓜直接驶向圣文森特角，这是赶在敌人近岸之前追上他们的最佳方式。6月21日，战列舰"利维坦"号的贝恩顿舰长（Captain Bayntun）在从一位美国船长处获知维尔纳夫的消息之后向纳尔逊写道："前方的敌人离我们不会很远。如果我们选择尽量偏向东方的航线（而他又绕了远路的话），我们就能先于他抵达圣文森特。这是先生您每晚做梦都会想到的吧。"[1]纳尔逊在7月17日抵达了圣文森特角，并与先前被派往里斯本的巡航舰"十年"号在此会合，但他唯一得到的只有密歇希在两个月前返航的消息。他没有收到关于维尔纳夫的任何消息，于是，在向科林伍德派去通信船之后，他便驶向直布罗陀去装载补给物资。7月20日，纳尔逊踏上了陆地——这是自他登上"胜利"号两年以来的第一次登陆。他的心中仍旧留存着先发制人的希望，即能在维尔纳夫接近直布罗陀海峡时与之交战。然而，科林伍德却在发来的欢迎函中写下了与他的预想完全不同的推断。

　　在之前的战争岁月中，科林伍德一直在英吉利海峡服役，他的看法无可避免地受到了这个位置的影响。有关位置的偏见在战争中随处可见，这是一种必须被纳入考量的人性要素。每位指挥官都更偏向于看到敌人在自己行动舞台上的目标，正如纳尔逊执着于地中海，科林伍德则特别关注英吉利海峡。因此，我们不能仅仅因为他在这里做出了正确的判断就认为他的战略眼光比纳尔逊更强。科林伍德向他的上级提出，维尔纳夫的目标是带出费罗尔与罗什福尔舰队，在乌桑特岛外海汇集34 艘战列舰，然后在那里与布雷斯特的 20 多艘战列舰会合。即便集结起西方舰队的三支分属舰队，康沃利斯的兵力也不会高于 30 艘。"这似乎是一个可能的计划。这支大舰队与大军团可能要执行某种重要任务——某些渡海征服的突袭——否则，这只会让他们面临遭受损失的风险。我不认为那个科西嘉人会这样做，除非他想得到的某种奖励值得他如此冒险。"[2]

但纳尔逊仍未放弃那个愈发暗淡的希望。正如他向海军部报告的那样，他只是想先去特图湾取得新鲜的饮水与给养，同时向科林伍德与比克顿索取海军部于他不在时发来的所有命令。如果他发现其中并无违碍之处，他就将安排好对卡塔赫纳的封锁，然后在地中海之外等待进一步的指令。然而，如果他听说维尔纳夫已经驶向比斯开湾，如形势有需要，他就会立即加入费罗尔或乌桑特外海的舰队。[3]

在这段等候的时间里，纳尔逊重新规划了地中海的舰队布局。科林伍德的舰队现在分散在海峡两侧的加迪斯与卡塔赫纳，在直布罗陀控制海峡的奈特却没有一艘战列舰，这样的军力布置让他实在无法理解。不过，他最为关心的还是马耳他的克雷格远征军。他找到了一则从马耳他召回轻帆船的命令，这则命令准备让它们与科林伍德会合。然而，敌军的私掠船正在肆虐，马耳他岛又无法自给自足，必须依靠临近的淡水水源，这则命令意味着马耳他驻军可能要陷入补给被切断的危险。他刚刚听说巴勒姆被任命为新的海军大臣，在写给其的第一封信中，纳尔逊就对这一布置提出了抗议。他自作主张地撤销了这则命令，让轻帆船返回原位。不仅如此，他还将地中海的整个指挥权划分为三部分，并向本土申请各个部分所需的兵力增援。科林伍德的防区从直布罗陀海峡西北方的圣文森特角延伸至西南方的斯帕特尔角，封锁着海峡外侧的加迪斯与塞维利亚。奈特与他的巡洋舰队负责海峡与直布罗陀的部分，其防区从斯帕特尔延伸至海峡东北部的马拉加（Málaga）。而比克顿则要在详细的指导之下用剩余的兵力封锁卡塔赫纳，保卫撒丁岛、西西里、那不勒斯与马耳他，以及保护黎凡特贸易线。这些布置在 7 月 22 日得以完成，纳尔逊随后驶出了特图湾。此时的他还并不知道，另一个人正在菲尼斯特雷以北的海面上享用着他为自己而辛苦筹备的海战盛宴。

　　直至 7 月 24 日，纳尔逊仍在焦急地盼望着新的消息。他仍未收到任何重要情报，便起锚驶向斯帕特尔角，那里是他预定的与巡洋舰会面的集结点。25 日凌晨 3 时 30 分，在他刚刚驶出海峡、尚未驶过塔里法之时，一艘最近从英国本土驶来的轻帆船“泼妇”号（Termagant）加入了他的舰队。它在远航途中曾驶入里斯本的特茹河口，并从那里带来了“好奇”号抵达普利茅斯并在途中发现联合舰队的消息。纳尔逊在此刻终于理清了思绪。维尔纳夫显然已驶向比斯开湾，因此他也必须立即前往那里。强烈的东风忽然袭来，使他难以与老友科林伍德取得联系。尽管与科林伍德会面十分重要，但他也不愿意浪费任何风向合适的时机。他给巡洋舰留下话，让它们到圣文森特角与之会合，如果不在那里，就是在费罗尔——除非有理由认为他采取了其他的航线。万一是那样，它们就会在乌桑特或爱尔兰海域找到他，或者是在英吉利海峡内的斯皮特黑德休整地。于是，在考尔德驶向菲尼斯特雷远端、希望遇见纳尔逊之时，纳尔逊也正以最快的速度全力朝他赶去。[4] 第二天，纳尔逊抵达了圣文森特角，但海面上却刮起了强劲的北风。如果要继续前往费罗尔，他势必要在此耽搁不知道多长时间，同时让乌桑特舰队处于孤立无援的危急境地。依照科林伍德的兵力计算，恢复双方兵力平衡的唯一可能性就在于他的舰队。他只能尽量向西方航行，并向康沃利斯发去消息：他将按照相应情报驶向乌桑特或爱尔兰。

这是一个不幸的决定，但我们无法责怪任何人。如果考尔德在战斗结束后立即向南方发出消息，这一状况或许就能避免，但他手头却没有空闲的巡洋舰——也许只有凿沉那两艘不值钱的旧战利舰才能让他的巡洋舰腾出手来。由于信息的匮乏，纳尔逊只得假设敌军已经驶向北方，这迫使他只能赶往那个危险性最大的地点。假如他能与考尔德会合，这样急迫紧张的情况就将不复存在，一场伟大的胜利就将横躺在他的进军途中，特拉法尔加海战就根本不会发生，巴勒姆的伟大设想就能完全实现。

如果纳尔逊继续北进，他所拥有的巨大优势足以扫清前方的战略乱局。考尔德从菲尼斯特雷集结点派出了未披战伤的"龙"号去侦察费罗尔港，但出乎意料的是，港内的情况与其撤离封锁时毫无不同。古尔东和格兰达加纳仍然待在他们的锚地上，维尔纳夫与罗什福尔舰队也并未出现。考尔德只能认为维尔纳夫驶向了加迪斯，那必定会落入纳尔逊和科林伍德之手，他由此决定去恢复之前的封锁。他原本打算将"龙"号留在身后，接应可能北进的纳尔逊，但这种可能性现在已非常有限。于是，他带着"龙"号一起返航，这处集结点只余下空荡荡的海面。7 月 29 日，他率领 14 艘战列舰恢复了对费罗尔的封锁，两天后，他又派 80 炮战舰"马耳他"号返回本土去修整它之前的损伤。

与此同时，在比戈躲避风浪的维尔纳夫正处在被他称为"最为悲惨的处境"里。他既没有接到新命令，也没有得到新情报。这处港口既缺乏防卫设施，也没有可供修理船只的设备。坏血病与痢疾正在船员之间肆虐，而除却 2 艘被俘的战舰，还有 3 艘战舰在战斗中受创，不适于继续作战。在这种艰难的处境中，他曾召唤古尔东前来与他会合；但古尔东的唯一答复却是这不可能——他甚至还没能按照拿破仑的指示驶向附近的拉科鲁尼亚。维尔纳夫只能冒着再次交战的风险主动与他会合，他自己说："希望下一次的运气比第一次好一些。"他半偷半骗地收集到了可供 15 艘战舰使用一个月的补给与饮水。7 月 31 日，他将伤病员留在 3 艘受创的战舰上，率领剩余的15 艘战舰再次出海，希望不经战斗前往费罗尔。① 第二天，即8 月 1 日，他幸运地遇上了一阵强有力的西南风，于是便以最高航速沿着海岸偷偷向北方驶去。

那么，率领法国罗什福尔舰队的阿勒芒现在又在何方呢？他为什么没有在费罗尔出现？在斯特林从港外消失的三天之后，阿勒芒乘着 120 炮战列舰"雄壮"号（Majestueux）驶入

---

① 被留在比戈的 3 艘战舰是法国 74 炮战舰"阿特拉斯"号、西班牙 61 炮战列舰"美利坚"号与西班牙 64 炮战列舰"西班牙"号。——译者注

了大海。他的舰队还包括 4 艘双甲板战列舰与 5 艘巡洋舰——对于他的任务而言，这是一支相当理想的兵力。我们必须再重复一遍，他所接到的最后一则命令是让他去爱尔兰西海岸进行一场巡航表演，之后要及时地回到费罗尔以西 40 里格的位置上，等着加入从西印度群岛返航的联合舰队。事实上，拿破仑为他设定的主要目标是实现他期待已久的与维尔纳夫的会合，而这种莫名其妙的行动则是拿破仑将敌军引离其阵位的典型计略。他所指定的集结点正处在考尔德舰队的掩护范围之内[5]，其西北方 40 英里处就是 7 月 22 日考尔德与联合舰队交战的地点——我们将会看到，天真的法皇将因此而大为吃惊。两军会合的时间被定于当月月底，从 7 月 29 日到 8 月 3 日，他都应待在指定位置。但是，这里还存在着另一处误判：这一命令基于维尔纳夫会在马贡抵达马提尼克的三十五天之后返航的必要前提，而他们忽视了纳尔逊可能对此造成的影响。现在，纳尔逊的火热追击已迫使维尔纳夫提前返航，他不仅过早地错过了阿勒芒，甚至因过早返航而根本未能获知与罗什福尔舰队会合的新安排。

让问题更加复杂的是，斯特林的封锁已经严重拖延了阿勒芒预定的出海时间。当他驶入大海、打开密令时，阿勒芒发现前往爱尔兰进行巡航掩饰的时限已经结束。这正是拿破仑下令制止他的原因——但为时已晚。旧命令指示他先往西航行 400 里格，以避开英国在乌桑特与费罗尔外的舰队，然后在 7 月 4～9 日出现在爱尔兰西部外海。他要在那里巡航一周时间，接着去菲尼斯特雷集结点与维尔纳夫相遇。如果他要严格遵守命令，他就应该在驶出罗什福尔的那一天径直驶向集结点。但阿勒芒是一个斗志昂扬的人，他并未执着于命令中的具体字句，而是尽力实现其内在意图。他决定暂不放弃去爱尔兰吸引敌军注意力的行动。他在致德克雷的信中写道："尽管时限已经结束，但我认为，尊敬的阁下，我仍能在不错过费罗尔 40 里格外的首要集结点的前提下，利用有利的风向与截短的航程出现在爱尔兰海岸。"[6]

他在这一想法的指引下直接驶向西方，却完全没有意识到这不仅无法避开英国乌桑特舰队，反而一头撞进了英军为维尔纳夫设下的陷阱——他正朝着康沃利斯巡航路线的最南端驶去。但就在他起锚之际，康沃利斯如同我们之前看到的那样选择了返航。于是，当阿勒芒在 7 月 19 日抵达这个关键要点时，他在那里只遇到了被康沃利斯留下来从中立国商船处打探联合舰队消息的"漫游者"号（Ranger）轻帆船。它立即被俘获凿沉，而它的使命也因法方对英国军官的搜查而暴露了出来。阿勒芒立即变得十分警觉。第二天，他发布了一则冷酷的命令：当舰队在真实航线上行进时，任何出现在视域内的中立国船只都应被俘获并击沉。[7]

7 月 21 日，阿勒芒已位于罗什福尔以西约 150 里格处。风向转为西偏北使他难以继续西行，而他尚未航行到指令所要求航行距离的一半。但是，这对驶向爱尔兰却较为有利。冒着与康沃利斯相遇的风险，他可以在此截短航程，以此来弥补被封锁在罗什福尔所造成的时间损失。这正是他的打算，于是便迎风转向北方。然而，这个打算却也仅止于此。在他转向之后，风向逐渐偏向北方，他在随后三天的奋力进军中只取得了一丁点儿进展。通过俘获一艘来自格恩西岛的船只，他得到了一幅大比例的爱尔兰海岸地图，但在 7 月 23 日，他终于放弃了试图前往爱尔兰的行动。他距离目标还有超过 300 英里，一场从北方吹来的暴风迫使他收帆停航、随风飘荡，驶向爱尔兰的时机因此不复存在。第二天，他再次转向，驶往预定的菲尼斯特雷集结点。[8]

在我们所知的海上传奇中，或许没有任何一场冒险能有阿勒芒这般难以形容的好运气。拿破仑偏执而盲目的计划让他穿过了巴勒姆最终布局中的每一处要地，而他却一次又一次地逃过了毁灭危机。他游走在那些精心布置的、渴望将他歼灭的舰队之间，却每每在千钧一发之际成功逃离。他的出现和消失如同幽灵一般，每次都领先一步，总是受到某些神秘的运气转折或随机应变的保佑。如果我们再想到，这一切都是源于巴勒姆在最后关头往手记的行间插入了一些字句，就此让斯特林撤除了对罗什福尔的封锁，那么它的神秘色彩也就愈发扑朔迷离。似乎有一种看不见的力量决定在此提醒这位年迈的海军大臣：在战争时运的面前，他的技巧是多么无力。

阿勒芒从始至终保持着他的好运。在巡航的开头，他朝着康沃利斯笔直冲去，与危险擦肩而过。而现在，他又一无所知地冲向考尔德的怀抱。但他的幸运星依然闪亮，当他在 7 月 28 日抵达那片危险区域时，前去封锁费罗尔的考尔德正巧在一天前离开，只留下空荡荡的海面。

阿勒芒依旧没有严格遵照指令所规定的时间，为了寻找维尔纳夫，他在此派出了麾下的巡洋舰。其中之一在 8 月 3 日返回阵中，它并未发现维尔纳夫的踪迹，却于一艘从波尔多驶出的美国商船处得知费罗尔已在 7 月底被再次封锁，封锁舰队拥有 14 艘战列舰。于是，阿勒芒遵照指令驶往第二处指定的集结点，那里位于乌桑特岛西南 160 英里处，正好处在乌桑特岛与菲尼斯特雷角之连线的外侧，处在康沃利斯的巡洋舰活动范围的边缘。[9] 就在他开始动身时，法军已经被英国巡航舰"埃俄罗斯"号（Aeolus）发现。阿勒芒随即将航向转为错误的东偏南，直至看到"埃俄罗斯"号在费罗尔的方向上消失，他才转往北方。[10] 他在 8 月 6 日抵达了第二处集结点，而另一艘返回的巡洋舰向他报告道，根据一艘瑞典商船提供的消息，它确定有 11 艘战列舰——其中 3 艘为三甲板战舰——正巡航在奥特格尔角以北 60 英里处的海面。我们将在下文中得知，这同样也是考尔德的舰队，但阿勒芒并不知晓这一切。他只能认为这是另一支搜寻他的敌舰队，他们肯定已在某天夜里擦肩而过，这自然使他变得焦虑起来。指令要求他在这里停留一周时间，这显然是假设维尔纳夫在为费罗尔舰队解围之后将驶向北方的乌桑特，他将在此途中加入他们的阵列。然而，过度执迷于此的拿破仑却没有考虑到，这里同样也是他的敌人最为关切的海域。阿勒芒立即发觉，一小群巡洋舰已经盯上了自己，它们在天际线处小心窥探，随即将情报传给友军和国内。阿勒芒对此无可奈何，他徒劳地试着捕获它们，敌舰却灵巧地滑过他的指间。[11] 他所俘获的仅有一两艘商船与一艘从英国出发的私掠快船。这艘私掠船刚刚从普利茅斯出航，曾在那里的浅滩上看到两艘被俘的西班牙战舰。这更加深了阿勒芒的困惑。一场战斗显然已经发生，与英军交战的是维尔纳夫，还是费罗尔舰队呢？两天后，他从一艘葡萄牙战利舰船上得到了进一步的消息。它曾在几天前遭到英国战列舰"龙"号的登船检查，它的船长由此听到了战斗的消息。与联军交战的是考尔德所部，葡萄牙舰船的船长并不知道考尔德的敌人是谁，但确定奥特格尔角以北的 11 艘战列舰就是考尔德舰队。那么，封锁费罗尔的又是谁？让局势更加令人难以理解的是，葡萄牙船长还说他曾遭到英国巡航舰"凤凰"号（Phoenix）的登船检查，它似乎正在搜寻考尔德，要去向他报告"好奇"号发现维尔纳夫且纳尔逊紧随其后的消息。[12]

这已经远远超出了惊惶的准将所能忍受的极限。按照指令的规定，阿勒芒应该在北部的集结点上再待三十个小时，但他却认为在这里坚持到底是一种疯狂之举。他在报告中写道："先生，我在比斯开湾中的位置已经不再安全。封锁布雷斯特的舰队肯定已从逃离'阿米德'号（Armide）追捕的那艘巡航舰［即'那伊何得'（Naiad）号］处得知了我们的地点，封锁费罗尔的舰队与那支在北纬45度、西经11度（即奥特格尔角以北）巡航的舰队肯定也从监视我们的巡航舰那里得知了我们的踪迹。我的阵位因此已经完全曝光了，出于谨慎，我不能继续待到13日。维尔纳夫舰队与我会合已几乎是不可能，在海湾中各处巡游的大批敌舰将俘获我方的所有舰只。"他决定行使指令所允许的自由酌定权，先驶向安全的比戈港，在抵达那里之后再向西远航，以打开安全的航线。

真实的情况与他的设想并无多大差别，只有一处例外。8月1日，在考尔德恢复封锁费罗尔的一天之后，维尔纳夫从比戈出航，再次向费罗尔驶去。强劲的西南风吹得联合舰队顺利地驶向他们的终点，同时迫使英国舰队撤往费罗尔港的下风方向。维尔纳夫面前已毫无阻碍，不发一炮驶入拉科鲁尼亚的目的即将实现。被强风驱赶的考尔德却对此一无所知。按照巴勒姆的指令，所有舰队都应当在行动时间截止后回到原先的位置。因此，考尔德于次日让斯特林所部返回罗什福尔——如果发现港内舰队已经出逃，他就应当加入康沃利斯舰队。考尔德自己则率领剩下的9艘战列舰在费罗尔以北40～60英里处巡航，这就是阿勒芒从瑞典商船那里听说的那支神秘舰队。可是，这并不是正常的行动方式。在这种天气下，考尔德本应去奥特格尔角后方躲避风浪，但他却在强劲的西南风中坚持了好几天。[13] 他从未解释过如此行动的原因，但我们完全可以猜到，他就是在搜寻阿勒芒的踪迹。尽管他尚未得到任何确切的信息，发现罗什福尔舰队的"埃俄罗斯"号也尚未与他取得联系，但从他战后表现出的焦虑看来，考尔德显然认为阿勒芒舰队想要前往费罗尔。于是，他守候在从罗什福尔前往费罗尔的必经航道上，试图在距港口较远的海面上截击敌人——这种明智的处置手法可以让他在港内舰队出海支援之前从容对付外海之敌。

这一判断的精准程度好似他身在拿破仑跟前。如果斯特林撤除封锁，罗什福尔舰队就应直接前往费罗尔，这正是拿破仑未能送到阿勒芒手中的新命令。但是，考尔德注定要失望了。正如我们所知，他的行动已经传到了阿勒芒的耳朵里，后者因此退出了比斯开湾。在徒劳地巡航了一周之后，考尔德在 8 月 9 日向费罗尔派出了"龙"号战列舰，他想知道罗什福尔舰队是否已经偷偷地溜了进去。"龙"号与"埃俄罗斯"号在当夜一齐返航，为他带来了爆炸性消息。罗什福尔舰队已经出海西行，并未驶入费罗尔；但更糟糕的是，维尔纳夫的一整支联合舰队却已出现在那里。考尔德面对着 30 艘显然会再度出击的敌舰，此外，还有阿勒芒的 5 艘战舰完全动向不明。在考尔德看来，自己薄弱的兵力实在是无济于事；同早些时候的奥德一样，他认为自己此时的职责就是将舰队带回乌桑特。8 月 10 日，他将"龙"号留在身后监视港口，并让它去菲尼斯特雷集结点接应纳尔逊，随后便向北方驶去。由于谨慎地在指定期限结束前撤离了那处集结点，阿勒芒第三次惊险逃离了英军。按照指令，他应该在这里待到 8 月 13 日，而向北进军的考尔德恰恰在那一天驶过这片海域。阿勒芒仅仅在一天之前撤离，使他免遭覆灭的唯一原因就是他明智地选择了抗命。

截至此时，罗什福尔舰队在拿破仑战役计划中扮演的角色仍然悬而未定。除此之外，在让其他舰队集结于拉科鲁尼亚方面，这一计划似乎仍在顺利进行。可是，身处第一线的将领却明白这只是表面上的假象。8 月 2 日，在联合舰队驶入拉科鲁尼亚之时，拿破仑终于从巴黎动身前往布洛涅。8 月 3 日，他在大军团驻地发布了最新命令，与此同时，格拉维纳与维尔纳夫却在写给德克雷的信中诚恳而严肃地提出警告，指出皇帝计划的不切实际。格拉维纳写道："我想对阁下说，我们的行动计划曾经被隐藏得相当好，简直可称神佑……但在今天，在我们离开马提尼克的六十天之后，英国人已经有足够的时间向欧洲告警，加强他们在费罗尔港外的舰队……在我看来，这一切已经严重打乱了这个优秀且执行良好的计划。敌人现在已经知道了我们的兵力……他们在我军动身离开时自然不会急于交战，而会派侦察艇通知他们在布雷斯特港外的舰队，然后跟随我军，在我军靠近布雷斯特之前、在时机对他们有利之时进行第二场战斗。他们可以用这种办法来挫败我们的战役计划——尽管它极为优秀，我们对它也极有兴趣。"法国人从始至终都真诚地认可格拉维纳的忠诚和勇气，因此，出自他笔下的这一批评尽管笔调极为客气，其程度却最为严厉。[14]

身罹病痛、情绪沮丧的维尔纳夫也持有相同的观点，在赞同格拉维纳的战略判断的同时，他还向德克雷坦诚地预测未来所谓的"胜利"——事实上，他对这一计划与他的舰队的所有信心已经完全崩溃。他说："敌人已经接到警报，他们已经得到增援，他们不会急于以弱势兵力与我军交战……在雾气中，我们的舰长既缺乏实战经验又不懂如何执行舰队战术，只知道跟着前方的友舰，我们在这里已经成了全欧洲的笑柄。"[15]更让他绝望的是，在驶入海湾时，刚刚送到他手中的信封里出现了拿破仑毫无耐心地禁止他驶入费罗尔港的命令。他只能在拉科鲁尼亚下锚，等待古尔东与格兰达加纳前来会合。这一变数导致了令人意想不到的结果。舰队最前方的格拉维纳已经深入海湾，他无法在狭窄的水道中遵从总旗舰打出的信号，只好继续向前进入费罗尔。维尔纳夫只能匆忙下锚于拉科鲁尼亚，半数战舰在狭窄的锚地上撞在了一起。拉科鲁尼亚缺乏仓储和水源，这一切都在 8 英里之外港湾深处的费罗尔。更麻烦的是，联合舰队总司令古尔东已卧病在床、奄奄一息，格兰达加纳则在阴谋篡取格拉维纳的指挥权。舰队已分散在两处港口，他们无法作为一个整体再次出海；而根据一天前的情报，考尔德统帅的英国舰队就在他们身边。维尔纳夫声称他准备在舰队完成补给之后出海，但他既无法避免战斗，也不可能取得胜利。他写道："8 艘战列舰在距海岸 8 里格的距离上保持着监视，他们会吸取奥德将军的教训，一直跟踪我们。我无法靠近他们，而他们则会在布雷斯特或加迪斯港外加入当地的封锁舰队——这取决于我要驶向哪里。"

　　罗什福尔舰队业已出航并受命与之会合的消息并未缓解维尔纳夫所谓的"灵魂痛苦"。现在，他知晓了阿勒芒的两处集结点，但所有水兵都明白，要在这两者间做出选择极为困难，他对找到阿勒芒根本不抱希望。德克雷已经被拿破仑的混乱命令搞得晕头转向，结果，他也忘了传达阿勒芒的撤退地点是比戈这个关键的消息。阿勒芒守候在菲尼斯特雷集结点的时限已经结束，与他取得联系的唯一方式就是前往北方，溜过康沃利斯巡航阵位的边缘。于是，维尔纳夫决定用一艘巡航舰来承担整场行动的风险。8 月 6 日，在阿勒芒抵达北部集结点的同时，维尔纳夫派出了由米利厄斯舰长（Captain Milius）指挥的、拥有 40 门舰炮的"迪东"号巡航舰。它携带着发给阿勒芒的命令，让他来费罗尔与联军会合——如果他发现维尔纳夫已经离开，他则应执行留在那里的进一步指令。[16]

　　一场极为有趣的巡洋舰行动就此拉开序幕。7 月 20 日，为了回应考尔德对巡洋舰的紧急需求，也为了满足巴勒姆指令中的保持通信的要求，康沃利斯派出了 38 炮巡航舰"尼俄伯"号（Niobe）。29 日，在接到考尔德的战斗报告之后，他派出了由威廉·菲茨罗伊勋爵（Captain Lord William Fitzroy）担任舰长的 32 炮巡航舰"埃俄罗斯"号，接着又派出了 36 炮巡航舰"凤凰"号，它们应前往菲尼斯特雷集结点寻找考尔德。康沃利斯预见到考尔德可能不久后就要北上与他会合，便让"埃俄罗斯"号向他捎去一封信件，里面记录着他的集结点。菲茨罗伊的使命还包括在穿越比斯开湾时搜索敌舰。如果他发现了一支敌舰队的位置，他就应抢先一步，将之报告给敌军附近的指挥官。[17]在 8 月 4 日发现阿勒芒的那艘巡航舰正是"埃俄罗斯"号，当它在第二天观察到敌军东偏南的航向（这实际上是阿勒芒故意摆出的错误航向）之后，它便结束跟踪，前去向考尔德报告。在驶向菲尼斯特雷的途中，菲茨罗伊与阿勒芒一样，也从一艘美国商船处得到了考尔德恢复封锁费罗尔的消息。他随即转向费罗尔。8 月 7 日下午，在菲尼斯特雷西北方约 60 英里处，进军途中的"埃俄罗斯"号发现了

"迪东"号。在确认对方并非阿勒芒的巡洋舰之后，"迪东"号迅速转向西南，逃离英舰。菲茨罗伊一直追击到黑夜降临，在发现无法迅速地赶上敌人之后，他认为传达情报的任务更为重要。于是他再次转向，继续去给考尔德报信。[18]

与此同时，朝西南方躲闪了好一段时间的"迪东"号在发现敌舰离去之后也决定继续北进。它转向西北方，舰首直指阿勒芒的集结点。8 月 10 日，它在远方又发现了一艘可疑的巡洋舰；可这一次，它却主动展开了追击。在此之前，米利厄斯舰长同其他人一样，也已对那艘来自波尔多的美国商船进行了登船检查。这位美国船长戏耍了法军，他告诉米利厄斯，那艘可疑的巡洋舰就是英军的"凤凰"号，他在一天前曾因接受检查而登上那艘军舰。据他所说，"凤凰"号只有 20 门舰炮，而它的舰长与军官却信心高涨地热切求战。美国人对法军撒了谎，"凤凰"号其实是一艘 36 炮巡航舰。这是英军的欺敌之计，他却没有戳破这一点。他的确曾登上"凤凰"号，但在受邀参观时，他发现托马斯·贝克舰长①正试图将它伪装成一艘轻帆船。贝克自己掏钱从他手里买了几箱葡萄酒，风趣而客气地接待了他，又将他礼送回船。这位美国人由此决定帮英军完成他们的欺骗。

贝克由此得到了他最为理想的结果。"迪东"号距离阿勒芒的集结点只剩下三天的航程，而米利厄斯则相信挡在他航道上的只有一艘弱小的敌舰，他决定通过战斗打开通路。这个决

---

① 托马斯·贝克（Thomas Baker, 1771～1845 年），英国海军军官，曾参与法国革命战争与拿破仑战争，以指挥巡航舰在哥本哈根海战与特拉法尔加战役中表现卓越而闻名。战后出任南美舰队司令，曾协助查尔斯·达尔文乘"猎兔犬"号的自然考察。官至海军中将。——译者注

定应当得到人们的称许，它当然正确，也符合水兵的天职。米利厄斯的情况与"埃俄罗斯"号完全不同，尽管他也要将一则明确的情报带往明确的地点，但如果不驱逐这艘弱小的敌舰，他就无法及时抵达指定位置。如果再次逃离，任务就会因超出时限而失败，而选择交战至少能使任务的成功仍具可能性。一场著名的巡航舰决斗就这样开始了。

两位舰长在各自海军中都属于最具智勇的军官。"迪东"号在尺寸、火力、人数与速度上都具有决定性的优势。[19]然而，贝克舰长却自信地在交战之前抢占了下风位置，决心不让法舰从自己手中逃走。在之后的交战过程中，"迪东"号的操舰极为出色，尽管遭到了数轮纵射，但米利厄斯的战斗意志仍坚定无比。"迪东"号的帆索严重受损，已经难以继续机动，于是便不顾一切地冲向敌人，让两艘战舰投入了船舷对船舷的缠斗。卡隆炮、葡萄弹、滑膛枪——所有一切都在敌人那里找到了最佳归宿。"迪东"号试图进行一轮纵射，贝克巧妙地闪躲，结果让两艘巡航舰贴近到桁杆相抵的距离，"迪东"号的舰首与"凤凰"号的右舷几乎撞到了一起。所有人都试图登上对面的敌舰，但法军的人数优势迫使贝克只顾得上防御己方的甲板。长矛和火枪的激战持续了好长一段时间，直至贝克操纵一门火炮从他住舱的窗口往外射击，造成了可怕的结果。枪对枪、炮对炮的暴烈战斗一直打到双方都无法继续操纵战舰，他们只得相互脱离，利用喘息之机修补损伤。

在激战过后的平静海面上，双方的战意却愈发膨胀，他们都想抢在敌人完成休整前率先开战。此时的局面已经转为对"凤凰"号有利：尽管它的帆索受到重创，桅杆与桁杆却基本完好。"迪东"号的主桅已被打断，前桅也严重受损——还没来得及抢修，它就栽倒在甲板上，接着滚下了海。当海风再次吹来，"凤凰"号所有重要的绳结与修补都已完毕。几分钟后，它朝着"迪东"号再次扬起破烂的风帆，继续之前的作战。"迪东"号已死伤七十余人，完全失去了取胜的希望。最终，米利厄斯降下舰旗，这场勇敢而精彩的战斗到此结束。[20]

　　贝克赢得了胜利，但他的处境并未因此而稍显乐观。舰上几乎所有的军官都身被战伤，他必须用不足 200 人去接管 250 名未受伤的俘虏以及一艘被打断桅杆、比他的座舰重上 200 多吨的巡航舰，还要将它带往安全的海域。"凤凰"号拖着战利品继续驶向费罗尔，在途中却遇到了正在驶向菲尼斯特雷、正想去与纳尔逊取得联系的"龙"号战列舰。贝克由此获得了考尔德已解除封锁、阿勒芒舰队也已驶入大海的消息。继续向北寻找考尔德已经不再现实，他决定在"龙"号的护送之下驶回菲尼斯特雷，再从那里绕过危险的比斯开湾。

　　战役中最为重要的时刻已经到来，所有舰队都朝着最终的决战而展开了各自的行动。贝克的杰出战斗化解了这场战役的危机。尽管拿破仑做出了精密详尽的行动计划，罗什福尔舰队却一直无法摆脱最初的茫然状态。他们要扮演的角色仍旧悬而未决，他们仍旧无法与任何人取得联系，因此也根本无法影响到整个战局。

第十六章　危机全局

　　战役的转折点已经迫在眉睫，然而，这一时刻的意义却远较战役危机更为重大。一百年来对海洋统治权的争夺已经临近顶点，它的两位主角——就如同那述说命运的古老戏剧——正在宏伟的舞台上遥相对峙。在布洛涅的峭壁之上，漫长角逐所塑造出的最伟大的战争统帅正处在权势的巅峰，他正因大军团的声誉和荣耀可能面临的惨败而分外警觉。在他的对面，一位默默无闻、年近八十的老水兵独自坐在位于白厅的安静房间中。他躲开了众人的目光，正将从一次次战争中总结出的海军传统的线索汇聚在指掌之间；他娴熟地驾驭着它们，处置着远方的舰队传来的敏锐反应。速战速决的雄伟气势和无与伦比的战争天赋正对抗着来之不易的经验和从中孕育出的直觉，但这一切只会是枉费时间。

　　自打拿破仑不情愿地意识到他不可能让大军偷偷渡过海峡之后，他已在策略上竭尽了创意，只求争取暂时的制海权。他尝试了他的前辈用过的所有方法，但是，没有什么被遗漏的花招或计谋能够驱散阻挡在他进军途中的兵力，能将固守的卫士诱离其坚不可摧的阵地，或者出人意料地让一支占压倒性优势的舰队猛扑上前。在忙碌的七个月时间中，他几乎控制着整个欧洲大陆的海岸线，并用最为杰出的才能努力地谋划；然而，当那个时刻临近之时，他的舰队仍然无能为力地散落在大海各处，他的努力远未能扫清舰队集结的道路，只是让他的敌人在其传统战略中心上集结起了所有可用兵力。

对于巴勒姆和康沃利斯而言，这的确是一个令人极为焦虑的时刻。为了让英国放松对海峡的控制，拿破仑曾让马尔蒙在泰瑟尔进行一场牵制性的表演，这一计策取得了成效。自 7 月的第二周以来，荷兰的情报人员不断发来有关登海尔德（Den Helder）港正准备展开行动的报告。所有运输船都驶出了泰瑟尔航道，3 艘预计从弗利辛恩（Flushing）① 驶来的战列舰已被催促加快行程，7 艘战列舰与 4 艘巡航舰已做好了出海准备，弹药物资正沿着道路从阿姆斯特丹源源而来。所有人都相信这意味着一场大规模行动，但英国间谍并未上当受骗。他在信中写道："我可以告诉你真相。这个在我们（指荷兰）海岸公开进行着的、看起来是要袭击爱尔兰的行动计划，唯一目标就是误导他的敌人。"然而几天之后，英国政府接到了有关马尔蒙行动的更为有力的情报，他们感到不能再让事态这样继续下去。[1]和往常一样，他们无法忽视敌人的陆军与海军联合行动的威胁。拿破仑有可能让其舰队从爱尔兰以北驶向泰瑟尔，而根据海军大臣的推算，乌桑特岛的英国舰队拥有 25 艘战列舰。他们因此决定要增援位于唐斯的基思勋爵，让康沃利斯为之派去 3 艘 74 炮战舰。[2]基思本人对此深表怀疑，但他回复政府，如果他们认为这些消息分外重要，他就会建议他麾下从雅茅斯监视荷兰海岸的拉塞尔将军（Admiral Russell）始终保持对泰瑟尔的监视。他将会尽快为拉塞尔提供增援，并随时保有一艘巡航舰——如果有什么事情发生，他自己就能执掌指挥权。同时，他还下令给驻扎于利斯（Leith）②、负责北部防区的瓦雄将军（Admiral

---

① 今荷兰语作 Vlissingen。——译者注
② 位于爱丁堡以北，苏格兰东海岸福斯湾（Firth of Forth）南岸。——译者注

Vashon），让他布置在挪威海岸的巡洋舰提高警惕。[3]

英国政府的焦虑仍在升级。四天之后，英国驻里斯本代理公使斯特兰福德勋爵（Lord Strangford）传来消息，他确定维尔纳夫的使命就是从北线返航，去泰瑟尔解放马尔蒙的大军。[4]正如我们所知，这则消息并非毫无根据，这的确是拿破仑构想的行动选项之一。斯特兰福德直接从巴黎得到了这一情报，而双桅快船"好奇"号关于维尔纳夫航线的报告似乎也与之相符，这愈发加重了这种威胁。在这个非常时刻，海军部向康沃利斯发出命令，让他一定要向基思再派出至少3艘战列舰"以及所有可能的支援兵力"。同时，海军部还指示掌管爱尔兰水域的德鲁里少将要保持对"敌舰队的任何一部分"的监视警惕。如果任何敌人出现，他就应该派出快速帆船，向乌桑特舰队、海军部以及拉各斯的纳尔逊告警。[5]

不过，基思勋爵对此仍旧保有怀疑。在接到斯特兰福德的消息后，他回复道，他对此并不怎么相信。但出于对政府观点的尊重，他向瓦雄将军再次重复了先前的命令，并指示拉塞尔将军在需要时返回唐斯锚地。[6]

此间发生的一个有趣插曲很好地展现了巴勒姆对于法国运兵船队的看法，并清楚地标示出他对战役计划中的攻击和防守所划分的界限。一些姗姗来迟的法国运兵船仍在向集结港口驶去，而英军前哨巡洋舰的年轻舰长们则抓住一切机会向它们发起攻击，甚至不放过布洛涅船队的出港演习。当凡·许埃尔将军（Admiral Ver Huell）在7月17~18日率领一支较大的船队从敦刻尔克驶向布洛涅时，比平日更为严重的类似事件发生了。英军大胆而强力的袭击给凡·许埃尔的船只造成了相当可观的损伤，但袭击并未及时停止，英国巡洋舰最终与岸炮交上了火，遭到较为严重的伤害。基思上报了这一事件，并褒扬了表现出色的相关军官，但这完全违背了巴勒姆的意见。在充分理解这些行动的勇敢和牺牲精神的基础上，他告诉基思，这种行动有违明智的策略。他明确表示这类行动不能再有第二次，巡洋舰决不能在岸炮的火力下攻击运输船队，因为"这或许意味着将无法在更需要它们的重要时刻动用它们"。换句话说，在英国战略计划的防守区域内，部队不应主动发起攻击，而应始终保持防守态势，除非明显有利的反击时机自己出现。[7]

康沃利斯的主要任务是掩护基思勋爵的防御阵位，防止敌方的战列舰队打乱他的部署。只要不被来自大洋的敌舰队扰乱，基思的阵势就稳如泰山，因此，康沃利斯才是这一局势的真正关键。出于这一原因，他已被告知，任何分兵命令的前提都是使他保有 18 艘战列舰。在此前提下，海军部让他再向基思派出 3 艘战列舰的第二道命令就使他陷入了两难。他在 8 月 4 日接到了这一命令，他刚刚从考尔德那里得知，维尔纳夫已在战斗后失踪，考尔德恢复了对费罗尔的封锁，斯特林也驶回了罗什福尔。一切仍然在顺利进行，但他的麾下已只剩下 18 艘战列舰，执行第二道分兵命令将使其兵力低于事先规定的下限。康沃利斯最终仍遵照命令派出了 3 艘最为弱小却也是最适于在荷兰海岸服役的战列舰[8]，而核心阵位上因兵力削弱造成的危险也很快得到了关注。7 月 30 日，海军部接到了考尔德的战斗报告。考尔德在报告中认为，维尔纳夫可能已经驶入了费罗尔，他自己则会向康沃利斯靠拢。先前分出的 3 艘 74 炮战舰立即被命令重返康沃利斯麾下。[9]巴勒姆清楚地意识到，对于目前的动荡局势，简单且唯一的解决办法就是迅速在乌桑特岛集结起所有可用的战舰。西方舰队的集结已经在进行当中，海军部又在 8 月 3 日向纳尔逊发出命令，让他留下必要数量的战舰使科林伍德足以维持对加迪斯的封锁，然后也前来加入这场集结。[10]

这些部署体现着明确的战略原则，而巴勒姆在此时向康沃利斯发去的一份备忘录则清楚地表明了他对西方舰队在战争计划中所承担功能的基本观点。我们从中可以看到，康沃利斯的职责远远超出了单纯的防御。为了完成最为迫切的本土海域防卫任务，他的舰队应当成为一个行动中心，依照时机或需求发起小规模的反击。备忘录这样写道：

> 我之前已经为你草拟了一则个人指令，一旦我们听说罗什福尔舰队驶入大海，就将派出 4 艘战列舰去截击他们。但来自东方的警报迫使我们将这些战舰派给基思勋爵，否则它们就会被派到你这里来……
>
> 在这种机会出现时没能把握住它真是让人痛心，我将努力让你拥有尽可能多的兵力，让你在每次听到附近敌军的动向时都能派出舰队袭扰他们，无须等待本土的命令。
>
> 由于西方舰队是一切必要的攻势行动的原动力，我会注意尽可能地维持其强大实力和有效状态。
>
> 东面的敌人看起来正在积极行动，但由于让这样一支部队驶入大海必然会有许多连锁效应，他们不可能在不被察觉的状态下向我们发起攻击。
>
> 我希望你有机会经常与约翰·索马里兹爵士①沟通，

---

① 即在海峡群岛指挥巡洋舰队，负责保障基思与西方舰队之间通信联系的索马里兹少将。——译者注

这样你就可以尽早接到东面遭到攻击的消息，那时你的支援将必不可少。[11]

　　我们可以清楚地看到，巴勒姆勋爵一面坚守着主要的防御阵地，一面则准备在任何需要的时刻向任何方向发起攻击。皮特也同他一样，并未因本土防御的需求就对其战争政策的攻势目标有任何犹豫。如果我们要对最终化解危机的高招做出正确的评断，这一点就极为关键。不管拿破仑怎么想，他都没能从皮特手中夺取主动权。尽管反法同盟的盟约尚未得到沙皇的批准，但在 7 月的最后一周，英国政府已从圣彼得堡接到了新的消息：所有争端都会很快迎来最终的解决。还请记得，沙皇的意图是利用同盟进行一场武装调解，迫使拿破仑放弃令人难以忍受的扩张政策，迫使他接受一个英国和其他大国都同意的欧洲秩序。我们已经看到沙皇如何拒不同意英国在地中海保持其地位的要求，而英国政府在 7 月 3 日收到的驻俄大使列文森 - 高尔的信件声称奥地利也同样不能接受这一点——尽管奥地利已经开始动员军队，但它并不值得信赖。然而，俄国很可能会独自开始行动，大使已经获知它正将科孚岛的驻军加强到 25000 人。莱西将军已经抵达了那不勒斯，似乎已经准备好在南意大利与克雷格联合作战。此外，尽管沙皇还不打算批准盟约，他却已按照盟约展开了行动。他已与皮特商定，负责调解的俄国特使将同时代表英国与俄国。被选中的特使是沙皇最为信任的近侍之一，尼古拉·诺沃西利采夫（Nikolay Novosiltsev）。他已动身前往巴黎。途中，他将在柏林停留，努力推动迟疑中的普鲁士政府加入他们的阵营。[12] 根据此时传来的最新消息，沙皇的耐心已经被拿破仑吞并北意大利的挑衅行为消耗殆尽。列文森－高尔写道："在俄国的全权特使正要在法国负责解决已经公开宣布的欧洲总体秩序问题时，这样的行为显然严重侮辱了特使所公开代表的两位君主，这使得沙皇陛下认为他无法……让诺沃西利采夫先生继续其使命。"俄国政府随即发出了召回他的命令。

尽管一切的发展都还算顺利，但列文森－高尔必须指出，他认为沙皇对皮特坚决占据马耳他和拒绝修改航海法典的行为几乎是同等的恼怒。在高尔做出解释与辩护之后，俄方责难道，伦敦在沙皇提出扩充行动计划的主张后仍然没有做出回应，也没有因俄国兵力的增加而提高相应的补贴。幸运的是，一封来自伦敦的信件正在此时寄到了高尔手里，其坦然接受了俄国的提案，阴云就此开始散去。高尔说，尽管他实际上无法保证盟约得到批准，但他毫不怀疑自己能在下一封信中宣告这一事件。[13]

与此同时，俄国驻伦敦大使沃龙佐夫也收到了柏林的诺沃西利采夫传来的消息，称奥地利正在觉醒过来。它终于意识到，武力才是唯一的解决办法。尽管它默许了拿破仑加冕为意大利国王，但这只是在等待着公开加入同盟的合适时机。普鲁士也正在改变它对法国俯首帖耳的姿态。俄国特使在抵达柏林后这样写道："他们看得更清楚了，波拿巴不再是守护天使，而是不折不扣的恶魔。他们还相信，如果他们继续让德意志孤立无援，继续无所作为，这个恶魔就会将他们吞噬殆尽。"[14]

并没有直接证据能证明这则情报影响了皮特的思考，但他采取的行动似乎表明，在这个其他大国都开始行动的时刻，对局势洞若观火的他已经看到了这一点。尽管英国仍旧处在对谋划已久的入侵行动的防御危机中，但他毫不犹豫地表现出了新的攻击姿态。无论冒着多大风险，无论拿破仑如何努力束缚住它的手脚，英国都一定要在这个时刻展现出它的进攻实力与进攻意愿。毫不夸张地说，在来自泰瑟尔的消息造成极大扰乱之时，在海军因此而陷入紧张之时，皮特却在它身上增加了新的负担。俄国人的要求必须得到正面回应，在 7 月 27 日，他决定让地中海的海军最高指挥官与克雷格合作，在意大利按照俄国扩充后的计划展开联合作战。这意味着他们将为来自马耳他的 6000 名英军士兵与来自黑海的 25000 名俄军士兵提供护航舰和运输船。[15]

　　但新的情况还不止如此。在列文森－高尔的另一封信件中，一个新的危机——一个不论其他强国是否参与，英国都必须准备独自应对的危机——已经出现。高尔写道："君士坦丁堡的外交局势目前十分危急。"俄国驻土耳其大使已向俄国政府发回报告：儒贝尔（Joubert）已经来到这里，他带着拿破仑写给苏丹的私人信件，还有用以笼络法国利益支持者的一大笔钱。最近上台的宰相是一个亲法分子；一位轻率的俄国总督又不合时宜地侵犯了土耳其的边界；英国大使目前尚未露面，而正在进行的俄土两国联盟的谈判已经中断。[16]纳尔逊曾在尼罗河口海战中消灭的威胁再一次浮现，但全神贯注于欧洲的皮特并不会对此置之不理。艾尔·库特的远征军仍在科克港蓄势待发。当听说维尔纳夫驶向西印度群岛时，这支部队被要求在此待命。随后，库特被任命为牙买加总督，大卫·贝尔德将军（General David Baird）成了继任的总司令。这支部队目前仍可动用，巴勒姆得知，英国政府希望用它来进行一场旨在夺取开普敦的秘密远征。远征部队将包括六七千人，海军部则需要为负责护航的霍姆·波帕姆爵士①提供一支战列舰队及相应的巡洋舰。[17]

在土耳其的严峻局势面前，这个计划似乎暴露出了明显的缺陷。如果皮特真的将在意大利展开的联合攻击作为其战役计划的中心，那么，在这里投入全部的可用兵力才符合其基本战略。但我们必须指出，这并不仅仅是一个基本战略的问题。当前的局势仍因各国对于尚未完成的同盟的相互怀疑而混乱不堪。尽管前景已经明确会好转，但英国大臣仍无法立即打消他们对相关大陆国家的顾虑。它们有可能只在自己的利益范围内展开行动，有可能在任何时刻与拿破仑媾和，让英国陷入困境；如果是这样，皮特通过迫使拿破仑在地中海放弃攻势来掩护印度的宏大计划就会彻底失败。在如此不安全、不稳定的外交处境中，英国是否应当为了保护东方的领土和贸易而做好第二手准备？除了军事学的初学者，没有人能自信地给出答案。这个答案似乎取决于土耳其局势的现实危险性，取决于反法同盟能够预期的确切可信赖程度。对此，显然没有人能比皮特做出更好的评断。无论如何，我们决不能将这个计划矮化为一场偏离中心的、零散的袭击，决不能忽视它与核心问题的有机联系。事实上，这是整个帝国防御计划的必要一环。

在发给印度总督康沃利斯勋爵的指令中，皮特清楚地指出

---

① 霍姆·波帕姆（Home Popham，1762～1820 年），英国海军军官。曾参与美国独立战争。1795 年升任舰长，1798 年突袭了奥斯滕德的侵英运兵船，1801 年前往红海支援英国埃及远征军。1805 年，他护送贝尔德远征军远征好望角，随后远征西属南美。此人以新型海军信号系统的发明者而闻名。——译者注

了远征计划的高层战略目标。这些内容被总括在卡斯尔雷发出的急件中，他告诉康沃利斯，尽管英国本土可能无法及时为印度派出所需增援，但政府已授权他在必要时动用贝尔德将军的部队，并让波帕姆提供掩护，以防遭到法军从毛里求斯发起的侵袭。但是，这仅限于印度面临紧急危险之时。卡斯尔雷解释道："整个指令基于这样一个原则，我们认为，无论在任何时候，作为保卫我国印度领土的前哨就是开普敦对于大不列颠的真正意义。如果我们拥有它，它就能服务于我们在不同领土间的交通，负担起相当可观的住宿和基础设施。更为重要的是，夺取它就是从敌人手中夺取欧洲和印度之间的最佳要冲，敌人将难以从欧洲向东印度派遣军队。"同时，也将难以骚扰或保护周边的贸易。因此，在召唤贝尔德远征军之前，康沃利斯勋爵必须对夺取开普敦或增援印度的得失优劣加以全面考虑。[18]

制订这一计划的原因显而易见。在前一年的冬天，当拿破仑开始意识到侵英计划不可行之时，他转而制定了一个如卡斯尔雷信中暗示的那种印度远征方案。考虑到英国政府对本土防御极为自信，拿破仑的确有可能被逼回殖民地袭击，转而以此牵制英国的兵力。印度可能就是他选中的地区，而儒贝尔将军在君士坦丁堡的露面更加重了对此的怀疑。不管英国在地中海和近东地区的阵势多么强大，拿破仑仍然可以绕道好望角发起这样的攻击。如果是这样，地中海的任何胜利都将无法阻止他发起这种远征，尤其当他还与土耳其保持着合作关系时。开普敦正掌握在他的荷兰附庸国手中，这仍然构成现实的威胁，使他拥有一条同埃及和红海或土耳其和波斯湾同样有力的进军路线。对英国而言，将所有兵力投入在一条战线上就将使另一条路线向敌人敞开；它绵延在开阔的大海上，无法像本土的狭窄海域那样单独靠海军进行防御。因此，简单粗略地用兵力集中的观念来批评开普敦远征并不全面。将全部努力集中在同一个目标之上当然是有效的，但从地缘紧迫性与现实政治局势着眼，如果只是将相关兵力全部集中到同一条战线上，这种行动的有效性就相当值得商榷。这个事例在任何情况下都可以警示我们，海外帝国复杂而开放的国防难题并不能用大陆国家在相对简单而有限的环境中得出的格言来轻而易举地解决。

在皮特和巴勒姆应对本土海域周围的危机时，对这些问题的相关思考贯穿了他们的重要决策。这些考量初看来并不起眼，但事实上，它们对于我们现在关注的重要行动却有着决定性的作用。除非我们将之铭记在心，否则就不可能对此做出正确的评断。

第十七章 高妙之举

8月10日，维尔纳夫准备从拉科鲁尼亚开始他的最后航程。他在这一天向德克雷写道："我正准备出海，准备看情况驶向布雷斯特或加迪斯。敌人在这里紧紧监视着我们，使我们毫无掩藏行踪的可能。"[1]

海面上刮着轻柔的西风，联合舰队的一部分又深入费罗尔峡湾，这使他直到13日才让全部战舰驶出大海。考尔德给原先那支联合舰队造成了如此严重的损害，即便得到古尔东和格兰达加纳的增援，这支舰队也仅有29艘战列舰，其中14艘在费罗尔刚刚加入队伍，毫无出海或舰队演练的经验。全军仅有1艘战舰——120门炮的"阿斯图里亚亲王"号（Principe de Asturias）——是三甲板战舰，此外还有6艘80炮战舰，其余都是74炮战列舰。巡洋舰队则包括6艘巡航舰与4艘轻巡航舰。但他们还怀揣虚妄的希望，希望"迪东"号能够与阿勒芒取得联系，让两支舰队能够会合，使联合舰队的战列舰数量达到34艘，同时还能增加1艘三甲板战舰。

几乎就在同时，英国舰队正在乌桑特外海进行着针锋相对的集结。发现罗什福尔舰队出逃的斯特林于8月13日抵达乌桑特，这正是维尔纳夫努力让他的舰队全部驶出拉科鲁尼亚的同一时间。当天夜里，康沃利斯的巡洋舰打出了考尔德舰队迫近的信号。次日早晨，考尔德赶在维尔纳夫开始行动前加入了西方舰队。而在一天之后的15日，纳尔逊也出现了。

在8月9日因躲避北风而驶向西方之后，纳尔逊重新制定了航线，直接驶向位于锡利群岛以西50里格处的原定集结点。到13日的中午，他距离目标已不到150英里，并在当日下午遇到了康沃利斯在三天前派出的"尼俄伯"号巡航舰。"尼俄伯"号在出发之时并未听说任何有关联合舰队驶入比斯开湾的消息，但它此前曾遇到一位葡萄牙船长，船长称曾短暂地看到了联合舰队，随即自己就驾船转向了北方。纳尔逊由此确信爱尔兰的处境并不危险，于是便立即转舵向东，用信号打出乌桑特集结点。8月15日晚6时，纳尔逊已抵达康沃利斯阵中，并向他的旗舰行礼致意。[2]

康沃利斯甚至没有让纳尔逊向他当面报告，便遵照巴勒姆的指示，命令他与"胜利"号返回本土进行早已应得的休整。斯特林搭乘的"光荣"号与其他几艘需要修理的战舰也先后返航。位于南方的"歌利亚"号和"龙"号仍在搜寻考尔德和纳尔逊，除此之外，最终被留在康沃利斯麾下或正在驶向他的战列舰还剩下36艘。考虑到三甲板战舰的数量和质量优势，这支舰队足以掌控局势。如果联合舰队驶向北方，即便他们能与阿勒芒会合，他们也一定会在冈托姆能够出港支援之前被早早地击败。[3]

这就是目前的实际局势。那么，拿破仑对此又有多少了解呢？他是否从一开始——甚至在舰队集结之前——就已经怀疑到，侵英计划的一切希望都将终结于此呢？

正如我们所知，他在8月3日抵达了布洛涅，并对夺取海峡制海权一事表现出令人鼓舞的自信。但是，这并不意味着他已经为这番冒险的功业扫清了道路。在他的身后，反法同盟的异动已经难以忽略。奥地利正在威尼斯和蒂罗尔集结部队，那不勒斯、科孚岛与马耳他之间的通信络绎不绝，圣西尔还向他报告道，那不勒斯正在秘密地进行全面动员。在离开巴黎之前，拿破仑曾指示塔列朗为奥地利与那不勒斯的宫廷起草一份最后通牒，他一个字都没透露就起身去了布洛涅。他在抵达海岸的第二天批准了有关奥地利的部分内容，并进一步指示道，如果那不勒斯全面动员的报告被证明为真，就应该向他们展示随时发动入侵的威胁。正如他事后承认的那样，他毫不怀疑这些威胁手段的有效性，这将使他能腾出手来执行侵英大业。

这就是拿破仑在此时的精神状态。然而，在他上一封命令的墨迹尚未干透时，塔列朗给他发来了一封西班牙急件。西班牙人在信中称，纳尔逊已经几乎确定地在直布罗陀露面，没有什么能比这更加令人不安，而他们相信他将驶入地中海。

塔列朗并未隐瞒这则消息的含义。没人知道维尔纳夫现在位于何处，但任何深谋远虑的大臣都能看到，如果他错误地认为英军已被打散而靠近海峡，他就必定会迎来毁灭——因为这个位置已经得到了最充分的预警。拿破仑毫无预兆的突然离去让塔列朗恐慌至极，他唯恐主上的赌徒精神占得上风，在被他长期隐瞒的糟糕局势中孤注一掷。他向拿破仑写道："这个出乎意料的消息让我产生了一种难以平息的印象，只有获得您支持的仆人才能忍受这种刺激。"他径直告诉他的主上，他已经失败了。塔列朗确信纳尔逊将驶向北方，根据计算，那将使英军拥有一支由 54 艘战舰组成的战列线。他力劝道："这个未能料到的集结无疑使侵英计划此时已无法进行，但这个无法执行的计划却由于陛下在布洛涅的现身而得到了最强的证明，这可能让英军决定将舰队聚集在海峡之内，从而使联合舰队拥有驶入某处西班牙港口的时机。"[4]

拿破仑并未屈尊去反驳他的大臣，但这纯粹只是由于他拒绝承认事实。他向德克雷写道:"所有关于纳尔逊的消息看起来都很可疑。他接下来想在地中海里做什么坏事?他们想在那里集结 20 艘战列舰吗?"需要注意的是,此时他还尚未接到克雷格抵达马耳他的消息,也没有任何关于维尔纳夫的音讯,他对维尔纳夫的返航与战斗都一无所知。他仍旧认为他的威胁已经让敌人转入了可悲的防御姿态,而英国人对于自己的大业仍旧毫无怀疑。他接着写道:"他们无法理解挂在他们耳边的消息。这里的一切仍进展顺利,如果我们能控制航道十二个小时,英国的命运就将终结。我不明白为什么我们还没有从费罗尔得到新消息。我不相信马贡没有与他(指维尔纳夫)相遇。我正要发信号告诉冈托姆,让他待在港外的贝尔托姆水道。"[5]

新的消息在三天之后传来,但其主角并非维尔纳夫,而又是纳尔逊。在直布罗陀与特图湾补充了淡水与食物之后,纳尔逊再次驶出直布罗陀海峡,加迪斯信号站在 7 月 25 日发现他正往圣文森特角驶去。[6]就在同一天——我们无法弄清这是在接到有关纳尔逊的消息之后还是之前——拿破仑告诉塔列朗,不要在他再次审核之前向维也纳发去最后通牒,并指示他的近卫军从巴黎开往布洛涅。维尔纳夫的消息终于在翌日送达,他在信中报告了他与考尔德的非决定性交战,之后又如何进入比戈休整舰队。但维尔纳夫仍旧表示出继续任务的意愿,他将按照计划与费罗尔舰队会合,再驶向布雷斯特。在这里,拿破仑选择性地——或者至少是假意地——看到了他希望的实现。他立即宣布自己已取得成功,宣称维尔纳夫已经完成了他的任务,但与此同时,他又命令近卫军在巴黎待命。[7]

此时的拿破仑显然一筹莫展。在警觉的金融家们看来,他似乎是要孤注一掷，这使他的借贷信用下降到非常危险的地步。他只好极力将维尔纳夫的战斗描述成一场胜利，以此恢复他们的信任。对于意志消沉的维尔纳夫，拿破仑还在信中对其给予鼓励：英军的这场胜利其实无关紧要，仍希望他能将任务继续下去。根据来自英国的谍报，拿破仑相信英国海军部已将联合舰队的目的地认定为泰瑟尔或加迪斯，他因此再次敦促马尔蒙"去做那不会成真的事"，在他的方向上吸引英军兵力。他必须牵制住 12 艘战列舰，但这的确"不会成真"。在距离最后时限只剩十天时，马尔蒙只看到预计数量一半的战舰在封锁他的航道，而被派往这里的最大兵力只是 8 艘几乎不适于执行其他任何任务的弱小战舰。正如我们所知，这场佯攻唯一重要的影响只是阻挠了巴勒姆对康沃利斯的增援，使他无法分出兵力对阿勒芒进行回击。[8]

通过顽固地无视纳尔逊的动向，通过将英国海军部认定为幼稚愚蠢，拿破仑——如果有过的话——似乎在这一刻真的相信那个关键时刻已经到来。在这三天里，他表现出的全都是鼓舞与和悦。但一切都在 8 月 13 日改变。维尔纳夫在这一天传来了消息，他没能在费罗尔港外完成集结并立即北进，而是在得知皇帝的禁令前就驶入了港口。拿破仑气疯了。大军团物资总监达吕（Daru）所说的那个著名故事就发生在这一天。皇帝召他觐见，他却发现拿破仑在房间里忽高忽低地说着胡话，粗俗地詈骂着那位可怜的舰队司令。他忽然停了下来，大喊道："坐在这写！"他一气呵成地口述出一整套命令，而这些命令的内容就是他那不朽的奥斯特利茨战役。[9]

无论这则故事的真实性如何，其并不意味着拿破仑已完全抛弃了入侵的念头，这也许仅仅是为了强化他对维也纳的威胁。同一天，他命令塔列朗会见奥地利大使，用最强硬的条件要求他们立即解散军队。塔列朗告诉这位大使："他（拿破仑）已经停止执行他的战争计划，他意识到，他不能在率领15万大军杀入英格兰的同时在南方边境受到威胁。"[10]

不管拿破仑到底是什么用意，他的言辞中并没有迹象表明他已承认自己的失败。同样在这躁动的一天，他的情绪愈发高涨，写给德克雷的信和发给维尔纳夫的训示从他笔下一封接一封地喷涌而出。他必须让那个绝望的舰队司令再次出击，不管用什么办法——激励、劝诱还是威胁。如果这些不寻常的文件背后没有什么深层目的，如果拿破仑真的对他写下的东西抱有期望，这只能说明他对局势已完全失去了把握。在名副其实的狂怒中，拿破仑想象英国舰队已经中了他幻想的诱敌之计，它们已分散在广阔的大海上——爱尔兰海岸、北海、地中海，总之是在它们本应在的位置之外，正要向那个关键位置进行集结。他一次又一次地计算着英军的兵力和位置，将它们统统发给德克雷和维尔纳夫，但这些计算却一个比一个离谱，一个比一个乐观，全都充斥着明显的矛盾和错误。他的工作注定毫无用处。此时，维尔纳夫已从拉科鲁尼亚出航，他前方的航道已被英军阻绝。不用多久，他就将得到任务成败的最终答案。

竞逐已经开始，而拿破仑已经落后。他的狂怒使他拒绝承认塔列朗所说的事实，但现在，他终于要准备面对这一切。在8月13~14日这两个关键的日子里，他指示塔列朗向奥地利发出经过修订的最后通牒。他在信中写道："他们的答复很容易猜测，其中会有拒绝、抗议，总之是些拖沓的字眼。我可不会这样。我心意已决。我将攻击奥地利，在11月之前进入维也纳，然后再对付俄国人——如果他们也在战场上出现。"[11]

也许，他已模模糊糊地意识到了自己的失败。8 月 15 日，维尔纳夫出航的消息尚未送达，绝望中的拿破仑再次为他那看起来蠢笨得无可救药的将军发去了信件。他终于意识到自己那些混乱命令的后果，终于发现它们无法为他带来应有的回报。他完全没能掌握这场角逐的基本要点，但每一位英国海军将领都将之铭记于心。对于这位如此伟大的战争天才，这简直令人难以置信。在这封不同寻常的信中，他幼稚的表现只能被称为天真单纯，而这也正是他那不切实际的侵英计划的特点。他说："最出乎我意料的是，阿勒芒集结点的位置……恰好是那场战斗发生的地点。"当然，最起码的海军常识都能教会他，这是最自然不过的事。极端的自负使他拒绝承认，他正在和一群专家展开角逐，而他是其中唯一的外行。对他的敌人而言，他那精明狡诈的战略灵感只不过是稀松平常的计略。当他因迷惘无助和信心受挫而把情况弄得愈发混乱之时，那些遵循着旧日传统的人正以远比他高明的老练手法应对着一切。

正在此时，他们使出了那高妙之举。这个瞬间所体现的战争意志比整场战役中的任何部分——甚至是纳尔逊的大追击——都更纯粹且深刻，但它所承受的指责也最为严厉。现在，让我们看看这里到底发生了什么。8 月中旬，拿破仑筹备已久的入侵危机终于降临。他本人正在布洛涅，准备随时下达行动命令；大军团与运输船已经整装待发——至少是接近拿破仑能够利用的状态。在这个生死攸关的时刻，英国战列舰队在海峡入口完成了大集结，这使拿破仑的大军已无法继续行动。只要舰队保持集结，英格兰的防御便坚不可摧，即便面对有史以来最为可畏的入侵威胁也不例外。另外，位于费罗尔的敌方主力舰队尽管能自由地驶向北方，但同时也可能自由地驶向南方，前往加迪斯或驶入地中海。巴勒姆和康沃利斯认为，这才是拿破仑正在玩弄的诡计——而塔列朗的确也曾这样进谏。在英国海军将领眼中，入侵行动的成功概率是如此之小，以至于他们无法相信它的真实性。经验丰富而极具洞察力的他们从中看到了一出诡计：它要迫使英军在布雷斯特港外保持集结，使维尔纳夫自由地向南方进军。在英国的战争计划中，阻止联合舰队南下的重要性丝毫不亚于待其北上而将之歼灭。那么，康沃利斯又该怎样行动呢？他应该在这里继续盘踞于入侵计划的行动舞台，还是攻出去掌控整场战役？他应该满足于坚不可摧的防守，还是要冒险去剥夺敌军的所有主动权？巴勒姆曾向他做出指示，"西方舰队是一切必要的攻势行动的原动力"，但这封信尚未交到他的手里。[12]康沃利斯不能浪费任何一天时间，维尔纳夫随时可能出航，如果他继续等待海军部的指令，便很可能错过行动时机。等待命令就等于放弃。外海上的舰队指挥官从未承担过这样重要的责任，但这位魁梧的老将却没有表现出丝毫的犹豫。海军部房间里的巴勒姆曾让他见机行事，"无须等待本土的命令"。康沃利斯的确没有等待本土的命令——他甚至没有等到准许他如此行动的授权令。

英国舰队的大集结仅仅持续了二十四个小时。8月16日，在纳尔逊加入舰队的第二天，康沃利斯向考尔德签发命令，让他率领18艘战列舰——再加上已在南部海域的"龙"号和"歌利亚"号——前往费罗尔港外，尽全力阻止敌舰队再次出航，或在它们试图出海时加以截击。这支舰队拥有5艘三甲板战舰，以及7艘来自纳尔逊舰队的战舰，其中包括纳尔逊的副司令、坐镇于80炮战舰"卡诺珀斯"号的托马斯·路易斯少将①。考虑到维尔纳夫的舰队士气低沉、成分混杂、满是病员，而这支舰队的状态却相当良好，两者的实力可以说恰好相当。至少维尔纳夫本人就是这样认为的。[13]

根据考尔德的报告，阿勒芒很有可能已经与维尔纳夫会合，这将使敌舰队拥有超过 30 艘战列舰。康沃利斯对此并不怀疑。此时的他已无法动用更多的战舰，但这并不能阻止他做出局势所需的勇敢之举。[14]事实上，他已将舰队一分为二，自己仅保留着最低要求的 18 艘战列舰，其中大约 10 艘是三甲板战舰。[15]

在接到英军分兵的相关报告后，拿破仑将这一行动形容为"非凡的愚行"（insigne bêtise）。他在给德克雷的信中写道："维尔纳夫错过了多么好的机会啊！只要从开阔的海面上驶向布雷斯特，他就可以同考尔德舰队玩一出'劫狱游戏'（prisoner's base）②，然后向康沃利斯发起攻击。或者，他也可以用 30 艘战列舰击败那 20 艘英舰，进而取得决定性的优势。"[16]如此之多的现代批评者都沿袭了这一观点，但是，他们却不记得这声低吼是出自何等的愤恨和痛苦，反倒认真地

① 托马斯·路易斯（Thomas Louis，1758 ~ 1807 年），英国海军将领。1796年加入地中海舰队，在纳尔逊的指挥下参与了尼罗河口海战，表现出色。随后参与了意大利沿海的一系列战事与埃及远征。1805 年随纳尔逊参与特拉法尔加战役，但在特拉法尔加海战前夕被派出护送商船，错过海战。次年追击法国舰队前往西印度群岛，取得圣多明各海战（Battle of San Domingo）的胜利，随后重返地中海。但后因在西印度群岛染上的瘟疫去世。——译者注

② "劫狱游戏"是一种历史悠久的多人游戏，其起源可追溯到文艺复兴时期。这种游戏的形式多样，其共同特点是将参与者分为两队，让双方相互追逐，防止被对方抓为"囚犯"，同时努力去对方基地解救己方"囚犯"。拿破仑在此的寓意是让维尔纳夫躲开考尔德，然后去布雷斯特解救冈托姆舰队。——译者注

附和起这句气头上的批评之言。他们说，这个伟大的行动"违背了最简单也是最为普遍认可的战争原则"，是一个"战略失误"，是"一个足以致命的错误"，此外还有种种类似的观点。[17]

这是一个关乎海军战略之根基的重要问题。只有通过对这一案例进行小心而细致的研究，我们才能理解，为什么在数百年来的战争经验达到巅峰的时刻，这些老兵会毫不犹豫地一致做出与现代批评意见截然相反的决定。

首先，让我们来看看英国将领是怎样看待其中的风险的。很显然，维尔纳夫与考尔德之间的作战并不会得出拿破仑所希望的结果，在整场战争中没有任何证据能支持法皇的乐观推断。所有的证据都指出，二者交战的唯一结果就是让他们同时退出战场，这也正是纳尔逊的看法。当几位大臣在听到舰队解散的消息后焦虑地向他咨询意见时，纳尔逊这样写道："我丝毫不担心这里的风险。如果考尔德能与 27 或 28 艘敌舰展开近距离交战，即便他们能完全战胜我军，他们在这一年中也无法再造成任何危害。"[18]

而布雷斯特港外的康沃利斯也同样无惧拿破仑所谓的"劫狱游戏"。除"龙"号与"歌利亚"号之外，他还有 3 艘巡洋舰正监视着费罗尔，附近海域还有额外的 2~3 艘巡洋舰。[19]在报告考尔德的分兵行动时，他这样写道："各位先生应该很乐于将战舰派往其他易于收获成效的方向。"显然，他认为海军部赋予他的战略职责一直没有改变。在他看来，他们所关注的仍旧是命令中的内在精神，并以这种方式支持着远方的舰队指挥官。他总结道："我认为我现在采取的措施能够得到各位先生的认可。它的用意在于遏制敌舰队的行动，即便罗什福尔舰队已经驶入大海。"[20]

现代批评者常常忽视了海军部的长官们对这一行动的认可，但他们当然会这样做：当他们听说纳尔逊返航时，他们向康沃利斯发出的命令几乎完全等同于康沃利斯自己做出的决断。巴勒姆独自做出了与康沃利斯几乎相同的决定，这足以使所有批评者哑口无言。这一命令签署于8月19日，他命令康沃利斯在乌桑特留下18艘战列舰，然后派他的副司令查尔斯·克顿爵士及其麾下的两位将军前往费罗尔港外。康沃利斯应当交出20艘战舰，还有他能处置的所有其他兵力，以尽量使克顿拥有32艘战列舰。[21]两者之间只有一处细微的差别：海军部对考尔德的战后表现很不满意，想要解除他的指挥权。

英国本土绝不是没有意识到当前局势的危险性。就在十天之前，他们已向康沃利斯发去了正式警告，"敌人正准备从荷兰和布洛涅的港口立即发动入侵"。涨潮期已经到来，荷兰舰队随时可能驶入大海，巴勒姆在写给康沃利斯的私人信件中让他特别留意这一威胁："我只多说一句，内阁认为法军很快就要发动入侵，他们已向所有陆军部队下达了指令，我也向每处港口的海军指挥官发去了个人指示。我希望你能在涨潮时占据一个较近的位置，以便在必要时为东面的舰队派出增援。"[22]他们就是这样面对着迫在眉睫的威胁，但无论是巴勒姆还是皮特，他们都决心绝不退回防御姿态。除了那些被认为足以应对入侵威胁的部队，他们不会再为此投入更多的兵力，他们绝不会因这种威胁而放弃整场战役的攻势部署。让舰队继续集结就等同于将主动权拱手让与拿破仑，然后老老实实地进行防御。有趣的是，那些对分兵行动攻讦得最激烈的人，恰恰又是最为热切的攻击倡导者。

其中最具分量的一位批评者这样写道："将舰队一分为二的行为违背了最简单也是最为普遍认可的战争原则，它将中央位置与优势兵力的一切有利条件都交给了维尔纳夫，并被拿破仑视为一个明显的失策……这个指责恰如其分。"[23]可是，分兵行动要如何才能将中央位置交给维尔纳夫呢？如果他敢于面对他已预料到的英军大集结，朝着北方驶去；如果他奇迹般地避开了康沃利斯的巡洋舰侦察幕，并行驶到其与考尔德之间，他的确能在某种程度上占据英军防御地带的中央位置。但着眼于战役全局，位于费罗尔的联合舰队已经插在英国主力舰队与科林伍德的地中海舰队之间，如此看来，维尔纳夫早已占据了这场战役的中央位置。取得这一位置的拿破仑可以在攻向英吉利海峡或驶入直布罗陀海峡之间做出选择；而政治局势在过去几周内的重要变化已使得剥夺这种选择权变得极为关键。皮特为反击而耐心播下的种子已经成熟。正如康沃利斯所说，敌舰队的行动必须"被遏制"，地中海的制海权对于英国和盟国的联合行动至关重要。如果他们没有执行分兵，爱德华·柯德林顿①在特拉法尔加海战前夜对维尔纳夫舰队的描述就很可能实现："这支强大的兵力此时可能已待在土伦港，准备配合法国陆军在意大利作战。"[24]事实上，从费罗尔到布雷斯特的宽阔洋面才是整场战役的中央位置，这正是巴勒姆与康沃利斯决心立即重新夺回的关键地带。

在战役全局的层面上，这一行动显然与那些通行的战略

---

① 爱德华·柯德林顿（Edward Codrington，1770~1851年），英国海军军官。1805年指挥战列舰"俄里翁"号加入加迪斯港外的纳尔逊舰队，参与了特拉法尔加海战，在战斗中让三艘敌舰降旗投降。——译者注

// 英国首相小威廉·皮特 /// （作者：John Hoppner）

// 海军大臣查尔斯·米德尔顿，巴勒姆勋爵 /// （作者：Isaac Pocock）

// 皇家海军将领艾伦·加德纳，加德纳男爵 /// （作者：William Beechey）

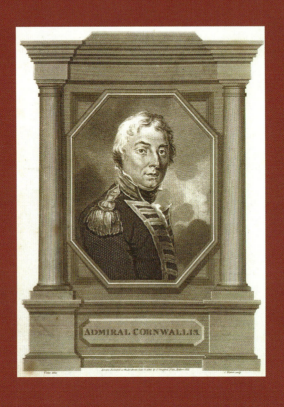

ADMIRAL CORNWALLIS

// 皇家海军将领威廉·康沃利斯 /// （作者：John Eckstein）

// 皇家海军将领罗伯特·考尔德 /// （作者：Lemuel Francis Abbott）

// 皇家海军将领霍雷肖·纳尔逊 /// （作者：Lemuel Francis Abbott）

// 皇家海军将领卡斯伯特·科林伍德 /// （作者：Henry Howard）

// 法兰西帝国皇帝拿破仑·波拿巴 /// （作者：Andrea Appiani）

// 法国海军将领皮埃尔 – 夏尔·维尔纳夫 /// （佚名，巴黎海军博物馆藏品）

// 西班牙海军将领格拉维纳 /// （佚名，马德里海军博物馆藏品）

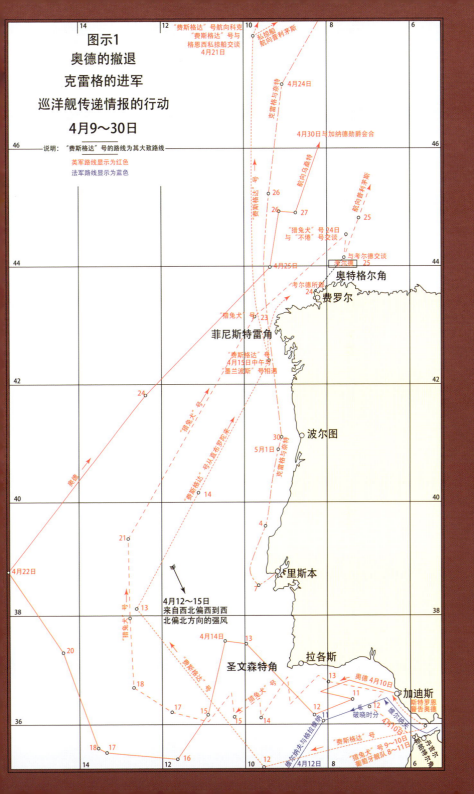

图示1
奥德的撤退
克雷格的进军
巡洋舰传递情报的行动
4月9～30日

说明："费斯格达"号的路线为其大致路线

英军路线显示为红色
法军路线显示为蓝色

"费斯格达"号航向科克
"费斯格达"号与
格恩西私掠船交谈
4月21日

私掠船
航向普利茅斯

4月24日

4月30日与加纳德勋爵会合

26

26   27

"猎兔犬"号24日
与"不倦"号交谈

25

与考尔德交谈

考尔德   25

4月25日

奥特格尔角

考尔德所乘

24

费罗尔

"猎兔犬"号   23

菲尼斯特雷角

"费斯格达"号
4月15日中午与
"墨兰波斯"号相遇

30

5月1日

波尔图

4

奥德

24

21

4月22日

"猎兔犬"号从直布罗陀驶来

14

13

里斯本

20

4月12～15日
来自西北偏西到西
北偏北方向的强风

18

17   15

4月14日   13

圣文森特角

13

"费斯格达"号

18   16

奥德 4月10日

加迪斯

13

11

斯特罗恩
警告奥德

破晓时分

11

12

"费斯格达"号
4月12日

"猎兔犬"号与葡萄牙舰队8～11日

"猎兔犬"号与葡萄牙舰队8～10日

图示 2
纳尔逊追击维尔纳夫

英军航线出自纳尔逊的原始手稿与特别指令
法军航线出自德斯奇霍的作品

英军路线显示为红色
法军路线显示为蓝色

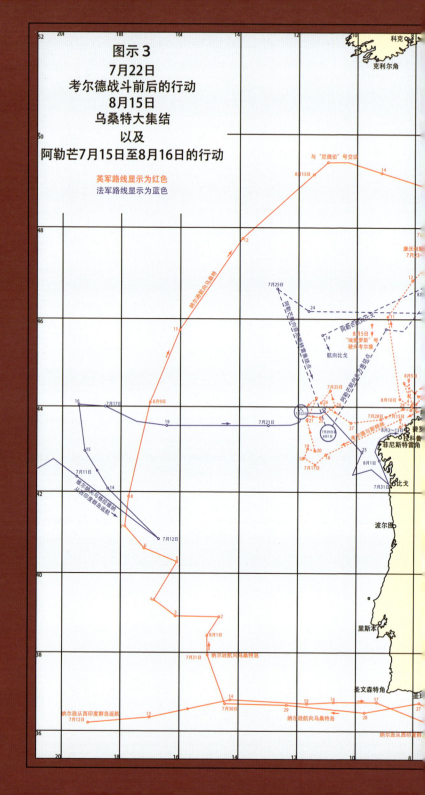

图示 3
7月22日
考尔德战斗前后的行动
8月15日
乌桑特大集结
以及
阿勒芒7月15日至8月16日的行动

英军路线显示为红色
法军路线显示为蓝色

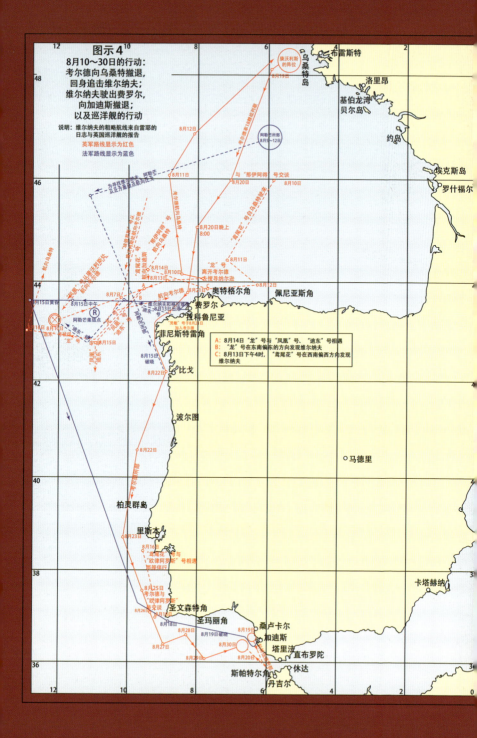

图示4

8月10~30日的行动:

考尔德向乌桑特撤退,
回身追击维尔纳夫;
维尔纳夫驶出费罗尔,
向加迪斯撤退,
以及巡洋舰的行动

说明: 维尔纳夫的粗略航线来自雷耶的
日志与英国巡洋舰的报告

英军路线显示为红色
法军路线显示为蓝色

A: 8月14日"龙"号与"凤凰"号、"迪东"号相遇
B: "龙"号在东南偏东的方向发现维尔纳夫
C: 8月13日下午4时, "鸢尾花"号在西南偏西方向发现
   维尔纳夫

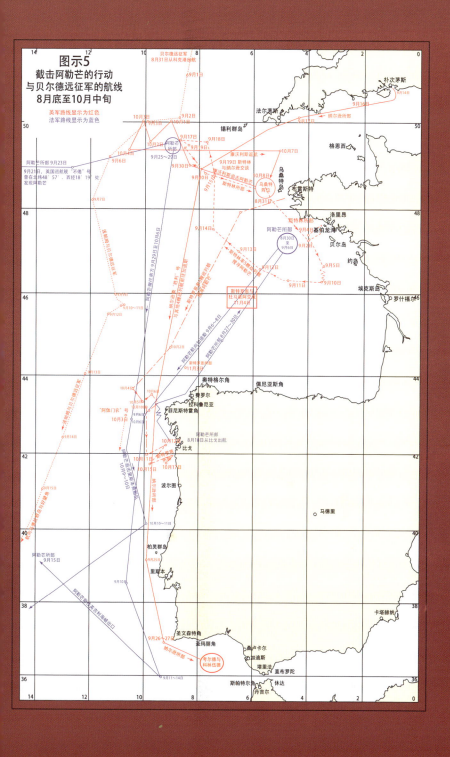

图示5

截击阿勒芒的行动
与贝尔德远征军的航线
8月底至10月中旬

英军路线显示为红色
法军路线显示为蓝色

// 1805 年 6 月 2 日，法国舰队夺取钻石礁。/// (作者：Auguste Etienne Francois Mayer)

// 横跨大西洋追击法军的"胜利"号。/// （作者：Geoff Hunt）

// 特拉法尔加海战。/// （作者：George Chambers）

// 特拉尔加海战后在风暴中散落的战舰。/// (作者：Thomas Buttersworth)

// 特拉法尔加海战中的法国战舰"敬畏"号。/// （作者：Louis-Philippe Crépin）

// 特拉法尔加之战。/// （作者：John Christian Schetky）

/// 特拉法尔加海战。/// （作者：Thomas Luny，皇家海军国家博物馆藏品）

//特拉法尔加之战。/// （作者：William Clarkson Stanfield）

// 纳尔逊之死。/// （作者：Daniel Maclise）

// 从特拉尔加角返航的英国战舰。/// （作者：Thomas Buttersworth）

// "胜利"号被拖回直布罗陀。 /// （作者：Clarkson Stanfield）

The Campaign of Trafalgar

原则完全相符。但比这更加重要的是，这一行动所体现的海上战争的特殊要求必须得到阐明。将陆上战争的基本准则用在评价海军战略之上往往会造成诸多谬误，这恰好又是一个典型案例。海军行动并不是一个纯粹的军事问题，它还必须兼顾保护贸易的使命。此时正是大型商船队驶回英国的时节，集结在费罗尔的敌舰队已对它们造成了直接威胁，它们的安全返航因此在巴勒姆的头脑中占据了首要地位。他向康沃利斯写道："东印度和西印度船队也许会在两周之内抵达，在此之前，费罗尔都是重要的（防备）对象。你应当派出尽可能多的重型巡航舰——这是它们最能派上用场的时候——让它们与船队一起驶向爱尔兰海岸。"换而言之，他按照英国海军例行的护航方法派出了一支针对敌军战列舰队的掩护舰队，同时在商船队驶入危险海域时增强了它们的护航兵力。巴勒姆接着还添上一句："我们在此时接到了你的报告，你完全洞悉到了我的想法。"[25]

在大陆军事学派培养出的正统主义者眼里，这些对基本原则的调整完全是异端之见。但事实上，每个行为的决策都要在收益和风险间达成平衡，海上强权正是以这种方式统治着海洋，追求着它的种种目的。我们在这个案例中可以看到，保护商船队的巨大意义足以使任何与之相当的风险变得合理。继续保持集结将使敌人能不受阻碍地向商船队发起攻击，也就是承认己方舰队对此无能为力，这在当时的局势中找不到任何可供辩护的依据。

那么，真的存在着实质性的威胁吗？对此时背景的细致考察足以公正地揭示出分兵行为所承担的战略风险。从考尔德所抓的俘虏口中，英军已经清楚地了解到联合舰队的状态。他们还清楚地知道，资源有限的费罗尔无法在海峡战役所要求的时限内为维尔纳夫的大舰队完成补给。面对纳尔逊位置不明的舰队，维尔纳夫的惶恐姿态早已尽显无余，这使经验丰富的巴勒姆与康沃利斯相信，他自己绝不敢冒险向北方出击。当然，拿破仑也可能强制他执行这种毫无希望的行动，但巴勒姆与康沃利斯都知道，这在实际执行中一定会失败。他们知道，联合舰队已经物资用罄，费罗尔又没有足够的资源来提供补给，那么，这就一定会导致以下二中选一的结果。要么，维尔纳夫会在港内花足够长的时间来筹集物资，这将使考尔德拥有充足的时间来完成封锁；要么，维尔纳夫将在补给未完成的状态下仓促出击，这将使他无法在出海后维持足够长的时间，继而无法执行拿破仑的战役命令。因此，如果维尔纳夫在考尔德抵达之前出航，几乎可以肯定地说，他的目的不是前往加迪斯，就是对商船队展开袭击。

如果这些推理都不正确，如果维尔纳夫孤注一掷地与考尔德玩起"劫狱游戏"，然后向落单的康沃利斯发起迅猛的攻击，结果又将怎样呢？一般认为，维尔纳夫拥有比康沃利斯更强的兵力。但必须记住的是，康沃利斯拥有 10 艘三层炮甲板战舰，其余也都是经验丰富的 80 炮战舰与 74 炮战舰，而维尔纳夫麾下的 29 艘战舰则是由两国舰船混杂而成，其中至少有10 艘——包括唯一一艘三甲板战舰——是满载旱鸭子的浮动兵营。[26] 执掌这支兵力的康沃利斯将面对两种可能性：如果他被迫应战或主动出击，维尔纳夫舰队就必将无力参与后续行动；如果他采取豪与肯彭菲尔特的旧日策略，驶向海峡以西等待考尔德前来会合，按照过往的经验，维尔纳夫与冈托姆在同他交战之前也绝不敢驶入海峡。[27]

事实上，英军已经采取了一切预防措施来应对这一局面。各处港口的海军指挥官已经接到了最紧迫的命令，令他们将一切可以浮起的舰船投入大海。按照巴勒姆的计算，已经或接近完成准备工作、可以在海峡中应急参战的兵力包括 15 艘三甲板战列舰、4 艘 80 炮战列舰和 35 艘其他双甲板战列舰，全部隶属于西方舰队。除此之外，还有基思勋爵麾下的 9 艘双甲板战列舰与泰晤士河口中正在装备的至少 5 艘战列舰。[28] 一旦巴勒姆主动承担的战略风险中最糟糕的情况出现，一旦维尔纳夫真的执行了被所有法国海军将领视为疯狂的举动，他就必将在陌生的狭窄海域中迎来与英军的决战。这将成为所有法国人和西班牙人的梦魇，将成为比 1588 年无敌舰队更为恐怖的灾难，甚至成为比特拉法尔加海战更具决定意义的惨败。

第十八章　化解危机*

我们在上一章的讨论中可以看到，在担当责任者看来，分兵得到的决定性优势足以使他们冒上相应的风险。他们准确地估算了英军位置的士气威慑力，同时也对联军向南进攻的可能性做了最为细致的防备。英军对费罗尔的监视一天也不曾中断，相反，康沃利斯为此采取了一套详尽的监控措施。在维尔纳夫开始出港的8月9日，考尔德派出了"龙"号去侦察港湾。10日凌晨，它与发现阿勒芒踪迹的"埃俄罗斯"号一齐返航，给考尔德带来了敌舰队已进抵拉科鲁尼亚、只有8艘战舰因逆风仍在费罗尔港内的消息。基于这份报告，考尔德决定驶向北方，而他紧接着又遇到了康沃利斯派来联系考尔德与斯特林的"灵敏"号（Nimble）轻帆船。它曾被维尔纳夫的巡航舰发现，并遭驱逐，但在此之前，它也同样发现了拉科鲁尼亚的联合舰队。5艘战舰正在行驶中，好像它们刚刚加入这支舰队——这一观察似乎印证了考尔德对阿勒芒已经与维尔纳夫会合的推断。"灵敏"号迅速驶回乌桑特报信，于14日清晨抵达；考尔德随后也抵达乌桑特，向康沃利斯报告了目前的态势。康沃利斯随即做出了分兵决定，"灵敏"号与其他巡洋舰被派回费罗尔，在考尔德抵达之前保持监视态势。[1]

维尔纳夫真正的行动意图向来存有争议。他是否曾真的打算与冈托姆会合？他在通过"迪东"号发给阿勒芒的信中表

---

*　本章可参见彩插中的图示4。

示，如果他在前往布雷斯特时遇到了任何阻碍，加迪斯就将是他最终的目的地。[2] 他在 8 月 10 日写给德克雷的信中也说："我正准备出海，准备看情况驶向布雷斯特或加迪斯。敌人在这里紧紧监视着我们，使我们毫无掩藏行踪的可能。"[3] 他并不清楚考尔德是否还在港外，但这还不是最糟糕的事情。纳尔逊的紧追不舍极大地打击了他们的士气，每个人都深信纳尔逊正在海平线下的某处，与考尔德一起，一旦他们驶离港口便会发动突袭。关于纳尔逊的最新消息是其正在从直布罗陀海峡赶往圣文森特角。在得知维尔纳夫出航之前，法国驻马德里大使伯农维尔将军（General Beurnonville）在写给塔列朗的信中记录了法方对此的推理："我们没有理由认为英国舰队尚未集结，因此我建议让我们的舰队指挥官集结于费罗尔。纳尔逊与考尔德拥有不少于 27 艘战列舰，其中好几艘是三甲板战舰。"[4] 联合舰队中的陆军统帅洛里斯东将军认为，英军这种可能的集结完全打乱了维尔纳夫的心绪。他在后来写给拿破仑的信中说："陛下，对纳尔逊的恐惧在维尔纳夫那里的确占据了上风。"但洛里斯东本人也无法免于这种精神压力，他在同一封信中又写道："在此之前，纳尔逊会追上我们。我们已经知道，他发誓要用那 11 艘战舰追踪我们，即便跨越半个地球也在所不惜。"[5]

　　西风将费罗尔港内的战舰迟滞了三天之久，推迟了联合舰队的出海时间。在这段无可作为的时间里，纳尔逊与考尔德会合的可能性每时每刻都在提高，法西联军承受着越来越大的精神压力。8 月 13 日，维尔纳夫终于与剩余战舰会合，但他的战意却已丧失殆尽。洛里斯东认为，在舰队即将出发、最后的报告已发往巴黎时，维尔纳夫已完全放弃了与冈托姆会合的意愿。据传维尔纳夫曾告诉他说："我已经通知了海军大臣，我们确定要前往加迪斯。"[6]

维尔纳夫发给德克雷的最后报告其实是这样写的："我正要出航，但我还不知道该怎么做。在距离海岸 8 里格的位置上，有 8 艘战列舰始终在视域之内。他们将跟踪我们，我无法迫使其交战，他们则会在布雷斯特或加迪斯港外加入各自的封锁舰队——这取决于我们要去哪里。我不怕直接告诉您，我恐怕无法击败 20 艘敌舰。我们的海军战术是过时的。我们只知道组成战列线，这正中敌人的下怀。"[7]

这封信或许可以反驳洛里斯东的说法，他似乎有意地歪曲了事实。他明显敌视着维尔纳夫，而他在写给皇帝的那封报告中也公开承认，他的目的就是让拿破仑撤换这位失去了勇气、丧失了信心、不再适合指挥舰队的舰队司令。然而，另一个最为谨慎也是最为公正的权威声音却在很大程度上印证了洛里斯东的说法。格拉维纳的参谋长艾斯卡尼奥舰长（Captain Escaño）在 8 月 13 日的日志中简要地写道："我们向加迪斯出航。"看起来，这在那一刻已经成了普遍的信念。[8]

不管维尔纳夫内心深处的意图到底如何，他已清楚地认识到，他受命要执行的行动不可能成功，甚至很难避免一场灾难性的惨败。他后来解释道："我对我军战舰的状态、对他们的航行能力、对他们一齐执行机动的能力都毫无信心。考虑到这一点，考虑到敌军的兵力集结，再考虑到他们清楚地掌握着我军抵达西班牙海岸后的一举一动，我对完成这支舰队的伟大使命完全不抱希望。"[9]

每个钟头的煎熬都使维尔纳夫更加沮丧。在他正准备朝西北方行进之前，一艘陌生帆船出现在他们的东北方。联合舰队立即打出了准备战斗的信号，转向驶往东北方的普莱尔角，并将港口保持在他们的下风方向。康沃利斯的警戒措施开始生效了——这艘陌生帆船正是他派来联系考尔德的 32 炮巡航舰"鸢尾花"号。刚驶离康沃利斯不久，它就遇到了从阿勒芒所部巡洋舰的追击中逃脱的"那伊阿得"号。在交换情报之后，"鸢尾花"号决定去费罗尔向考尔德报告。它并不知道考尔德已经解除了封锁，起初将出港的联合舰队误认为英国舰队。但它很快就看出了真相，在敌方巡洋舰的追击下逃往北方。它从敌舰队的混乱状态中看出，他们一定是刚刚出港，正准备起航。于是，它在第二天早晨再次回到港外。维尔纳夫在前一天夜晚决定出航。或许他希望掩藏行踪，于是在黑夜的掩护下改变了航向，却不料"鸢尾花"号仍旧紧跟在旁。联军的整支巡洋舰队再次将它驱逐，但在此之前，它已经摸清了联合舰队的准确兵力。下午 2 时左右，"鸢尾花"号脱离了联合舰队，朝西偏北的方向驶去。[10]

就在此时，邓达斯舰长（Captain Dundas）统领的"那伊阿得"号再次出现在它的东南方。"那伊阿得"号是康沃利斯在决定分兵时派来监视维尔纳夫的另一艘巡洋舰，已在上午观察到了部分联军的动向。两位舰长都同意加迪斯将是联合舰队的目标，他们因此决定让"那伊阿得"号向康沃利斯复命，而"鸢尾花"号则去向科林伍德发警报。[11]

邓达斯在 19 日早间抵达乌桑特。闻讯后，康沃利斯立即让他与另一艘巡洋舰"冒险"号（Hazard）向考尔德送去最新的命令与其对此时态势的明确评析："敌人最有可能驶向加迪斯或进入地中海，我并不认为他们的补给物资足以支持他们去更远的地方。首要的目标是在敌人进入港口前追上他们。敌舰不太可能搭载陆军部队，在这种情况下，他们前往爱尔兰的可能性非常小。我也不认为他们敢花时间在海上巡航，以图截击驶向英国的商船队。"因此，考尔德的任务被更改为"不要再去费罗尔港外，而应该追击敌军"。[12]

康沃利斯刚刚发出命令，海军部发来的、关于一支商船队正在驶近的机密情报就送到了他的手中。这是由雷尼尔将军（Admiral Rainier）护送的东印度船队。康沃利斯得到了他的机密航线，如果敌舰队的行动是以它为目标，他就应采取措施保障其安全。[13]但是，康沃利斯并未因此改变计划。他已经为遏制风险采取了行动，只有在十分必要或具有更高的战略价值之时，他才会采取专门的措施。而在此时，他的面前还有另一件极其重要的事。

8月21日早晨，他的前出巡洋舰打出信号，称法国布雷斯特舰队①正在出港。两天之前，沉浸在最后的乐观中的拿破仑用最强硬的口吻向冈托姆下达了一则命令，让他驶出港口、进入贝尔托姆锚地，随时准备接应维尔纳夫舰队。[14]冈托姆只得执行命令，康沃利斯则毫不犹豫地率领整支舰队做出回应。他发现法军正乱糟糟地驶出布雷斯特海峡，于是便勇敢地在正对海峡的黑礁（Les Pierres Noires）附近下锚过夜，准备次日一早顶着岸炮发起攻击。具有这种决心的人，即便面对两倍兵力之敌也不可能退缩。次日破晓，两支舰队起锚并组成了战斗阵型。他们彼此对峙，冈托姆似乎准备迎战英军，但就在双方

① 法军兵力为21艘战列舰、5艘巡航舰、1艘轻巡航舰，其中有3艘大型三甲板战舰。英军兵力为17艘战列舰、1艘巡航舰、2艘单桅快艇与1艘武装快帆船。参见 William James, *The Naval History of Great Britain: 1811 – 1827* (Stackpole Books, 1837), Vol. 3, pp. 302 – 305。——译者注

即将进入射程时，冈托姆转舵向港内退去。康沃利斯冒险地驶近法军，试图切断其后端战舰的退路，但猛烈的岸炮最终迫使他撤离。在这场由他一己发起的攻击中，康沃利斯被一块弹片击伤，可这位坚韧的老将却认为这根本不值得在报告中提起。这场行动的士气打击完全遏制了冈托姆动用其舰队的任何企图，并使他与维尔纳夫会合的行动前景更加绝望。比起这些成果，那点损失当然不值一提。

与此同时，如"鸢尾花"号所报，维尔纳夫正朝着西偏北的方向驶去。[15]当他驶出费罗尔时，一切迹象似乎都印证着他的信念——似乎有一支敌舰队在监视着自己。正在驶向菲尼斯特雷的英国战列舰"龙"号被近来的西风拖慢了行程，它与几艘英国巡洋舰位于联合舰队以北 30 英里。维尔纳夫的侦察舰将之误认为 2 艘战列舰与 2 艘巡航舰，并推测它们一定是隶属于封锁舰队的近海舰队。让这一推断更显得可信的是，另一则消息声称东北方有 14 艘帆船——显然这是错误的消息。[16]此外，他们还发现西北方向有 8 艘帆船，但查验后发现，那都是中立国的船只。[17]最后，维尔纳夫终于乘着一股逐渐变强的东北风开始向西方进军。他将费罗尔保持在自己的下风方向，但仍旧无法摆脱萦绕在心头的恐惧。

我们曾在第十五章中提到，8 月 13 日，"龙"号遇到了拖着"迪东"号驶向费罗尔的"凤凰"号，并让它与自己一同驶向菲尼斯特雷集结点。第二天下午 2 时左右，"龙"号对一艘驶向汉堡的丹麦商船进行了登船检查。或许是为了掩护"凤凰"号和它的战利品，"龙"号的格里菲斯舰长（Captain Griffith）告诉那位丹麦船主，他们隶属于一支由 25 艘战列舰组成的舰队。为了强化这一假象，他在放走丹麦船时还表演了另一出老把戏，向远方并不存在的司令官打出了一串信号旗。他刚刚完成表演，便发现一支陌生舰队在东偏南的方向上出现。他观察了对方一个多小时，对方的巡洋舰也前来探查他的身份。下午 6 时左右，他极为得意地看到敌人登上了那艘他故意播下假消息的丹麦商船，然后又匆匆返回舰队之中。太阳正要落山，在天色完全暗下之前，格里菲斯数出了 26 艘敌舰，它们似乎正朝西北方驶去。[18]为了避开威胁，"龙"号与它的伙伴全速驶向南方。第二天早晨，敌舰队已经脱离了它们的视野。它们在此分别，"凤凰"号拖着它的战利品驶向直布罗陀，而"龙"号则顶风转舵，似乎想追踪它之前看到的那支舰队。[19]

15 日上午，维尔纳夫已经接到了那艘发现英舰并登上丹麦商船的巡洋舰发来的报告，但他在信中对那则假消息只字不提。我们只知道，尽管法军已经认出"凤凰"号的战利品就是"迪东"号，但维尔纳夫并未试图去解救本方舰船。他只是继续向前航行，驶向阿勒芒的第一处集结点，认为其很有可能已回到了那里。他在中午时分靠近了那片海域，但全然不见阿勒芒的踪影。[20]事实上，他们已经错过了相遇的时机。当日破晓时，驶向比戈的阿勒芒已位于比戈与菲尼斯特雷之间。[21]这意味着他一定是在夜间近距离地穿过了维尔纳夫的航线。或许由于夜幕的掩盖，两支舰队都没有发现对方。此时的阿勒芒从中立国船只处得知维尔纳夫也曾驶向比戈。他反而决定加速向前，希望得到确切的消息。

向西行进的维尔纳夫越来越远离他想要会合的友军。不管他在驶出费罗尔时最初是怎么打算的，他在此时的想法已确定无疑。他所遇到的中立国船只印证了他最深的恐惧。洛里斯东说："自离开拉科鲁尼亚后，我们从各种船只处得到的回报全都显示，纳尔逊已经得知我们曾驶入比戈，他已经驶向北方并且一定已与考尔德会合。"[22] 分散英国舰队是战役成功的基本前提，但在乐观的法皇为此采取了如此多的措施之后，维尔纳夫却发现英国舰队集结得比任何时候都要紧密，而他自己的集结行动却已经失败。依据目前的所有情报，他几乎不可能与阿勒芒取得联系。如果要按照拿破仑的计划驶向北方，他只能动用手头的兵力。可这仅仅是一支徒具名号的舰队：驶出费罗尔港的行动表明，这支胡乱拼凑成的部队完全缺乏一支舰队应有的作战能力。继续行动只能是疯狂之举，整个战役计划显然已经破产。目前，他所执行的是德克雷于 7 月 16 日向他发出、他在费罗尔港外接到的那道命令，其中有这样一条保留规定："皇帝陛下已考虑到，某些不测可能使舰队陷入难以预料的处境，使你无法继续执行这个对世界的命运有着巨大影响的计划。唯有在这种情况下，皇帝陛下希望在加迪斯集结起强大的舰队。"[23] 维尔纳夫认为，这种情况已经出现。他为自己的行动辩护道，敌人显然已经洞悉了皇帝的计划，计划已经失败。他说："他们目前的兵力集结比之前的所有阵势都要危险，他们的兵力比布雷斯特和费罗尔舰队之和还要强大。"除此之外，一股强劲的东北风已经持续了两天，它似乎还将继续下去，维尔纳夫也不敢让他那状态糟糕的舰队顶风航行。夜幕降临后，他再次在黑暗的掩护中调转航向，朝着加迪斯驶去。

我们无从得知格拉维纳对此的看法。他的参谋长艾斯卡尼奥忠诚地保持着沉默，完全不予置评。在这一天以及此后的三天中，他在日志里只留下了这几句话："这几天里，只有捕获一艘商船的事值得一提，它被烧毁了。我们追击进入视野的所有船只，沿着航线驶过加利西亚海岸和葡萄牙。"[24] "只有捕获一艘商船的事值得一提"，这就是西班牙人在这则记录中表现出的可悲的忠心。所有人都知道，过去几天中发生的事无异于将全部的主动权拱手交给了敌人，但所有人都对此无能为力。洛里斯东向拿破仑写道："舰长们没有心思好好工作。他们不再专心看信号，信号旗往往要在桅杆上飘两三个钟头。军纪已经荡然无存。"[25]

维尔纳夫转向南方的行动并未被任何英国巡洋舰发现，但是，正要向科林伍德告警的"鸢尾花"号却已赶在他们前方，一路上广泛地传播着敌人南下的消息。15 日上午，就在它抵达菲尼斯特雷之前，它遇到了威廉·帕克爵士统领的"亚马孙"号。在驶向乌桑特之前，纳尔逊曾派"亚马孙"号去费罗尔港外打探消息。帕克接到的命令是，如果他判断纳尔逊没有前往费罗尔，他就应前往乌桑特或爱尔兰。帕克从"鸢尾花"号得知了敌军南下的情报，并得知"那伊阿得"号已带着这则情报驶向乌桑特，他就此决定直接去科克港报信。他在 8 月 24 日抵达，及时地让德鲁里制止了即将出海的东印度船队和贝尔德将军的开普敦远征军。[26]

与此同时，赶往科林伍德处的"鸢尾花"号在 16 日遇到了著名的巡航舰"欧律阿罗斯"号（Euryalus）——它的舰长亨利·布莱克伍德①是英国最为杰出的巡洋舰指挥官。他能出

---

① 亨利·布莱克伍德（Henry Blackwood, 1770～1832 年），英国海军军官。1795 年晋升舰长，此后在一系列巡航舰作战中取得辉煌战绩。1800 年曾利用巡航舰的机动优势成功使法国 80 炮战列舰"威廉·退尔"号瘫痪，并被友军俘获。1805 年参与特拉法尔加战役，并在特拉法尔加海战后作为舰队总司令科林伍德的旗舰长，随后运载被俘的维尔纳夫返回英国。——译者注

现在这恰好也是某种运气的体现。"欧律阿罗斯"号本来隶属于爱尔兰巡洋舰队。7月底，当海军部的注意力被引向泰瑟尔和维尔纳夫将驶入北海的可能性时，它被派给科克港的德鲁里，使之能够监视爱尔兰北部海岸。然而，从斯皮特黑德出航之后，它在途中接到了考尔德的战斗消息，以及一份称已迫使联合舰队向南驶往加迪斯的报告。它在8月2日抵达科克港，将此报告给德鲁里。德鲁里刚好在一天前接到命令，如果他的任何舰只确定了维尔纳夫的方位，他就应当立即去拉各斯给纳尔逊报信。他认为继续监视北方海岸已没有意义，便将布莱克伍德调出爱尔兰舰队，让他直接去找纳尔逊。[27]这当然是太迟了。当"欧律阿罗斯"号抵达特茹河口时，英国驻里斯本代理公使斯特兰福德勋爵告诉它，纳尔逊已经离开了拉各斯，有人在8月5日看到他正在里斯本以西的100里格处朝北方驶去。[28]斯特兰福德已经得到了有关维尔纳夫行动意图的消息。他在西班牙大使家中安插了一位间谍，这位间谍看到了格拉维纳在战斗刚刚结束时写来的信。据其所说，格拉维纳对他的法国同僚大加嘲讽——那些人想去加迪斯补给舰队，然后趁英军追上他们之前驶入地中海。[29]

我们并不知道布莱克伍德是否也得到了这则消息，但他立即回航，希望在菲尼斯特雷找到纳尔逊。于是，他便在此遇到了"鸢尾花"号，并从它那里得知维尔纳夫从费罗尔驶向西方的消息。这则消息当然转变了他对整个局势的判断，历来善于把握局势、不惧承担责任的布莱克伍德立即将之牢记在心。他后来向海军部解释道，基于"鸢尾花"号的情报，他认为维尔纳夫驶出费罗尔后的目的地一定是南方，便决定去南方寻找敌军。任何单独的军舰都无法完成这个任务，在这种情况下，两艘巡洋舰必须相互合作，于是他便将"鸢尾花"号留在了身边。它们将一起巡航，去确定联合舰队的方位；如果它们发现了目标，较快的一艘就应跟踪敌人，而较慢的一艘则应向主力舰队报信。他还认为，他不应继续受制于寻找纳尔逊的命令。"鸢尾花"号已经把他所知的所有消息告诉了"亚马孙"号，它与"那伊阿得"号已经覆盖了纳尔逊可能前往的所有海域。他由此决定，先去里斯本通报最新消息，随后与"鸢尾花"号一起到圣文森特角——那是唯一可以确定地遇到敌人的地点——等候四十八小时。8 月 18 日，布莱克伍德抵达了圣文森特角。一艘丹麦船只告诉他，西方正有一支大舰队朝他驶来。这只能是联合舰队，他的下一步行动立即明了无疑。他立即决定留下来跟踪维尔纳夫，让"鸢尾花"号带着消息朝爱尔兰驶去，如果可能，也应给康沃利斯报信。[30]

他们在 19 日分手告别，而在三天之前，考尔德已接到了康沃利斯的命令，率领着 18 艘战列舰开始向南方进军。在前两天中，相反的风向将他阻却在乌桑特岛附近，而现在，他决定乘着那股东北风横跨比斯开湾，直扑费罗尔港外。他相信阿勒芒已经与维尔纳夫会合，使得敌军的兵力接近己方的两倍。然而，尽管最近的战事使他遭到了诸多责难，他却丝毫没有表示要退缩的迹象，反而热切地赶往费罗尔。20 日清晨，考尔德在比斯开湾正中遇到了从康沃利斯那里追赶而来的"那伊阿得"号。他由此得知了维尔纳夫已经出港，这使他面对的局势更加困难。他打出信号，召集舰队中的所有将领；经过短暂的商讨，他决定升起满帆，加速航行。他先将航线转往更偏西方的方向，如果敌军北上，他就能横截敌军的航线。但由于仍不确定维尔纳夫是否已真的出海，不久后他又恢复了直接驶向费罗尔的航线，并派出"攻击"号（Attack）炮舰去侦察港内的状况。21 日中午，考尔德已抵达了他所熟悉的奥特格尔角西北方。[31]他在这里打消了第一处疑虑。一艘用于交换俘虏的英国船只在一天前刚刚离开费罗尔，他告诉考尔德，维尔纳夫据说已率领着 26 艘战列舰在一周之前出航。由此看来，阿勒芒并未与他会合。尚待解决第二处疑虑是维尔纳夫要驶向何方。[32]一小时后，从南方驶来的双桅纵帆船"皮克尔"号（Pickle）前来报告，称阿勒芒曾经驶入比戈。根据最为浅显的推测，维尔纳夫肯定是去那里与阿勒芒会合。考尔德毫不犹豫地转舵向西，朝着菲尼斯特雷全速驶去。

　　阿勒芒再次面临灭顶之灾，事实上，他此时正在向考尔德迎面驶来。8 月 16 日，他在比戈港外得到了维尔纳夫留下的命令。维尔纳夫让阿勒芒去费罗尔与自己会合，如果到时发现自己已出航，他就应当去布列塔尼半岛南方的庞马尔克（Penmarcks）。阿勒芒在第二天匆忙起航，他顶着东风与东北风，竭力驶往菲尼斯特雷，而考尔德却正好要从那里驶来。

　　在菲尼斯特雷角的另一边，被康沃利斯派来传达最新指令的巡航舰"灵敏"号也在 21 日加入了考尔德的舰队。它在一天前抵达费罗尔，从考尔德的侦察舰"攻击"号那里得知了他的方位。它扬着全帆赶上了考尔德，为他带来了康沃利斯的命令与另一则至关重要的情报。一位葡萄牙船长曾告诉它，维尔纳夫在一周前率领 29 艘战列舰与 10 艘巡洋舰向西出航，可能前往加迪斯或圣多明各。[33]考尔德首次得知联合舰队的准确兵力，他立即下令保持向西航行，但同时仍想弄清比戈港内的情形。次日上午 9 时，他已经抵达菲尼斯特雷角，便派出数艘巡洋舰前去比戈打探消息。截至此时，他并未发现阿勒芒的踪影，这不得不说是又一个奇迹。在起航的四天后，阿勒芒的幽灵舰队已经抵达了拉科鲁尼亚以北的锡萨加斯群岛（Sisargas Islands），他一定曾在此前的某个时刻与考尔德擦肩而过。第二天，发现维尔纳夫已经离开了费罗尔，阿勒芒便转向北方，希望在庞马尔克与之会合。

当日夜里，考尔德接到巡洋舰回报，称罗什福尔舰队已在四天前离开比戈，向北驶去。与此同时，他还遇到了另一艘巡洋舰"少女"号（Poulette），它被派往加迪斯寻找纳尔逊，又被科林伍德在两周之前遣回。在此期间，它并未发现维尔纳夫。但他们也有可能在夜间相向驶过，如果是这样，维尔纳夫仍可能位于南方。毫不夸张地说，考尔德在此面对着一个比康沃利斯先前的决定更加令人焦虑的难题。维尔纳夫到底是去了南方还是北方？他所拥有的唯一确切的信息——阿勒芒的航向——显然更支持北方，但英军并未发现他的踪影。考尔德或许听从了自己的直觉，他勇敢地决定向南方进军。由于缺乏敌人的准确消息，他决定沿着海岸驶向圣文森特和加迪斯。他对康沃利斯解释道，如果敌人没有南下，他就能在此找到科林伍德；如果敌军确已南下，而科林伍德已被逐退，他也能在某个集结点上与之相遇。"如果他们没有南下，我确信科林伍德将军①会准许我去乌桑特与您会合。"

考尔德在第二天继续向南进军，并派出一艘巡洋舰去里斯本打探消息。24 日早晨，他的焦虑终于得到了缓解。英国领事甘比尔派来的一艘小艇为他带来了一则消息，证实联合舰队此时就在加迪斯。考尔德再次召集了将官会议，他们决定加速

---

① 科林伍德的军阶比考尔德高。——译者注

向前，去锁住敌军的大门。[34]

黄昏时分，考尔德在距圣文森特角不到 20 里格之处遇到了"欧律阿罗斯"号，考尔德由此得知了敌人的整个行踪。正如布莱克伍德所料，他在"鸢尾花"号离开后不久就发现了联合舰队。敌舰的凶狠追击丝毫不能动摇他的决心，但在摆脱追击之后，他却发现自己无法去通知科林伍德，因为那样必须要穿过敌人的舰群。他只得先通知了"凤凰"号——它正拖着战利品前往直布罗陀，闻讯后只好转向北方，朝英国本土驶去。

因此，加迪斯港外的科林伍德近乎在锚地上遭到奇袭。他在当月 21 日向妻子写道："我必须告诉你，我们昨天经历了多么紧张的事。我们正在港外巡航，拥有 36 艘战列舰的联合舰队忽然驶来。我们只有 3 艘可怜的战列舰，还有 1 艘巡航舰和 1 艘臼炮船，只得向海峡方向撤退。"[35]两天前，他得到了或许是来自甘比尔的警告，对将要发生的事已有所预料。他仍在思念着家人和家园——"橡树、森林、嫩绿的草甸"——但在此时，他已经做好了准备。他打算保持直布罗陀海峡敞开，让卡塔赫纳港外的比克顿所部与他位于丹吉尔的第四艘战舰前来会合，如遭追击则退往海峡的另一边。

事实上，科林伍德的处境并不危险。敌军意志已是如此消沉，位置不明的纳尔逊舰队仍旧是纠缠着维尔纳夫的梦魇。他的巡洋舰常常打出错误信号，不停发来在周围海域发现舰队的混乱报告。最新的一则消息是，一艘瑞典商船在海峡内看到了 8 艘军舰，还有 12 艘在直布罗陀，3 艘在加迪斯港外。维尔纳夫悲叹道："这就是纳尔逊，他在这里统帅着 23 艘战列舰。"由于担心笨拙的舰队遭到突袭，他唯一的念头就是尽快驶入安全的港口。格拉维纳曾试图追击科林伍德，但维尔纳夫很快就将他召回。8 月 20 日，整支联合舰队灰溜溜地回到了加迪斯港内。

让联军舰长们更加气恼的是，科林伍德在第二天就悄然恢复了封锁，现身于港外。这个与奥德截然相反的决定的确需要极大的决心，但是，我们并不能将这两个案例等量齐观。奥德所面对的是一支刚刚开始其宏伟冒险的崭新舰队，而科林伍德面前则是一支物资枯竭、任务失败、正在败退的疲敝之师。北方某处一定有一支友军追赶在他们身后，那支舰队不用多久就能为他提供支援。我们不应贬低奥德，但仍应高度赞扬科林伍德的表现。此时此刻，他无从得知敌人的士气状态，只能预计他们马上会重新出海。他在 20 日给甘比尔的信中写道："他们驶入加迪斯是为了装载物资，我估计他们很快就会再次出航，并得到港内 8 艘战舰的增援。"第二天，他又向妻子写道："我们正监视着加迪斯，里面的敌舰就如同森林一般。我希望有人能尽快前来支援，同时，我一定会尽力照顾好自己。"他并未等待多长时间。正在岸上养病的比克顿已听说了海峡以西的事态，他立即撤销了对卡塔赫纳的监视，派出麾下战舰前去增援他的长官。8 月 28 日，两支舰队在加迪斯港外会合，两天之后，考尔德也在此出现。

这就是那"非凡的愚行"的结果。凭借着果敢的胆识和睿智的洞见，巴勒姆和他的同僚们同时保卫了英吉利海峡和地中海，他们并未在防御位置上消极等待。只要舰队能把握局势，他们就绝不会跟从于拿破仑的调动，反而能将他的把戏掌控在自己手中。现在，拿破仑只剩下陆军可以动用了，除了阿勒芒那支行踪难测的小舰队，他的整支海军都已身陷囹圄。战役的大危机结束了。

第十九章　回归攻势[*]

　　战役的形势发生了转变。在英国与法国的角斗中，英国再次掌握了主动权。用军事术语来说，"攻势回归"已经出现。现在轮到英国来发起攻击，法国则被迫退回防御。这是皮特自其上任之始就悄然谋划的态势，拿破仑却从未料到这种情况。正如我们所知，他最终选择用一场堪称其军事生涯之巅峰的辉煌战役来应对这种局面，但在一开始，他却顽固而迟缓地拒绝承认这一点。他的自尊和威望受到了如此沉重的打击，他用浮夸的想法来维系的心理平衡也被打乱。天命的眷顾似乎背他而去，但出于逆反心理，他拒绝承认皮特已经将他挫败。他竭力抵制着不光彩的真相，这样的狂热足足持续了三周——也正是纳尔逊上岸休假的同一时间。最终，他还得要面对这一切。他发现欧洲就像一个在他脚下蠢蠢欲动的弹药库，皮特并未如他料想那般退缩，反而偷偷伸出了一根试图将其引爆的火绳杆。随后，拿破仑表现出了英勇无畏的姿态。为了尽全力掐灭那阴险的导火索，他只得牺牲了舰队。这就是对我们将要追索的戏剧性结论的简要概括。

　　迟至 8 月 22 日，拿破仑才得知联合舰队已驶出拉科鲁尼亚，他也由此得知，自己对维尔纳夫无理拖延的激烈谴责并无依据。他再一次乐观了起来——或者说，是准备孤注一掷。他固执地相信维尔纳夫仍有可能前往布雷斯特，便向冈托姆

---

* 本章可参见彩插中的图示 5。

打出信号，令他禁止维尔纳夫驶入港口装载物资。冈托姆则应在维尔纳夫打出信号后立即出海，整支联合舰队应在他的指挥之下立即驶向英吉利海峡。与此同时，拿破仑还让德克雷通知维尔纳夫，如果他真的去了加迪斯，他就应当立即装上可供使用两个月的给养物资尽早驶向北方，不许有一刻的延迟。

这些对策当然毫无成功的希望，但在此时，拿破仑已发觉了皮特伸出的火绳杆。此前，他毫不怀疑他那气势汹汹的威胁足以震慑俄国和奥地利；但在此刻，他得到的消息却称克雷格与 6000 名士兵已经抵达马耳他，并与那不勒斯和科孚岛的两位俄国将领保持着密切联系。尽管这支兵力微不足道，但它对拿破仑的重要性却不能用人数来衡量。这使得他开始意识到奥地利此次动员的严重性——他本来期望这次也能如年初一样，在他提出要求后就立即停止。很显然，他必须采取其他措施来加强他的威胁。对于俄国向普鲁士的施压，他已决定以汉诺威为代价换取普鲁士的支持。由于维尔纳夫的来信使得整个局势如此难以预料，他决定让普鲁士立刻做出答复。[1] 就在维尔纳夫信件抵达的同一天，拿破仑向他的外交官发出了一则强横的指令，让普鲁士国王马上做出抉择。他让驻普鲁士大使告诉国王，如果其接受了他提出的条件，这就能吓阻俄国和奥地利，使他能腾出手来继续执行海上战争，而这就是他满意的结果。但留给国王应允的时间只有 14 天。一旦他解散了海滨大营，一切就再难回头：虽然他的海上战争计划将会失败，但普鲁士也会失去这份报酬。[2]

不管英国的陆军行动与这个冷酷的外交举动有多大关联，这显然令拿破仑感到了某些不安。腓特烈大王和老皮特曾经深知，一支远征军往往能拥有远远超出其自身兵力的扰乱能力。现在，这条旧日的法则开始生效了。克雷格的远征军足以在拿破仑最薄弱之处夺下一处立足点，而在这支小小的前卫背后还有什么计划却没人能说得清。贝尔德远征军正在此时起航向南驶去，拿破仑并不知道他的目的地。不仅如此，在7月底，皮特已经按照他父亲的计划，开始筹建一支兵力强大得多的预备军，"既可作为威慑，也可以攻击敌人或者他们的海外领地"。卡斯尔雷认为，这支军队可能由3.5万名步兵和1万名骑兵组成。与此同时，在保障本土防卫的前提下，全副武装的1万名士兵将会集结在朴次茅斯或科克港附近，充分保证其装备与补给，以准备随时登船出击。[3]

这个把戏并不新鲜。拿破仑自己也曾用马尔蒙的军团与荷兰运输船在泰瑟尔施展这种诡计，他非常清楚这种难以忽视的扰乱能力。在向柏林发出那则强横指令的第二天，他向塔列朗写道："塔列朗先生，在考虑欧洲局势时，我越发感到我们迫切需要做出一个重大决定。其实，我已经丝毫不指望奥地利的解释了。它只会用好听的说辞争取时间，阻止我在这个冬天采取行动……到4月，我将在波兰面对俄国的10万大军，他们将由英国提供装备、战马和火炮；在马耳他，有1.5万~2万人的英军，在科孚岛还有1.5万人的俄军。到那时，我将陷入艰难的处境。现在，我已经做出了决定。"[4]

即便如此，他仍然坚持着——或者说，假装坚持着——维尔纳夫将于最后关头出现在布雷斯特的希望。拿破仑在这封信中继续写道："如果他要执行他的指令与布雷斯特舰队会合，然后驶入海峡，他仍有时间；那么，我就将成为英格兰的主人。相反，如果我的海军将领犹豫不前……我就只能等到冬天让船队直接渡海。在这种情况下，我的处境将最为紧迫。我将让第三营接替野战营进驻营地，使我在布洛涅仍能保持一支足够可畏的大军。"① 最后，他让塔列朗起草一份向奥地利宣战的檄文，但暂时不要发出。拿破仑想把它藏到最后一刻，以此获得领先敌人的两周时间。

事实上，这是由于他收到了来自德克雷的强烈抗议，后者认为联合舰队不可能出现在布雷斯特。憔悴的海军大臣毫不怀疑维尔纳夫将前往加迪斯，同时，他完全不能接受拿破仑让它们与加迪斯和卡塔赫纳的西班牙舰队会合然后折返北方的命令。他被主上的轻率所激怒，甚至就自己那凄惨职责的意义提出抗议：

> 陛下，我恳求您不要让西班牙战舰再编入您的舰队……我不知道还有什么境遇能比我更加痛苦。我恳请陛下考虑到，我并没有私人动机，全都是为了您的旗帜和荣誉。如果您的舰队去了加迪斯，我恳求您将之视为命运的裁决，让您能够用它执行其他的行动。我恳求您不要让它从加迪斯驶回英吉利海峡……最重要的是，我恳求您不要命令它仅仅装上两个月的给养物资就试图出航。我记得，德埃斯坦先生（Monsieur d'Estaing）从加迪斯驶向布雷斯特花了七八十天，也许更长时间。[5] 更重要的是，为了陛

---

① 在1805年，大多数法国陆军军团（regiment）由三个营组成，前两个营为野战营，第三营则在后方作为补充和整训营。在这里，拿破仑计划将在布洛涅驻扎的各军团野战营投入对俄奥的作战，同时让各个军团的第三营作为预备队进驻大军团营地。参见 Frederick C. Schneid, *Napoleon's Conquest of Europe：The War of the Third Coalition*（Greenwood Publishing Group，2005），p. 116。——译者注

下您的海军，我或许要阻止发布这些致命的命令；然而，我的职责又应当强烈支持这一命令。如果将要这样，我会比之前更加成功！然而，拥有航海知识对我来说真是一种不幸，我无法用它对陛下您的计划造成影响，它则让我对此毫无信心。是的，陛下，我的职位实在太令人痛苦了。我责备自己无法说服您，但似乎任何人都无法说服您。我恳求您为海军行动成立一个讨论会，成立一个海军参谋部，那或许更适合于您。一位在海军的各个方面都对您言听计从的海军大臣势必无法正常地履职，即使不变得有害，也无法对您军队的荣誉做出任何贡献。

这是一封如此忠诚、如此明智而又如此令人心碎的信，即便是拿破仑也无法置之不理。或许就是这封信最终扭转了拿破仑重大的战略布局。第二天，他向贝尔蒂埃元帅发去了攻向维也纳的进军路线；8 月 25 日，拿破仑告诉塔列朗，关于侵英计划的一切都已终结。截至此时，他并未将失败归咎于维尔纳夫，而是坦率地承认了自己在军事和政治局势方面的误判："我从未料到奥地利人竟是如此顽固，不过，我在一生中常常犯下错误，我并不会因此而感到羞愧。"[6]

尽管拿破仑的兵锋已转向东方，但他本人仍旧固守在布洛涅。他必须隐藏这些行动，必须在奥地利起疑之前赢得领先敌人的两周时间，也需要保障后方的安全。最后，他还必须面对英国不再处于防守姿态的事实。它的军队已经能自由地发起攻击；为了改变进军方向，他必须严肃地重视这一点。

贝尔蒂埃在 8 月 26 日收到了进军的命令。次日，拿破仑让塔列朗将英国陆军的情况划入其海军情报部门的职能范围。

该部门的长官应当"随时保有一个情报箱，里面分门别类地记录着英国陆军的所有行动，包括炮兵，还有将领和参谋人员的驻地"。一旦准备妥当，其就应该发来一套副本供他自己使用。[7] 在接下来的几天里，拿破仑对英军的动向相当关切。他在布洛涅部署了防御部队，以防英军为了摧毁运兵船队而登陆发动突袭。他还命令马尔蒙在率军东进之前必须向荷兰人确保，一旦他们在法军离开后遭到来自海上的攻击，他的军队会迅速折返以提供防御。拿破仑还告诉刚刚被派去柏林、强迫普鲁士国王做出决定的特使杜洛克（Durco），他其实并不在乎是否让出汉诺威。如果普鲁士拒绝了提议，他就将在哈默尔恩（Hameln）部署 3000 人的卫戍部队，希望用它来牵制前来围攻的 3 万 ~4 万名的英军士兵——他意味深长地说："腓特烈从布拉格打到罗斯巴赫（Rosbach）并没花多长时间。①"[8] 他估计英国能动用的兵力是 4 万人，刚好和卡斯尔雷提出的数字相一致。[9] 他显然认为英军的战斗力相对低下，因此只在布洛涅留下了 2.5 万人的防御兵力，再加上将运兵船队的水手编成军团所需的军官。他告诉贝尔蒂埃："如果英军兵力低于 4 万人，他们就无法取得任何战果。"[10]

就在拿破仑全神贯注准备出击时，他从伦敦的间谍处首次听说了康沃利斯分散舰队的消息，随即开始大发雷霆。在他不希望英国舰队集结时，他没能将它们分散；而在他最不希望英

---

① 七年战争时，普鲁士统帅腓特烈二世先在 1757 年 5 月 6 日的布拉格战役中击败从东进逼的奥地利军，后于 11 月 5 日的罗斯巴赫战役击败从西进逼的法军。拿破仑暗示道，只要卫戍部队能拖住英军一段时间，法军主力就能在击败俄军、奥军之后回身迎战英军，达成各个击破的目的。——译者注

国舰队分散时，他又没能迫使英军保持集结。他发现，他被自己所鄙视的水兵耍得团团转，而他唯一的排遣方法就是称他们为奇蠢的笨蛋，并自欺欺人地把所有错误归咎于维尔纳夫错过了这个大好时机。事实上，正如我们所看到的那样，如果维尔纳夫在抵达费罗尔后如拿破仑希望的那样立即北上，他就会一头撞上集结起来的英国舰队；如果他在英国舰队分兵之后北上，成功地躲过英军驶入海峡，他就会发现大军已经离开了布洛涅大营。事实上，在拿破仑得知维尔纳夫驶入加迪斯的两天之前，他就已经遣散了运兵船队；而早在一周之前，他就已经决定在奥地利完成战备前发动攻击。维尔纳夫能否出现在布雷斯特，与这一切已毫无关系。

直到 9 月 1 日，拿破仑才接到了维尔纳夫驶入加迪斯的消息。[11]在同一天夜里，"欧律阿罗斯"号正在怀特岛以西的针礁（Needles）附近全速航行。布莱克伍德携带着他的情报，花了十天便从圣文森特角赶到这里。为了不浪费任何时间，他在索伦特海峡外侧跳下了巡航舰，随后在利明顿（Lymington）登岸，坐上一架四轮马车彻夜疾驰。第二天清晨，他顺道在默顿（Merton）叫醒了在此休假的纳尔逊，将令人激动的消息告知他，随后继续向海军部狂飙而去。[12]

对英国政府而言，布莱克伍德带来的情报无疑终结了此前的紧张焦虑。他们不仅得知维尔纳夫正在加迪斯，还得到了拿破仑尚不知晓的、考尔德已经完成封锁的消息。值得再次说明的是，让英国政府焦虑的并不是法军的入侵计划，而是驶向本土的商船队和即将出发的远征军遭到袭击。集结于费罗尔的敌舰队使他们面临着急迫的威胁，而维尔纳夫在完成补给前从拉科鲁尼亚仓促出航更极大地加深了他们的担心。向西驶去的联合舰队直接威胁着一支东印度商船队，即便躲过此劫，它也可能成为阿勒芒舰队的目标。这支船队在本土引起了超乎寻常的焦虑。这不仅是由于它运输着价值极高的货品，更是因为提供护航的 64 炮战列舰"三叉戟"号（Trident）上搭乘着两位不容损失的重要人物。其中一位是东印度舰队的前任司令官雷尼尔将军，爱德华·佩留爵士刚刚接替了他的指挥权；另一位更重要的乘客则是阿瑟·韦尔斯利爵士，他在起程前已结束了辉煌的马拉塔（Mahrattas）战役，消除了法国扰乱印度的所有威胁。这支船队已经在南大西洋的圣赫勒拿岛（St. Helena）收到了秘密航线，但威胁并未因此而消解。[13]

如果法军夺取了这支无价的商船队，英国不仅将失去一位杰出的陆军将领，国家财政也会遭到灾难性的打击。商业利益与国民士气都一致要求，要不惜一切代价保障它的安全。8 月 27 日，在尚无证据表明拿破仑已放弃其侵英计划时，焦虑万分的海军部向康沃利斯发出了指令：如果他的兵力足够强大，他就应派出一支由 4～5 艘战列舰组成的分舰队到锡利群岛西南偏西约 100 里格处接应被威胁的船队。考尔德此前已经接到指示，如果他发现维尔纳夫和阿勒芒要以商船队为目标，他就应当担负起掩护职责。发给康沃利斯的新指令则要求道，如果这支分舰队发现考尔德在附近执行掩护任务，它就应当考虑与之会合。[14]

目前亟待解决的疑问就是联合舰队的真正目标和它的下落。当纳尔逊抵达伦敦时，这就是大臣们急切地前来咨询的问题。8 月 19 日夜间，纳尔逊踏上了英国的土地。此时的他正在担心等待自己的会是什么：在他看来，自己没能完成任务，中了敌人的诡计。但他很快就安下了心。他的英勇冲刺拯救了西印度群岛，并重新唤起了人们对尼罗河口与哥本哈根的那位英雄的所有热情。他在朴次茅斯受到了热烈欢迎，而当他抵达伦敦时，更受到了无边无际的崇拜与美誉。过分的谀美使得一些清醒的人士感到有必要提出抗议。《海军记事》（*Naval Chronicle*）的编辑这样写道："如果疯狂的入侵行动真的发生，而尼罗河口之战的英雄就在我国海岸，公众将会因此而感到更加安全。但让我们十分痛惜的是，错误的认识与过高的公共声望正要把纳尔逊勋爵塑造成另一尊'半人半神'，这将损害其他所有海军军官，其中不少人与这位高尚的将军有着同样的功劳、同样的才干与同样的勇敢。"[15]

但这一切都无法阻挡那股潮流。群众、城市和大臣们全都被卷入其中，纳尔逊也不无反感地发现，自己被当成了一位魔法师——尽管他的确拥有德雷克传说中的那面魔镜，能用它看到"敌舰曾做出的所有动作，清点他们的兵员"。8 月 23 日，他在抵达伦敦的第一天就见到了卡斯尔雷和皮特，他发现他们"满脑子都是敌舰队"，正指望他说出敌人的下落。第二天，他向他最为亲信的幕僚、与他一同上岸休整的"华丽"号舰长济慈写道："我现在被当成了一个巫师，天知道他们什么时候会发觉我根本就不是。他们向我提出一些我不愿回答的问题，如果我猜错了一点，我的魔法就会全部消失。"

巴勒姆独自远离着喧嚣。两位伟大的水兵几乎互不相识，但在海军大臣那冷静坚毅的头脑中，肯定有什么东西抵触着纳尔逊那浓墨重彩的天才。或许，巴勒姆也像其他许多人一样，把纳尔逊看成了一个装腔作势的家伙。他的大部分成就似乎都源于虚荣心作祟，而从表面看来，他那冲动的性格更让人无法在危急关头加以信赖。毫无疑问，此时最重要的问题是应当让谁出任地中海舰队的指挥官，此时的地中海已然成为海军利益的核心所在。经验丰富的纳尔逊是自然的人选，但巴勒姆——同纳尔逊本人一样——仍怀疑他近来的表现是否思虑周全。在这位民族英雄刚刚踏上陆地时，巴勒姆就向他提出了上交日志的冷酷要求。纳尔逊申辩道，他从不知道一位舰队总司令还要上交这种东西。好在他随身保留着一份日志，其中有大追击过程中两段时间的记录。他将此提交了上去，很快就收到了回复。一个最为权威的声音告诉我们："巴勒姆勋爵一收到……纳尔逊勋爵的日志，就仔细地阅读了所有行文，这使海军大臣对这位将军的品格有了更全面的了解。事后，巴勒姆勋爵大方地承认，他从未如此彻底地赞赏过这种非凡的才能。针对纳尔逊将军近来行动的评论立即被发往内阁，巴勒姆勋爵在其中担保道，纳尔逊应当得到完全的信任，他能力出众，并完全理解其中的政治关系，比任何人都更加适合承担这一职责。"[16]

从这一刻起，英国政府开始坦诚地将纳尔逊视为一个对战争至关重要的人物；在皮特的战争计划中，在地中海展开一场大胆反击的时机也已经成熟。巴勒姆就海军装备问题广泛地征求纳尔逊的建议，这占据了他的大部分时间，我们也将看到它在未来装备发展方面的丰硕成果。对于其他内阁大臣而言，纳尔逊的政治智慧也同样可贵。英国与大陆国家的关系仍在不确定中，在纳尔逊登陆的一周前，一位国王的信使从圣彼得堡回到了英国。在上一封信中，列文森－高尔让皮特等待着俄国人批准盟约的好消息，但现在，他只能告诉首相，沙皇仍然犹豫不定。圣彼得堡在马耳他和航海法典问题上施加了更大的压力，但高尔坚决回绝，甚至不容商议。一位俄国大臣向他暗示道，沙皇有可能重启武装调解；但高尔毫不动摇，他向政府保证道，不含调解条款的盟约在数日内就可能通过。对于奥地利，他的看法甚至更加乐观。奥地利已经向沙皇做出了保证，它决定与俄国同时展开行动，不给拿破仑留下各个击破的时间。也就是说，奥地利已经制定好了与俄国联合作战的战役方案。他们向高尔传达了这一部署：5.5 万名俄国士兵将在 8 月中旬进入加利西亚（Galicia），然后在两个月里与奥军会师于巴伐利亚（Bavaria）边境。根据计算——事后证明，这是最为可悲的计算——他们将领先拿破仑二十天时间。卡尔大公（Archduke Charles）将出任联军总司令，不受维也纳的妨碍。[17]

　　这一切都很顺利，但皮特尚未得到能让他继续行动的可靠前提。然而，在纳尔逊抵达伦敦之时，局势终于稳定了下来。高尔如他预料的那样宣布了盟约生效的消息，联合作战已经开始进行。俄军在 8 月 20 日开始穿过奥地利，而另一支前往施特拉尔松德的 1.6 万人的军队也已整装待发。他们请求让位于英国的汉诺威军队也加入行动，并让英国政府尽快与瑞典达成关于补贴金额的协定。[18]

　　显然，在法国的另一侧展开猛烈攻势的时机已经来临。不幸的是，意大利南部局势仍然很不稳定，但纳尔逊对此的深入了解却堪称英方的天赐福音。目前的困难在于，英国本土还并不知晓艾略特与俄国将领商定的联合方案，甚至不知道克雷格是否抵达了马耳他。[19]艾略特发来的最后消息是，巴黎派来了一位残暴无情的特使，试图威逼那不勒斯王室承认拿破仑的新头衔。他们在任何时候都可能退缩，而莱西——那位俄国将军——希望立即将他的部队转移到科孚岛去。他已经向克雷格急迫地提出了联合作战的要求，但尚未得到任何回应。[20]

拿破仑的暴力威胁很可能让那不勒斯放弃那微弱的抵抗。如果克雷格如期抵达，他很可能要被迫从那不勒斯手中夺取墨西拿，从而保住对英国至关重要的西西里。纳尔逊曾长期呼吁派部队来应对不测的局面，现在的他焦急地想知道克雷格将如何行动，但卡斯尔雷却无法给出确切的答案。纳尔逊向亚历山大·波尔写道："他就像一个念叨着要做好事的布道牧师，所以大臣们都说我们的部队会为国家利益做贡献。"在如此模糊不清的局势中，纳尔逊仍坚持着他一贯的看法，认为保卫撒丁岛是破解难题的关键。只要他拥有撒丁岛作为基地，他就能保证西西里的安全。[21]

他的意见得到了尊重，事实上，英国政府已经拨出了4万英镑用于在必要时组织撒丁军队。但核心问题很快又转到了另一方面。9月1日，列文森－高尔发来了另一份报告，称奥地利已经派出一位全权代表来签署同盟条约，却在细节问题上屡屡发难。由于对北意大利的胃口没能得到满足，奥地利决定在最终的欧洲秩序方案中加入恢复撒丁王国的特别条款。它仍试图在开战之前进行一次和平斡旋，尽管俄国最近的调解尝试已经失败，同时它还希望皮特能立即开始支付陆军补贴。高尔自然拒绝了这些提议，他向马尔格雷夫警告道，奥地利宫廷是如此软弱和优柔寡断，即便它在某些积极的时刻被迫做出保证，它也仍然不值得信赖。奥地利提出的作战方案同样无法让人满意。它希望将主力部队用于北意大利，并要求克雷格与莱西的部队也加入其中。对英国来说，这是一个不容商量的问题。这一方案将剥夺克雷格发起两栖作战的能力，而其恰恰是这支远征军最具价值的能力；此外，它还会危及西西里的安全。于是，高尔再次回绝了提议。[22]

在同一个邮包里，高尔还发来了俄国胁迫普鲁士参战的行动细节和俄方在北欧地区提出的新要求。高尔写道："他们试图用这种行动的好处来说服我。如果我们在英国海岸做出展开行动的姿态，在唐斯集结运输船，再把部队调动到海边，这就会极大地加剧波拿巴的不安。"他们希望英国军队能在战役开始后在易北河口（Elbe）登陆。[23]

这些方案对皮特毫无吸引力。它们的时机尚未成熟，他不希望在局势仍十分危险时被卷入这些超出其兵力所及的冒险。事实上，这些计划在总体作战方案中也并未得到认真的对待。这项工作由奥地利的马克将军①组建的联合军事委员会来负责。马克在军事管理方面有着良好声誉，但他并不是一个能加强互信的角色，结果，委员会提出的部署建议全都带有强烈的有利于己方的色彩。因此，皮特毫不犹豫地支持了高尔的反对态度。马尔格雷夫在回信中写道："这些提议和行动计划将对我们在战役开始时的进攻造成诸多困难，使我们无法有条理地展开主动而积极的行动。"对于俄国提出的特殊要求，他答复道，英国已准备好为每一名士兵提供补贴，但在主要行动充分开展之前，派兵到易北河和威悉河口（Weser）与瑞典和俄国联合作战对战争并无帮助。这当然是严格遵照着那条原则：只

①　卡尔·马克·冯·莱贝里希（Karl Mack von Leiberich，1752～1828年），奥地利陆军将领。骑兵出身，曾是奥皇约瑟夫二世亲信随从官。1798年起指挥那不勒斯军队，在此与纳尔逊结识。随后因作战失利、人身安全受到威胁而投奔法军避难，两年后以战俘身份遭返。1804年被起用为陆军军需主官，竭力推动陆军改革。1805年成为德意志军团的军需主官，并担任事实上的司令官。10月15日随奥军主力在乌尔姆向法军投降，被释放后参加12月2日的奥斯特利茨会战，再遭惨败。——译者注

有纯粹的跨海远征才能对大陆战争造成实质性的影响。[24]

我们并不知道纳尔逊在反法同盟的总体格局上贡献了多少意见。但有一项贡献特别值得一提。在 1798 年，他曾与被派来指挥那不勒斯军队的马克将军相识，并深信由其负责的行动不会有什么好结果。尽管政府并未就此征求他的意见，他还是尽力通过老友克拉伦斯公爵（Duke of Clarence）威廉·亨利①提出了毫不客气的警告。根据记载，他说："如果公爵殿下与政府有任何联系，请别让马克将军得到那份工作，据我所知，他是个流氓、骗子、懦夫。"[25]出于对国外政治的特别兴趣，他可能还提出了其他的建议。他那位诚实的神父曾告诉我们："他对时局气氛的理解不逊于任何一位大臣。"的确，他自己也承认他只有极少的时间待在英国，伦敦更是只去过四次，而且绝大部分发言都围绕着海军事务。[26]但与他同时代的传记作者指出，"他拜访了许多部门，向大臣们介绍主要在地中海暴露出的威胁。错误的政策被坚持了如此长的时间，鉴于目前的政治局势，欧洲很可能会发生一些大事和一些改变"。[27]威灵顿公爵有关两人在卡斯尔雷会客厅里那次交谈的著名记述也能证实这一点。在安全回国的"印度将军"（Sepoy General）前来报到时，纳尔逊也在此等着与卡斯尔雷告辞。起初，威灵顿也像巴勒姆那样对纳尔逊自负的言辞产生反感："如此虚荣，如此可笑，这让我感到惊讶，甚至感到厌恶。"然而，当纳尔

---

① 威廉·亨利（William Henry，1765～1837 年），英国王室成员。13 岁加入皇家海军，曾参与美国独立战争。1782 年与纳尔逊相识，此后两人长期在美洲服役，成为密友。1789 年起得到克拉伦斯与圣安德鲁公爵（Duke of Clarence and St Andrews）的封号，1830 年登基为英王威廉四世。——译者注

逊弄清楚他的身份之后，威灵顿的看法也随之改变，他说："接着，他谈到了我国的现状和欧陆事务的形势与未来。他有着高明的见识，对国内外各方面都有了解，这让我同样感到惊讶……事实上，他就像一位官员，一位政治家。"[28]

我们很想知道，纳尔逊到底表露了什么想法，能给这位伟大的将军留下了如此深刻的印象。没准，他们谈到的就是皮特正在酝酿并将由威灵顿收获其最终成果的那个战略。从大海上向拿破仑的薄弱处发起攻击，这是纳尔逊早已熟知，也是他最为喜爱的观念。好几年前，他曾就此与一位著名的法国革命军将领展开讨论。流亡的迪穆里埃将军后来在英国政府中出任本土防御顾问，同时仍在寻找机会，恢复自己被毁的生涯。正是他献出了这些赢得衷心赞叹的计策，而当他看到纳尔逊即将要执行自己的计策、执行皮特的地中海反击计划时，这位已被遗忘的将军重新燃起了与自己的最新继承者一决高下的希望。迪穆里埃向纳尔逊写道："我一直都想和你在意大利合作。在欧陆战争的这个时刻，我唯一希望的就是请您建议您的大臣，让我指挥一支意大利人或奥地利人的外国军队，穿过意大利中部，向那个科西嘉暴发户发起攻击。"为此，他已经向维也纳提交了一份作战方案。"如果我能指挥一个师，我们就将共同实现我们首次在汉堡会面时制订的计划，共同对抗那个我们深恶痛绝的野蛮篡位者。"[29]

在纳尔逊前往默顿享受假期时，他的头脑却无法忘怀这一切。自他第一次见到皮特起，他已经意识到，皮特可能随时会将他召回岗位。[30]但在维尔纳夫舰队的位置尚未确定、局势尚不明朗之时，他只能随时等待传唤。他和他的朋友们都知道，这一天迟早会来。胡德勋爵（Lord Hood）在 8 月 26 日对他说，他认为维尔纳夫肯定是去了地中海或加迪斯，因此他一定会再次出海。[31]在8月的最后一周，海军的形势同政治局势一样高度紧张。但纳尔逊始终对大规模召集令保持着警觉，他的注意力从未被次要因素吸引开。8月29日，他在回绝一次召集令时说道："他们命令所有战舰——甚至是'胜利'号——都驶入大海，这都是因为我们完全不知道费罗尔舰队到底去了北方还是去了地中海，或者是在大海上搜寻我们宝贵的商船队。"在同一天中另一个场合，他再次表达了相同的疑虑："我的时机和行动都必须取决于波拿巴。我们目前尚不知道他的真正意愿。"[32]

四天之后，布莱克伍德为他带来了廓清迷雾的重要消息。纳尔逊立即动身，紧随其后前往伦敦，发现所有人都因压力减轻而兴奋不已。老水兵拉德斯托克勋爵（Lord Radstock）向他写道："感谢上帝！感谢上帝！感谢千千万万次！这些鬼火终于回老家了，再也不能做可怕的恶作剧了。报纸告诉我们，你将很快展开追击。"[33]

这个时刻终于到来，这正是他等待已久的召唤。在布莱克伍德的马车抵达白厅后，海军部发出的第一道命令是截下"胜利"号——这也许是纳尔逊提出的第一个要求。[34]第二道命令是发给康沃利斯的，它要求撤销之前那道让克顿接替考尔德的指令。在接下来的一天中，海军部发出了一系列关键的命令，我们只需看其中一道就能明白当时的紧张局面：用于增援纳尔逊的战舰人手不足，海军部向所有港口的指挥官发出指示，要从回国的商船队里强行征募海员。第二天，一切似乎沉静了下来。或许，这是由于在布莱克伍德带来那则关键消息的同时，海军部也收到了一批最新报告，称布洛涅大营已开始解散。战役的局势发生了天翻地覆的改变，一个崭新的阶段已经开始。巴勒姆用整整一天时间起草着一系列非凡的指令，用于应对这个新局面。这些命令在次日全部完成。[35] 我们将在后面的章节中探讨它们的要旨，而在这里，我们必须要指出，当纳尔逊接到他的命令时，他发现其中的内容完全印证了我们曾介绍过的巴勒姆的态度转变。地中海舰队防区的西端再次恢复到了传统的圣文森特角，而"基于对他的能力和热情的信赖"，巴勒姆为他赋予了依照意愿来部署舰队的充分自主权。事实上，纳尔逊只受到两项条款的约束：他应当防止敌舰队驶入大海，同时还要保护地中海的商船队。[36]

在陆军方面，尽管目前的行动计划仍然无法确定，但前景已逐渐明朗了起来。在布莱克伍德抵达的第二天，海军部接到了来自比克顿的报告，称他曾看到克雷格的远征军安全地驶过博纳角（Cape Bona）①。9 月 5 日，英国政府接到了驻维也纳大使亚瑟·佩吉特爵士（Sir Arthur Paget）发来的两封急件。佩吉特在第一封信中满是绝望，因为奥地利坚持在开战前进行调解。但他又在第二封信中宣布，奥地利外交大臣科本茨尔（Cobenzl）刚刚告诉自己，他向拿破仑提出要求时采用的措辞将让战争无可避免。[37] 正在此时，他们又收到艾略特从那不勒斯发来的信。他说，傲慢的法国特使已经递交了拿破仑的苛刻通牒，那不勒斯王后对此已无能为力。形势看起来即将发生变化，而急于开战的俄国人对于克雷格的毫无音讯愈发不满。不过，希望仍然存在。奥地利态度的变化使圣西尔无法得到任何增援，艾略特则让俄国人与"卓越"号的索泽伦

---

① 位于今阿尔及利亚东北海岸，安纳巴（Annaba）城北端。——译者注

舰长（Captain Sotheron）保持联系，以此竭力缓解他们的烦躁不安。[38]

危机显然已刻不容缓，他们立即展开行动。克雷格无疑已抵达马耳他，到此时他肯定也已与莱西将军取得了联系。第二天，海军部命令直布罗陀的所有运输船向马耳他驶去。[39]

在同一天，他们还收到了关于法军放弃入侵的最为确切的证据。武装快艇"信使"号（Courier）截住了法国纵帆船"特雷波尔"号（Tréport），后者在9月2日刚刚驶出布洛涅。法国船长承认，运兵船队正在解散，陆军部队在六天之前就"因为与俄国的新战争"而开往内陆。据他说，拿破仑在他出港时仍然待在布洛涅，但应该会在一两天之内动身离开。"特雷波尔"号所属的运兵船分队也已开始将船上的补给与弹药搬回岸上。[40]

从此时开始，英国的战争前线和行动重心已转移到了地中海地区，而纳尔逊则成了其中的关键。这一职责使他得到了诸多奉承，但他本人对此却并不乐观。9月6日，他向好友戴维森（Davidson）写道："我希望我能尽早出现在敌人阵前，希望能尽早用一支足以圆满完成任务的舰队与敌人相遇，一场残缺的胜利并不会让我感到满意。但我并不认为海军部将要派给我的兵力足以歼灭15~16艘敌方战列舰……但我会尽我所能，希望上帝与我同在。我可以牺牲的很多，可以得到的却很少。但这是我应当要做的；我会竭诚为国效力。"在长期的身心劳损后，他只享受了略超过一周时间的短暂休息，面前的局势又是如此严峻。他清楚地知道，如何击败敌军并不成问题，真正的问题在于如何诱使或迫使敌军投入一场决定性的战斗。如果他不能做到，他就只能率领封锁舰队在港外度过又一个漫长的冬季。

　　这个问题是纳尔逊要面对的当务之急。在他与卡斯尔雷的最后一次会面中——也就是与威灵顿那次谈话之后——他们讨论了用陆军部队迫使维尔纳夫出动的可行性。我们并不知道这个建议到底是来自纳尔逊、卡斯尔雷还是韦尔斯利。卡斯尔雷在一封信中暗示纳尔逊认可这个策略，他明确指出，纳尔逊没有要求陆军支援的唯一原因是他认为现在的时机已经太迟，难以在年内采取行动。[41]

　　如果想用海军的单方面努力让敌人投入战斗，唯一有把握的办法就是在某一段时间内保持兵力劣势。但是，劣势兵力很难取得决定性的战果，这无法解决进行决定性战斗的首要难题。对于这个替代方案，纳尔逊只得做出妥协。他得准备尽可能地隐藏他的兵力规模，诱使维尔纳夫主动出击。9月11日，他花了一整天时间在海军部制定作为地中海舰队总司令所需的命令。12日，他告辞了皮特和卡斯尔雷，之后在默顿待了最后一天，于当夜启程前往斯皮特黑德。次日一早，他在朴次茅斯受到了热烈的欢迎，这部分缓解了压在他心头的焦虑。清晨时分，他登上"胜利"号，再次升起他的将旗。两位海军部大臣——坎宁（Canning）和罗斯（Rose）——前来为他送行。[42]他们在旗舰上举行了饯行宴会，之后，纳尔逊打出了起锚的命令。他对面前这个几乎是不可能的任务丝毫不抱幻想。但与此同时，拿破仑却如有默契一般，起草了一道正中纳尔逊下怀的命令。这道命令将替他解决这个难题，把维尔纳夫送到他的手里。

　　事实就是如此，命运似乎有意让它推动的灾难发生，让这场战役具有如此之强的戏剧性。8月30日，在滨海大营的一片废墟中，法国皇帝签署了解散运兵船队的法令。第二天，留意着英国陆军的他忙碌地部署着部队，以防英军从海上发起突袭。在这时，他肯定已经接到了维尔纳夫从加迪斯发来的信。9月1日，遵照拿破仑的指示，德克雷向维尔纳夫发出了应对战役新局势的新命令。他在命令中写道："陛下希望让他的舰队和盟友在安达卢西亚海岸与直布罗陀海峡周边的舰队集结起来，以得到36艘战列舰；他认为，这将使敌人不可能用相等的兵力与你对抗。据说英国此时正在筹备一支商船队和几支远征军，据推测，他们可能要前往地中海。陛下希望你采取一切适当的预防措施，在远征军接近的时候提前得到预警，然后将之歼灭。"[43]

由此看来，拿破仑一定听说了关于科克港的贝尔德远征军的消息。这加剧了他的不安，但截至此时，他还并不想为此展开任何大规模的舰队行动或海上战役。在德克雷向维尔纳夫起草新命令的同时，拿破仑正在构思一个运用其海军部队的新方案：他打算将海军重组为数支游猎舰队，并去摧毁敌人的海上贸易。除了三支巡洋舰队，他还准备将战列舰部队一分为七——布雷斯特舰队划分为三支舰队，加迪斯舰队划分为四支舰队——这总共要动用30艘战列舰与11艘巡航舰。[44]

怀揣着这个并不理想的计划，拿破仑于次日启程前往巴黎。他苦闷地思考着入侵失败对他的声望造成的打击，盘算着如何用一场大规模战役来恢复他的名誉。与此同时，他对维尔纳夫的愤怒也愈发炽烈。正是在这段时间里，他最终让自己相信，这场惨败全都是因为维尔纳夫，全都是维尔纳夫一个人的问题。9月13日，当纳尔逊在默顿享受着最后的安宁时，拿破仑着手编造他关于侵英行动的著名神话——这一神话至今仍未失去多少生命力。

他是这样写的："我本想让土伦、加迪斯、费罗尔和布雷斯特的舰队前往马提尼克的一处港口，集结起 40 ~ 50 艘战列舰（事实上他从未准备让费罗尔舰队前往那里），再让他们突然返回布洛涅，使我在两周时间内拥有制海权（这个时间之前多次变化，从几个小时到四天不等）；我在这片海滩驻扎了 15 万名士兵和 1 万匹战马（其实际兵力从未超过此数的三分之二），当我的舰队出现时，他们就能立即登陆英格兰，夺取伦敦和泰晤士河。但这个计划失败了。如果维尔纳夫将军没有进入费罗尔（他的确没有），而是让西班牙舰队出港会合（港内也是法西联合舰队，而且风向也使它们难以很快出港），再去布雷斯特让冈托姆将军加入他们的队伍，我的陆军肯定已登陆并征服了英国。"其实他早已清楚地知道，如果维尔纳夫的给养足以使其执行这种行动，法军就会在布雷斯特港外一头撞上集结完毕、严阵以待的英军。接着，他又试图去解释自己当初认为用武装运兵船队可以独自渡海的错误。据他说，尽管武装运兵船完全没有用，但如果大量征用无武装的普通运输船，英国人就会立即看穿他让战列舰队驶入海峡的计略。组建并武装船队的高昂代价仅仅是为了骗过敌人，使他们忽视真正的危险来源，这一计策取得了成功。拿破仑恬不知耻地说："敌人被欺骗了，他们以为我准备用全部由陆军组成的运兵船队作为渡海的主力部队，其实我从未打算这样做。"这种对真实情况的无耻歪曲简直令人咋舌，但对于想象力极丰富的拿破仑，写出这些文字并不比他真的如此认为更值得惊诧。很明显，这只能反映出他对自己威望受损的焦虑。这只是他为了维护脸面而采用的政治宣传，通过把他的所有行动描述为天才之举来糊弄那些易于轻信的人。[45]

这个弥天大谎所掩盖的焦虑在下一封文件里得到了清楚展现。他似乎刚刚从意大利接到有关其大规模行动的右翼受到威胁的消息，这更加剧了他面前的难题。拿破仑很快就放弃了在全世界范围内打击英国贸易的战役计划，他决定交给联合舰队一个紧迫的新任务，并在第二天向维尔纳夫发出了新的命令。立即发起一次勇敢而迅疾的行动，为此，拿破仑甚至不允许德克雷把他自己对其的真实看法透露给这位可怜的将军。他再次试图激励起维尔纳夫的斗志与勇气。他要求维尔纳夫无须按照上一则命令配齐六个月所需物资，而应在装载两个月所需的给养之后立即出海，去挽救当前的危局。他仍然拒绝承认自己已退回防守姿态：

> 我已决定做出一个重大决策，准备让我国集结于加迪斯港的海军部队与西班牙国王的海军部队一齐驶入地中海。我们要向你传达的意图是，一旦你接到这则命令，你就要抓住最早的有利时机让联合舰队出航，然后驶入地中海。……你应首先驶向卡塔赫纳，让港内的西班牙舰队加入你们；然后驶向那不勒斯，将舰队搭乘的陆军部队卸载于某处海岸，让他们加入圣西尔将军指挥的军队。如果你在那不勒斯发现有任何英国或俄国的军舰，你就应捕获它们。舰队待在那不勒斯海岸的时间应由你自己判断，总之要对敌人造成最大的损害。你还应截击敌人准备从马耳他派出的远征军。我们希望，不管你在哪里遇到敌人，只要他们处于兵力劣势，你就应毫不犹豫地发起攻击，力求决定性的胜利。只要你及时出航，它们就不会离你而去；这

些行动成功与否主要取决于你能否及时驶出加迪斯。[46]

在拿破仑对圣西尔将军与马耳他远征军的忧虑中，我们得以看到这场战役剩余部分的关键所在。在这些忧虑中，我们可以看到，皮特是如何用一支弱小的远征军迫使拿破仑向纳尔逊献出他自己的舰队。法皇在第二天再次致信德克雷，他不加掩饰地写道，新命令的首要目标就是应对克雷格的远征军，并要防止在地中海再出现其他类似的情况。这场行动在他眼里是如此重要，经过一天的反复盘算，他确信绝不能冒险让胆怯的维尔纳夫执行这次任务，他必须换上一位更有斗志的军官。被他选中的是罗西利将军——其最初是接替密歇希的人选。拿破仑让德克雷命令他启程前往加迪斯，如果舰队没有出航，他就应当接掌指挥权。[47]

就这样，皮特从他父亲那里继承来的传统计略再次发生了奇迹。这个计略完全依仗着战略法则的力量，其意图也从未得到阐明。虽然纳尔逊并未暗示可能用它解决难题，但在德克雷为罗西利起草命令的时刻，它的确发生了效力。此时，纳尔逊正同布莱克伍德与两艘从普利茅斯加入他们的战列舰一道驶出英吉利海峡。他完全没有意识到，他的死敌已向他奉上了此生中最为荣耀的桂冠。

第二十章　保障交通线

一切都得到了合理的解决。但是，位置未能确定时的维尔纳夫给英国海军部造成的高度紧张着实是值得吸取的教训。很显然，现有的巡洋舰机制远不够周密、科学，无法满足皮特对欧洲海域实行有效监控的行动需要。在这场战役余下的阶段里，巴勒姆决心与纳尔逊协作，将他的巡洋舰组织成数道警戒线。目前，对于英国海军的情报搜集和贸易保护最为重要的部队是以科克港为基地的巡洋舰队，它的指挥官是德鲁里将军，但他的战略眼光却相当有限，以至于让海军部不断指出他的错误。巡洋舰的舰长们也是如此，他们中的大部分人认为，独自出海执行任务就是享受"一次巡游"，还有机会赢得战功和赏金。这种自由散漫已然让人难以忍受，整个巡洋舰机制正迫切需要高强度的约束和重组。[1]

目前的局势对优化巡洋舰机制颇为有利。法军放弃入侵带来的压力缓解使得基思舰队中大量巡洋舰得以自由调动，同时更为便利的通信手段也开始大规模应用。而纳尔逊无疑与后者颇有关联。海军部秘书巴罗提到，在纳尔逊待在伦敦的最后一天，他正在海军部热切询问着新近改进的信号码（code of signals）的情况。巴罗写道："我向他保证，尽管它们现在还没准备好，但他绝不会失望，我保证它们会在第二天早上出现在朴次茅斯。"即便如此，纳尔逊也没有放松。他再次检视了所有编码和词条，这是他在离开伦敦前所做的最后一件事。为了送别纳尔逊，巴罗一直在海军部待到很晚。"我发誓，不等到邮差将信号送出，我就不离开办公室，邮包一定能在次日早晨送抵朴次茅斯。听了这话，他便来与我握手……他离开时显然比平时更为愉快。"

让纳尔逊如此焦急的东西正是霍姆·波帕姆爵士的最新发明。这是一本名为《远程视觉信号与航海词汇》（*Telegraphic Signals or Marine Vocabulary*）的信号语言系统簿，它将因为纳尔逊而名垂千古。此时的英国海军尚未全面接受这一发明，但在 1803 年战争爆发时，它已得到认可，被发放给一些战列舰使用。[2] 很显然，基思的巡洋舰队也得到了这种信号簿，并由其发明者取得了巨大的成功。在波帕姆的指挥下，这套信号显示出了极大的便利性，即便在无法派小艇传信的恶劣天气中依然可以使用，其价值无疑已得到证明。因此，在纳尔逊接受巴勒姆咨询时，他们决定立即给每艘军舰发放一份信号簿的复本。而这一决定似乎又与新的巡洋舰机制密切相关。

新的机制是基于巡洋舰链（cruiser lines）的现代概念，其中最为重要的一部分，是由爱尔兰舰队在爱尔兰西南方的克利尔角（Cape Clear）到伊比利亚半岛东北方的菲尼斯特雷角之间部署的巡洋舰警戒线。这一命令是在布莱克伍德抵达伦敦的第二天下达的。此时，加德纳勋爵的病休已经结束，他正要去科克港接替德鲁里的指挥权。海军部让他派出巡航舰在克利尔角到菲尼斯特雷之间的连线上巡游，尽可能地与其他英国舰队保持直接联系，同时制止敌人的骚扰、保护己方贸易航线。如果他们与任何敌舰队相遇，他们就应当跟随敌人，直至确定其航向与目标，然后才能脱离敌人，并用最快的速度通知他认为最能使这则情报发挥效用的舰队指挥官。[3]

此时，立即可供派遣的只有 3 艘巡航舰，但海军部已经让康沃利斯在菲尼斯特雷的警戒线终点始终保有 1 艘巡洋舰，而另外 10 艘位于西部海域的巡洋舰也全都能在必要时提供增援。尽管如此，这些军舰的数量仍远远不足以组成现代意义上的巡洋舰链。[4]这最多只能算是一道巡逻线，通过对巡洋舰的合理部署来尽量有效地覆盖某处海面。

在菲尼斯特雷之后，警戒线还要一直延伸至圣文森特角，这也正是康沃利斯和纳尔逊的防区交接点。这一延展无疑是出自纳尔逊本人的建议。他在抵达伦敦不久后就得到巴勒姆召见，下面这封信简略地记录了他的观点：

阿尔比马尔（Albemarle），1805 年 8 月 29 日：

尊敬的大臣——出于极高的敬重，我冒昧地遵照您的意愿来陈述我的观点。我认为，我们有必要接连不断地部署一系列快速轻帆船与巡航舰，从而保护我方贸易，摧毁敌人在葡萄牙海岸——从奥特格尔角到圣奥比斯（St. Ubes）①——活动的大量私掠船。它们大多是藏身于巴约讷群岛（Bayonne Islands）和柏灵群岛（Burlings）②的小船。我方的这些舰艇不仅能防止私掠船的侵袭，还能用这种方式监视任何穿过其航线的敌舰队。一艘隶属于地中海舰队的巡航舰会始终待在圣文森特角附近，这样一来，情报就能迅速传达，我认为敌人将无法再次逃离我们的视野。我很愉快地从汤普森先生（Mr. Thompson）那里听说，大人您正在考虑将巡航舰尽可能地从菲尼斯特雷延

---

① 即今葡萄牙西部海港塞图巴尔（Setúbal）。——译者注
② 即今葡萄牙西部沿海的贝伦加群岛（Berlengas）。——译者注

伸至爱尔兰。这将有效地保护我们的贸易，并从各个方向极大地扰乱敌军。——尊敬的大臣，我永远是您最忠实的仆从。

纳尔逊 & 布龙泰（Bronté）[5]

纳尔逊的观点得到了采纳，海军部为此专门派出 4 艘巡洋舰。它们的指挥官是洛布舰长（Captain Lobb），他是波帕姆在布洛涅港外的得力助手——而波帕姆本人此时正高挂着宽三角旗，统领着贝尔德的护航船队。① 洛布所部是英国最先派出的舰队。9 月 3 日，海军部下令让洛布接收足够数量的新式信号簿，并在次日签发了行动指令。洛布应当在圣文森特角与菲尼斯特雷之间保持持续通信，使敌舰队的相关情报能够迅速送达乌桑特、费罗尔与加迪斯的舰队指挥官，"或者你所熟悉的任何其他巡洋舰警戒线"。如果他无法与其他警戒线取得联系，得到情报的舰只就应尽可能地直接驶向其中一位舰队指挥官，而洛布则应小心地与里斯本保持持续通信。[6]

与这封命令一道送来的还有波帕姆信号簿的复本，其封皮上还有另一封信，内容是解释海军部长官为何认为新信号有利于海上通信。洛布留下了其中一份，将其他复本分发给下属舰长。9 月 9 日，海军部下令将 50 份复本发往"胜利"号，还有一封发给纳尔逊的类似的信。同一天，科克港的德鲁里也收到了 25 份复本；两天之后，又有 50 份复本被发往康沃利斯舰队。[7]

---

① 波帕姆当时仍为"舰长"（Captain）军衔，若要统领大型舰队，就只能加上临时性的"准将"（Commodore）职衔。"准将"职衔对应的旗帜就是宽三角旗。——译者注

新近成立的巡洋舰警戒线同时也开始使用新式信号码，这使英国海军具备了更加科学的情报与贸易保护机制，无疑具有显著的进步性。考虑到阿勒芒舰队仍在逃窜当中，这更是时势所需。那支大胆的舰队正活动于大型船队航线的终点地区，那同时也正是与地中海舰队保持联系的关键海域，英国因此面临着严峻的威胁。在英军能够确定他的位置并采取应对措施之前，整个局势的持续紧张必定无法得到缓解。因此，为了全面了解这场战役，我们有必要去追踪这些扰乱要素的变动以及英军为此做出的努力。

正如我们所知，令人棘手的阿勒芒舰队由 120 炮战列舰"雄壮"号、4 艘 74 炮双甲板战列舰、3 艘巡航舰与 2 艘轻帆船组成。他们在费罗尔一无所获，随后便按照维尔纳夫在比戈留下的消息驶向布列塔尼南方的庞马尔克集结点。他在 8 月 30 日破晓时分抵达了那里。康沃利斯也正在监视着这片重要的海域，他麾下的"墨兰波斯"号巡航舰与 2 艘轻帆船正在这里巡航。阿勒芒追击了他们整整一天未获成功，"墨兰波斯"号逃往康沃利斯处报信，2 艘轻帆船则继续监视敌军。第二天，阿勒芒继续展开追击，2 艘轻帆船通过丢弃火炮和物资才勉强逃离。次日，康沃利斯从"墨兰波斯"号得到了消息。他采取的行动与西方舰队传统职责的内在精神完全一致。正如我们所知，这个职责就是为了种种使命而保障英吉利海峡入口的安全，封锁布雷斯特也只是达成这一目标的部分手段。在本土舰队的通常部署中，一支小型战列舰队往往会待在爱尔兰南部海岸，隶属于科克港的爱尔兰舰队或作为西方舰队的分遣舰队。但由于法国、西班牙与荷兰结盟导致的英国海军资源紧缺，这支舰队业已被吸纳入西方舰队，转而被康沃利斯派去封锁比斯开湾。到目前为止，英军的布阵足以防止敌方战列舰队侵扰由巡洋舰实际控制的海峡入口，但阿勒芒的出现却在这个关键时刻极大地威胁到英军的制海权。

波帕姆所护送的贝尔德远征船队恰在此时从科克港起航，与他们一道出海的还有大量驶向东印度或西印度的商船。波帕姆的兵力仅有 2 艘 64 炮战列舰、1 艘 50 炮战舰和几艘巡洋舰，如果他们与阿勒芒舰队相遇，一场惨重的灾难恐怕难以避免。[8]没有直接证据能说明康沃利斯是否了解此时事态的急迫性，但他显然已从其他方面得到了预警。仅仅一周之前，他所收到的海军部机密快件就已经提到雷尼尔的宝贵船队即将抵达，如果有任何迹象表明敌舰队似乎以它为目标，他就应采取措施特别保障其安全。[9]不仅如此，从背风群岛驶来的第一支商船队也即将抵达。由于密歇希与维尔纳夫之前对西印度群岛常规航线的扰乱，这支船队的规模非同寻常的巨大，至少包括200 艘航船。我们在第十一章末尾曾介绍，科克伦与海军部在7 月中旬同时做出了向本土派回战列舰的决定。为了保护这支船队中的巨大财富，他亲自坐镇于"光辉"号指挥护航——它是科林伍德派给纳尔逊、又被科克伦派回本土的 2 艘快速74 炮战列舰之一。[10]最后，从英国驶向里斯本和波尔图的商船队也正准备起航。

这一局势使得巴勒姆再次陷入严重焦虑。他原本认为，敌人的下一步行动将是解散其主力舰队，然后"让分舰队杀入大海"，猎杀商船——正如我们所知，拿破仑在得知克雷格远征军的消息之前的确曾这样打算。[11]因此，巴勒姆通知加德纳，让他在手中保有一支尽可能强大的重型巡洋舰队。这不仅是为了反制敌方巡洋舰，同时也是为了保护驶向本土的商船队，并在必要时保护英国的西部沿海。基于保护贸易线末端的传统信条，他继续写道："通过这种方式，商船队就能够在最需要的时刻得到强有力的增援。"[12]

但如果敌人有可能派出重型舰队，这些措施就有所不足了。在缺乏战列舰支援时，巡航舰也难以发挥其作用。只要本土舰队的主力战舰一直待在布雷斯特港外，它们就无法为控制海峡北侧的巡洋舰提供支援。在这种情况下，英军只能以某种形式按传统部署重组爱尔兰舰队，或者让西方舰队吸纳的那支舰队恢复原状。因此，即便要冒着种种风险，英军也必须分兵。早在 8 月 27 日，巴勒姆就已经指示康沃利斯，只要他得到了足以使他继续保有 18 艘战列舰的增援兵力，他就应当派出 4 ~ 5 艘战列舰去锡利群岛西偏南 100 里格处接应商船队。[13]但后续的增援兵力迟迟无法派出，原因在于船员人手的极度紧缺——这个问题直到商船队归航才有所缓解。然而，当康沃利斯从"墨兰波斯"号得知阿勒芒出现的消息之时，他却没有丝毫的犹豫。基于对其舰队职能的认识，他认为贸易线所受到的威胁应优先于巴勒姆命令中的具体字眼。正如巴勒姆最近告诉他的那样，他的舰队是一切必要的攻势行动的原动力；基于一精神，他决定立即派出分遣舰队，尽管这将使英军控御布雷斯特舰队的兵力在增援到来之前低于 18 艘战列舰的底线。

仍在康沃利斯麾下的斯特林将军被选中担任这支分舰队的指挥官，交给他的兵力仅仅等同于阿勒芒——这是基于另一条海军法则：在与敌方同等兵力对峙时，一支舰队往往无法对贸易线造成严重破坏。[14]然而，授予他的行动指令尽管在当时情境中十分正确，结果却很不走运。阿勒芒在庞马尔克的露面让康沃利斯决定不将分舰队直接派往巴勒姆指定的位置，因为那个位置所应对的是与目前的直接袭击有所不同的局面。

然而，正如我们所知，事实上是错误的消息导致阿勒芒在那里出现。此时的拿破仑几乎已毫不遏制自己对维尔纳夫失误的暴怒："维尔纳夫将军在最后一刻搞砸了一切，当他驶出比戈时，他给阿勒芒舰长留下的命令是前往布雷斯特，但他告诉你的意图却是前往加迪斯。这完全就是叛国。这使阿勒芒的舰队陷入了极大的危险，他一定会在大海上再巡游好几个月……维尔纳夫是一个我们必须加以惩治的混蛋。"[15]但是，康沃利斯并不知道这些错综复杂的缘由，他只能将阿勒芒那莫名其妙的位置理解为他要去洛里昂或罗什福尔装载补给，因此决定立即将分舰队派往那里。授予斯特林的指令要求其首先去侦察这两处港口，如果敌军在港内便加以封锁。如果确定敌人并未驶入，斯特林就应"立即前往北方保护驶向本土的商船队，护送其进入海峡"。[16]

斯特林在 8 月 31 日离开了主力舰队，他沿着布列塔尼海岸一路航行，并在 9 月 1 日侦察了洛里昂港。他并未试图展开舰队，但这或许不是他的过错，因为没人能想象到阿勒芒距离康沃利斯会是如此之近。由于从未料到敌人会如此接近，斯特林从贴近海岸的一侧与阿勒芒擦肩而过。他在洛里昂一无所获，接着又顶着不利的微风驶过贝尔岛和莫尔比昂（Morbihan）海岸，希望去罗什福尔寻找敌军。然而，涌起的海潮和微弱的风势严重地阻挠着他的行动。他在距离阿勒芒不到 50 英里的海滩外徘徊了长达一周时间，但敌对的双方却都没有得到对方的音信。[17]

在这段时间里，勇敢的法军准将一直在距离庞马尔克 15

里格处巡航，试图寻找维尔纳夫的消息。9月5日，一位葡萄牙船长告诉阿勒芒，他最近看到联合舰队朝着费罗尔西北方航行，并在菲尼斯特雷附近海域看到了考尔德的舰队。很显然，维尔纳夫已经发现自己无法北上，被迫退回加迪斯。在这种情况下，继续待在这处集结点不仅无济于事，甚至还会陷入更大的危险。更糟糕的是，第二天，他发现一艘曾被逐退的英军轻帆船再一次跟上了法军，阿勒芒就此决定立即向南方撤退。他的撤退正当其时。两天后，斯特林从中立国船只处确认敌舰队并不在罗什福尔，他立即升起全帆，赶往锡利群岛之外的巡航位置，而他途经之处恰恰是阿勒芒刚刚撤离的阵位。[18]

阿勒芒又一次惊险地逃过一劫。全速航行的斯特林离他的猎物越来越远，一周后，他终于抵达英吉利海峡入口处，在那里发现了帕克舰长的巡航舰"亚马孙"号。在康沃利斯得知阿勒芒消息的一天之前，它被派来在海峡以西巡航。[19]帕克已在此待了两个星期，竭尽所能地保护着牙买加商船队中那些刚刚驶入海峡的落后成员。在遇到斯特林的两天之前，他刚刚从一位有名的法国船长手中俘获了一艘崭新的24炮私掠船"拉巴斯亲王"号（Principe de la Paz），但他并未发现阿勒芒的踪迹。[20]尽管如此，斯特林仍选择继续坚守这一阵位。他已获悉牙买加船队的安全抵达，但并未听到雷尼尔的东印度船队的任何消息，尽管其在斯特林离开法国海岸时已安全抵达了唐斯锚地。就在他驻守期间，9月19日，斯特林惊喜地发现了一支陌生的舰队。这似乎正是他苦苦寻找的对手，于是下令准备战斗并开始追击。但他最终发现，这支陌生舰队其实是纳尔逊与他的4艘僚舰，他们正顶着西南风努力朝加迪斯驶去。纳尔逊告诉斯特林，海峡方向并没有阿勒芒的音信，但雷尼尔已经安全归航。就在两支舰队尚未分离时，巡航舰"十年"号从南方驶来，带来了比克顿将军因病离舰的消息，但它同样也没有听到阿勒芒的音信。纳尔逊因此决定继续他的航程，斯特林则决定不再坚守，转而与康沃利斯重新会合。[21]

没有哪个决定会比这一个更不走运，但事实已经发生。就在这一天，大胆的阿勒芒正在他们以西不足 45 里格处巡弋。我们并不是要将这个不幸的行动归咎于决策错误，但面对这所有的事实，我们很容易就能得出结论：在康沃利斯可敬地统领着他的舰队期间，这支法军对他来说的确是触手可及。在商船队尚未全部归航、阿勒芒位置仍旧不明的情况下，他或许应当在斯特林归队时再次令其返航。但必须记住的是，当时的形势委实不容易。冈托姆突围而出去加迪斯与维尔纳夫会合的可能性依然存在，任何对布雷斯特封锁兵力的削弱都应尽量避免——除非具有更为重要的战略意义。而在海军部看来，阿勒芒肯定已经回到了港口里。在尚未得知雷尼尔安全抵达时，他们就已经通知了康沃利斯，让他自行决定是否有必要执行之前让他派出分舰队的那道命令。[22]基于修改后的指令，康沃利斯决定维持现状。

那么，阿勒芒又是如何行驶到他现在的位置上的呢？他的行程的确具有某种魔力。正如前文所说，在庞马尔克奇迹般地逃离斯特林之后，他便朝着加迪斯——也就是考尔德舰队——的方向驶去。直至此时，他似乎还不准备归航，但一件幸运的意外却让他逃离了危险。这一次，阿勒芒既勇敢又谨慎的性格为他自己赢得了奖励。当他行驶到葡萄牙海岸时，他确切地得知，维尔纳夫就在加迪斯。他扬起了能够升起的每一张帆，但并未直接驶向那处港口。9 月 11 日，当他驶过圣文森特角时，他选择继续向南行驶，抵达与直布罗陀海峡相同的纬度。在这里，他肯定能从其他船只处打探到加迪斯周边的局势。就在这一天，一艘英国双桅帆船错把阿勒芒当成了日夜期盼的纳尔逊，向法国舰队热情地迎了上来。[23] 它自然成了法军的战利品，阿勒芒则从俘虏口中得知，加迪斯正遭到 26 艘战列舰封锁，卡塔赫纳港外还有 5 艘战列舰。他的处境由此变得极端困难，想要强行突破封锁显然已不可能。一阵有利的天气或许能让他逃走，但如果撤退失败，正如他自己所说的，他就很可能会被沿着海岸赶往这里的纳尔逊切断退路。他由此意识到，自己与维尔纳夫会合的大胆尝试已经失败。他决定逃向大西洋，重新考虑下一步的行动。

阿勒芒的最终决定的确符合他的品格，堪称法国海军传统的最佳范例。他让所有舰长前来参加会议，并为他们朗读了作战指令中应对目前这种情况的段落。"你应当把舰上的补给用在巡航过程中，巡航在你认为能对敌人造成最大破坏的地方，在出海后的六个月内不要返航。"他能造成最大破坏的地方正是英吉利海峡的入口处，但他毫不掩饰地承认，不仅即将抵达的西印度群岛与美洲商船队拥有强大的护航兵力，一支针对他的战列舰队也很可能已经出航——就在此时，斯特林正如阿勒芒担心的那样全速赶往海峡入口处的阵位。他接着读道："你的指令将明确告知你这次任务的精神和目的……竭尽全力对敌人造成破坏——这就是皇帝命令的精髓。"这位无畏的准将就此做出结论："接着，我不会再犹豫，将航线设置为驶向利泽德半岛以西的海域。"[24]

这个勇敢的决定即将为他带来巨大的成功。在北方的海面上，波帕姆护送的商船队与贝尔德的远征军正在向南航行，而自西方迂回的阿勒芒则将自西向东横穿他的航迹。如果事态继续这样下去，他们将不可避免地相遇。波帕姆在 9 月 9 日中午时位于菲尼斯特雷西北偏北方约 200 英里，而在 11 日，阿勒芒开始从直布罗陀海峡外侧朝着西北方进军。波帕姆对此一无所知，但幸运的是，不利的风向使他在三天内只行驶了不到 30 英里，从而使得阿勒芒在他们之前三天——甚至在更短的时间差以内——穿过了他的航线。[25] 近来的不少作者都谈到在特拉法尔加战役中派出远征军是多么的容易，但这一事例却说明，这种自负完全没有根据。克雷格和贝尔德的远征军都背负着被歼灭的巨大风险。在克雷格的案例中，风险是由于海军部的正确决策所产生的，而他们已经采取了最为科学的部署来掩护他的进军。但贝尔德的出航却纯粹是基于一种缺乏直接证据的臆断，即认为阿勒芒已经回到了港口里。即便从最有利的观点来看，这种行为也绝不会被视为合理的战争风险。使他得救的唯一凭借仅仅是运气。

然而，拯救了贝尔德的好运在此时开始也对阿勒芒展露微笑。在近距离错过了一场光荣胜利之后，他相当准确地来到了巴勒姆让康沃利斯派舰队留守之处——锡利群岛西偏南 100 里格。但斯特林并未在这里守候，他选择的位置还要往东约 150 英里。就在他与纳尔逊相遇时，阿勒芒来到了这个降位。我们并不知道巴勒姆是出于何种原因或直觉指定了这个位置，也并不知道斯特林为什么没有执行巴勒姆的指令。当然，有可能是康沃利斯在增援兵力尚未到来时做出了妥协，让斯特林所部离他更近。我们只能说，如果巴勒姆的战略得到了完整实现，阿勒芒舰队必将无法继续巡弋。但事实并非如此。当斯特林与康沃利斯再度会合时，阿勒芒正不受干扰地盘踞在富饶的贸易航线当中，冷静地修整着他受损的战舰。他将巡洋舰和快速的74炮战舰伸展开来，在这里待了四天时间。9月24日，他发现周围有十来艘正驶向海峡的帆船。他随即开始追击，但在第二天，他的先导舰回报称发现了一支由8艘战列舰组成的舰队。直至次日早晨，他才发现了这场追击的真正目标。

事实上，这是一支从圣赫勒拿岛驶来的小型商船队，其中包括1艘东印度商船、3艘南大洋捕鲸船、2艘其他商船与1艘西印度船队中因受损而落后的商船。唯一的护航舰是由沃道夫舰长（Captain Woodriff）指挥的"加尔各答"号（Calcutta）——一艘老旧的但改装上54门舰炮的东印度武装商船。在发现追击者迫近后，沃道夫命令船队散开，向北方和东方驶去，自己则转身迎战法军的先导巡航舰。他尽力驶向南方，希望将敌人引离他的船队。这一计策取得了成功。法军巡航舰希望让后面的74炮战舰赶上来，因此一直与他保持着距离，但被此情形激怒的阿勒芒率领整支舰队开始了追击。到日落时分，一艘74炮战列舰已经开始与沃道夫交战。尽管沃道夫十分勇敢，但集中射击其帆桅的法舰很快就使英舰瘫痪。夜里10时，"加尔各答"号只得向阿勒芒舰队降旗投降。[26]

通过这场出色的作战，沃道夫成功地将他的追击者引到了斯特林刚刚离开的海域。他已经做得足够好了：如果斯特林再留守一会儿，阿勒芒的巡航就一定会中断。事实上，沃道夫不仅拯救了自己护送的所有商船，还挽救了"光辉"号护航的西印度船队。一天前，阿勒芒的巡洋舰已经遇到了好几艘西印度船队的落后船只，并在这次作战的上午俘获了4艘满载昂贵货物的商船。但急于俘获"加尔各答"号的阿勒芒已经追出了太远，远离了船队的中心航线。在接下来的三天中，阿勒芒又俘获了 4 艘落后的商船；但得益于沃道夫的狡黠，船队的大部分船只已安全地回到了本土。阿勒芒最重要的战利品仍是"加尔各答"号，他将其编入了自己的舰队。沃道夫因为座舰的损失而走上了军事法庭，但这仅仅是为了让他和他的伙伴们名正言顺地赢得胜利。

此时的阿勒芒还并不知道，他的行踪已经被英军发现。康沃利斯派往西部水域的巡洋舰"蚊子"号（Moucheron）听到了交战的炮声。海面平静无风，但"蚊子"号仍努力向炮声传来的方向搜寻。它在当天夜里靠近了法国舰队，并于次日清晨在阿勒芒忙于修理"加尔各答"号的同时，悄悄地清点了他们的兵力。在此过程中，"蚊子"号一直悬挂着美国国旗，这使得阿勒芒并未对其加以留意。在侦察完成之后，"蚊子"号便以全速朝康沃利斯驶去。[27]

所发生的还不止如此。在沃道夫护送的船队逃离法军之后，其中一艘捕鲸船遇到了一支由 33 艘帆船组成、刚从英国驶出的葡萄牙商船队，巡洋舰"和蔼"号（Aimable）的霍斯船长（Commander Hawes）正在为他们提供护航。闻讯后，霍斯立即改变了原先的航线，远离敌人而向康沃利斯靠近。康沃利斯必须得到警告，但霍斯能够派出的只有"勤奋"（Diligent）号——这是一艘十分重要的、为直布罗陀卫戍部队运送物资的补给船。霍斯决定担起责任，派它去给康沃利斯报信。[28]

就在这艘捕鲸船遇到霍斯的同时，康沃利斯发现布雷斯特港内正一片平静，几艘战舰正在修整，于是他准备率领舰队前往法尔茅斯（Falmouth）装载物资。他已经组织了一支由理查德·斯特罗恩爵士负责指挥的近海舰队，其中包括 4 艘战列舰，以在他离开之时留守港外。[29]同巴勒姆一样，他仍然认为阿勒芒肯定已驶入了某处港口去补充给养。如此一来，一旦其位置确定，他就有充分的时间将之封锁在港内。除了西方海面上的舰船，他还为此向罗什福尔、洛里昂和费罗尔派出了额外的侦察巡航舰，似乎已经采取了足够充分的措施。

9 月 29 日一早，"勤奋"号抵达了目的地。这是康沃利斯手中关于此时事态的第一份通知。他立即让它驶向斯特罗恩，命他去南方海域搜寻敌军，并护送这艘补给船穿过比斯开湾。不久之后，"蚊子"号也前来报告：它已经确定敌军位置，并确定那就是阿勒芒。在它离开之时，敌人正安静地停在海面上修理索具，于是它便扬起全帆赶来报信。

在舰队防区的核心海域遭到如此肆无忌惮的藐视，超出了这位老将所能容忍的极限。不管是冈托姆还是阿勒芒，海峡入口的控制权必须得到保障；他的首要职能如此强烈地召唤着他，这使他勇敢地决定再次敞开布雷斯特，亲自去完成那支分舰队没能完成的使命。斯特罗恩的命令依旧有效，他应当驶向菲尼斯特雷；与此同时，康沃利斯只留下了一艘巡航舰来看守冈托姆，随后便率领全部兵力杀向那支"幽灵舰队"。他直接冲向"蚊子"号向他报告的地点，在那片海域仔细搜寻，却没能找到阿勒芒的任何踪迹。在寻找了三天之后，康沃利斯相信那位谨慎的法军准将肯定已得到了风声，于是便在第四天与一支驶向本土的葡萄牙商船队会合，决定护送它们驶离这片危险地带。10 月 8 日，他再次回到了乌桑特阵位，并在一天之后得到了全部的增援兵力。[30]

事实上，就在"蚊子"号抵达乌桑特之时，阿勒芒已经意识到他很难再在这片海面上藏匿行踪。自沃道夫船队逃走已经过去了四天。根据他的计算，英国本土只需两天就会得到消息，再有两天，他们派出的舰队就能杀到他的面前。他不敢再多逗留哪怕一个钟头。就在康沃利斯开始冲向他的那一天，他再次转向南方，朝着比戈驶去。他再一次避过了英军的猛攻，并且还掠夺了9艘战利品。[31]

值得注意的是，这整个事件充分地反映出一支破坏贸易的袭击舰队所能造成的最大影响。这种行动只有在有限的几处舞台上才能对战争的方向造成真正的震撼，其中最为重要的是本土航线末端，其次是海外航线末端和海外联络点。阿勒芒勇敢地来到了本土航线末端，这里的英军巡洋舰队无法与之对抗，形势对他十分有利。英国的巡洋舰机制还远远称不上完善，他们花了整整一周时间才确定其位置，并为此调动了整支本土战列舰队。他们的出现使得阿勒芒无法在这个关键位置上待上足够长的时间，从而无法造成致命的破坏。英国的海上贸易保护建立在一种永恒不变的原则之上，它生发自英国的地理位置，因此也必须克服这个位置与生俱来的一切弱点。这一点关乎英国整个海上防御系统的根基，任何陆上防御力量都无法改变。即便本土海域不需要战列舰队来防御外国军队入侵，他们仍然需要把守本土贸易航线的末端。在当时，这是英国唯一的贸易保护机制，海上巡逻根本无法替代它的地位。大海是如此广阔，贸易航路是如此繁多，除了航线末端的合流之处，敌人在外海的其他区域都无法指望能遇到足够多的商船。因此，只需用战列舰队保证航线合流处的安全，敌人就不能指望将摧毁贸易作为自身战列舰队的合适的作战目标。

阿勒芒的无畏和睿智并未给他带来他自己所希望的结果，从战略行动的层面着眼，他的巡航已经彻底失败。设计这一行动的拿破仑信心十足地想用它来打乱英军的部署，想迫使英军无法保持集结；但巴勒姆及其将军们却如此坚决地掌控着局势，一刻也不曾松懈。直到主要阵位的安全已经得到保障、时机已经允许他们展开行动，这支袭击舰队才进入他们的视野。整个事件清楚地告诉我们，只要英国海军仍然保持着睿智的战略传统，任何将其舰队诱离的企图都终将破灭。

让我们跟随着勇敢而机智的阿勒芒走得更远一些，看看他那非凡的运气还将有怎样的表现。现在，他正要前往比戈装载淡水、处置战利品；而与此同时，斯特罗恩正快速穿过比斯开湾，去菲尼斯特雷截断他的航线。斯特罗恩取得领先。10月4日，他抵达菲尼斯特雷角西北方60英里处，开始在靠近陆地的海面上来回搜寻。这是康沃利斯为截击那支"幽灵舰队"而选择的最为科学的策略，但阿勒芒再一次从中逃脱。我们并不清楚这次逃脱的细节，但可以猜到的是，阿勒芒似乎是从靠海的一侧溜过了英国舰队。无论如何，到10月9日清晨，阿勒芒发现了64炮战列舰"阿伽门农"号（Agamemnon）。它跟在纳尔逊之后穿过了比斯开湾，随后行经菲尼斯特雷正西方约60英里处，这时的斯特罗恩正在菲尼斯特雷北偏西25英里处的海上游弋。[32]阿勒芒立即展开追击，他的旗舰紧追在"阿伽门农"号身后，后者通过倾倒淡水才勉强逃开。阿勒芒的拼命追击甚至使他自己闯入了比戈港的下风区，但他的步伐仍然没有停止。[33]刚刚放跑了"阿伽门农"号，他又在南方的海面上发现了"和蔼"号与那支在海峡入口处逃走的葡萄牙船队。他不顾此时的处境，再次向比戈港的下风方向展开追击。"和蔼"号陷入了被俘的危险，它也被迫倾倒淡水、抛弃船上的小艇，还丢弃了大量炮弹。它在每一处横杆末端都挂上了风帆，最终脱离险境。葡萄牙船队的大部也成功逃离，阿勒芒最终只俘获了 3 艘落后的商船和 1 艘小型私掠艇。[34]

就在法国罗什福尔舰队勇敢地向纳尔逊的交通线发起袭击时，斯特罗恩还并不知道自己的猎物已经溜走，他仍在菲尼斯特雷外海徘徊索敌。事实上，阿勒芒正在他南方约 200 英里处，他正试图召集他那分散的舰队，想出下一个行动目的。坏血病已在船员中蔓延，他迫切需要尽快得到救援，而逆风返回比戈至少要花十天时间。此外，他得到了一份有关斯特罗恩的夸张报告，称这支舰队拥有 10 艘战列舰，正在费罗尔港外迎接他的到来。阿勒芒再次显露出一贯的精明。他据此怀疑，逃走的"阿伽门农"号已经逃向了那支舰队，他们很可能前来封堵他返回比戈的航线。事实上，尽管没有遇到"阿伽门农"号，但斯特罗恩的确得到了关于他的消息。斯特罗恩在 10 月 10 日驶向比戈，自信能在阿勒芒返航时向其发起攻击。然而，阿勒芒并不会轻易就范。他的面前还有另一个机会，那就是逃往加那利群岛。第二天，当斯特罗恩仍耐心地守候在通往比戈的航线上时，阿勒芒却加速向南，朝加那利群岛驶去。此时，他并不知道，自己的咫尺之前就是波帕姆和贝尔德远征军。

第二十一章　加迪斯僵局

9 月 28 日夜，纳尔逊抵达了加迪斯港外的舰队，并在次日——正好是他的生日那天——接掌了指挥权。当他行经葡萄牙海岸时，他已与洛布的巡洋舰链取得了联系，而当他来到里斯本港外时，他又发布指示，要求对他的到来加以保密。如同往常一样，他希望能在自己身后保持良好的稳定态势，以防出逃的布雷斯特舰队截断其交通线。在春分或秋分时节出逃早已是法国海军的故技，考虑到海军部承诺给他的增援兵力将分批到来，纳尔逊无法忽视他们的航线所受到的威胁。在圣文森特附近，他截住了一艘带着科林伍德的信件驶向本土的巡洋舰，按照新的机制，他令其在此连接洛布的巡洋舰链。纳尔逊指示它在此接应后续增援，指引他们前往他选定的"圣玛丽角（Cape St. Mary）与加迪斯之间"的集结点；如果他因追击敌人而离开了那里，他们就应去斯帕特尔角接收命令。纳尔逊在指令末尾写道："如果从布雷斯特驶来的敌舰队在此出现，我希望你能用最快速度为我们带来敌军的报告。"在这里，我们再次看到那种束缚康沃利斯行动自由的严重焦虑——它曾将他束缚于乌桑特，从而为阿勒芒创造了行动时机。

基于这一原因，纳尔逊派布莱克伍德发出了另一道命令，要求在他抵达之时不要鸣炮敬礼，或者弄出其他动静。他面临的主要难题仍旧是迫使维尔纳夫交战，而他采取的第一道措施就是尽可能地隐瞒自己的到来。他甚至恳求直布罗陀的福克斯将军禁止当地报纸刊载那些消息。他写道："我十分担心，如果敌人得知我们增强后的兵力，我们就将再也看不到他们出现在加迪斯港外了。"当他看到联合舰队并非停泊在海湾内，而是拥挤在港口之中时，他忽然想到，如果其他手段行不通，康格里夫上校（Colonel Congreve）和他的火箭或许能够派上用场。① 他向卡斯尔雷写道："即便不能烧毁任何战舰，这也能让加迪斯变得极其难以容身，使他们宁愿冒着交战的风险也不愿待在港内。"

不过，纳尔逊认为最合适的施压手法仍是制造物资短缺。为了实现这一目的，他就必须严格封锁所有安达卢西亚海岸的港口，尤其是要禁止那些前来倾卸法国货物的丹麦商船。但基于政治上的考量，此时的英国政府很不愿意将封锁贯彻到底。这种封锁总是会激起中立国的不满——基思勋爵曾对一些向马尔蒙的军队和荷兰舰队提供物资的北海港口展开严格封锁，但仅仅维持了很短的时间，就招致了极强的反对。[1] 然而，科林伍德却勇敢地担当起责任，对整个安达卢西亚海岸实行了严格的封锁。纳尔逊决定将之延续下去，他请求卡斯尔雷给予支持，因为仅有海军的参与还不足以贯彻他的命令。他暗示道，只要本土的高官不再向英国船只滥发进入被封锁港口的许可证，中立国的抗议也就不会那么激烈。

先制造物资短缺，再隐藏自己的兵力，纳尔逊正是希望用这种办法让维尔纳夫出海决战。他完全不指望克雷格远征

① 康格里夫火箭的灵感源自印度土邦的火箭部队。1804~1805年，炮兵上校威廉·康格里夫制成了改进版的火箭，弹头重32磅，射程可达1800米。后经不断改进，射程可达4000米。最初用尾焰燃烧杀伤，后来又配备了爆炸弹头，是攻击木质舰船的利器。火箭最初装备给海军，供海军炮兵和陆战队从军舰或专用的火箭艇上发射。1806年被投入了对布洛涅船队的袭击，取得良好成效，随后开始大规模使用。——译者注

军对敌人造成的压力，甚至直至此时还不知道他们的行动目的。当他从英国出航时，那不勒斯的局势仍然晦暗不明，大臣们还无法给出确切的消息；但是，他很快就能明白这场远征的意义。9 月 17 日深夜，就在纳尔逊驶出英吉利海峡时，一位信使来到了外交部，送来了最终驱散迷雾的消息。邮包中有一份艾略特从那不勒斯发来的急件，他在信中宣布，克雷格已经安全抵达马耳他，他与俄国人合作的商议正在如火如荼地进行。克雷格发来的信件也随附其中，他表示已有6000 人做好了作战准备，不需再挪用马耳他的守军。还有一封是英国驻维也纳大使发来的信，他在信中说，拿破仑正如科本茨尔料想的那样拒绝了和解条件，而其提出的对应要求也被奥方坚定回绝。所有的奥地利军队都在开赴战场，卡尔大公随时都可能在意大利发动突袭。此时的奥地利人仍然相信自己把握着主动权，并将其主攻方向设定为拿破仑的新王国——北意大利。[2]

对皮特而言，没有什么能比这些消息更合时宜了。在最近的议会活动中，福克斯的反对党与他的朋友们敌对到了极致，这让皮特筋疲力尽。他感到无法再在同样的议程上面对议会，也无法再处理战争问题。他能想到的唯一办法就是与福克斯形成一个联盟，正如他的父亲在七年战争的危急关头与纽卡斯尔（Newcastle）所成功做到的那样。① 党派之争必须让步，一个真正的国家政府必须取而代之。在做好打算之后，他来到韦茅

① 老皮特与纽卡斯尔公爵曾是 1750 年代针锋相对的政敌。1754～1756 年七年战争初期，纽卡斯尔出任首相，后因梅诺卡岛陷落而辞职。1757 年，老皮特试图上台，但因无法得到议会多数而被迫与纽卡斯尔联合组阁，纽卡斯尔出任名义上的首相，以此应对危机。——译者注

斯（Weymouth），向正在这里享受滨海空气的国王提出建议。但是，倔强的老国王仍旧顽固如昔。纳尔逊的朋友罗斯（Rose）也前来相助，他在日记中写道："我告诉国王陛下，考虑到我们在下议院的形势，我深刻地意识到，如果皮特先生再被痛风或者别的什么病痛折腾两三周，我们就都会完蛋。"但这并未奏效。一想到福克斯要加入内阁，国王就极度懊恼，以至于有再次突发精神错乱的危险。他们只好放弃这个念头，让皮特继续面对下一场会期。到那时，他只能用整个白天对付福克斯，再用整个夜晚与拿破仑为敌。

在这种情况下，新的消息点燃了在下一次会期到来前发动一场辉煌进攻的希望。此时此刻，这无异于最高等级的激励。他们在十天内就敲定了必要的行动方案。9 月 21 日，卡斯尔雷通知海军部，在欧陆业已明朗的战事中，克雷格的兵力将被用于意大利海岸。他希望海军部提请纳尔逊留意相关消息，指示他"在有效地封锁了加迪斯之后，就应随时留意掩护詹姆斯·克雷格爵士这样的行动，使之免遭敌舰在地中海内发起的侵袭"，还要与克雷格保持持续的联系。[3]因此，海军部在同日向纳尔逊发出了一份秘密指示，其中还附随了克雷格的行动命令。[4]

我们在这里可以看到，英国政府的想法和纳尔逊的并不完全一致。在皮特看来，如果维尔纳夫舰队被成功封锁，他们就无法再扰乱他在意大利发起的侧翼联合攻击，舰队的职责就已经履行完毕。这就是发给纳尔逊的命令的潜在含义。一方面，他们的确赋予纳尔逊极大的自主权，可这种自主权必须服从于两条明确的条款，其中之一就是封锁加迪斯，防止联合舰队再次出击。另一方面，纳尔逊却也清楚地知道在天气无常的安达

卢西亚海岸执行漫长的冬季封锁是多么不可靠，迫使敌军出港
然后加以歼灭才是他的当务之急。

巴勒姆的看法显然与纳尔逊相同。早在拿破仑放弃入侵计
划的消息传来之时，英国政府就一心想要摧毁已经解散的渡海
船队，想对布洛涅发起一场水陆两栖突袭。如果成功，这种行
动的士气影响将无可估量：它不仅能确保政府的稳固地位，还
能让全国在向欧陆派遣军队发动攻势的问题上搁置争议。正因
如此，不管它在纯粹的策略层面有多少缺陷，大臣们都认为有
必要加以强力推行。然而，这种行动的缺陷早已让海军部望而
却步：早在 1801 年，纳尔逊就曾指挥过一场对布洛涅的失败
的攻击。但卡斯尔雷认为，康格里夫上校的发明或许能带来不
同的结果。一贯自信的西德尼·史密斯爵士（Sir Sidney
Smith）相信它一定会奏效，海军部便让他负责发动袭击。但
在进一步的观察中，他接受了海军部的看法，认为陆军的支持
不可或缺。于是，皮特命令杰出的陆军将领约翰·莫尔爵士
（Sir John Moore）对此展开必要的调查，并明智地决定在莫尔
提交报告后再考虑是否批准的问题。巴勒姆对行动计划大泼冷
水，他既不相信火箭也不相信西德尼·史密斯。如果可以动用
陆军部队，他认为还有一个好得多的袭击对象，那就是维尔纳
夫的联合舰队。他由此提出，如果部队一定要出发，他们也应
该去加迪斯。然而，莫尔私下向皮特表示布洛涅计划并不可
行，于是这场突袭便在此戛然而止。[5]

与此同时，正如我们所知，拿破仑自己已经替巴勒姆和
纳尔逊解决了那个令他们殚精竭虑的、向维尔纳夫发动攻击
的难题。就在纳尔逊出现在圣文森特角时，拿破仑让联合舰
队驶向那不勒斯的命令抵达了加迪斯。一听到消息，格拉维

纳立即登上维尔纳夫的旗舰"布森陶尔"号，宣布他的 14
艘战舰已准备随时起程。遵照维尔纳夫的要求，他已指示西
班牙船厂向法军提供一切可能的协助，为其装满物资补给；
同时，维尔纳夫则下达了令人激动的行动命令。到下一个星
期一，补充船员的必要部队就能尽数登船，他准备在那一天
出航，"去推翻英国对大海的独裁统治"。然而在当天晚上，
信号站却发来了 1 艘三甲板战舰与 2 艘 74 炮战舰从西方加入
科林伍德舰队的消息。

　　维尔纳夫用低沉的口吻写道："这使我们所知的港外兵力
增加到了 31 艘战列舰。"此时他还并不知道纳尔逊已经驾临，
部队的登船仍在继续。10 月 2 日，部队登船完毕，但在当天
夜里，格拉维纳收到了两份从里斯本发来的快件，其中的消息
严重地动摇了他们的自信：纳尔逊据说已经"带着 4 艘战列
舰和攻击、炮轰并烧毁联合舰队的宏伟计划"来到了港外。
这则情报造成了令人震悚的影响。联合舰队立即停止了出海准
备，他们急急忙忙地组建了一支轻型防御船队，成员包括炮
艇、臼炮船以及任何能在恶劣天气下操控的船只，并从舰队中
调配军官和船员。[6] 此外，舰队也不再按照预案开出港外，对
纳尔逊的恐惧使他们相信，更好的选择或许是远离危险的航道
继续拥挤在港口里。但维尔纳夫仍然宣称，他准备在适宜的微
风出现时率舰队出海。

　　在秋季的良好天气中，加迪斯在夜间往往盛行从东方吹来
的陆风，便于船只驶出港外，到上午则转为从西方吹来的微
风，便于船只驶入地中海。10 月 7 日夜间，从东方吹来的微
风已经出现，维尔纳夫打出了准备起锚的信号；但这则信号几
乎立即被撤销，因为风势迅速加强，变成了一股真正的东风，

"显然与我们将要采取的航向相反"。这个故事就是维尔纳夫所汇报的官方版本。[7]然而，事实的真相却更像是纳尔逊的抵达再次主宰了这位法国将军和他的同僚们的心神。自纳尔逊加入之后，西班牙的陆地信号站就再也看不到英国主力舰队。他们能看到的只有英军在港外留下的 5 艘巡洋舰，偶尔还能看到与之传递消息的战列舰。纳尔逊肯定就在港外，但谁也不知道他在做什么，谁也不知道他的真正兵力。维尔纳夫在向德克雷报告其出航延迟时写道："我不能对那些观察统统不闻不问，从各方面发给我的报告都认为我军相较敌人处于劣势。他们的兵力，现在可以肯定地说是 31～33 艘战列舰，其中 8 艘是三甲板战舰，还有大量巡航舰。在这种情况下出港只会被认为是超出两国实力所及的癫狂之举。"他因此决定召开作战会议。然而，格拉维纳的参谋长艾斯卡尼奥却给出了召开会议的另一种更加真实的说法。据他所说，维尔纳夫在一天之前要求格拉维纳让舰队做好准备，他说他必须遵照上级命令，在补给装载完毕后立即起锚出海。艾斯卡尼奥说："西班牙将军只得答复道，他认为有必要在起锚前召开会议，听取两国所有参谋官的意见。但在进一步讨论之前，他下令解散轻型船队，让军官们先返回自己的军舰。"

作战会议于次日上午在"布森陶尔"号上举行。维尔纳夫首先传达了法国皇帝的密令："你要抓住最早的有利时机让联合舰队出航……不管你在哪里遇到敌人，只要他们处于兵力劣势，你就应毫不犹豫地发起攻击，力求决定性的胜利。"据艾斯卡尼奥说，维尔纳夫基于这则命令向与会人员提出问题：他们应当出海，还是留在锚地上等待敌人发起攻击？在后一种情况下，他们或许能摧毁敌人，从而打开出海的安全航路。西班牙军官们谨慎地讨论了这个问题，他们一致支持格拉维纳的看法：由于英国舰队占据优势，拿破仑的命令并不要求他们在这个时候寻求这样的战斗，他们可以接受在锚地上迎击敌军。但法国人并不认可他们的顾虑，结果导致了一场极为激烈的争论。一些法国军官愤怒地坚持道，他们无疑应当出港，并立即与敌人交战。然而，维尔纳夫的参谋长普利尼舰长（Captain Prigny）指出，即便港外之敌仅有 25 艘战列舰，联合舰队也并无优势："他们自 1793 年以来就一直不间断地待在海上，而我们的大部分战舰在过去八年中很少出海。"他因此提出，一支组织良好的轻型防御船队更可能取得成功，并极力主张上级的命令并不要求他们进行这种不可能取胜的战斗。马贡将军立即起身驳斥参谋长和西班牙军官的看法，他的态度和言辞极为激进粗暴，场面由此逐渐失控。西班牙资深舰长加利亚诺起身抗议，据艾斯卡尼奥说，法国人的行为已经超出了他（指加利亚诺）卓越高尚的荣誉感所能容忍的限度，他要求法方让马贡收回冒犯性言辞。会议立即陷入了硝烟弥漫的混乱状态。双方的争吵愈发激烈，直到格拉维纳突然宣布无须继续讨论，双方才安静了下来。格拉维纳总结道："联合舰队是否应当出海，取决于其兵力优势是否足以抵消其内在劣势。"他们随即进行了投票，而投票结果是继续留在港内。他们还同意重新从舰队中抽调人员组建轻型防御船队，直至便于出海的有利时机自行出现。[8]

这些海军将领就是这样来努力挽救拿破仑让舰队扑向克雷格和俄国人的鲁莽决定的。就在他们做出这个消极的决策时，纳尔逊接到了从本土发来的消息，首次得知了马耳他远征军的行动目的。这则消息最终让他厘清了思路，一幅明确的战役蓝图开始在他脑中成形。很显然，在接到消息时，他已经改变了诱使敌军出港交战的想法，随后制定了一个再也不曾改动的行动方案。我们有必要先弄清他手中的情报与当前的舰队部署，然后再来讨论这一点。

根据舰队已收到的 9 月 20 日的报纸，欧洲大陆的战事已经确定。而根据当地流言，拿破仑已经命令加迪斯舰队出海，但他们在作战会议上决定抗命，据说维尔纳夫已因此被德克雷免职。[9]尽管这些消息强化了英军对联合舰队将在不久后出港的预期，但并未指明其目的地。他们有可能直接驶入地中海，但也很可能向北方或西方分头出击。英国战列舰集中于加迪斯，实际控制洋面的其实是轻便的巡洋舰，因此，纳尔逊对巡洋舰布局加倍留心。他刚刚向本土发出一封备忘录，其内容是他整个防区所需的最低巡洋舰兵力。[10]就在这封备忘录的写作期间，他接到了有关克雷格的新指令。他由此对当前的舰队部署做出了一个重要的改变。

在接掌指挥权之后，纳尔逊的第一个举措是让布莱克伍德召回加迪斯港外的路易斯将军。科林伍德此前曾派他去指挥一支近海舰队，其兵力包括 98 炮战舰"王后"号、80 炮战舰"卡诺珀斯"号以及 3 艘 74 炮战舰。这是一种十分正常的封锁布局，但除了特别情况之外，纳尔逊并不赞成采用这种方式——尤其是在加迪斯港外，从西方突然刮起的劲风很可能对近海舰队造成威胁。封锁实施者具有向敌人隐藏其兵力、位置与行动的主动权，这正是其内在优势，而纳尔逊决心最充分地利用这一点。他决定让整支战列舰队脱离敌人的视野，仅仅用布莱克伍德指挥的一支巡洋舰队监视港湾。这个新布局十分关键，它集中体现出纳尔逊对与敌舰队决战的高度期望：只要他们留出一个明显的逃跑机会，当前的紧迫局势就会迫使联合舰队起锚出海。近岸的布莱克伍德已经传来消息，称港内之敌正在装载部队，这使他们有足够的理由相信敌人随时可能出击。与此同时，纳尔逊也在为消耗性的长期监视做着准备。他要处理的主要是补给问题，虽然在天气良好时，一些工作可以在原地由运输船完成，但为了使给养与淡水尽如人意，可靠的办法只有分批将战舰派往直布罗陀和特图湾。然而，这个令人为难的需要显然受到了其他任务的限制。目前，卡塔赫纳港内还有一支活动的敌舰队，他必须派兵对其加以监视。他必须防止这支舰队扰乱地中海或驶向直布罗陀海峡的贸易航线，更不用说必须阻止它溜进英军并未近距离封锁的加迪斯了。因此，10 月 2 日，路易斯将军不情愿地接到了纳尔逊的命令。他的舰队要前往直布罗陀海峡，顺便护送一支开往马耳他的小型商船队。

纳尔逊为英国主力舰队选定的位置位于加迪斯以西 16 ~ 18 里格处。为了随时掌握敌人的动向，他派"玛尔斯"号的达夫舰长（Captain Duff）指挥一支由 4 艘战舰组成的前锋舰队，在西班牙信号站的视距之外与布莱克伍德的巡洋舰队保持信号通信。他向布莱克伍德写道："一旦海上刮起从东方吹来的微风，我就将驶向加迪斯，绝不会驶到它的北方。如果听说他们出港，我就将升起满帆，驶向南方的斯帕特尔角和阿拉切（Arrache）。"[11]

他预料敌军将乘着最早吹来的东风出航，在接到克雷格的消息之前，这就是纳尔逊的真实想法。东风在 10 月 5 日出现。由于分出了路易斯的舰队，纳尔逊开始对海军部承诺给他而尚未到来的增援兵力感到十分担心。他在写给巴勒姆的信中解释了自己采取的措施，随后提出，他不能仅仅"破坏他们的远航"，更重要的是将之歼灭。一天之后，他在写给罗斯的信中更是加重了语气："我对它们的到来，对未来几天内可能发生的事感到非常、非常、非常担心……皮特知道，国家特别希望赢得一场歼灭战……只有足够的数量才能歼灭敌军。因此，我希望海军部能尽可能早地派给我那支早已说好的兵力。"[12]

布莱克伍德关于敌军部队登船的报告让纳尔逊的焦虑达至顶峰，他将此转发给科林伍德，同时附上了自己对敌军用意何在的疑虑。根据自己的最新经验，科林伍德抓住机会向他的长官暗示其推测并不正确，其焦急也有欠考虑。科林伍德的回信表现出他对维尔纳夫头脑的惊人洞见："尊敬的阁下，我将向您阐述我对这一问题的看法……如果他们乘着东风出航，他们又没有驶入地中海，您可以确信这是想让卡塔赫纳舰队加入他们。如果他们成功——在强烈的东风下的确可能——他们就会率领 40 艘战列舰来到我们面前。如果任何的好运使得路易斯与卡塔赫纳舰队相遇，我保证他能占据敌人的上风位置……一面法国舰旗或许能把他们引到我军阵前。不管卡塔赫纳的家伙在什么时候到来，他们都会点着舰尾的大灯。布莱克伍德舰长应当将此视为敌人到来的信号。"[13]

就在此后的第二天，纳尔逊接到了称克雷格准备在意大利展开行动的信件。传信者是 10 月 8 日加入舰队的"皇家君权"号，它此前已经完成了全面整修，被派来担任科林伍德的旗舰。尽管东风仍继续袭来，但纳尔逊的紧迫焦虑已随风而散。克雷格的行动指令使他最终确信，维尔纳夫的目的地就是地中海；而科林伍德的推测则使他相信，敌人将不会乘着东风出航。一旦他接纳了这种看法，他就立即坚定而专注地采取了行动。布莱克伍德发来敌军部队登船、准备乘着最新的东风出海的消息是在路易斯与舰队分离的第二天。在风向转为东风时，路易斯决定让舰队中的 2 艘战舰继续护送商船队，而让剩余兵力重新加入纳尔逊。"但是，"詹姆斯在他的著作中告诉我们，"纳尔逊勋爵认为这是敌人为了弄清他的兵力而诱使他靠近加迪斯的诡计，于是命令少将继续执行他的命令。"[14]

因此，路易斯和他的舰长们再次极不情愿地离开了舰队。而布莱克伍德也接到了按照纳尔逊对局势的最新判断而制定的新指令，他还得到了增援部队，使其舰队实力达到了 5 艘巡航舰与 2 艘轻帆船。纳尔逊向他写道："据那些比你我更了解加迪斯情况的人说，刮东风的好天气还会持续几天，之后，白天就会从西方吹来轻柔的海风，夜间则刮起陆风。如果敌人要驶入地中海，他们就会在夜间出港……驶向南方，在海峡入口搭乘海风，在我们得不到什么风声的时候通过海峡。"因此，纳尔逊采取了若干措施确保对这种行动的监视，并安排了特殊的远程夜间信号来提供告警。

眼下，纳尔逊对战列舰队的职责也有了十分明确的见解。他向科林伍德写道："目前，我确定敌人的目的地就是地中海……如果敌军有所动作的话。如果他们可能出港，我就将打出信号，驶向海峡的入口。"[15]此时，针对预想战斗的所有部署已经完成。他在此时发布了他的战斗阵型与著名的攻击计划①，也就是他自己所称的"纳尔逊式接敌"（Nelson touch）——此

---

① 即附录 I 中起草于 10 月 9 日的备忘录。——译者注

前，他只在接掌指挥权后的欢迎会上向他的舰长们口头解释过这个方案。[16]

在此后的一周中，除了阿勒芒制造的骚扰与遣送考尔德返回本土接受审判的痛苦任务，一切仍保持着平静。10 月 13日，爱德华·贝里爵士率领"阿伽门农"号加入了纳尔逊的舰队，他带来了刚刚从法军手中惊险逃脱的消息。这使他们相信阿勒芒仍在北方的比戈附近，而考尔德刚刚在前一天夜里驾乘"威尔士亲王"号离开舰队，纳尔逊十分担心他会落到法军手里。这支横亘在他与本土之间的交通线上的敌舰队自然使他十分焦虑。他从一位在格恩西私掠船上俘获的法国军官口中得知了阿勒芒此前的航线及其具体兵力。更多的情报则来自"勤奋"号，也就是那艘将阿勒芒正在英吉利海峡入口处的消息通知给康沃利斯的补给船。斯特罗恩护送着它驶往南方，把它安全地交到了洛布的手里，随后便在比戈港外悄悄展开巡航——他认为将会驶入港口的阿勒芒正在附近。[17]纳尔逊对斯特罗恩也极为担心，14 日时他向布莱克伍德写道："我希望他有更强的兵力，但我确信他能结束敌人的巡航。"17 日，他又向科林伍德写道："我希望他的舰队里有一艘强大的三甲板战舰。"[18]

剩下的时间，他则忙于部署如何控制意大利海域——即便不考虑敌人对通信线路的扰乱，这本身也是极大的难题。克雷格的远征在他的头脑中占据了相当重的分量，于是，他派"阿伽门农"号去执行与克雷格合作的指令。此前他已告知海军部，他在先前的请求外还需要 3 艘巡洋舰用于与远征军保持联系。现在，他十分焦急地想派 10 艘战列舰前往他最初的阵位——撒丁岛和西西里，但这在解决维尔纳夫的威胁之前并不可行。他唯一能期望的只是派出由"华丽"号舰长济慈指挥的强大的巡洋舰队，但这在短期内同样无法实现。然而，他对于支援克雷格的任务看得如此之重，以至于不惜采取极端手段，向路易斯下达了一则命令：他应当护送马耳他商船队驶过卡塔赫纳，然后再返回主力舰队。[19]此时，他似乎已不再对敌军会很快出港抱有什么期待。他正在筹集臼炮艇、纵火船、康格里夫火箭和弗朗西斯先生的"鱼雷"，准备用它们来强行结果敌军。[20]但是，他仍将决战的主要希望寄托于物资封锁的缓慢压迫和英俄联军在南意大利的刺激。纳尔逊的信件并未提到这点，但他一定曾与科林伍德讨论过这个问题。我们至少知道，科林伍德对维尔纳夫的无所作为感到莫名其妙。他在18日向纳尔逊写道："加迪斯港内的家伙毫无动作，这真是太奇怪了。如果他们纵容意大利的战事发生，他们今后就再也不可能完成所需的支援任务了，而他们本可以在第一时间提供支援。"[21]

科林伍德再一次展现了他的洞见，他对加迪斯港内正在激化的事态的推想完全正确。就在他写下这些字句时，那个关键的时刻已经到来。

联军作战会议的初步决定正在拿破仑的预料范围之内。他已经为此采取了防备措施，但这些措施的结果却比他的计划来得更快。10月12日，在作战会议的四天之后，前去接替维尔纳夫的罗西利将军抵达了马德里。此时，科尔多瓦（Cordova）以下的道路已被大批土匪盘踞，西班牙的驿站网络已经瘫痪。法国大使向他提出警告，让他在旅途安全得到保障之前不要继续前行。距离加迪斯只剩十天的路程，但在时间过半时，维尔纳夫就接到了罗西利抵达西班牙首都的消息。他立即猜到了这

则消息的含义，但没有对任何人吐露半点风声，在 10 月 18
日——科林伍德写下前述信件的同一天——突然向马贡将军下
达了一则命令。他要求马贡让 7 艘战列舰与 1 艘巡航舰在夜间
出海，尽力俘获布莱克伍德的舰队，探明其后方的英军兵力。
然而，就在马贡准备执行命令之前，陆地信号站传来了路易斯
的分舰队在直布罗陀的消息。该消息称，之前在那里等待护航
的商船队已在 4 艘战列舰的保卫下驶向东方，还有 2 艘战列舰
留在港口里。[22]维尔纳夫据此推断，纳尔逊所部一定缺少了 6
艘战列舰，现在就是自己的行动时机。虽然没有任何消息或现
象能证实他的推断，但维尔纳夫已决定孤注一掷。他没有咨询
任何人，便升起了全军准备起锚的信号旗。[23]

第二十二章 主力舰队相遇

10 月 19 日早晨 6 时，最靠近海岸的英国巡航舰"天狼星"号（Sirius）打出信号："敌舰升起了上桅帆。"7 时，它打出了英军期盼已久的第 370 号信号："敌舰正在出港或开始航行。"十分钟后，布莱克伍德将这则消息转发到了位于其西方的"菲比"号巡航舰。随着天色渐明，这则消息又被传给了达夫分舰队中最靠东方的"玛尔斯"号战列舰，随后在 9 时 30 分抵达了纳尔逊的旗舰。他正位于加迪斯以西约 50 英里处。纳尔逊毫不迟疑，不待组成航行阵型便打出了"全面追击，东南方"的信号，紧接着打出准备战斗的信号。[1]

与此同时，布莱克伍德则继续监视正乘着微弱的陆风努力出港的敌军，他将麾下的两艘轻帆船中的一艘派去警告路易斯，另一艘则派往纳尔逊处。下午 3 时，他转发了友舰的信号，称敌舰队已驶入大海——尽管这时只有马贡的分舰队成功驶出港外。纳尔逊则继续驶向东南方。自他从英国政府处得知克雷格行动重要性的那一刻起，他已决心要阻止维尔纳夫进入直布罗陀海峡，而在此时此刻，他还有另一个自己的目的。在发给路易斯的指令中，纳尔逊曾让他"不要错过任何从东面吹来的风"，即使这将让商船队必须等待下一支舰队的护航。最新刮来的东风使他燃起了希望，他希望能遇到驶出海峡的路易斯，使他在决战中能动用舰队的全部兵力。[2] 为了尽可能实现这一目标，在夜幕降临时，纳尔逊决定按照在地中海的实践经验以及他提出的战术备忘录组建一支前锋舰队（Advance Squadron）。

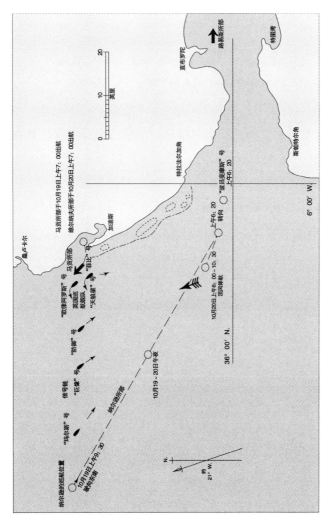

1805 年 10 月 19～20 日 马贡出港，纳尔逊向东南方追击

资料来源：Alfred Hugh Taylor, "The Battle of Trafalgar," *The Mariner's Mirror*, Vol. 36, Issue 4, 1950, pp. 281－321。

这支分舰队拥有 9 艘双甲板战列舰，由达夫舰长驾乘着"玛尔斯"号进行指挥，其中 5 艘在舰队前方侦察，其余 4 艘负责用信号联系布莱克伍德的巡洋舰队。[3] 由于在夜间实施机动时很可能无法使用信号旗，主力舰队的其他战舰则遵循惯例，在夜间密切观察总旗舰的动向。与此同时，他用组成航行阵型的命令取代了之前的"全面追击"，但在最近的航行中，"不列颠尼亚"号（Britannia）、"亲王"号（Prince）与"无畏"号这 3 艘三甲板战列舰的航行状况非常糟糕，他只好让它们自行选择便利的阵位。[4] 这个小小的变数值得我们特别加以留意：纳尔逊事先编定的"战斗阵型"和"攻击计划"由此开始崩塌，而他灵活的头脑也开始意识到实际状况中的战术环境。

20 日凌晨 1 时，纳尔逊抵达了预想位置，于是转为顶风缓行（hove-to）。破晓时分，他发现自己位于特拉法尔加角和斯帕特尔角之间，直布罗陀已位于其舰队视距之内。在逐渐明亮的海面上，每个人都焦急地搜寻着路易斯舰队的身影，但他们却一无所获。事实上，在路易斯首次折返纳尔逊驻地并被纳尔逊再次派往直布罗陀后，盛行的东风迫使他在向东的航程上花费了五天时间。直到 15 日，他才在特图湾补充好了给养和淡水。随后，他启程重返纳尔逊麾下，但一阵西风又将他赶回特图湾。在 17 日再次起航前，他接到了纳尔逊发来的让他护送马耳他商船队继续前进的命令，随即遵照命令改变了行动。结果，他错过了布莱克伍德派出的轻帆船，而当纳尔逊在斯帕特尔角和特拉法尔加角之间搜寻他的时候，他正位于 200 英里之外，且仍在向东航行。直到 21 日——决战爆发的那一天——路易斯才在提奈斯角（Cape Tenez）离开了商船队，随后按照惯常的方式返回卡塔赫那港外，为船队继续提供掩护。[5]我们可以看到，尽管卡塔赫纳港内的舰队实际上一事无成，尽管他们没有完成拿破仑为之设计的任何行动，但他们却在决战时刻阻挠了英国舰队的关键集结。如果想要理解海上形势的准确预测要比陆地上的情况困难多少，这是一个最佳案例。海军战略和陆军战略之间存在着根本而深刻的差别，这主要就是由于贸易保护任务的急迫性。

无迹可寻的路易斯舰队让纳尔逊的官兵们深感失望，而另一个更糟糕的麻烦也在这时缠上了他们。他们信心高涨地准备在破晓时分投入战斗，但维尔纳夫却并未出现；随着太阳升起，暴风雨也一道袭来。良好的天气已经结束，雾气和雨水笼罩着海面，使能见度变得非常有限。在极度的紧张焦虑中，英军开始在雾中搜寻敌人，但没能发现任何踪影。联军到底去了哪里？柯德林顿在当天上午向他的妻子写道："我们所有的良好期待都落了空，我们本希望在良好的天气下、在轻柔的微风中与敌军交战，但现在却在非常暴烈的强风和大雨中紧收着帆，并发现卑劣的法国人返回了加迪斯。"这个看法显然仅仅是在没有发现敌人时所做的推断。他又加上一句："如果他们还在海上，我们就一定会从直布罗陀海峡发起一次果断的冲锋，然后追上他们。"[6]如果联合舰队不在加迪斯，他们还能在哪？能够确定的至少有一点：在这样糟糕的天气中，他们不可能保持他们原本的位置上。纳尔逊向巴勒姆写道："我必须避免在加迪斯附近遇上一阵西风，这支舰队有这么多三甲板战舰，必定会被吹进海峡。"[7]因此，在足够明确的敌军情报到来之前，他决定利用一阵西南偏南的强风驶回他先前的驻地。

就在他刚刚做出这个决定时，布莱克伍德的一艘巡航舰升起了他们期待已久的信号：敌人正在朝他们的北方航行。纳尔逊立即下令组成航行阵型，并在一小时后让"胜利"号顶风停航，召唤科林伍德上舰商议。据说，科林伍德希望立即发起攻击，但纳尔逊却并不同意。我们只能猜测他的反对理由。或许，他认为科林伍德的提议将导致战斗发生得太晚，战场太靠近加迪斯，难以实现战斗的决定性，此外，目前的风向也无法使他们迅速投入攻击。他所做的只是重新组成航行阵型，随后扬着满帆驶向西北方，仿佛在诱使维尔纳夫从近岸一侧悄悄溜过去。[8]

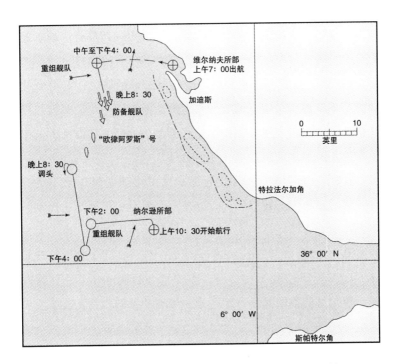

10 月 19 ~ 20 日 维尔纳夫出港，纳尔逊开始与敌军接触

资料来源: Alfred Hugh Taylor, "The Battle of Trafalgar," *The Mariner's Mirror*, Vol. 36, Issue 4, 1950, pp. 281 – 321。

与此同时，纳尔逊还传唤了达夫和他麾下的两名舰长，指示他们要与布莱克伍德和当面的敌人保持接触。然后，他并未召回前锋舰队中的其他战舰，继续朝着他选定的方向航行，这或许是为了避免过早与敌接触，或过早暴露己方的兵力。到中午时，他已经位于加迪斯西南方约 20 英里。布莱克伍德派出的轻帆船在此与他取得了联系，向他报告了发现 40 艘敌舰在前日夜里驶出港外的消息，但敌人出港后的行动仍是一个谜。然而到下午时，布莱克伍德又用信号旗发来了一则足以厘清局势的消息，这似乎可以解释为什么敌人没有在海峡入口处遭遇英军。这则消息的内容是，敌人看来已决定向西航行。纳尔逊在日记中写道："纳尔逊会去阻止他们，在他的掌控下，他们不会得逞。"不管有意或无意，他此前选择的航向正好符合此时的需要；他于是继续前行，直至舰队航向在下午 2 时被忽然变化的风向偏转到西北偏西。航行阵型因此陷入了混乱，这使他在恢复阵型之前无法展开任何行动。

其实，他们对维尔纳夫的真实意图感到费解丝毫不足为奇，因为联军没能在海峡入口处现身其实是由于他无法控制的航海环境。布莱克伍德在 19 日晚间报告了联合舰队驶入大海的消息，但实际上，在微风中完成这一任务超出了他们的航海能力。直至 20 日接近中午时，整支联合舰队才在港外开始航行。纳尔逊的推断并没有错，维尔纳夫的意图的确是直接驶入地中海；但在舰队出港后，海面上的南风转变成了西南风。纳尔逊正是乘着这股风势扬着满帆从海峡折返，而维尔纳夫——正如布莱克伍德报告的那样——则被迫转向西方。在这个航向上，他开始艰难地组建航行阵型。

联合舰队的组织遵循着"同等战列"的旧式战术观念，

并用多余兵力组织了一支预备队（corps de reserve）。维尔纳
夫相信，路易斯的离去将使纳尔逊仅仅拥有 20 艘战列舰，他
便为"战斗舰队"（corps de bataille）安排了同等兵力。战斗
舰队被分为三支分舰队，由他本人直接指挥。剩余的 12 艘战
舰则被组建为"防备舰队"（escadre d'observation），下辖两支
分舰队，如同纳尔逊的前锋舰队一样作为预备队。这支舰队由
格拉维纳指挥，他的行动指令是基于一种历史悠久的战术安
排：他应将防备舰队保持在战斗舰队的上风靠前处，如果敌人
在任何部分集中兵力，他就可以前去提供支援。可以看到，维
尔纳夫已确信纳尔逊会运用集中兵力的原则，他构想出的舰队
组织正是为了应对这种情况，这也是唯一一种能适应其战术执
行能力的作战计划。然而，在改变了方向的强风中，联合舰队
缺乏凝聚力、航海能力低下的缺陷却表现得愈发明显。他们的
机动极为不便，在三个小时的艰苦努力后，笨拙的舰队仍然没
能组成阵列。下午 4 时左右，西南风转为西风。尽管联军远未
组成航行阵型，维尔纳夫却认为他必须抓住机会驶向南方，于
是打出信号，令全军向下风方向转舵。这一命令使得联军的混
乱程度几乎无法挽救，使得组成航行阵型需要付出远比之前更
为艰苦的努力。他们只能紧挨着最靠下风处的战舰开始列队。
维尔纳夫试图保持右舷迎风（close-hauled on the starboard）的
航向，似乎想要占据纳尔逊的上风位置，或者抓住合适的机会
驶入海峡。然而，组建阵型的巨大困难迫使他只能驶向南方。
傍晚时分，英国巡航舰报告了他的这一动向。

　　维尔纳夫舰队遇到的困难不足为奇。在风向变化之后，纳
尔逊也花了两个钟头来重组航行阵型。[9]他因此让舰队右舷迎
风，使其舰首指向西南方。但到下午 4 时，也就是维尔纳夫让

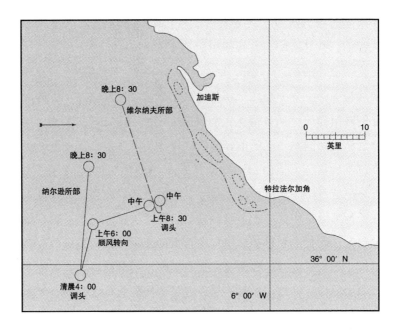

战斗前夜

资料来源：Alfred Hugh Taylor，"The Battle of Trafalgar，"*The Mariner's Mirror*，Vol. 36，Issue 4，1950，pp. 281 – 321。

舰队转向下风时，纳尔逊决定让左舷迎风转向。此前，他并不知悉敌军的航迹，也没有任何证据能说明他曾得到有关敌人行动的任何消息。但是，布莱克伍德的"欧律阿罗斯"号急速赶到战列舰队中，直接向"胜利"号打出了旗语。他带来的消息并不是发现敌军，而是敌人的先导舰正在他的北方航行。[10]于是，英国舰队转而采取北略偏西的航向；到这时，纳尔逊一定已知道他正在直接冲向敌军。雾气已被西风吹散，海面上的天气再次变得明朗起来；在太阳落山之前，从逼近加迪斯的英舰樯顶已能看到好几艘敌舰。[11]

那么，纳尔逊是否考虑过夜间交战呢？这或许并不可能。

一位在场的军官告诉我们，当时英国舰队中的通行看法是认为敌人并不想返回加迪斯，但他们在恶劣天气下仍然待在海上，这表示他们很可能试图冒着交战的风险要逃离这里。就在此时，纳尔逊最终决定集结舰队。在日落时分，除了两三艘用于通信的战舰，整支前锋舰队都被重新纳入主力舰队的航行阵列。[12] 与此同时，他已占据了他曾在早先的备忘录中描述的最佳进攻位置——正如我们所知，他偏好用纵队两端直接接敌，如此一来，敌人就不知道他要从上风方向还是下风方向展开攻击。[13] 如果他打算在此时进攻，这一定会导致一场维尔纳夫已预料到的夜战。但事实上，他根本没有这种意愿。当前锋舰队并入主力舰队后，他只是用信号通知布莱克伍德，让他的巡洋舰队在夜间与敌人保持接触。20 日晚 8 时，担心随时可能遭到攻击的维尔纳夫首先打出信号，命令各舰以最便捷的方法组成战列线。与此同时，纳尔逊则再次转往外海的方向，使英军的阵列指向西南。[14] 联军因此而大受鼓舞，他们相信英军要如他们预料的那般逃窜。然而，英国舰队却紧随在联合舰队的上风处，确保敌人无法成功逃脱。

　　这个机动在整支英国舰队中得到了较好的执行，只有一艘战舰例外，结果对即将来临的海战造成了微妙的积极影响。64 炮战列舰"阿非利加"号（Africa）显然没有接到信号，它继续驶向北方，最后与主力舰队失去了联系。[15] 纳尔逊扬着满帆一直行驶了 8 个小时，布莱克伍德每个小时都通过军舰信号链为他发来敌军位置的消息。清晨 4 时，风向转为西北偏西，他再次下达了"驶向东北方"的命令，但"胜利"号的日志却记录了更为精确的"北偏东"，他们把这个航向保持到了次日黎明。

　　然而，这些机动的结果却是使英军的航行阵型遭到了彻底的破坏。我们应当注意到，在那个时代，舰队遵照固定阵型进行巡航并非惯例，航行阵型很少保留到夜间，特别在这个案例中，他们还要在黑夜里执行机动。因此，到破晓时分，英军的队列已算不上任何像样的阵型。科林伍德显然位于其分舰队的前端，但纳尔逊却落在大多数战舰的后面。当光线足够明亮时，法军所看到的英国舰队只是"不成形"的乱糟糟的一大堆船，两艘彼此靠近的旗舰位于中央，散乱的战舰则从东南方延伸至西北方。[16]

　　于是，两支相距 8～9 英里的舰队开始沿着东北与西南的航向相互接近。早晨 6 时许，海面上的亮度已足以使两军遥遥相望。纳尔逊发现，联合舰队正以一种难以辨别的阵型驶向直布罗陀海峡。他的生命与这场战役的关键时刻已经来临。他应该怎样行动？他应当随机应变，还是按照预定计划展开攻击？在警报响起的第一刻，他最为关切的又是什么问题？死神从我们面前夺走了答案。我们只能收集起散落在这片神圣海域的零散碎片，恳请它们为我们揭示其间的无价之秘。

第二十三章　纳尔逊的攻击计划[*]

从特拉法尔加海战的第二天开始，纳尔逊的攻击是否遵照了他的备忘录就成了一个长期饱受争议的问题。一些完全有能力做出正确判断的军官对此表示肯定，但另一些具备同样判断力的人却给出了无可置疑的否定答案。

科林伍德小心翼翼地带过了这个问题，实际上并没有做出直接回应。他在官方报告中只是这样写道："攻击方式已在早先确定，并已告知给副将和舰长，这只需要很少的信号"——但事实上，他们显然打出了不少信号。两个月后，他在写给托马斯·帕斯利爵士（Sir Thomas Pasley）的私人信件中说，纳尔逊决定采用的计划得到了良好的展开与极好的执行。在更早的信中，他对这里所指的"计划"做出过解释："纳尔逊勋爵决定用一场迅猛的两路攻击代替准确排列的战阵。他指挥上风舰列，而将下风舰列交由我来全权指挥。他还指定了攻击的对象。"然而，这显然并不是对备忘录中攻击计划的完整概括，这些描述与一场分头发起的"全面追击"式的攻击并没有多少差别。两者的区别仅仅得到了些许暗示，纳尔逊打算实现其意图的精妙细节则被完全忽略。因此，科林伍德最多只说到两路分头进攻的意图得到了执行，但这并不意味着他不清楚纳尔逊备忘录的要点。他那仗义忠诚的品格绝不允许他说得更多。在他关于那场海战的所有文字中，我们都能看

到，他已高尚地决定要回避一切可能贬损其亡友荣誉或使这场胜利不再全然属于纳尔逊的细节问题。

在海战中，哈维舰长（Captain Harvey）指挥的"勇莽"号（Téméraire）紧随在纳尔逊的旗舰之后。"勇莽"号的日志显示，他是对这场海战最为细致、最有条理的观察者，而他的说法也与科林伍德相同。他写道："战斗在午后开始，是按照纳尔逊勋爵发给我们的指令来进行的。"这里的"指令"到底是指行诸文字的"攻击计划"，还是指接敌过程中口头传达的指示，人人可以有自己的判断，但我们显然无法排除"攻击计划"的可能性。另外两位持肯定态度的见证者同样是含糊其辞。在海战的三十年后，当年指挥"俄里翁"号的柯德林顿回忆道，他曾让他的第一尉官注意纳尔逊投入战斗时的出色行动："将军多么漂亮地执行了他的计划"；但在战斗的一周后，他却向一位海军部官员写道："我们全都以最快的动作乱糟糟地投入战斗。"[1] 最后，这里还有一段由"防御"号的霍普舰长（Captain Hope）记在他的备忘录副本上的文字："我们同意这些就是纳尔逊勋爵攻击法西联合舰队的指令。"以上这些就是目前所知的所有肯定性证据。

较之这些证据，否定性结论的证言则更为丰富，其表达也更为明确。科林伍德分队中的"复仇"号的舰长莫尔森（Captain Moorsom）表示："纳尔逊勋爵在战斗之前制订了一个正式计划，但并未执行"；"科林伍德将军直冲了下去，他得到了能够跟上的战舰的支援，直接穿过了他们的战列。纳尔逊勋爵也同样如此，其余战舰也尽快照做"。在他看来，两支舰队投入战斗的方式并无区别，两者都发动了近乎垂直的攻击，因为两条舰列都"直冲了下去"，而非驶向平行于敌军战列的指定位置，再组成顶风战列。[2]他的儿子，在战术研究领域享有崇高声誉的康斯坦丁·莫尔森将军（Admiral Constantine Moorsom）做了更进一步的阐述。他在《海军战术原则》（Principles of Naval Tactics）——目前唯一有关旧日海战的原创性专著——中写道："战术机动与科学原则此时都已被完全改变。"[3]

唯一一份由在场军官撰写的详细批评也得出了同样的结论。这份材料写于 1820 年，其作者是汉弗莱·森豪斯爵士（Sir Humphrey Senhouse），他曾在伊斯雷尔·佩留（Israel Pellew）指挥的"征服者"号上担任尉官，并在后来的战争岁月中脱颖而出，指挥海峡舰队与地中海舰队的旗舰。[4]他的批评针对着那个一直不存在争议的事实，即英国舰队是以两列纵队依次向前进攻。他认为，"如果坚持之前制订的计划"，攻击效果会更好。他说："这位几乎永无过失的将军所发动的攻击与他之前在指令中规定的行动有所不同，他的分队队形由横队（a line-abreast）变成了纵队（a line-ahead）。"他认为，这一变化既丧失了同步冲击力，也丧失了集中进攻兵力的优势。他声称两路纵队前端接敌的攻击形式在参战者当中毫无争议，事实也的确如此。"勇莽"号的哈维舰长写道："你要知道，我们是以两路纵队（columns）驶向敌人。"所有谈到这一点的人都是同样的说法。

完全能了解事实过程的查尔斯·伊金斯爵士（Sir Charles Ekins）对此同样坚信不疑："舰队中所有舰长都知道，从上风发起的攻击与事先的安排有所不同，其性质更加令人惊叹。"[5]我们的确可以认为，当时在场或直接相关的军官们在详细谈到这一问题时都曾表示，实际发起的攻击与备忘录中的计划在关键细节上存在着巨大差别——这个结论已将那些粗略的概括、推论和附言排除在外。

对于那些惯于掂量证据分量的人而言，这里还有一份最无可怀疑的证据，那就是由当时的海军参谋所做的判断。没有任何推论可以撼动这则证据：在这场海战后刊发的新版信号簿中出现了一种新的攻击信号，其"释义"（Signification）表明，它来源于特拉法尔加海战的经验与纳尔逊备忘录的要领。这则信号就是"以两列纵队的航行阵型切割敌军战列"，它的配图是两支纵队几乎以垂直姿态向前发起攻击。长长的指令解释了依次投入战斗的方法及其战术优点，认为这比同步冲击更为有利。[6]

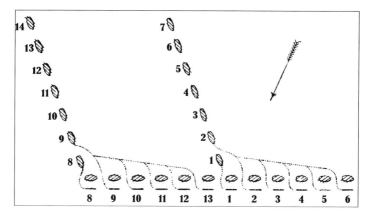

1816 年版信号簿中的"特拉法尔加信号"插图

来自外国的最精详的批评也与此高度一致。格拉维纳的参谋长艾斯卡尼奥在战斗的六周之后向西班牙政府递交的评估报告中总结道："最具水兵作风也是最优秀的战术，莫过于让一支舰队占据另一支舰队的上风，然后以两支独立的舰列向它冲去，在敌舰的开火距离上展开成战列线。但纳尔逊将军并没有在我军开火距离上展开他的舰列，而是一直冲到手枪射程（pistol-shot）内，突破了我军战列。我不认为会有许多人效仿他的这种方式。"[7]

那么，在面对这些坚实而权威的陈述时，我们如何才能解释目前通行的、认为纳尔逊遵照了他的备忘录展开战斗的观点？答案或许就在备忘录的文本当中。

就如其他同类文件一样，在分析这个著名的文本时，我们会发现其中包含着两类构想：第一类是主要战术，第二类是实施细节。第一类构想的源头可以追溯到纳尔逊与他最为亲信的幕僚——济慈舰长——的谈话，当时，纳尔逊正在默顿等候召唤。据说，纳尔逊向济慈表示："按照旧体系，一个白天的时间不足让以两支舰队列队并打出一场决定性的战斗……我将把舰队分成三支分队，形成三支纵队。一支分队将由12～14艘最快的双甲板战舰组成，我会将之保持在上风处或有利的位置上……我想它应始终服从我的指挥，我会把它投入我所选定的任何局部战斗中去……舰队的剩余部分组成两支纵队，我会尽量让它们一起行驶到敌人战列上距离前端三分之一长度的位置……我认为这会让敌人感到惊讶和困惑，让他们不明白我用意何在。然后，它会被卷入一场我所希望的混战。"让我们先把第三支分队留待之后讨论。除了这一点之外，这个方案似乎比纳尔逊的备忘录更符合实际发生的战斗。当然，"让它们一起驶向敌人"和"混战"的说法似乎表明，济慈的记忆可能经历了一种我们所熟知的心理加工，被后来实际发生的那场战斗染上了某些色彩。尽管如此，我们还是能在这里看到纳尔逊的三个主要构想：其一，以多支分队而非一支纵队发起攻击；其二，集中攻击敌军后卫；其三，将攻击方式与攻击点隐藏到最后一刻——这已是他所有构想的四分之三。不过，他的备忘录较此更为精妙，其中还包括完全由纳尔逊独创的第四点构想。在 7 月 22 日的菲尼斯特雷海战中，考尔德的主要构思同样是集中攻击敌军后卫，他同样直到非常靠近时才组建战斗阵型并展开攻击。但是，考尔德的进攻却被敌军前卫调头支援后卫的机动挡了下来。正是在这里，纳尔逊的备忘录针对这种行动提出了最为精彩也最具原创性的重要见解。其他观念都不是他的独创：两路进攻来自邓肯的坎伯当海战（Battle of Camperdown）①；他构想的接战方法脱胎于埃尔丁的约翰·克拉克提出的梯阵接敌法②，而考尔德的战斗则为他警示了敌军可能会采取的行动。

　　纳尔逊在备忘录一开篇就提出，交战时间的延迟与让大型

①　1797 年 10 月 11 日，由亚当·邓肯将军（Admiral Adam Duncan）率领的英国北海舰队在荷兰的坎伯当海岸遭遇了返航途中的荷兰舰队。吃水较浅的荷兰战舰组成战列线向近海浅滩撤退，邓肯下令顺风全帆追击，致使航速不一的英舰在航行过程中逐渐分为两队。驶近敌军后，邓肯等不及重组阵型，下令直接发起攻击，在近距离混战中成功歼灭荷兰舰队主力。——译者注
②　埃尔丁的约翰·克拉克（John Clerk of Eldin，1728～1812 年），苏格兰商人、海军研究者。1779 年写成《论海军战术》（Essay on Naval Tactics）的第一部分，1782 年出版，其余章节在 1797 年出版。他在书中提出不少新的战术理念，对英国海军战术产生了不小的影响。纳尔逊在特拉法尔加海战前的命令多次引用书中的句子。克拉克认为，传统的让全军从上风进攻敌人全体的方式存在诸多弊端；他提出用多支分队组成梯阵，首先用最前线的战舰集中歼灭敌军后卫的少数战舰，再用梯阵后方的战舰来对付前方的敌军。这一策略与纳尔逊战术备忘录中所采用的三支平行于敌军的分舰队部署十分相似。参见下页示意图［引自 Brian Tunstall，*Naval Warfare in the Age of Sail*: *The Evolution of Fighting Tactics*, *1650 - 1815*（Naval Insitute Press，1991），p. 190］。——译者注（转下页注）

舰队从航行阵型改组成战列线密不可分。他因此决定将舰队组织成一种航行阵型等同于战斗阵型的方式，只是有一条保留条款："总司令和副司令的旗舰例外。"这一条非常重要，它意味着在航行阵型中两位司令官通常引领着各自的分队，但在战斗阵型中则会指定其他位置。假设他有一支拥有 40 艘战舰的舰队，它将由两支各有 16 艘战舰的分队与一支拥有 8 艘（占总兵力五分之一）最快的双甲板战舰的前锋舰队组成——后者最终并未出现，我们暂时先不讨论这一点。

接下来则是一个全新的构想：在了解总司令的意图之后，

（接上页注②）

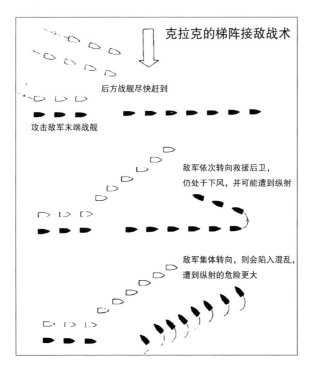

克拉克的梯阵接敌战术

后方战舰尽快赶到

攻击敌军末端战舰

敌军依次转向救援后卫，仍处于下风，并可能遭到纵射

敌军集体转向，则会陷入混乱，遭到纵射的危险更大

副司令将全权指挥他自己的舰列。备忘录中的语句并未明确表示副司令将从什么时候起接掌独立指挥权。不过，根据之后段落的说明，纳尔逊所谓的"在了解我的意图之后"，至少在从上风发起进攻的情形中，是指攻击实际发起的时间。根据其说明，纳尔逊本人将指挥舰队"行驶至接近敌军中军的火炮射程之处"，随后他会向科林伍德打出很可能事先已经约定的、他准备以何种方式展开攻击的信号，并告诉其在敌人发起反击时他可能希望的行动方式。之后，纳尔逊重申道，"在总司令表达了其意图之后"，下风舰队的全部指挥权就将交给副司令。这只能意味着，独立指挥权是在纳尔逊向同僚打出进攻信号时直接开始生效。换句话说，他这个清晰的原创构想就是由自己指挥接近敌人，然后向他的同僚赋予自主行动权，让其完成特定部分的任务。[8]

在阐述主要战术之时，其间他还谈到了一些实施细节，对应于敌人位于上风处或下风处的两种情况。当敌人位于上风、英军从下风处进攻时，他会以三支舰列展开攻击（见下页示意图）。科林伍德将率领舰队尽其所能地穿过从后端数第 12 艘战舰，集中攻击兵力仅有其四分之三的敌人。纳尔逊的舰列将穿过敌军中军；前锋舰队则在距此数艘战舰处穿越，"以保证攻击到他们的总司令——我们必须尽一切努力将他俘获"。围攻敌军主帅的构想恢复了中世纪战术的核心观念。的确，在这份不朽的备忘录中，对各种有效战术原则的融会与协调无疑是其最为出色的特点。

随后，他又继续阐述其主要战术。英军的作战原则是用整支舰队集中攻击敌人从舰队末端到主帅之前的战舰。这将使 20 艘左右的敌舰不会遭到攻击，它们可能像 7 月 22 日战

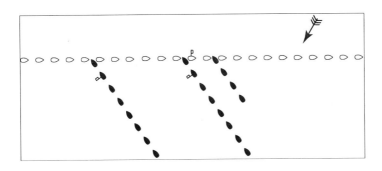

纳尔逊从下风处发动进攻的作战计划

资料来源：译者据 10 月 9 日战术备忘录绘制。

斗时的格拉维纳那样行动，但纳尔逊认为自己的攻击方式足以应付任何折回支援的完好敌舰。他说："他们在执行机动、驶近攻击英国舰队的任何部分或支援友舰之前一定会耗费一些时间，而且他们定会卷入交战的战舰。"他清楚地表明，如果最糟糕的情况发生，那么就会发生一场混战（mêlée），这必然会取得决定性的战果。他接着说："我有信心在敌军前卫能够支援后卫之前赢得胜利，然后，大多数英国战舰就能准备好迎击他们的 20 艘战舰。"对这一段的总结又回到了战术细节，他细致地阐述了敌军前卫折返之后需要采取的行动；但如果并非从下风处发起进攻，英军或许也不会实施这些细节。接下来的部分则与从上风处发起攻击有关——这是他希望达成并选择的攻击方式。这部分的开头是"从上风发起预想的攻击。敌人已组成战列线，准备迎接进攻"。在这种情况下，"英军分队将首先行驶至接近敌军中军的火炮射程之处"，他还在此给出了一张示意图（见下页示意图），用以表明理想的位置。之后最可能打出的信号是让下风舰列一齐驶向下风，攻向敌军最后方的 12 艘敌舰——同之前一样，敌军兵力应为己方的四分之三。[9]

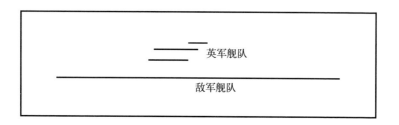

在纳尔逊指定的位置上，副司令将可以发起豪勋爵那样的攻击，从敌军战列的各处间隔进行穿越；他们可以如约翰·宾将军在梅诺卡岛海战中尝试的那样，扬起所有风帆，以横阵攻向敌人。纳尔逊写道："一些战舰可能无法在他们的准确地点穿越，但他们总是能支援友军，只要任何战舰在敌军后卫周围，他们都能有效地完成歼灭 12 艘敌舰的任务。"

这种从上风处发起的攻击将会面对两种广为人知的反制措施，纳尔逊必须对此提出应对策略（见下页示意图）。敌军很可能一齐倒转航向，使其后卫变为前卫；或者执行旧日的法国战术教科书中的那种机动，集体转向驶向下风，使试图穿越的攻击者遭到两面夹击，同时避免遭到纵射。无论如何，科林伍德都应坚决攻击指定给他的那 12 艘战舰，并力求贯彻，"除非总司令另有指示，但这几乎不用指望"。敌舰队的剩余部分将留给纳尔逊来对付，但除了"他会努力尽量不干扰副司令的行动"外，他并未阐明他的意图。简而言之，他的主要职责是牵制敌军前卫，再依照实际情况展开一些次要的战术。

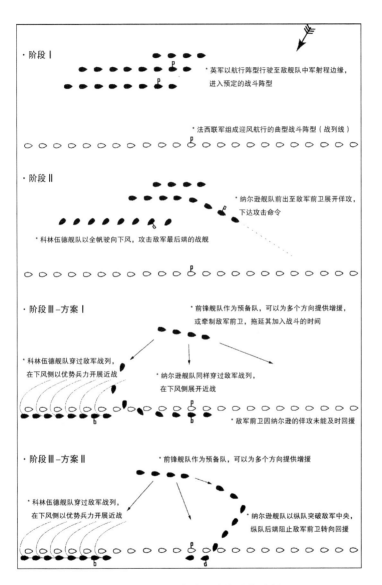

* 阶段 I

* 英军以航行阵型行驶至敌舰队中军射程边缘，进入预定的战斗阵型

* 法西联军组成迎风航行的曲型战斗阵型（战列线）

* 阶段 II

* 纳尔逊舰队前出至敌军前卫展开佯攻，下达攻击命令

* 科林伍德舰队以全帆驶向下风，攻击敌军最后端的战舰

* 阶段 III - 方案 I

* 前锋舰队作为预备队，可以为多个方向提供增援，或牵制敌军前卫，拖延其加入战斗的时间

* 科林伍德舰队穿过敌军战列，在下风侧以优势兵力开展近战

* 纳尔逊舰队同样穿过敌军战列，在下风侧展开近战

* 敌军前卫因纳尔逊的佯攻未能及时回援

* 阶段 III - 方案 II

* 前锋舰队作为预备队，可以为多个方向提供增援

* 科林伍德舰队穿过敌军战列，在下风侧以优势兵力开展近战

* 纳尔逊舰队以纵队突破敌军中央，纵队后端阻止敌军前卫转向回援

纳尔逊从上风处发动进攻的作战计划

资料来源：译者据 10 月 9 日战术备忘录与纳尔逊的信号指令绘制。

在驶近敌人之后，他可能像科林伍德那样多点突破，也可能以纵队阵型在一点上突破敌军战列；同时，他并未指定前锋舰队在上风攻击中的特定职责，这支部队可能会一直作为预备队，在局势需要时为两位将军提供支援。相较于多点突破，他显然更倾向于风险更大的单点突破。然而，这种战术在英荷战争之后就已不再使用，因为使用者必须面对巨大的危险：首先，领头的战舰可能在接敌过程中被敌人的集火射击打败；其次，跟随穿越敌阵的战舰也有可能被敌人分割包围。常有人说，纳尔逊从未权衡过其中的风险，但这种愚行绝不符合他的性格。在这里，他用他那无可比拟的战术直觉权衡了风险，并提出一个没有先例的反制意见。这个高度原创的科学构想是将较快的速度与集中在攻击点的强大炮火结合起来。有史以来，这是首次提出攻击应在全帆状态下——而非通常的"战斗帆"状态下——展开。这样一来，他就能得到最高的航速，从而最大限度地强化其冲击力，最大限度地缩短其危险时间。

下一个应对之策更加非同一般。我们可以直观地看到，纳尔逊将大部分三甲板战舰布置在舰列前端。这种集中兵力的方法源于法国战术家比戈·德·莫罗盖在1763年写成的《海军战术》中提出的意见。罗德尼曾为这种布局拟定一则信号，但它是被纳尔逊首次实践，用以克服他自己的战术方案中最大、最明显的缺陷。以旧方法组成的纵队从未成功突破过组织良好的战列线，但纳尔逊认为，他已在法国战术理论中看到了前人不敢尝试的解决方案。为了那致命的一击，他用任何人都无法抵抗的强大火力武装了他的纵队前端，这使他能用投射量和冲击力打败久经考验的防御阵列。他的前卫舰群是如此强大，即便敌人将之分割包围，它也能独自应对任何围攻的威胁。在风帆海战的巅峰时刻，理论家与实践者的身份已在此合二为一。将炮火集中在尽量少的单位，集中于尽量短的战线，这就是纳尔逊在面对棘手危机时向伟大的法国战术家所寻求的理论支援。

莫罗盖集中兵力的办法已在纳尔逊的脑海里酝酿了相当长的一段时间。我们可以看到，将重型战舰集中于前卫的部署方法已经在追击维尔纳夫期间发布的两份战斗阵型中出现。[10]当然，这两种部署或许是出于其他的考虑，甚至是出于偶然。但即便如此，特拉法尔加海战中的英军阵型必定是来自莫罗盖的观点。奇怪的是，在海战中实际采用的战斗阵型没有任何材料流传下来。最有可能的解释是，纳尔逊在路易斯分舰队加入之前并不打算展开攻击，因此从未给这支被迫投入战斗的缺编舰队制定阵型。10月10日，纳尔逊将他制定的最后一份战斗阵型与他的备忘录一道公布，这也是我们唯一所知的阵列。联合军种研究会（United Service Institution）的博物馆收藏了一份原始的阵型抄件，这份抄件有签名和落款时间，发布于"加迪斯港外，1805年10月10日"。正如下表所示，这个阵型是按照海军部向他承诺的40艘战舰的兵力规模设计而来。考尔德此时仍在舰队中，因此，这个阵型包括了他的座舰和路易斯的分舰队，留为空白处的则是一些随时可能抵达的增援。最终未能参战的战舰被标示为斜体，并在括号里注明了缺席原因。

除了在舰列前方集中重型战舰之外，这份文件中还有一个特点值得注意。可以看到，这支舰队被分为两支分舰队（squadrons），其下又划分为四支分队（divisions），每支分队拥

航行阵型

前卫\右舷分队，攻击敌军中卫

第一分队	1. "勇荟"号	Téméraire	98炮
	2. "华丽"号（未抵达）	Superb	74炮
	3. "胜利"号	**Victory**	**100炮**
	4. "尼普顿"号	Neptune	98炮
	5. —		
	6. "虎"号（路易斯分队）	Tigre	74炮
	7. "卡诺帕斯"号（路易斯分队）	Canopus	80炮
	8. "征服者"号	Conqueror	74炮
	9. "阿伽门农"号	Agamemnon	64炮
	10. "利维坦"号	Leviathan	74炮
第二分队	11. *"威尔士亲王"号*（随考尔德返航）	**Prince of Wales**	**98炮**
	12. "埃阿斯"号	Ajax	74炮
	13. "俄里翁"号	Orion	74炮
	14. "米诺陶"号	Minotaur	74炮
	15. —		
	16. "王后"号（路易斯分队）	Queen	98炮
	17. "多尼戈尔"号（在直布罗陀）	Donegal	74炮
	18. "斯宾塞"号（路易斯分队）	Spencer	74炮
	19. —		
	20. "斯巴达人"号	Spartiate	74炮

后卫\左舷分队，攻击敌军前卫

第一分队	1. "亲王"号	Prince	98炮
	2. "玛尔斯"号	Mars	74炮
	3. "皇家君权"号	**Royal Sovereign**	**100炮**
	4. "雷鸣"号	Tonnant	80炮
	5. —		
	6. "柏勒洛丰"号	Bellerophon	74炮
	7. "巨像"号	Colossus	74炮
	8. "阿基里斯"号	Achille	74炮
	9. "波吕斐摩斯"号	Polyphemus	64炮
	10. "复仇"号	Revenge	74炮
第二分队	11. "不列颠尼亚"号	**Britannia**	**100炮**
	12. "敏捷"号	Swiftsure	74炮
	13. "防御"号	Defence	74炮
	14. —		
	15. "肯特"号（未抵达）	*Kent*	74炮
	16. "热情"号（路易斯分队）	*Zealous*	74炮
	17. —		
	18. "雷神"号	Thunderer	74炮
	19. "挑战"号	Defiance	74炮
	20. "无畏"号	Dreadnought	98炮

说明：加黑者为将领座舰。

有各自的将官。自豪和肯彭菲尔特的改革以来，一支舰队通常被划分为三部分，即拥有三支分舰队，而在这种规模的舰队中，一支分舰队通常被分为两支分队。另一种常见的组织方法是将中卫舰队的两支分队分别划入前卫和后卫，从而形成由两支"大分队"（Grand Divisions）组成的双列舰队。由此可见，两支分舰队、四支分队的舰队结构无疑是一个创新，但我们并不能确定它是否出自纳尔逊。另外，这份阵型抄件中并未提到备忘录所设计的前锋舰队。[11]

如果纳尔逊在此之后还发布了其他战斗阵型，我们实在难以想象它没有任何副本流传至今。因此，我们或许可以相信，在特拉法尔加海战中使用的阵型就是随着备忘录一同公布的阵型，只是根据实际的紧急情况做了些许修改。根据现存的有关战舰如何投入战斗的多种材料，我们只需简单地弥合未出场战舰在表格中造成的空档就能得出实际的战斗阵型，但是其中有一处重要的例外。在实际战斗中，"不列颠尼亚"号显然隶属于纳尔逊的分舰队，根据它自己和其他两艘战舰的说法，它是战列上第 6 艘战舰。我们可以很自然地猜想，由于考尔德返回本土，海军少将诺塞斯克勋爵（Lord Northesk）便接替了他的位置，而他的旗舰"不列颠尼亚"号也就成为纳尔逊第二支分队的领舰。诺塞斯克原先的位置自然由路易斯接替，后者此时已成为纳尔逊麾下的排位第四的将军。但由于路易斯已离开，科林伍德第二支分舰队的领舰只能暂时由"无畏"号担任——它是科林伍德在"皇家君权"号到来之前搭乘的旗舰。[12]

基于以上推论，我们便得出了如下表所示的在战斗中实际使用的缩编阵型。

特拉法尔加海战的可能阵型

前卫\上风舰队

第一分队	1. "勇猛"号	Téméraire	98 炮
	2. **"胜利"号**	**Victory**	**100 炮**
	3. "尼普顿"号	Neptune	98 炮
	4. "征服者"号	Conqueror	74 炮
	5. "利维坦"号	Leviathan	74 炮
	6. "阿非利加"号（?)	Africa	64 炮
第二分队	7. **"不列颠尼亚"号**	**Britannia**	**100 炮**
	8. "埃阿斯"号	Ajax	74 炮
	9. "俄里翁"号	Orion	74 炮
	10. "阿伽门农"号	Agamemnon	64 炮
	11. "米诺陶"号	Minotaur	74 炮
	12. "斯巴达人"号	Spartiate	74 炮

后卫\下风舰队

第一分队	1. "亲王"号	Prince	98 炮
	2. "玛尔斯"号	Mars	74 炮
	3. **"皇家君权"号**	**Royal Sovereign**	**100 炮**
	4. "雷鸣"号	Tonnant	80 炮
	5. "贝尔岛"号	Belleisle	74 炮
	6. "柏勒洛丰"号	Bellerophon	74 炮
	7. "巨像"号	Colossus	74 炮
	8. "阿喀琉斯"号	Achille	74 炮
第二分队	9. "无畏"号	Dreadnought	98 炮
	10. "波吕斐摩斯"号	Polyphemus	64 炮
	11. "复仇"号	Revenge	74 炮
	12. "敏捷"号	Swiftsure	74 炮
	13. "防御"号	Defence	74 炮
	14. "雷神"号	Thunderer	74 炮
	15. "挑战"号	Defiance	74 炮

说明：此表按照实际登场的战舰对 10 月 10 日发布的阵型修改而来。加黑者为将领座舰。

事实上，这个阵型与现存的有关战舰如何投入战斗的所有材料都不完全相符。但是，这些材料中也并没有任何两份能完全相符，并没有任何一份有排斥其他材料的明确权威，它们在细节上全都存在着这样或那样的缺陷。因此，10 月 10 日的正式阵型仍为我们提供了纳尔逊构想的舰队组织的最佳推论。我们可以在这个阵型中看到，纳尔逊在上风舰队的前卫集中了 3 艘三甲板战舰，但其中又插入了 1 艘 74 炮战舰——这是由他特别亲密的济慈舰长所指挥的强大的"华丽"号，他已向济慈承诺，如果能及时到来就让其待在自己身边。[13]由于期盼着本土的增援兵力，他或许还准备安排第 4 艘三甲板战舰，于是将第 5 艘战舰留为空白。科林伍德的舰列同样是如此，在最前方的 4 艘战舰中，2 艘是三甲板战舰，1 艘是 80 炮战舰，另 1 艘是较强的 74 炮战舰，第 5 艘战舰同样留为空白。随后抵达的"贝尔岛"号占据了这个位置，它也是一艘特别强大的 74 炮战舰。[14]

在两支分舰队的前卫部署中，一个更为重要的特点是，纳尔逊和科林伍德的座舰都并未在战斗阵型中担任先导舰，它们只有在普通的航行阵型中才作为各自舰列的领舰。纳尔逊在备忘录中的说法是"我的舰列会穿过"（My line would lead through），而非"我会带头穿过"（I should lead through）；"勇莽"号的哈维舰长也说，他是根据纳尔逊在最后一刻打出的信号，才在"胜利"号之后而非之前投入了战斗。由于"华丽"号的缺席，这暗示着纳尔逊旗舰应该位于战斗阵型中的第二位。至于科林伍德，哈维和森豪斯的证言都明确指出，他在战斗阵型中的位置应当是下风舰列的第三位，与 10 月 10 日的正式阵型一致。[15]

必须指出的是，在实际阵型与前述的计划阵型之间，还有另一处甚至与备忘录的要求相悖的重大差别。现存的各种材料都认可的是，在实际的战斗中，两支分舰队的兵力并不相等：纳尔逊所部只有 12 艘战舰，而科林伍德则有 15 艘战舰。纳尔逊纵队的兵力劣势无疑部分是由于路易斯舰队的缺席，在前述的计划阵型中，整支路易斯舰队除了一艘之外全部都属于纳尔逊的上风舰队。不过，如果考虑到 1 艘三甲板战舰等于 2 艘双甲板战舰队的公式，纳尔逊与科林伍德的兵力对比就是 16∶18，他们的实力差别并未如表面那般明显。纳尔逊舰队的任务是用纵队突破战列线来阻滞敌军，他的兵力劣势并不会持续太长时间；与此同时，科林伍德则要负责攻击 12 艘敌舰，他的舰队必须尽量占据四分之一的对敌兵力优势。

要达成这种兵力部署，纳尔逊只能将前锋舰队重新吸纳进两支主力舰队，使舰队构成由之前的三支分舰队变为两支分舰队。这一重大的改变从未得到清楚的阐释，值得我们在此加以思考。在地中海舰队近来的行动中，前锋舰队一直只是一支侦察舰队，但纳尔逊显然准备更进一步，为其赋予某种实质性的战术功能。在他的备忘录中，前锋舰队并不仅仅是一支侦察舰队，还是一支预备队。基于他的舰队拥有 40 艘战列舰的假设，他在备忘录中写道，他将组成各有 16 艘战舰的两支大型分队和一支拥有 8 艘最快的双甲板战舰的前锋舰队，而后者的任务是"按照总司令的指挥，随时使一支舰列拥有 24 艘战舰"。可以看到，这里的前锋舰队占据总兵力的五分之一，而非在他在战斗前夜组建的那支前锋舰队所占据的三分之一。就我们目前所知，这种组织并未在实际战斗中出现，但由于我们缺乏 10 月 10 日之后的舰队编制，我们几乎不可能知道到底发生了什么事。

最初，这支舰队只是一支侦察舰队。在纳尔逊接掌指挥权之时、发布备忘录之前，他按照最初的航行阵型，在每支分舰队中拨出了 2 艘战舰，让达夫舰长统领"玛尔斯"号、"巨像"号、"防御"号和"埃阿斯"号 4 艘战列舰。在备忘录发布之后，"贝尔岛"号与"阿伽门农"号抵达阵中。它们也分属于两支分舰队，随后被派去增援通信线。这些兵力就是纳尔逊所说的前锋舰队。在特拉法尔加海战的十天之前，他向亚历山大·波尔写道："我在我的舰队和巡航舰之间部署了一支由快速战舰组成的前锋舰队。"[16] 如果柯德林顿说得没错，前锋舰队此时已得到了它的全部兵力。据他自己说，在备忘录发布之后，前锋舰队已有 8 艘战舰，其中就包括了他的"俄里翁"号。但是，柯德林顿对纳尔逊交给他们的任务显然并不十分清楚。他大致知道，他们将以两支舰列攻击敌军后卫，科林伍德担任主攻，纳尔逊则负责防止敌军前卫阻挠英军进攻。为此，纳尔逊将从联军总司令后方突破其战列，而英军前锋舰队则将从总司令的前方突破，从而孤立并包围敌军的总旗舰和僚舰。不过柯德林顿似乎完全不明白，备忘录中的这种攻击方式只适用于从下风发起攻击的情况。在有关从上风发起攻击的段落中，前锋舰队并未被要求展开独立的进攻，尽管它在示意图上仍旧存在。我们只能猜想，它在这种情况下将执行一般性的保留条款，为任何一支主力分队提供必要的增援。

尽管备忘录中的战术构思是如此卓越，但我们必须承认，它的行文的确非常晦涩难解。它是纳尔逊匆忙起草的产物，在那时，他正担心风向的变化随时可能让维尔纳夫在数小时内驶出港湾。正如我们所看到的，它的段落安排毫无逻辑，不成体系；内容多有重复之处；许多地方有语法问题，而其中介绍的战斗阵型又与实际发布的阵型截然不同。如果未经仔细的诠释研究，它的含义远远谈不上清楚明白，而战斗前夜的实际状况更是加深了舰长们的困惑。

依据当时的状况，他们显然是要从上风发起攻击。备忘录中的示意图清楚地标示了前锋舰队在发起攻击时的位置，然而，它已在前一天夜里被并入主力舰队。备忘录所规定的舰队组织已然残缺不全，但直至最后一刻，纳尔逊都没有告诉他的舰长们，他已决定对自己在备忘录中设计的舰队组织加以改变。在现存的大量证据中，没有任何线索表明他曾对舰长们解释过这个战术变化。如果他还发布了任何新的指示，柯德林顿显然不会将之略过不谈，或者忘记执行某种战术的前提条件。在战斗的多年之后，他脑海里留下的唯一印象只有那个从未被撤销的安排：纳尔逊曾说，如果敌军前卫威胁着要去支援其后卫，就应让 8 艘战舰离开战列。但是，这种行动并无可能。正如我们所知，战前组建的那支前锋舰队的确包括 5 艘位于舰队前方的战舰与 4 艘负责和巡洋舰保持联系的战舰。然而，它们之中不少于 6 艘战舰隶属于科林伍德舰队，如果它们要离开战列，这就必然使英军的主要进攻陷入瘫痪。

于是，我们必然能得出以下两个结论。其一，当纳尔逊仍希望与路易斯舰队会合时，前锋舰队的构想仍保留在他的脑海里；但当希望破灭后，他也将三支分舰队的组织模式一并放弃。其二，在他做出这个决定之后，他并未给出任何新的战术指令。

这就是我们能尽量确定的关乎纳尔逊真实意图的全部事实。凭借着它们的指引，我们便得以探求他改变行动的意义。它们是我们揭示纳尔逊思考的唯一帮手，只有在它们的协助之下，我们才能对他实际采用的战术做出正确推理。

第二十四章　特拉法尔加海战

1805 年 10 月 21 日清晨，海面略有微风，一片宁静。纳尔逊发现他的舰队已陷入混乱，一部分舰只甚至已不见踪影。兵力占优的敌军位于他们的下风位置，但他们并未如备忘录描述的那样"已组成战列线，准备迎接进攻"，而是仍处在一种不规则的阵型里。据"胜利"号的日志估测，联合舰队主力散布其旗舰东偏南方约 9 海里内；格拉维纳舰队则位于其前卫舰队上风处，从东北偏北向西南偏南延伸。它们的舰首指向南方，似乎要向直布罗陀海峡驶去。

联合舰队阵型不整主要是由于维尔纳夫的变阵——他试图将夜幕降临时让各舰以最便捷方式匆忙组成的临时性战列线改变为事先规定的阵型（l'ordre naturel）。他发现英国舰队的实际兵力比他料想的要多出 5 艘，这更进一步打乱了他的舰队部署。英国舰队与他计算的"战斗舰队"的兵力并不相当，而是较之更强，他的整个战术构想因而在最后一刻完全破灭。为了应对当前形势，联军只能增强"战斗舰队"；他只好牺牲他自己精心设计的双舰队组织模式，让格拉维纳不再统帅一支独立的"防备舰队"，转而命令他占据"战斗舰队"的前方。因此，在种种审慎的事先谋划后，维尔纳夫还是被迫组建了一支笨拙的单纵队。他清楚地知道，这在英军的战术面前是最不顶用的阵型。

在临战之际被迫放弃唯一能阻挡敌人攻击的阵型已足够糟糕，但麻烦还远未结束。强风已在夜间消歇，继之而来的是从西北角吹来的不断偏转方向的微风。英军最初得到的是足够强的西北风，但联合舰队得到的风势较小，其风向还在西南偏西和西北偏西之间不断变化。与此同时，一股强大的海潮从西方涌来，这使得舰队机动变得更加困难。于是，在联合舰队开始重组阵型时，他们的秩序愈发混乱，已完全看不出任何阵型的外观。[1]

有人认为，纳尔逊在这种情况下应当首先组成预定的航行阵型，再令全军一齐驶向下风；或者至少组成侧舷迎风的斜向阵列（line of bearing），从而使舰队进入备忘录所描述的位置。[2]但他并没有这样做，这些方法都有悖于现有的实践方式。当日的舰队若以横队或斜向阵列行驶较远距离，不同战舰的不同航行性能就会使舰队的秩序与凝聚力迅速消散；在豪与肯彭菲尔特的改革中，最具实用性的一点就是废弃这种笨拙难用的旧式航行阵型。他们改良过的阵法源于法国海军，处于航行阵型中的舰队要始终以双纵队或多路纵队行进；这一创新最大限度地提高了战术机动性，受到了官兵们的欢迎。[3]没有任何一位将军会在这个关头重新启用那种不可信赖的阵型，尤其是纳尔逊。他的计划需要他将舰队牢牢控制在手中，具备高度的凝聚力和灵活性，直至在必要时刻令其攻向敌军。

纳尔逊首先打出了组建航行阵型的信号，几分钟后——有可能就是在前一则信号得到回复时——又打出了"大张风帆，驶向下风"（to bear-up and sail large），附随的罗经信号是东北偏东。这个信号并不准备让舰队预先组成航行阵型或战斗阵型，而是想让尚未组织好的战舰一艘接一艘地驶向下风，就像实际发生的那样，在各自的旗舰身后遵照各自的预定位置依次朝东北偏东方向开始航行。[4]一份直白的证据来自"尼普顿"

号的航海长在信号簿下所做的注记，他说英军接连着朝下风驶去。[5]此外，我们还能在纳尔逊自己的手笔中看到他的准确意图。他在最后一篇私人日记里写道：“破晓时分，发现敌人的联合舰队位于东方到东南偏东；驶向下风；打出信号组建航行阵型。”我们可以清楚无疑地看到，他认为“驶向下风”是组成航行阵型的前提，他希望让舰队在自己的旗舰驶向东北偏东后以自己为端点进入阵型。[6]

法西联军也准确地看到了这一点。英国舰队在远处驶向下风，这给联军造成的第一印象是他们要组建横队、斜向阵列或是横向舰群。[7]随着英军机动的继续展开，他们发现英军逐渐形成了两支舰群（pelotons）——这是许多舰只从各个方向驶入旗舰身后的自然结果。两个小时之后，舰群最终明显形成了两支分别由重型战舰所引领的纵队。[8]

维尔纳夫最初认为，纳尔逊要用大批舰群攻向他的后卫，从而达成集中优势兵力和截断其返回加迪斯退路的双重目的。[9]法军信号簿中为应对这种攻击规定了一则特别的信号，它是这样规定的：“当共和国的舰队组成战斗阵型或其他队形并处于下风，而敌军组成舰群阵型（en peloton）或其他队形或数支分队，企图与我军后卫交战时——命令所有战舰同时顺风转向。”[10]维尔纳夫的舰队正在执行上一则组建正式阵型的命令，舰队多处极为混乱，与其说是舰列还不如说是舰群，其状态并不足以完成这一机动。然而，他已决意下达这一命令，于是他不顾一切地再次打出信号，让尚未成形的舰队180度掉转航向。

在纳尔逊对维尔纳夫的后卫做出不加掩饰的威胁时，他是否料到了敌人的这一举动？据此时被召上“胜利”号的布莱克伍德说，"他对此表现得非常后悔"。[11]他的备忘录的确预计到了这种行动，纳尔逊曾在其中写道，如果敌军集体转向，原先的后卫仍应是科林伍德的"攻击目标"。不过，他料想的调头是在攻击已经完全展开之后，他显然没有料到敌人的机动会这么早进行。即便如此，维尔纳夫的过早调头似乎并不足以给他造成困扰。如果维尔纳夫没有调头而继续向南航行，那么，在不让英军两支舰队互换位置的前提下，他要向敌军后卫发起预想攻击的唯一方式就只能是先驶向敌军前卫，再依次顶风转为与敌军相反的航向，这样才能让舰队抵达与敌军中军并列的位置。这种机动极为不便，且在微风中必将花费太长时间。但如果维尔纳夫将他的舰队阵列反转，英军的攻击位置就会有利得多。只要纳尔逊在合适的时机让舰队以其左舷为端点组成斜向阵列，他就能直接占据备忘录所描述的攻击位置。那么，纳尔逊又为什么会感到后悔呢？探明他此时的想法似乎远较他的处境更加困难。这个问题的答案是，他在此时并未意识到维尔纳夫已经组成了战斗阵型。在他看来，远方的联合舰队似乎仍处在巡航阵型——法军所谓的"散阵"（route libre）——里。他在私人日记中这样写道："7时，敌军依次倒转航向。愿我所尊崇的伟大上帝为了欧洲的总体利益，能赐予我国一场伟大而光荣的胜利。"就像克伦威尔（Cromwell）一样，他期待着上帝直接将敌人送进他的手里。但我们已经知道，敌人是集体调头，而非他所记的依次转向。如果纳尔逊意识到他们已组成了战斗阵型，他就不可能犯下这种错误。他似乎将之误认为是自己刚刚执行的那种机动，认为敌人并不是在反转他们的战列线，而是让一支不成形的舰队一艘接一艘地"依次倒转航向"。[12]这只能意味着他们在毫无准备的情况下遇到了他，为了逃离一场全面追击，便以"散阵"匆忙地朝加迪斯撤去。①

的确，此时的英国舰队像是要展开一场旧式的猛攻，就好像霍克和博斯科恩（Boscawen）那样以"全军追击"的信号发起进攻，让先导舰在追击过程中组成战列阵型。② 一些英国舰长认为，这正是纳尔逊的真正目的。"皇家君权"号的一名尉官在他的日志中写道："这则信号想要进行追击。"而"征服者"号的航海长则写道："转向下风，全帆追击。"[13] 从各方面看来，纳尔逊最初的想法的确有可能是尽早让舰队杀向队形不整的敌人，就像科林伍德对帕斯利爵士所说的，发起"一场迅猛的两路攻击"。[14]

不管这是不是他最初的冲动，显然其并未持续多长时间。不管敌人战阵的反转给他造成了多大困扰，他很快就重新回到了攻击计划的基本预案。当意识到敌人驶向北方的意图后，他

---

①　当舰队依次调头时，两艘战舰间的距离必然会因为二者的相对运动而扩大，进而使战列线不再紧密，不利于集中火力与敌交战。但这种机动相对易于执行，适用于较为松散的航行阵型。而处在战斗阵型之中的舰队则往往采用一齐机动的方式，从而保证阵型的紧密。由于联合舰队集体调头的信号未能得到良好的执行，使纳尔逊误以为他们在执行依次转向的命令，而执行这种命令的阵型自然只能是航行阵型。由此，纳尔逊错误地得出了联军一心要逃回加迪斯的结论。——译者注

②　在七年战争中的1759年，法国试图集结土伦舰队与布雷斯特舰队，掩护陆军侵英。1759年8月，法国土伦舰队在直布罗陀海峡被博斯科恩将军率领的英国舰队发现。两军在拉各斯相遇。法军转身逃跑，英军立即展开追击，在接敌过程中逐渐组成战斗阵型，随后追上法军，摧毁和捕获了5艘战列舰。同年11月，布雷斯特的21艘法国战列舰出海与运输船会合，遭遇霍克将军率领的拥有24艘战列舰的英国舰队，前者随后决定退入暗礁丛生的基伯龙湾。在恶劣天气中，霍克勇敢地命令英军发起全面追击，并让靠近敌人的前卫舰队在满帆状态下组建战列线。通过这种方式，英军在法军完全进入海湾前咬住了其后卫舰队，再次取得大胜，歼灭了7艘法国战列舰。——译者注

随即再次打出了驶向下风的信号，而这次附随的则是指向东方的罗经旗。尽管他并没有转舵，但舰队前端战舰的日志显示，他的航向是正东偏北半点到 1 点①，直指敌舰队的中军。这正是备忘录所规定的位置，这将让他朝着敌人反转阵型的新后卫发起整个攻势。[15]

在继续描述战斗之前，我们有必要先厘清所谓"中军"和"后卫"的概念，许多错误认识都源于它们的歧义。由于联合舰队阵型的改变，双方的报告对其不同部分的辨别与称呼都陷入了极大的混乱。当维尔纳夫决定反转战列时，他同时命令格拉维纳让"防备舰队"接续于"战斗舰队"的后方。在之前的部署中，"战斗舰队"就是法西联合舰队的主舰队，它由维尔纳夫直接指挥，被划分为前卫、中军、后卫三支分舰队。然而，新的部署打乱了之前的那种舰队划分。一些军官在其报告中仍旧沿用了之前的称呼，用"后卫"指称战斗舰队的后卫，而另一些军官则用"后卫"指称整支舰队的真正后卫，即格拉维纳的防备舰队。"中军"一词也是如此。在一些报告中，它被用来指称战斗舰队的中军，而另一些报告则用之称呼整支舰队的中军，包括了战斗舰队的部分中军及其后卫——战斗舰队中军的另一部分则被归入整支舰队的前卫。这种歧义导致某些报告称纳尔逊和科林伍德都向敌人的中军发起攻击，而另一些报告则说纳尔逊攻向敌军前卫，科林伍德则攻向敌军后卫。为了厘清这些混乱，法国参谋部为拿破仑编写了下面这个清晰的表格，非常好地把握住了此时的阵型。

---

① 每个罗经点与相邻罗经点之间的夹角是 11 度 15 分。——译者注

战列线
· 按照10月6日向所有战列舰发布的阵型反转得来
· 加黑者为将领座舰

战列线
· 根据普利尼先生的报告与舰船日志得来
· 各前加横线者为位于战列下风处的战舰

分舰队	战列线（阵型反转）	舰名	火炮	备注	战列线（报告与日志）
第三分舰队	[西]"涅杜诺"号	Neptuno	80	一时未能投入战斗的9艘战舰	[西]"涅杜诺"号
	[法]"西皮翁"号	Scipion	74		[法]"西皮翁"号
	[西]"雷电"号	Rayo	100		[法]"勇敢"号
	[法]"可畏"号	**Formidable**	**80**		[西]"雷电"号
	[法]"迪盖-特鲁安"号	Duguay-Trouin	74		[西]"可畏"号
	[西]"亚西西的圣方济各"号	San Francisco de Asis	74		——[法]"迪盖-特鲁安"号
	[法]"勃朗峰"号	Mont Blanc	74		[法]"勃朗峰"号
					——[西]"亚西西的圣方济各"号
					——[西]"圣奥古斯丁"号
第一分舰队	[西]"圣奥古斯丁"号	San Agustín	74	遭第一纵队袭击的8艘战舰	[法]"群雄"号
	[法]"群雄"号	Héros	74		——[西]"至圣三一"号
	[西]"至圣三一"号	**Santísima Trinidad**	**130**		——[法]"布森陶尔"号
	[法]"布森陶尔"号	**Bucentaure**	**80**		——[法]"尼普顿"号
	[法]"尼普顿"号	Neptune	80		——[法]"敬畏"号
	[西]"圣利安卓"号	San Leandro	64		
	[法]"敬畏"号	Redoutable	74		
第三分舰队	[法]"勇敢"号	Intrépide	74		——[西]"圣利安卓"号
	[西]"圣胡斯托"号	San Justo	74		——[西]"圣胡斯托"号
	[法]"顽强"号	Indomptable	80		——[法]"顽强"号

续表

分舰队	战列线 · 按照10月6日向所有战列舰发布的阵型反转得来 · 加黑者为将领座舰			战列线 · 根据普利尼生的报告与舰船日志得来的战舰 · 名前加横线者为位于战列下风处的战舰
第二分舰队	[西]"圣安娜"号	**Santa Anna**	**112**	[西]"圣安娜"号
	[法]"激情"号	Fougueux	74	[法]"激情"号
	[西]"蒙纳卡"号	Monarca	74	[西]"蒙纳卡"号
	[法]"普鲁托"号	Pluton	74	[法]"普鲁托"号
第二分队	[西]"巴哈马"号	Bahama	74	[西]"阿尔赫西拉斯"号
	[法]"鹰"号	Aigle	74	[西]"巴哈马"号
	[西]"蒙塔涅斯"号	Montañés	74	[法]"鹰"号
	[法]"阿尔赫西拉斯"号	**Algeçiras**	**74**	[法]"敏捷"号
	[西]"敏捷"号	Argonauta	80	[法]"阿戈诺特"号
	[法]"阿戈诺特"号	Swiftsure	74	—[西]"蒙塔涅斯"号
预备舰队	[西]"圣伊德方索"号	Argonaute	74	—[法]"阿罗戈诺达"号
	[法]"阿基里斯"号	San Ildefonso	74	[法]"贝里克"号
第一分队	[西]"阿斯图里亚亲王"号	Achille	74	[西]"桑瓦穆的圣若望"号
	[法]"贝里克"号	**Principe de Asturias**	**112**	—[法]"圣伊德方索"号
	[西]"桑瓦穆的圣若望"号	**Berwick**	**74**	[法]"阿基里斯"号
		San Juan Nepomuceno	74	[西]"阿斯图里亚亲王"号

（中栏注记：遭第二纵队袭击的16艘战舰）

说明：表中防备舰队各舰的具体位置尚不能确定。

表中战舰的国家归属为译者所加。需说明的是，西班牙战舰"涅杜诺"号（Neptuno），法国战舰"尼普诺"号（Neptune），与英军战舰"尼普顿"号（Neptune），法国战舰"尼普努斯"号（Neptunus），为了避免混淆，故以三国语言的不同发音作为译名。同理，"阿罗戈诺达"号（Argonauta）与法国战舰"阿戈诺特"号（Argonaute）的舰名都源于古希腊神话中的阿尔戈诺陶（Argonautai），英国战舰"阿喀琉斯"号（Achille）与法国战舰"阿基里斯"号（Achille）都源于古希腊神话中的英雄阿喀琉斯。此外，原表中西班牙战舰的数据存在不少错误，还有不少数据混淆了短炮与长炮的计算标准。译者据 Alfred Hugh Taylor 的 "The Battle of Trafalgar"进行了修改。——译者注

资料来源：Desbrière, Trafalgar, App., p. 124。

我们由此可以看到，出于某些战术考量，两支英国纵队在维尔纳夫反转阵型后都杀向了敌舰队的中军。而如果我们将联合舰队视为两支大型分队，事实也正是如此，那么，纳尔逊就是驶向其前卫的后队，而科林伍德则是驶向其后卫的前队。

在纳尔逊前述信号的指挥下，英国舰队以两路纵队迎头驶向敌军整支舰队的真正中军，但这一态势很快就被科林伍德引人注意的独自行动所改变。按照备忘录的规定，舰队副司令应当"在总司令表达了他的意图之后"接掌其分队的指挥全权，但这种意图表示要到纳尔逊率领两支分队"行驶至接近敌军中军的火炮射程之处"后才会出现。他们距离那个位置还相当遥远，阅读过备忘录的科林伍德也绝不会认为纳尔逊已承诺在此时进行指挥权交接。但在维尔纳夫下令反转战列线不到半个小时后，科林伍德向下风分队打出了新的信号："组成左舷迎风的斜向阵列"（to form the larboard line of bearing）。这实际上是否定了纳尔逊上一则组建航行阵型的命令。[16]

这个令人吃惊的事实显然逃离了人们的关注视野，因此人们总是认为科林伍德是到最后一刻才打出了这个信号。人们进而认为，这只是一个航向问题。这是由于联合舰队的战列形成了一个凹面，从而使格拉维纳的分舰队几乎与科林伍德的接敌路线平行。但如果是这样，他反而不需要再组成左舷迎风的斜阵。真实的答案是，这与联军阵列的凹面完全无关。科林伍德下达这一命令是在维尔纳夫打出那则造成阵型凹陷的信号的两个小时之前。

那么，科林伍德为什么要打出这则信号呢？信号簿对这则信号的战术目标的说明足以扫清我们的疑虑。其释义的一条注记模糊地解释道，这则信号意味着战舰要"按照它们未来航向的罗经点相互展开，如果向左舷转向形成一支纵队，要与风相差1个罗经点"。(To bear from each other on the point of the compass on which they would sail, keeping a point from the wind, if formed in a line-ahead on the larboard tack.) 除非我们能弄清"与风相差一个罗经点"的含义，豪勋爵留存下的这段模糊字迹几乎无法理解。事实上，这句话是指其航向应与顶风航行的极限航向保持1个罗经点，即与来风方向保持7个罗经点之差，而非真正的顶风航行纵队——即法军所谓 ligne de plus pros——所采取的6个罗经点。因此，这只是表现出英军在迎风航行时保留1个罗经点以应对不时之需的常规做法。[17]了解这一点之后，我们就可以将这则指令翻译成以下形式："组建起来的斜向阵列应满足下列条件：当全体战舰顶风转向组成战列线时，其战列航向与风向保持7个罗经点之差，亦即与真正的顶风航行的战列线航向相差1个罗经点。"简而言之，这就是一种特定的机动方法，能使一支纵队由前端接敌的姿态转入与法军所采用的迎风阵列航向大致相同的平行战列。[18]科林伍德的行为是由于他认为这正是纳尔逊期待他采取的行动，从而使舰队进入备忘录示意图所描述的位置，尽量提前发起攻击的时间。他相信纳尔逊会跟随其后展开同样的机动。这种机动显然能让两支分舰队准确地形成备忘录所描述的、在上风发起攻击时组成的平行于敌人中军的梯形阵型。

　　然而，纳尔逊对此的看法颇为微妙，他并未做出对应的机动。正如我们所看到的，他并不认为科林伍德已接掌了下风分队的指挥权，但他显然也并不认为副司令的行动有什么过错。他没有提出任何反对，而是允许这一机动以最佳方式继续展开。但必须注意到的是，他目前的姿态实际上也不可能完成这

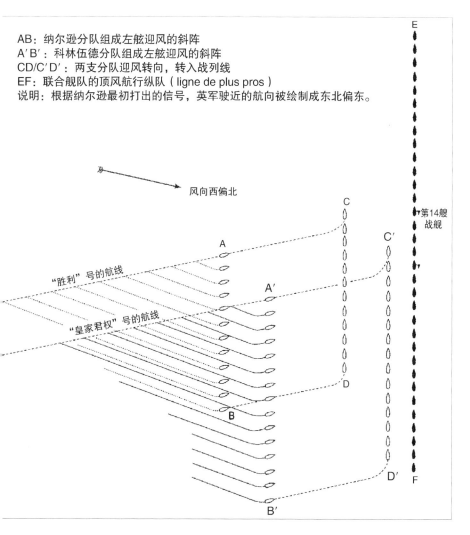

AB：纳尔逊分队组成左舷迎风的斜阵
A′B′：科林伍德分队组成左舷迎风的斜阵
CD/C′D′：两支分队迎风转向，转入战列线
EF：联合舰队的顶风航行纵队（ligne de plus pros）
说明：根据纳尔逊最初打出的信号，英军驶近的航向被绘制成东北偏东。

风向西偏北

C

A

"胜利"号的航线

A′

C′

"皇家君权"号的航线

D

B

D′

B′

E

第14艘
战舰

F

科林伍德打出"组成左舷迎风斜阵"信号的意图

种动作。纳尔逊并未减速，已经着手展开攻击的科林伍德也仍
旧保持着全帆，但当一支舰队以纵队队形高速前进时，除非领
头的战舰减速降帆，它显然无法组成左舷迎风的斜向阵列。不

过，即便他不能组成那种左舷迎风的斜向阵列，他多少还是能
组成某种斜阵。科林伍德的分队没有时间在其身后组成纵队，
其分队后方的大部分战舰位于"皇家君权"号右舷侧后，已
然部分地组成了一道次舰舰首与前舰舰尾相错的斜阵（bow-
and-quarter line）。一个半小时后，科林伍德似乎意识到了这一
情形。或许是由于纳尔逊仍旧以全帆前进且没有显露出要展开
舰队或降帆减速的任何迹象，或许是因为他发现平行于敌阵的
斜向阵列已不可能组成，科林伍德最终放弃了这个他曾希望完
成的战术动作。

此时，原定紧跟"皇家君权"号的"雷鸣"号已经掉队，
科林伍德遂命令"贝尔岛"号占据他身后的位置。于是，他
向"贝尔岛"号打出信号，令其保持在他的西南方，这意味
着他希望用一道向西南方展开的斜阵取代之前左舷迎风的斜向
阵列。五分钟后，他又向其舰队中部航速最快的"复仇"号
打出信号，令它与"皇家君权"号组成斜阵。信号中并未提
及斜阵的方向，但我们完全可以认为这仍然是西南。一段时间
后，科林伍德再次向"贝尔岛"号与位于"贝尔岛"号与
"复仇"号之间的"阿喀琉斯"号打出信号，这则信号是让它
们同时向右舷转舵 1 个罗经点。参照信号簿，它的含义是
"一齐向右舷或给出的罗经方位信号转向 1 个罗经点，战舰应
保持原有的相对方位"。附随的指令还写道："当已组成斜阵
时，不管战舰在何时接到一齐转向的命令，它们都应保持相互
间的相对方位。"[19] 现在，科林伍德并未给出罗经方位信号，
而它们也不可能在上一则信号打出后的七分钟内就组成标准的
斜向阵列。因此，根据信号簿的解释，我们唯一的结论是，科
林伍德已经意识到在不降帆减速的前提下即便是向西南方展开

的斜阵也无法实现，他只能被迫组成仅与纵队展开方向相差 1
个罗经点的斜向阵列。

支持这一结论的证据并不仅是科林伍德所发布的组建斜向
阵列的诸多信号。他自己在官方通信与写给帕斯利爵士的战术
解析中承认，他是以纵队发起攻击的。他在这些文件里完全没
有提及斜向阵列，这是因为，一道组织不良的、仅仅与纵队展
开方向相差 1 个罗经点的斜阵在战术效果上与纵队并无多大区
别。出于同样的原因，哈维和森豪斯都表示舰队是以两路纵队
发起攻击，甚至连"复仇"号舰长莫尔森都采取了同样的说
法。这也是所有目击者和提到这个问题的所有同时代作者的共
同观点。

当然，通过从保管不善的日志和日记中拣选零碎语句，通
过在各舰宣称的各不相同的交战时间上进行计算推演，我们的
确有可能推断出科林伍德组成了一条真正的侧舷迎风的斜向阵
列。但在直接而确切的证据面前，历史科学的严谨性绝不允许
用这种脆弱的罗织来掩盖相反的结论。我们不仅拥有最明确和
最权威的积极证据——科林伍德的信号，同时还拥有最无可辩
驳的消极证据——同时代的大量描述完全没有提及下风舰队的
这种阵型。在历史学者看来，在一个关键问题上的这种沉默本
身就足以得出结论，何况还有其他旁证。这些证据的分量已经
使这一结论不容怀疑。尽管焦虑的科林伍德或许曾试图组建斜
阵，他最终却与按兵不动的纳尔逊一样意识到，这种机动与自
己的其他意愿相违背，在当前状态下显然也不可能实现。

我们很难弄清楚纳尔逊对这整个问题的想法，他在此时的
运思十分令人费解。他仍然大张风帆驶向敌方中军略靠前处，
让他的分队竭力在其身后组成阵列，好像仍要发起一场旨在防

止敌军逃跑的霍克式追击。[20]莫尔森写道："他似乎非常担心落到敌舰队的下风处，这将让他们在我军靠近之前就逃回加迪斯。"但在纳尔逊向前挺进之时，维尔纳夫并不打算临阵脱逃。出乎他意料的是，联合舰队在倒转航向后勇敢地顶风减速、组建战列线，准备迎接他的进攻。[21]在这种情况下，霍克的攻击方法已变得极其不合时宜，除非其能在敌人的战斗阵型组建完成前与之交战。敌人的勇敢姿态显然打乱了纳尔逊的盘算。据布莱克伍德舰长说："10时左右，纳尔逊勋爵对与敌人交战的忧虑变得十分明显。"他一定是陷入了高度的精神紧张，不断地向布莱克伍德念叨着，敌人摆出了一个良好的正面，但他每次都很快就补充道："我会把他们前所未有地好好打扮一番。"他仍然没有表现出依照科林伍德的机动展开舰队的任何迹象，反倒开始干预科林伍德的舰列，仿佛他并不认为副司令已接掌了指挥全权。两位老友间的这种交流颇有几分幽默色彩。

此时，他们两人都并未遵守事先规定的战斗阵型，他们仍旧引领着各自的分队，似乎完全不准备回到各自的指定位置。纳尔逊麾下的军官对此感到十分忧虑，他们极为担心总司令的生命安全。被召上"胜利"号的布莱克伍德此时仍在他身边，他徒劳劝说纳尔逊到他的"欧律阿罗斯"号巡航舰上指挥战斗，之后又恳请他将紧随其后的"勇莽"号、"尼普顿"号与"利维坦"号部署到"胜利"号之前。布莱克伍德好不容易才得到了向"勇莽"号传达命令的许可，以让它在力所能及的前提下驶过"胜利"号，而"胜利"号也已打出了执行这一机动的必要信号。[22]然而，如果要让纳尔逊同意进入原定阵位，他的老友"科尔"（Coll）① 也必须这样做。此时，本应位于下风舰队最前方的"亲王"号已远远地落在了后面，它根本不可能进入原定位置；科林伍德孤傲地在整支分队的右前方远远地领航，似乎完全不在乎友军的支援。纳尔逊出手纠正的冲动让他无法忍受这种局面，但即便如此，他也没有用他的较高职权直接发布命令。他就像一个顽皮的中学生，试图用某种花招将科林伍德从战列前端骗开。科林伍德刚刚让"贝尔岛"号顶替"雷鸣"号的位置，但纳尔逊无视其命令，径直向从后方迅速赶来的"玛尔斯"号打出信号，让它占据"皇家君权"号身后的位置。纳尔逊的意图很快就显露了出来，但科林伍德并没有遵照其意愿，相反，他在此时打出了最后的信号，要求集体向右舷转向1个罗经点。纳尔逊让科林伍德后退的明显顾虑有可能在很大程度上促使他放弃了向西南方展开斜阵的前一个意图。如果不减慢航速，这一阵型就无法实现，而除非纳尔逊为他做出表率或下达直接命令，科林伍德绝不会收紧风帆。纳尔逊并没有这样做，而是在一刻钟之后再次打出信号，这一次他更进一步，直接命令"玛尔斯"号引领下风分队。在"亲王"号脱离原位时，那本是"玛尔斯"号在战斗阵型中的预定位置，这则命令很显然是在暗示科林伍德退到它的后面。但是，纳尔逊的意图最后也没能实现。在得到直接命令之前，科林伍德显然并不准备退后，他必然了解他的老友绝不想打出那样的命令。他至少有一条正当理由：除了他的旗舰之外，他麾下再也没有能引领舰队的三甲板战舰。于是，他大胆地升起了所有的翼帆，以此作为对纳尔逊的回答。[23] 纳尔

---

① 科林伍德的昵称。——译者注

逊随即放弃了他的意图，正因如此，本该前往"胜利"号前方的"勇莽"号最终也没能进入它的预定阵位。

有一则轶事写道，就在这时，纳尔逊发现某艘战舰升起了一对翼帆，他认为这是不服从自己命令的举动，让他陷入了似乎超乎寻常的压力。科林伍德此时正在下风方向的远处，新包过铜底的"皇家君权"号正在全帆航行，使得它与后方战舰的距离拉得越来越大，而下风分队已在它的右舷后方组成了不规则的小角度斜阵。因此，我们会毫不奇怪地看到，当布莱克伍德回到"胜利"号时，纳尔逊正急躁地竭力提高航速，以防"勇莽"号成功执行那则他被迫下达的、使他感到苦恼的命令。但对于同僚的抗命，他表现出的只有钦佩之情。半个小时后，他感叹道："看啊，看我们高尚的伙伴科林伍德是怎样将他的战舰投入战斗！"

与此同时，战场的态势已经清晰起来。现在，敌人显然并不想逃跑，而是大胆地准备迎击。维尔纳夫的这种姿态颇有缺陷，对英军相当有利。一方面，他认为，只要将特拉法尔加的浅滩保持在下风方向，英军就很难贯彻其攻击，他们就可以朝加迪斯撤离。另一方面，这也更加便于纳尔逊执行他原本设想的攻击计划。在此时的局势中，纳尔逊显然并不需要如他自己以为的那样匆忙，他完全可以在此时展开舰队，驶入备忘录示意图所描述的阵位。不过，他还必须面对一个在科林伍德那里并不存在的难题。纳尔逊分队中的大部分战舰都在他的左舷后方组成了纵队[24]，这对改组成类似科林伍德试图组建的那种向右舷延展的斜阵相当不利，他势必要花费更长的时间。而更重要的是，纳尔逊已经构思出了一种更加狡猾、更加有效的方法，同样能实现他在备忘录中为自己的分队所赋予的功能。正如我们将会看到的那样，他的职责是牵制敌军前卫；而他向来精准的战术眼光使他看到，通过保持纵队向前的姿态，他就可以最大限度地向敌军隐藏意图，使他们陷入不确定性之中。这正是他最终的决定。于是，维尔纳夫在此时开始看到，英军的两支舰群开始形成两支纵队，其中一支指向他的旗舰，另一支则指向他所部的后卫分队。由于格拉维纳的防备舰队此时已组建为联军真正的后卫，维尔纳夫所部的后卫分队事实上就是整支舰队的中军。[25]

由此开始，两军的阵型和相对方位一直保持到了他们交手的那一刻。由于各自不同的结阵方法，两支英国舰列几乎共同指向敌人的中军，都朝着东方航行。联合舰队的前后两端分别位于北偏东和西偏南，舰队中部则逐渐朝下风方向凹陷。微风从西面吹来，时而转向偏北，时而转向偏南。[26] 当前方的战舰试图保持贴近风向而向上风处转舵时，其跟随者也随之依次转向，使联军战列的前半部分大致形成了一条由北向南的直线。而根据法军方面的所有官方示意图，前卫的最前端甚至已在某种程度上指向西北方。舰队其余的部分在中军位置逐渐弯曲，使其后卫末端指向西南。因此，当英军舰列朝着正东方逐渐接近联军时，不管战术意图为何，其大致航向都是朝着他们所瞄准的敌人中军垂直开进。

敌军战列的意外变形对纳尔逊非常有利，前卫和后卫的偏斜已经替他解决了实现预定攻击基本设想的最大难题，但这完全是由于风向的偶然变化，而非他的有意设计。而且，这一偶然事态在他驶向敌人的头一个小时中并未出现，他的战场决策与此完全没有关系。维尔纳夫在上午 10 时才打出了导致这一变形的信号，当他的队形产生变化时，距离遥远的纳尔逊并没

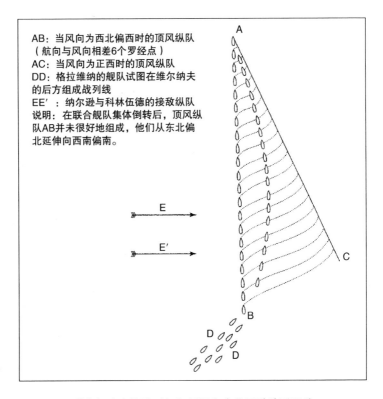

AB：当风向为西北偏西时的顶风纵队
（航向与风向相差6个罗经点）
AC：当风向为正西时的顶风纵队
DD：格拉维纳的舰队试图在维尔纳夫
的后方组成战列线
EE′：纳尔逊与科林伍德的接敌纵队
说明：在联合舰队集体倒转后，顶风纵
队AB并未很好地组成，他们从东北偏
北延伸向西南偏南。

联合舰队在结阵时如何因风向变化导致阵形凹陷

能立即意识到它的后果。一直到 11 时，在联军组成战列线的
行动已经进行了一个小时之后，其队形的扭曲才清晰地显露出
来，此时的纳尔逊距离联合舰队中军的距离已不超过 3 英
里。[27] 因此，他不可能在比 11 时早太多的时候觉察到联军的
"新月阵型"（the crescent formation）。那么，联军阵型的变化
究竟对英军的进攻造成了什么影响呢？由于他们并没有打出新
的信号或转往新的航向，这个问题似乎不可能得到厘清。纳尔
逊和科林伍德都在原先的航线上扬着全帆，以他们所能企及的

2~3 节的极限航速向前挺进。[28]

科林伍德的分队仍在努力地按照他最后的信号组成队形，但很显然没有严格遵照准确的阵位。事实上，至少在尚未成形的后卫分队，他的舰长们已经从这一连串的信号中洞悉了他的意图，那种独特的自由风格显然暗示着，他希望他们能尽早且尽量同时投入战斗。在之后的表现中，他们的确表现出了这种精神，就如柯德林顿曾坦然承认的那样，"我们全都以最快的动作乱糟糟地投入战斗"。[29]纳尔逊的分队仍旧跟在他身后，蜂拥着努力组成战列，而他的冲锋则一刻都没有停顿。[30]当接近敌军火力范围时，最大冲击力在此变得至关重要，他们再次提高了航速。科林伍德打出信号，要求升起更多风帆，而纳尔逊立即用更加激进的方式与之呼应："只要安全，尽可能在桅杆上升起所有的帆。"落后的英舰被远远地抛在后面，两位老友开始了一场激动人心的竞赛，似乎仅仅是看谁能最先跳入那个正等候着他们的炼狱。

此时的纳尔逊显然还并没有想好下一步的行动。他有可能如备忘录暗示的那样，准备到最后一刻才按照局势所需做出决定。他仍在稳步接近敌人的中军，舰首直指联军最大的战列舰"至圣三一"号之前的位置。[31]还请记得，他为自己规定的职责不仅是牵制敌军前卫，还要包围他们的总司令。但截至此时，英军尚未寻获他的踪影。维尔纳夫并没有挂出自己的将旗，确定他的位置因此成了纳尔逊此时最主要的焦虑。詹姆斯写道："尽管'胜利'号上每一只望远镜都在搜寻法军总司令，纳尔逊的不断发问却全都以失望结尾。"[32]詹姆斯一定是从某位目击者那里得到了这个细节，而这也正是对纳尔逊为何驶向"至圣三一"号的最为简明的解释。纳尔逊转而相信，法国海军大臣德克雷已前来接掌了联军的最高指挥权，他自然会搭乘那艘最新出现的最大战舰。[33]

然而，另一种不同的解释则与他牵制敌军前卫的职责相关。这种说法出现于海战的许多年后，给我们对纳尔逊战术的推理造成了混乱。由于纳尔逊此时的航向距离他实际发起攻击的位置有 1 个罗经点之差，有人认为他试图向敌军前卫发起佯攻，从而使之无法及时投入战斗。唯一一份支持这种说法的当日证据出自柯德林顿的"俄里翁"号，它的航海日志写道："在向前卫发起一场佯攻后，'胜利'号向右舷转舵，杀到了敌人的中军。"事实上，这份材料中并没有字句表明纳尔逊在向右舷转舵之前曾向左舷转向。但当年迈的柯德林顿被尼古拉斯问到这个问题时，他却说："我记得纳尔逊曾明确指示我，他自己（而不是用备忘录所规定的前锋舰队）可能会向前卫发起佯攻。"他接着表示："我能确定，'胜利'号向左舷行驶了一小段距离。"他还说他记得自己曾在这时提请首席尉官注意，因此才在日志里留下了这一笔。他详细地描述了纳尔逊升起的翼帆，然后接着说，转向左舷的行动让"胜利"号遭到了敌方中军数艘战舰的纵射，使它严重受损。随后，他又说到自己转舵向前，向那些纵射纳尔逊的敌舰发起了攻击，这些叙述足以证明他此时的记忆力已经衰退。[34]事实上，纳尔逊一方的任何人都不曾知晓向左转向的机动。除了他自己的参谋人员，当时还有三位巡航舰舰长待在"胜利"号的艉楼甲板上，他们对类似的行动一个字也没提。这在敌方的报告中同样也无迹可寻。正如"俄里翁"号日志的原始记载，他们只是记录了"胜利"号转向右舷，而并没有所谓的转向左舷。因此，我们目前不能采信这种说法。在更好的证据到来之前，这只能被视作柯德林顿对其长官的热切崇拜的副产品。①

　　这个结论并不只有消极证据。我们拥有布莱克伍德的直接证言，它足以说明纳尔逊此时酝酿的是一场真正的攻击而非对前卫的佯攻，即便有预备转向动作，那也是向右舷而非左舷发起。事实上，早在柯德林顿认为纳尔逊想要发动佯攻的时间点之前，纳尔逊就已经想好了未来的行动；最令人好奇的是，在这个被不断传唱的故事中，人们几乎完全忽略了这个非凡的决定，但它的存在确凿无疑。根据"欧律阿罗斯"号的日志，它在11时40分转发了一道由纳尔逊发出的消息："我准备袭击或穿过敌军战列的末端，防止他们逃回加迪斯。"[35] 这显然不是逐字记下的原文。同样知道这则消息的詹姆斯认为这则信号是发给科林伍德的，他记录的语句是："我准备穿过敌军战列的前卫，防止他们逃入加迪斯。"[36] 这则信号显然出乎许多人的意料。所有其他的战舰都没有记录它，但它存在于巡航舰转发长官命令的日志里，这由不得我们不相信。不管其真正的字句到底如何，它只能被解释为纳尔逊放弃了豪与肯彭菲尔特所提倡的用优势兵力攻击敌军后半部分的作战计划，转而试图与占据数量优势的整支敌军交战。[37] 或许，这是由于维尔纳夫刚刚向其前卫下达的升帆命令再次在纳尔逊的头脑中唤回了之前的判断，让他认为敌人准备溜回加迪斯，而非投入决定性的会战。为了阻止这种行动，他将要攻击敌军前卫而让科林伍德

---

①　然而，在布莱恩·滕斯托尔1990年首次刊发的纳尔逊进攻指令中却清楚地写道："在打出这个信号之前，将军可能会让他的舰队向前行驶到敌军前卫的位置，以此来欺骗敌人，使他认为他想对他们的前卫发动攻击。"因此，科贝特虽然可以否认纳尔逊曾向左舷转向，可以论证纳尔逊曾想向前卫发动真正的进攻，却无法否认他的确曾计划向联军前卫进行佯攻。参见本书附录I后的译者说明。——译者注

攻击其后卫，如同托林顿在 1690 年的作战方案那样不管敌军的中军。

尽管备忘录已预示了这种行动的可能性，尽管这的确与纳尔逊非凡的天才性格相匹配，如此突然地对他自己的作战方案做出彻底改变还是令人难以置信。而且，新的攻击方法完全放弃了包围敌军总司令的意图，这是原计划中的另一个关键。但"欧律阿罗斯"号记录的信号完全可以厘清这里的疑虑。在这个时候，纳尔逊完全有理由认为他可以不去俘获敌军总司令，因为科林伍德刚刚向他发来信号，"敌人的统帅似乎在一艘巡航舰上坐镇指挥"。[38] 如果维尔纳夫并不在敌人的中军，攻击那里就无法取得决定性战果，那还不如去攻击敌军前卫。因此，科林伍德自然会将纳尔逊攻击前卫的信号视为对自己的回应。在纳尔逊对攻击计划的新构思中，最大的改变还是在于他放弃了自己的牵制功能，这本是科林伍德的攻击赖以成功的保证。但事实上，他并没有完全放弃这一职责。如果按照新的攻击计划，未遭到攻击的敌方中军自然会立即去救援前卫，而这正是集中攻击前卫舰队的弊端。纳尔逊或许会遭到两面夹击，但这只会造成一场混战，从而使科林伍德能从容地解决掉敌军后卫。

这样看来，我们并没有足够的理由拒绝相信"欧律阿罗斯"号的明确记录。就在此时，纳尔逊撤销了让"勇莽"号驶往他前方的许可，命令它待在"胜利"号身后。[39] 换而言之，他在最后一刻重要地改组了他的纵队，就好像他准备用纵队一端突破敌军一样。从一份无可争议的材料中，我们可以知道这正是纳尔逊的想法。在敌军前卫开始从远距离向他开火之时，他解散了仍在身边的三位巡航舰舰长，让他们把他的想法准确传达给后方的战舰。布莱克伍德驾乘的小艇直接划向"尼普顿"号身边，他告诉它的舰长弗里曼特尔（Captain Fremantle），纳尔逊想要"在第 13 或第 14 艘战舰处切断敌军战列，然后扬帆朝左舷方向转舵，杀向他们的前卫"。[40] 此时，由于联合舰队中部分位于下风的战舰未能进入其指定位置，他们的战列线在第 13 艘战舰处出现了一个宽阔的缺口。[41] 纳尔逊显然准备抓住这个机会，从这里突破他们的战列，然后迅速驶向敌军前卫，从下风一侧与之交战。在此过程中，他准备用纵队前端大批的三甲板战舰打瘫沿途的敌人，然后把他们留给后续较弱的友舰来解决。

这个构想完全配得上他的天才，而且完全符合其最初计划的基本原理。这很好地回答了他为何没有横向展开舰队，他对纵队接敌的执着也得到了清楚阐释。这个构想令人钦佩地实现了牵制前卫的目的——直到攻击发起的最后一刻，敌人都不可能知道前卫到底是不是他的攻击对象。敌人的前卫和中军都同样处于威胁之下，因此，他根本不需要通常意义上的佯攻，事实上他也的确没有发起。如果他像几位目击者明确记录的那样驶向了"至圣三一"号，那么，在他穿过敌阵、朝左舷迎风转向之前，他想在"至圣三一"号后方一两艘战舰处的缺口穿越的意图就会让他朝右舷微微转舵。因此，与其说佯攻前卫，倒不如说是佯攻中军。但整个构想的决定性意义更在于他无与伦比的战术眼光在最后一刻捕捉到了敌人阵型上的一个弱点，于是决定以完美的技巧在此发起攻击。这显然不再需要其他理由，只有保持纵队前进的姿态，他才可能发起这种突然袭击。他在这里最大限度地强化了他身先士卒的示范性。

在战斗开始之前，这就是纳尔逊向他的舰队发布的最后一

道命令。然而，就在巡航舰舰长刚刚离开时，他又得到了足以
令他改变决定的理由。维尔纳夫在两军逐渐靠近时打出了信
号，命令联军一待敌舰进入有效射程就与之交战。当后卫开始
朝科林伍德开火时，他与联军的所有将领都亮出了各自的将
旗。敌军的总司令已经现身，他只能是纳尔逊的俘虏，而不能
属于其他人。维尔纳夫的旗舰"布森陶尔"号位于联军实际
战列的第 10 位，纳尔逊立即决定不再驶向它后方的缺口，转
而在它与"至圣三一"号之间进行穿越。

　　在最后一刻，纳尔逊似乎放弃了攻击前卫的计划，又回到
了备忘录中的原初方案。弱小的"阿非利加"号正从北方赶
来，纳尔逊向它打出信号，让它与敌军前卫的领航舰交战。他
似乎认为必须牺牲"阿非利加"号来使敌军前卫在他解决掉
两艘旗舰前保持克制。然而这绝非易事。他刚刚拾起的包围敌
军总司令的意图几乎立即就被敌人挫败。维尔纳夫看穿了他的
想法，他立即让"布森陶尔"号转向上风，与"至圣三一"
号组成一道斜阵，成功缩紧了纳尔逊所选择的间隔。纳尔逊只
得顶着法军旗舰周围舰群的密集火力驶向"布森陶尔"号身后
的下一个空隙，诚如他自己所说，这在猛烈炮火中无法支持太
长时间。敌人每分每秒都在期待他和科林伍德被强大的火力压
垮，而海上的风势几乎已完全衰竭。"布森陶尔"号身后的空当
正是他最初为攻击前卫而选择的突破点，但在此时，那里已不
再是一处易于通过的普通间隙了。为了应对旗舰所受到的威胁，
法国战列舰"敬畏"号忠实地加速前进，它已靠近了"布森陶
尔"号的船尾。任何人都不可能干净利落地穿过这两艘战舰，
但如果纳尔逊要俘获敌军总司令，他就只能在这里突进。无奈
之下，他只得转动船舵，冲向了"布森陶尔"号的舰尾。

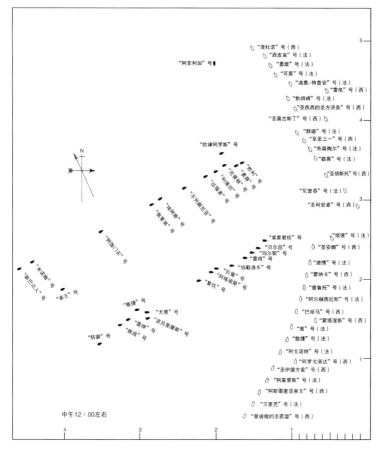

特拉法尔加海战舰船位置示意

资料来源：据迈克尔·达菲教授论文《"一切都已被掩盖"：被隐藏的特拉法尔加》绘制的接敌态势图。

纳尔逊的战术已经在此结束。如果他仍然希望从下风处与联军前卫交战，"敬畏"号的大胆行动已经完全挫败了他的意图。虽然身后的"勇莽"号为他提供了巨大的支援——它几乎挨到了"胜利"号的舰尾——但他突破战列的行动至少在战术层面已经失败了。由于"敬畏"号的及时阻拦，他只是简单地停在了敌军的阵型之内，已无力引领他所意欲的行动，也无法引领英军展开下一步的机动。"勇莽"号之后的"尼普顿"号在"布森陶尔"号身后完成了穿越，它对法军旗舰进行了纵射，随后便按照纳尔逊最后下达的指示迎风转舵，杀向了位于北方的"至圣三一"号战列舰，但这种行动并未持续多久。由于上风纵队是逐一冲向敌人的密集阵型，他们的冲击力已经自行瓦解。

这就是那场史无前例的、以垂直纵队向紧密甚至是重叠组成的战列线故意发起的大胆攻击的最终结果。就其实施细节而言，其垂直进攻的特征是在最后一刻才被修改而出现的。"勇莽"号和"尼普顿"号距离它们的长官是如此之近，纳尔逊的突然行动迫使它们迅速转往左舷和右舷，以免撞上旗舰。[42] 舰队后方的那些战舰则从未组建成准确的阵型，舰长们匆忙地跟在纳尔逊的左舷或右舷之后，让它们看起来更像一群狼而非一支结阵的舰列。就战术原理而言，从来不曾有过如此孱弱的进攻，也从来不曾有过如此违背同步冲击原则的进攻。两支纵队都以霍克将军追杀逃亡之敌的方式投入了战斗，所有的战术构想在进攻开始时便已终结。

纳尔逊似乎是在赌博甚至绝望的心态下使用了这一战术，但事实上，这的确出于他英雄式的决断和直觉。这一行动准确地权衡了优势和风险。英军纵队前端的强大火力压倒了敌人的集火射击，并在联军总旗舰周围展开了纳尔逊所希望的混战；而从战场绵延而出的英军后卫则阻挡着杜马诺阿指挥的联军前卫，如果他直接折返援救，他就势必会处在不利的 T 字竖位，遭到英军的集火射击。

而在科林伍德方面，他发起进攻的冒险和大胆程度更甚于纳尔逊。他的分队前端并没有大量三甲板战舰，再加上"皇家君权"号的较高航速和他组成的小角度斜阵，他在遭受第一轮攻击时只能得到比纳尔逊还少的支援。不仅如此，他的攻击对象并不是纳尔逊为其指定的那12艘战列舰，而是原本后卫的后半部分再加上格拉维纳的一整支防备舰队——共计16艘战舰。其中3艘在下风侧脱离了战列，剩下的战舰则挤在一团，这使他难以辨别出第12艘战舰。一艘扬着中将将旗的西班牙三甲板战舰正好位于那个位置旁边，我们不能指望像科林伍德这样斗志昂扬的人在面对这种诱惑时还会追求那种严谨的精确。结果，他的攻击位置太过靠近中军，敌军阵型在那里与他的航线构成直角，而非如后方那样偏斜。科林伍德说："在中午时分，'皇家君权'号开始朝着从敌军后方数的第12、第13、第14、第15艘战舰开火射击，保持全帆去突破敌军战列。12时15分，转向左舷。"也就是说，他在最后一刻让他的航向更靠近战列前方，在西班牙副司令的旗舰"圣安娜"号身后完成了穿越。[43]

尽管曾如此努力地展开舰队，科林伍德在一刻钟之内却没能得到任何支援。在将进攻兵力集中于敌军后卫之前，他自己却暴露在4艘强大敌舰的集中火力之下。然而，他却成功抢在长官之前率先投入了战斗，他高兴地向他的旗舰长喊道："这会让纳尔逊说些什么！"在他率先开始战斗后，他的后续战舰并未紧随他跟进。最靠近他的"贝尔岛"号和"玛尔斯"号首先赶来为他提供救援。随后，"皇家君权"号独自留在这里与"圣安娜"号展开了决斗，而他的伙伴则被敌军的集中火力打断了桅杆、撕成了碎片。

除了科林伍德拒绝推迟进攻，另一个问题是他的舰队前端与敌舰队太过垂直，从而无法让他身后的斜向阵列作为整体展开冲击。这使舰队前方的半数战舰几乎全都遇到了同样的险境。森豪斯尉官搭乘的"征服者"号位于纳尔逊纵队第 4 或第 5 位，他说："英军在那一天不仅没能两面夹击敌军，反而遭到敌人的两面、三面包围，他们似乎完全丧失了同时投入压倒性兵力的优势。'胜利'号、'勇莽'号、'皇家君权'号、'贝尔岛'号、'玛尔斯'号、'巨像'号和'柏勒洛丰'号都在进攻时陷入了这种困境，只有最大无畏的勇气与最娴熟的炮术才能让他们脱身。……联合舰队一度占据了英军最希望取得的形势，那就是两面夹击敌军之一部，并使之与舰队主体分离。"[44]同样的情况也出现在"巨像"号之后的其他战舰上，如"复仇"号。柯德林顿位于纳尔逊的纵队中，他说自己的位置拥有很清晰的视野，而他看到的是，下风分队的战舰一艘接一艘地驶向前方，依次向敌军后卫的剩余战舰发起攻击。[45]事实上，由于各舰航速不同，也由于他的分队在三令五申后仍然未能组成阵型，这些战舰不仅是一艘接一艘地投入战斗，而且间隔还极不规则，以至于敌人甚至认为他们显然是以小组（groups）为单位发起袭击。第一个舰群即科林伍德和前端战舰，第二个舰群似乎跟在"复仇"号之后，第三个舰群则由"无畏"号与"波吕斐摩斯"号引领。由于格拉维纳奋力向前试图支援中军，联合舰队的阵型组建得十分紧密。即便战列被英军多处突破，它仍然保持了阵势，直到后卫末端遭到另一支舰群的夹击。

战斗在接近一个小时后才大规模展开，战况由此好转，变得更加势均力敌。大约 22 艘英国战舰此时肯定已投入了战斗，他们的对手是 22 艘已被截断的法国与西班牙战舰。[①] 他们在联军战列两侧的手枪射程（pistol-shot）内开始了一场混战，舰长们只能用卓越的奉献精神与高超的机动技巧相互支持、相互救援，这就是他们在这个烟雾笼罩、几乎令人窒息的午后所能做到的一切。这是一场旗鼓相当的战斗，双方也都是值得一战的强敌，他们都从对手那里赢得了不少敬意。任何一方都没有优势，唯一的例外是英军的炮术和航海技艺。凭借着艰苦奋战，纳尔逊与科林伍德麾下的官兵们逐渐扭转了鲁莽的进攻所造成的不利局面。他们在一个小时后开始收获果实，在逐一开始喷射的猛烈炮火上建立起了决定性的优势。

在此期间，联军前卫并未采取行动试图投入作战。除了从北方驶向其阵位的弱小的"阿非利加"号，10～11 艘战舰实

---

① 埃克塞特大学历史系教授迈克尔·达菲曾对英军各舰投入战斗的时间加以考证研究。科林伍德的"皇家君权"号在 12 时左右开始对"圣安娜"号开火回击，他身后的前 7 艘战舰在随后的 20 分钟内全部投入战斗。但从"波吕斐摩斯"号到"挑战"号的这 5 艘战舰却是在他开战的 60～75 分钟后才开始射击，而最后方的"防御"号与"亲王"号甚至在 2～3 个小时后才开始战斗。纳尔逊分队的情况也与此相似。旗舰"胜利"号在 12 时 20 分开火，随后的 5 艘战舰在 10～15 分钟内就开始战斗，但其余战舰则是在"胜利"号开火的 50 分钟后开始交战，纵队最末的"米诺陶"号与"斯巴达人"号则要到 2 个多小时后才开始向折返的联军前卫射击，而落单的"阿非利加"号倒是很早就开始与法军前卫交战。综上所述，自 12 时英军作战开始的头一个小时中，只有 15 艘英国战列舰投入了与强大敌人的战斗，其中只有 13 艘战舰及时地突入敌阵，与敌人展开了近战。它们承担了英国舰队中绝大部分的伤亡，完成了战斗最为关键的阶段。达菲认为，英国的胜利主要就来自这半支舰队的奋战。直到战斗开始的一个半小时后，科贝特所说的 22 艘战舰才全部投入战斗；除了最早投入作战的半支舰队，其他大部分战舰始终未按照纳尔逊的指示与敌舰展开近战。参见 Michael Duffy，"'... All was Hushed Up': The Hidden Trafalgar," *The Mariner's Mirror*，Vol. 92，Issue 2，2005，pp. 216 - 240。——译者注

际上并未遭到英军的攻击。但前卫舰队司令、法军少将杜马诺阿按兵不动，尽管所有人都认为他有责任去支援友军。军事法庭的无罪开释或许能终结对他的指责，但我们所关心的只是他的实际作为，尤其要用他的行为来评判纳尔逊攻击计划中"牵制"功能的有效性。

直到战斗开始的两个小时后，或者说直到战斗全面展开的一个小时后，杜马诺阿才因维尔纳夫反复打出的信号开始调转航向。此前，纳尔逊出乎意料的攻击方式一直使他深感困惑，他并不知道英军上风舰队的行动目的。但在此时，杜马诺阿已经看出了这种古怪战术的用意，它是想用纵队攻击联军的中军。他因此表示，这种纵队攻击有一个危险的缺陷，他们可以去截断纳尔逊后方的兵力。这是纳尔逊早已料到并了然于胸的风险。他曾在备忘录中写道："他们在执行机动、驶近攻击英国舰队的任何部分或支援友舰之前一定会耗费一些时间。"这一预想成功实现了。

海面上风力极弱，杜马诺阿只有用小艇拖曳才能让战舰转向。他们在接近下午3时才开始进发，但在此时，联军主力在大规模抵抗之后已经精疲力竭。遭到纳尔逊和科林伍德攻击的联军旗舰都已不剩一根桅杆，所有3艘都已降旗投降。不过，杜马诺阿还有机会：率先投入激战的英国战舰大部分都成了桅杆折断的船壳，而纳尔逊本人已在战斗中受了致命伤。如果不直接杀向中军，法军前卫完全可以在后卫末端提供有效支援。那里的战斗仍在继续，格拉维纳正在绝望地抵抗英军逐渐增强的兵力集中。他像纳尔逊一样躺在甲板下方，已经受到了最终不可救治的战伤；但他的舰队参谋长仍以顽强的勇气坚持战斗，杜马诺阿的兵力似乎仍能够挽救战局。救援后卫的希望是如此之大，而那位可敬的西班牙将军的处境又是那么危险，于是，当杜马诺阿带头向上风处驶去时，只有4艘战舰——包括3艘法舰和战列最前方的西班牙战舰"涅杜诺"号（Neptuno）——跟随着他的旗舰，其余的战舰则朝着下风处的格拉维纳驶去，其中的"勇敢"号（Intrépide）径直投入了"布森陶尔"号周围的混战。在维尔纳夫的参谋官看来，所有战舰都应采取"勇敢"号的航线。[46]这是最直接、最稳妥的重启近战的方法，也唯有如此，联军才有一丝成功的希望。然而，弱小的"阿非利加"号——此前，它成功地驶过了危险的敌军前卫，来到了战场中央——拦住了大胆的"勇敢"号。这艘孤立无援的英勇法舰很快就被新赶到战场的英舰俘虏——与之交战的至少包括由诺塞斯克勋爵的"不列颠尼亚"号引领的"埃阿斯"号和"俄里翁"号。[47]

　　与此同时，杜马诺阿正朝着纳尔逊纵队中最后两艘没有投入战斗的战舰——"斯巴达人"号和"米诺陶"号——驶去，法军少将想要截断它们的阵线。由于组成纵队的要求被保留到了最后，曼斯菲尔德舰长（Captain Mansfield）此时驾乘较慢的"米诺陶"号位于前方，"斯巴达人"号则作为殿后舰。他们已经看到了危险，但并不是他们自己面临的危险。两艘英军旗舰与"勇莽"号几乎成了不能自理的船骸，正被各自俘虏的敌舰所拖累。"斯巴达人"号的舰长弗朗西斯·拉弗雷爵士（Sir Francis Laforey）认为机不可失，请求让后舰取代前舰。于是，两位忠诚的伙伴便直接越过杜马诺阿旗舰的舰首，在手枪射程上对其展开纵射，随后在下风处顶风停航，阻挡在他与英军旗舰之间。他们坚守着这个阵位，与随后行经的4艘法舰交火，并迫使它们待在上风位置。他们的表现相当出色：出于他们的主动性与备忘录的实质精神，这 2 艘 74 炮战舰阻挡住了 3 艘 74 炮战舰和 2 艘 80 炮战舰。

除了战斗的开局，没有哪个时刻比此时更加危急。"胜利"号和"皇家君权"号都只剩下一根桅杆，两者都已无法操控；"勇莽"号则已经成为废船壳，完全丧失了自理能力。"不列颠尼亚"号已穿过战列去攻击下风处的敌舰，它无法及时折返，只有"尼普顿"号和 2 艘受创的双甲板战舰仍能抵抗杜马诺阿的攻击。但更糟糕的是，科林伍德已经得知纳尔逊身受重伤，他因眼前的危机陷入了深深的焦虑，没有人知道这会导致怎样的结果。布莱克伍德登上了"皇家君权"号，他用纳尔逊去世的可怕消息打破了沉寂。这场战斗的灵魂已经远逝，科林伍德受到了强烈的震悚，但即便如此，他一刻也没有丧失理性。现在，他接掌了指挥权。他有责任从危险中保全这场属于他朋友的胜利。

"雷神"号是科林伍德分队中最后方的几艘战舰之一，它扬着全帆，突然闯出硝烟。它在战斗中的角色可以很好地展示出逐一进攻导致的兵力集中态势。1 时 15 分，它在舰队末端开始用右舷炮射击，并在 2 时左右靠上了一艘已与它展开炮战的双甲板战舰。一刻钟后，它打断了对手的所有桅杆，迫使其降旗投降；又一刻钟后，它用同样的方法俘虏了另一艘被打残的双甲板战舰。接着，它杀向了格拉维纳受创严重的旗舰"阿斯图里亚亲王"号，后者刚摆脱了"无畏"号，正在朝"复仇"号猛烈还击。"雷神"号转向下风，在"阿斯图里亚亲王"号舰尾进行猛烈纵射，迫使其最终逃往下风，退出了战斗。随后，它看到敌军前卫袭来，便转向上风，再次穿越敌军。[48] 与此同时，"米诺陶"号与"斯巴达人"号正试图投入战斗。科林伍德作为总司令的第一则信号在此时打出，他命令这3艘战舰前去迎击正从上风方向四分之三英里外驶向中军的杜马诺阿的5艘敌舰。"雷神"号在日志中写道："我们扬起了所有还能使用的帆，欢呼着驶过了'胜利'号。"而"米诺陶"号与"斯巴达人"号也服从了命令，正如我们所知，它们已经开始与西班牙准将巴尔德斯（Commodore Valdez）的座舰"涅杜诺"号交战。[49]经过艰苦的努力，"胜利"号、"皇家君权"号与一些双甲板战舰恢复了部分火炮的射击，"尼普顿"号也再次做好了战斗准备。杜马诺阿发现中军局势已经无可挽救，"布森陶尔"号已经投降，他便将"涅杜诺"号抛弃给了"米诺陶"号与"斯巴达人"号，自己率领剩余兵力继续去后卫寻找战机。

但是，科林伍德已在后卫准备好迎击，他的战斗意志仍如往常那样坚定。看到杜马诺阿的威胁后，他打出了全军依次转向左舷、驶向上风的命令。[50]结果，当杜马诺阿抵达向后卫发起攻击的位置时，他看到6艘战舰正在迎风组建一条新的战列线。更让他斗志消沉的是，他看到格拉维纳的旗舰显然已逃离了战斗，桅杆上飘扬着在它周围集合的信号旗。此时，杜马诺阿至少还有理由从英军后卫旁驶向下风以与格拉维纳会合，但科林伍德的信号似乎对这种行动造成了极大的威胁，而格拉维纳与他身边的战舰很快就驶向了加迪斯，看来不会再展开攻击，这使他再次失去了战意。杜马诺阿决定接受战败的事实，朝着南方的直布罗陀海峡驶去。他分队中剩余的战舰也试图逃向下风，但很快就被追击敌军驶向加迪斯的"不列颠尼亚"号及其伙伴阻拦，1艘被俘，其余则被重创。就在此时，这群英舰接到了科林伍德打出的驶向上风的信号，把它当成了召集舰队的命令。[51]

它们在这里无疑还能取得更多的战果。格拉维纳的旗舰已无法操纵，它正由友军拖曳前行，显然很可能被英军俘获。但是，海潮涌起的预兆已经出现，这使位于下风浅滩边的伤残英舰岌岌可危，更不用说那大批被俘的战利舰了。尽管纳尔逊在战斗前已经准备了下锚的信号并在临终时希望执行，但科林伍德认为在此下锚完全不可行。每一艘能够转向、能够升帆的舰船都需要去协助友军，在他看来，局势的风险已经到了最大极限。此时，除了仍在做着最后抵抗的西班牙战舰"涅杜诺"号，整个战场上的炮火已经消歇。它在下午 4 时刚过时降旗投降，这场英国历史上最具决定性的海战就此落下帷幕。

敌军的总司令与两位将军成了英军的俘虏。在一天前离开加迪斯的 33 艘战列舰中，只有 9 艘战舰在夜间安全返航，4 艘战舰正逃往直布罗陀海峡，至少有 20 艘仍然留在战场上。其中，17 艘已完全被毁，13 艘已经被战胜者实际接管，1 艘爆炸沉没。与之相对的是，英军舰艇无一损失。

因此，无论纳尔逊是否执行了他的攻击计划，其战术的合理性已经得到了证明。他对这种战术的牵制能力的预判完全正确：联军前卫无法及时回援，待到他们回过身来，备忘录所说的那种"驶近攻击英国舰队的任何部分"的行动也最终失败。至于其他方面，西班牙海军参谋官已经基于当时所知的所有情况，在容纳了所有细节误差之后，做出了最慎重的总结。他们写道："英军集中兵力攻击我方战列的中军和后卫，让后卫卷入了常规的战列对战列的作战，并两面夹击我方后卫末端，同时让前卫远离战斗。"[52]这句话对实际发生的战斗做出了准确的评估，并正确地总结了纳尔逊备忘录的主要构想。在西班牙海军参谋官看来，这一构想得到了圆满实现。而在另一方面，与法方一样，他们的报告中也满是困惑和惊讶：这样一种极其鲁莽、完全无视现有规则、以纵队发起并缺乏任何常规调度的攻击，竟然没在刚刚展开时就被粉碎。任何推论都无法回应这一批评。在战术效果上，他在最后一刻的接敌方式的确是用纵队的一端向前进攻。纳尔逊分队的不规则队形和舰队正面在最后一刻意外变宽都无法改变这个事实，正如不能用科林伍德出于良好意愿但并未落实的组建左舷迎风斜阵的信号来否认他的纵队阵型一样。在先导舰投入战斗之前，英军的两支分队既没有完成任何调度部署，也没能让整支舰队形成整体，进而发挥出纳尔逊在备忘录示意图中所设计的整体冲击力。

如果这些当时的证据所认可的结论都是事实，那么，对"这场战斗是否遵从了纳尔逊的攻击计划"的回答就简单明了，不容置疑。我们可以认为，它的主要战术的确遵从了预案，其实施细节却没有。正如西班牙海军参谋官所言，其主要战术构想已经完全胜利地实现，但实现它们的实际方法并未遵照纳尔逊的设想。或许他曾口头讨论过他将采用的方法，但我们对此一无所知。我们能够确定的是，他在一生中最为关键的巅峰时刻放弃了科学部署的保障，以较高航速冲向了一支似乎没有结阵、正试图逃跑的敌人，把所有赌注都压在了英军的士气与战斗力优势以及他对敌人的假设之上。两支纵队的前端毫无遮蔽地暴露在敌军阵前，他们可能因风力减弱而被孤立，可能被敌军的集火射击早早击毁，他所承担的这种风险几乎超过了理智指挥的极限。他的胜利和敌军广为人知的缺陷使之取得了成功，但我们或许可以怀疑，如果他意识到敌人的作战意志远较他预想要高，他是否还会如此冒险。布莱克伍德让我们看到了他在发现敌军摆出良好的迎击姿态时的高度紧张，但为时已晚，他无法再做改变。为了降低风险而在最后时刻中止一场鲁莽的攻击将会酿就最为严重的错误。

后来的事实证明了纳尔逊是正确的。敌人缺乏训练和缺乏航海经验的缺陷拯救了他，并为他的大胆冒险提供了正当理由。一些能干的军官在事后对战术进行冷静评估时认为，他实际上并不必须如此冒险，如果把进攻推迟一个小时左右，让舰队先进入他所设计的阵位，他仍有足够的时间来消灭敌人，甚至能取得更具决定性的战果。现在已没人能对这一说法做出评判，这似乎全然取决于一种旧日的风帆时代海军战术的实施细节。我们只能说，他所冒的风险极其巨大，这是他在制订计划时并不准备承担的风险，也是他的舰长们从未料到的风险。然而，即便如此，他最终的决定仍然超凡绝伦，这是由于他的领袖精神与冥冥天意。天才的光芒不会屈服于理智的批评，他们超出法则和原理之上，所有用科学标准来衡量他们的努力都只能迷失在这句最后的评论里："这是一场光荣的胜利。"

第二十五章　海上战役的落幕

皮特的政策所需要的决定性战斗已经实现。拿破仑在地中海沿岸动用舰队的企图已被粉碎，但英军同样也付出了代价。尽管这在他们的战果面前不值一提，但也足以让科林伍德无法立即执行从纳尔逊那里继承而来的在意大利支援盟军行动的那则指令。

凶险的强风在战斗后的那天夜里席卷而来，并在接下来的两天中变得愈发暴烈。如果它没有稍稍向南方偏转，恐怕所有失去桅杆的英舰与战利舰都会遭到灭顶之灾。3 艘曾与纳尔逊和"勇莽"号战斗得最为激烈的战舰——"敬畏"号、"激情"号与"布森陶尔"号——在风暴中沉入大海。英军释放了俘虏，敌我双方决定携起手来，只有这样孤注一掷的努力，其他的许多战舰才能远离礁石、保持漂浮状态。更糟糕的是，为了解救漂到加迪斯海湾的被俘友舰，法军中最优秀的舰长之一、加迪斯港内职级最高且未被战伤的科斯莫（Cosmão）勇敢地率领归航的 5 艘战列舰与 7 艘巡航舰在第二天再度出击。科林伍德将之误认为杜马诺阿和格拉维纳率领的 10 艘战列舰，便命令同等数量的英舰解开拖带战利舰的缆绳，组成战列线迎击敌军。[1]法军巡航舰因此得以解救了"圣安娜"号和"涅杜诺"号。它们的状态只比废船壳好上那么一点，但联军却为此付出了高昂的代价，使纳尔逊的胜利更加彻底。在返回港口的途中，科斯莫舰队中的三甲板战舰"雷电"号与 1 艘 80 炮战舰和 1 艘 74 炮战舰被冲上了海滩。次日，在战斗的前一天被纳尔逊派往直布罗陀的"多尼戈尔"号返回英军阵中，它与科林伍德麾下一些损伤最轻的友舰被迫开始大批处置那些难以控制的战利品。数艘搁浅的战舰被烧毁，即便是壮观的"至圣三一"号也只得牺牲。在特拉法尔加海战俘获的 19 艘敌舰中，4 艘被敌军重新捕获，11 艘沉没或被毁，最终只有 4 艘被英军带回直布罗陀。①

---

① 或许由于当时材料的限制，或许由于关注重心并不在此，科贝特对被俘战舰命运的描述存在不少错误。在 10 月 21 日向英军投降的联军战舰共计 18 艘，它们分别是："涅杜诺"号、"圣奥古斯丁"号、"至圣三一"号、"布森陶尔"号、"敬畏"号、"圣安娜"号、"激情"号、"勇敢"号、"蒙纳卡"号、"巴哈马"号、"鹰"号、"阿尔赫西拉斯"号、"阿罗戈诺达"号、"敏捷"号、"圣伊德方索"号、"阿基里斯"号、"贝里克"号和"桌玻穆的圣若望"号。"阿基里斯"号在海战结束时爆炸沉没，因此，英军在风暴来临时共掌握着 17 艘战利舰。

　　22 日早晨，"激情"号最先触礁，"敬畏"号在下午因进水过多沉没。当天夜里，"阿尔赫西拉斯"号俘虏暴动，重夺战舰并成功返回加迪斯。23 日中午，出港反击的科斯莫舰队与被风暴刮散的英军一部相遇，英军被迫放弃了拖带的"布森陶尔"号、"圣安娜"号和"涅杜诺"号，组建战列线迎击敌军。"圣安娜"号和"涅杜诺"号因此被法国巡航舰重新夺取，随后被拖往加迪斯；无法操纵的"布森陶尔"号则触礁沉没，科斯莫舰队中试图援救它的"顽强"号也不幸地步其后尘。而在驶入加迪斯之前，科斯莫麾下的"亚西西的圣方济各"号、"雷电"号和刚刚夺得的"涅杜诺"号都在港外搁浅或触礁，随后被风浪摧毁。24 日上午，科林伍德开始处置战利舰，"至圣三一"号与"勇敢"号被英军自行摧毁。25 日，"鹰"号俘虏暴动，重夺战舰，但同样在加迪斯港外触礁。"蒙纳卡"号则在风浪中撞上了浅滩。26 日，"雷电"号亦撞上浅滩，"贝里克"号也遭到如此厄运。"圣奥古斯丁"号被英军烧毁，"阿罗戈诺达"号也被凿沉。

　　综上所述，在 10 月 21~26 日，英军手中原有的 17 艘战利舰中有 2 艘（"阿尔赫西拉斯"号、"圣安娜"号）被联军成功地重新夺取，有 11 艘沉没或触礁，只有 4 艘（"敏捷"号、"巴哈马"号、"圣伊德方索"号、"桌玻穆的圣若望"号）被英军安全带回了直布罗陀。此外，科斯莫舰队又有额外的 3 艘战舰（"顽强"号、"雷电"号、"亚西西的圣方济各"号）被摧毁。截至 10 月 26 日，共有 19 艘敌军战列舰被英军歼灭。

　　参见 Roy Adkins, *Trafalgar: The Biography of a Battle*（Hachette UK, 2011）。——译者注

强风终于在 24 日消歇，科林伍德得以恢复对加迪斯港的封锁。但是，这主要是出于士气影响的考虑：他知道杜马诺阿并不在港内，也知道被封锁的港口里已几乎没有适于出海的敌舰。在掌握局势之后，他最先关照的一件事就是向那不勒斯派出一艘轻帆船，向艾略特送去消息。他的信令人钦佩地展示了当时的局势与他的想法。他写道：

> 由于它对意大利与全欧事务的巨大重要性，刚刚发生在这片海岸的事件应当尽快被传达给您所在的宫廷，因此我将这一消息立即通知给先生您。联合舰队在本月 19 日驶出加迪斯，他们的目的地显然是意大利。21 日……海战在中午时开始。在三个小时的最为激烈的决斗之后，敌军战败，格拉维纳将军与他的 9 艘战舰逃向加迪斯；另外 4 艘（法国战舰）在杜马诺阿少将的指挥下逃往南方，可能已进入地中海；他们给国王陛下的舰队留下了 20 艘被俘的战列舰……这是对一支强大敌军所赢得的最具决定性也是最为彻底的胜利。18 艘被留下的敌舰已经不剩一根桅杆，我敢说，如果战斗在远离陆地的大海里进行，并且没有受到特拉法尔加的礁石和浅滩的妨碍，敌人的战舰可能一艘都不会逃走。一阵强风在 22 日袭来，并持续了三天时间，一度刮得极为猛烈。它把舰队吹散到各个方向，把大部分被俘的船壳刮上了岸，还有 2~3 艘被吹进了加迪斯港。余下的被俘战舰已经彻底瘫痪，使我必须将之烧毁或凿沉……联合舰队已被歼灭。我认为加迪斯港内只有不超过四五艘战舰具备出海的条件，而且我知道港内既没有桅杆、帆布，也

没有用于维修的绳缆，只有一支弹药枯竭的残缺舰队。但是，最能让他们又敬又惧的却是在如此激烈的战斗后仍然坚守阵位的英军旗帜，我这样做是让他们确信，他们尽最大努力也无法让我军从坚守的阵地上移动半步。在做好必要的安排之后，我会尽快进入地中海。如果卡塔赫纳的西班牙舰队出海有所动向，我也会竭尽全力地摧毁他们，然后把我的部队带到意大利海岸，阻止敌人准备在那里发起的任何行动。[2]

有人认为，科林伍德更应该立即前往那不勒斯，而不该在加迪斯港外耗费数日时间。但在为期一周的令人精疲力竭的高度紧张之后，他或许已经做到了人力可及的极限。他在写给康沃利斯的信中说："简而言之，我的力量已经耗尽。"[3]路易斯的分舰队仍在直布罗陀海峡的某处，因此，不管卡特赫纳舰队与杜马诺阿去了哪里，他们都并不让人担心。即便杜马诺阿闪过路易斯而进入了地中海，在前往那不勒斯之前，他显然会先去土伦进行修整。

事实上，杜马诺阿并未驶入直布罗陀。10 月 22 日，从南方吹来的强风袭击了他受创的舰队，使他无法继续驶向海峡。当天夜里，他又在海峡入口处看到了几艘帆船，他认为那是路易斯的舰队，于是决定转向西方，试图与阿勒芒会合。他在西方搜寻了两天时间，同时竭尽所能填补裂缝、修整战舰，25 日时，他决定向北方驶去。29 日，在路易斯驶出直布罗陀海峡去加入科林伍德的同时，他正高速驶过圣文森特角。他盘查了中立国船只，但完全没得到阿勒芒的音讯，于是只好朝罗什福尔驶去。杜马诺阿并不知道的是，斯特罗恩仍在热切地盼望着截击那支他想寻找的舰队，其正耐心地守候在他航线的前方。

一直到海战爆发的那一天，斯特罗恩仍然待在比戈附近的位置上，一直与洛布的巡洋舰链保持着联系。他听说维尔纳夫留在比戈港内的战舰准备出港，于是便欲擒故纵地撤向海外。他在 24 日转移至菲尼斯特雷沿岸的阵位，他相信，既然南方有加迪斯港外的纳尔逊把守，敌舰就一定会试图向北航行。[4]他选择的位置十分得当。杜马诺阿的旗舰与其他一些战舰严重进水，这迫使他只能贴近海岸航行。11 月 2 日清晨，他驶过了菲尼斯特雷的纬线，维拉诺角（Cape Villano）随后进入他的视野。尽管他已在近岸一侧偷偷地溜过了斯特罗恩而未被发现，但他所处的位置却是英军两道巡洋舰链的接合点，他很快就发现自己已处在英军的监视之下。

此时，大致隶属于乌桑特 – 菲尼斯特雷巡洋舰链的 38 炮巡航舰"博阿迪西亚"号（Boadicea）与 36 炮巡航舰"德律阿得斯"号（Dryad）肯定位于菲尼斯特雷集结点的西部海面。第三艘巡航舰则略靠南方，位于杜马诺阿舰队的近岸一侧。这正是由贝克舰长所指挥的"凤凰"号巡洋舰，他的天才再次让他来到了这个正确的位置上，为我们展现出巡洋舰活动十分有趣的另一个方面。他与他的战利品"迪东"号十分惊险地逃过了阿勒芒，随后在驶向直布罗陀的过程中又差点被维尔纳夫的联合舰队捕获。最终，他再次转向北方，安全地返回了本土。海军部奖励了他的战功，随后再一次派他出海巡航。10 月 29 日，"凤凰"号驶出法尔茅斯（Falmouth），前往锡利群岛西方的阵位，他应当在那里打开一个藏命令的信封。但在第二天，他遇到了一艘丹麦船只，自称曾在 13 ~ 15 日被阿勒芒扣留。他在北纬 37°51′、西经 14°3′处被释放，那里正是圣文森特角西北偏西的 250 英里处，捕获他的舰队随后向西北方驶去。[5]正如我们在第二十章的末尾介绍的，阿勒芒其实是驶向了加那利群岛，因此这显然是一个故意释放的错误航向，是为了掩盖他的真实航迹。但贝克当然不可能知道这些，在他看来，这正是返回法国大西洋沿岸港口的惯常航线，他推测阿勒芒已经进入了比斯开湾，正在朝罗什福尔驶去。他十分急切地想让斯特罗恩得到这则消息，于是决定在抵达预定位置之前拆开命令。他发现，这则命令只是为他慷慨地提供了一个十分富饶的巡航范围，于是他便毫不犹豫地放弃了可能得到的战利赏金，去费罗尔寻找斯特罗恩。他在费罗尔并未发现斯特罗恩的身影，于是便转往菲尼斯特雷集结点。最终，在 11 月 2 日的破晓时分，他发现自己的座舰已在近岸一侧驶过了据信为阿勒芒所部的敌舰队。

杜马诺阿随后转向东北偏东，他立即派出"迪盖－特鲁安"号前去追击。但贝克并不准备逃离，他坚持驶向西南方的常规集结点，相信能在那里与斯特罗恩取得联系。下午 5 时许，贝克已占据了法舰前方的上风位置，法军的拦截企图已经失败，杜马诺阿只得打出了召回命令。在这场追击的最后两个小时中，"凤凰"号数次鸣炮示警，让杜马诺阿以为这是在给其他两艘巡航舰发信号。事实上，贝克并没有看到它们的踪影，他所看到的其实是位于南方的斯特罗恩分舰队的一部。杜马诺阿有着与阿勒芒同样的好运气，由于斯特罗恩的舰队阵型已大为分散，他一定是在前一天夜里与英军擦肩而过。然而，贝克的行动使他无法再次成功逃离。另外两艘英军巡航舰在此期间一直奇怪地毫无作为，它们直到天色暗下的晚间 9 时左右才认出了"凤凰"号。它们位于杜马诺阿舰队与"凤凰"号之间，结果使贝克将它们的确认信号误认为是杜马诺阿舰队打出的信号。不久后，这两艘巡航舰又发现了"凤凰"号前方的那支舰队，但它们打出的信号再次被友军误解，结果使其确信自己已陷入阿勒芒舰队的两支分队之间。它们于是决定逃走，再也没有在此露面。[6]

在弄清形势之前，斯特罗恩曾一度朝"凤凰"号开火射击。所幸的是，他的旗舰、80 炮战舰"恺撒"号把其他战舰远远甩在了后面，使他自己与"凤凰"号离得最近。误会解除之后，贝克向他报告了遭到阿勒芒舰队追击、敌舰队就在下风处不远的消息。斯特罗恩写道："我感到十分高兴，便让他去通知后方的舰长，我希望立即与敌人交战。"于是，"凤凰"号离开"恺撒"号去召集舰队，与此同时，斯特罗恩则立即展开了追击。在月光之下，他看到了敌军组成的横队，但在月亮降下之后，他又失去了他们的踪影。事实上，想要甩掉他的杜马诺阿已在黑夜降下之时就立即转向了东南方，但斯特罗恩并未上当。他转而收帆缓行，让麾下的两艘 74 炮战舰——"英雄"号与"勇气"号（Courageux）——以及仍旧由威廉·菲茨罗伊勋爵指挥的 32 炮巡航舰"埃俄罗斯"号前来会合。剩下的 74 炮战舰"那慕尔"号（Namur）与 36 炮巡航舰"圣玛格丽塔"号（Santa Margarita）仍在后方，而他的第 5 艘战列舰，即 74 炮战舰"贝罗纳"号（Bellona），以及巡航舰"不倦"号则不幸掉队。

尽管兵力已被削弱，尽管跟丢了追击的对象，但斯特罗恩对自己要做的事坚定不移。他似乎洞悉了杜马诺阿的想法，直接朝东北偏东的奥特格尔角驶去。这里正是杜马诺阿将要经行之地，他或许希望从这里溜进费罗尔，但斯特罗恩机智地截断了他的去路。11 月 3 日破晓时分，巡航舰"圣玛格丽塔"号加入了他身边的舰群，奥特格尔角也已进入他的视野。上午 9 时，他的猎物再次在东北方出现。两小时后，"凤凰"号与"那慕尔"号也跟上了队伍，它们身后还有一艘临时加入的迷途的巡航舰。这是 38 炮的重武装巡航舰"革命者"号（Révolutionnaire）①，它的到来多少弥补了"贝罗纳"号造成的空缺。因此，斯特罗恩手中的总兵力包括了 4 艘战列舰与 4 艘今日所谓的一等巡洋舰（first-class cruisers）。他的接战过程则更为精彩。在舰队决战的历史上，这是巡洋舰作为战斗部队首次被直接投入战斗。这并不是以与战列舰组成同一纵队的原始方法，而是让巡洋舰队承担着独立职责分头作战，类似于当代新近才产生的观念。

在 11 月 3 日的一整天中，英军朝罗什福尔疲乏地追击着法军，逐渐向猎物靠近；但到夜幕降临时，他们之间仍然留有很宽的距离。不过，绝佳的夜色使英军能轻松地盯住猎物，他们组成了一道斜阵继续追击，到次日破晓时，英军旗舰"恺撒"号距离杜马诺阿的殿后舰"西皮翁"号仅剩 6 英

---

① "革命者"号本是一艘法国塞纳河级（Seine class）40 炮巡航舰。1794 年 10 月，建成不到半年的"革命者"号被英军俘获。在 1805 年时，"革命者"号装有 36 门 32 磅卡隆炮与 10 门 9 磅长炮，其近距离投射量远高于一般的巡航舰。参见 Rif Winfield, *British Warships in the Age of Sail 1714 - 1792: Design, Construction, Careers and Fates*（Seaforth Publishing, 2007）。——译者注

里。英军巡航舰在战列舰队前方领航，他们已经进入敌人的尾炮射程，并在 6 时之前赶上了法军的后卫。在这里，重型巡洋舰阻滞逃跑的战列舰队的能力得到了最佳展现。在一两个小时中，驶近"西皮翁"号的"圣玛格丽塔"号与"凤凰"号不断地用偏航 - 摆正的办法向法舰倾泻侧舷火力。杜马诺阿仍希望避免交战，他的旗舰"可畏"号被迫抛弃了80 门舰炮中的 20 门以保障船只浮力，这样糟糕的状态甚至无法迎战一支劣势兵力。但在 11 时，他意识到用舰尾的有限火力已无法摆脱英国巡航舰，他只得顶风组建战列线，一场战斗终于无可避免。

斯特罗恩身边仍然只有 3 艘战列舰，他的行动与后来广为接受的那张示意图一样，向舰长们打出了意欲攻击敌军后卫的信号。他本人坐镇于旗舰"恺撒"号引领这场进攻，它是舰队中最为强大的战舰。在这种情况下，最佳的作战方法是让舰队以战列线队形从敌军后方的上风方向杀来，然后反转舰队序列，让先导舰攻击敌军的殿后舰，让第 2 艘战舰在先导舰的掩护下向前攻击敌军倒数第 2 艘战舰，如此逐一在友舰掩护下攻击前方的敌舰。但斯特罗恩并没有选择这种战术，这或许是由于杜马诺阿的旗舰是法军战列线中的第 2 艘，他希望用旗舰迎战旗舰。因此，他决定像纳尔逊那样引领英军战列，首先在航行过程中与行经的法军最后两艘战舰交战，然后在法军旗舰旁顶风减速，取得与之平行的阵位。他并不准备像纳尔逊在1803 年战术备忘录中提出的那样突破战列线或从下风处与敌军交战，这或许能够从精彩的巡洋舰作战中得到解释。两艘巡洋舰并未处在英军上风方向远离敌军的常规阵位，而是在敌军殿后舰的下风一侧与之持续交战。

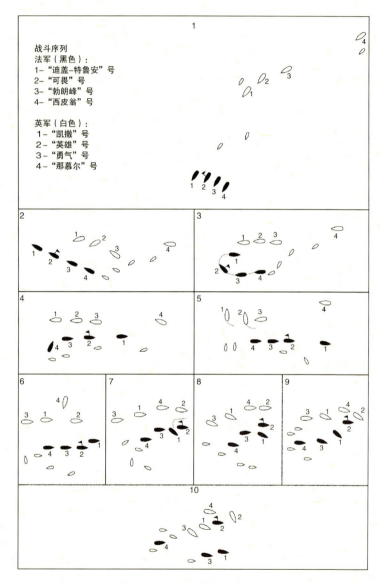

战斗序列
法军（黑色）：
1－"迪盖－特鲁安"号
2－"可畏"号
3－"勃朗峰"号
4－"西皮翁"号

英军（白色）：
1－"凯撒"号
2－"英雄"号
3－"勇气"号
4－"那慕尔"号

理查德·斯特罗恩爵士的战斗

资料来源：本图出自德斯奇霍《特拉法尔加海上战役》中杜马诺阿少将的报告的附图。

斯特罗恩用这种方法在敌军后卫处实现了兵力集中，同时让最前方的"迪盖－特鲁安"号脱离了战斗。杜马诺阿则敏锐地打出了全军依次调头的信号，希望以此来掩护后卫的2艘友舰，同时想将正在赶来的"那慕尔"号分割在战场一侧。这是一个极为大胆的举动，法军必须在"恺撒"号与其后方的"英雄"号的毁灭性火力下完成转向，并使得两军战列间的距离缩小到手枪射程之内。不仅如此，另外两艘重型巡航舰此时也赶了上来，这4艘巡航舰在法军的下风处组成了战列线。杜马诺阿由此陷入了两面夹击，他已不可能驶向下风撤离战斗。因此，斯特罗恩并不需要用突破战列线的冒险机动来确保一场决定性的战斗，杜马诺阿的行动也的确表示出他并不想逃离。

法军的机动使得两支战列以反航向相对驶过。接着，杜马诺阿并未再次转向，而是径直驶向落单的"那慕尔"号，后者正试图占据他们的上风阵位。结果，两军间的战斗停歇了半个多小时。斯特罗恩试图尽快重启战斗，他显然也要执行顶风调头，但他的帆索已经严重受损，只得被迫顺风转向。在此过程中，局势变得混乱起来。斯特罗恩发现法军正在驶远，而且还有占据英军上风位置的威胁，于是便向"那慕尔"号打出信号，就如纳尔逊让"阿非利加"号做的那样，让它牵制住敌人的前卫。"英雄"号率先完成了调头转向，为了节约时间，斯特罗恩下令以它作为先导舰，让其他战舰在它身后组成一道新的战列线。英军以这种阵型重启战斗，再次向法军的后卫发起了新一轮攻击。此时的巡航舰队仍保持着原先的位置，位于敌军侧后的下风一侧；"那慕尔"号则在"英雄"号身后加入了战列线。"迪盖－特鲁安"号再次置身事外，斯特罗恩得以以 4 艘战列舰集中攻击杜马诺阿的后 3 艘战舰。他在信中写道："法国舰队是令人钦佩的，他们直到战舰无法操纵才降旗投降。"但到下午 4 时左右，战斗便已完全结束，所有法舰都成了英军的战利品。

直到法军将领登上他的旗舰，斯特罗恩才终于明白发生了什么事。他写道："我惊讶地发现，我们夺取的 4 艘战舰并不属于罗什福尔舰队，而是来自加迪斯。"与他作战的根本不是阿勒芒，而是被纳尔逊击败后的残存者。此时，行踪飘忽的阿勒芒早已驶远，他最终得以保全自己的荣誉。在特拉法尔加海战的第二天，阿勒芒发现没有任何一处欧陆港口向他敞开，于是决定前往加那利群岛。两周之后，他靠近了群岛中的特内里费岛（Teneriffe），并在那里遇到了一艘从马德拉群岛驶来的葡萄牙双桅纵帆船。根据它提供的消息，一支包括 8 艘战列舰、8 艘巡航舰与 130 艘运输船的英国远征船队最近曾要求在马德拉岛避难，但遭到了拒绝。这正是波帕姆提供护航的贝尔德远征军，他们在几周前就曾惊险地逃过了阿勒芒的威胁。他们据说要进行一场遥远的远征，途中也要夺取加那利群岛。如果消息属实，阿勒芒就陷入了可怕的困境，但他认为英国舰队可能已经离开，使他有可能从敌人的守备队手中重新夺取这些岛屿。于是，他决定继续前进。第二天，也就是斯特罗恩与杜马诺阿相遇的这天，他抵达了特内里费岛，并做好了战斗准备。但是，葡萄牙人告诉他的却是一则错误的消息。贝尔德与波帕姆直接驶向了开普敦，加那利群岛并非他们的目标，因此，迎接阿勒芒的并不是敌人，而是西班牙总督的热情拥抱。他在这里停留了两周，用于卸载病员、装载补给，以及出售战利品。这些战利品换来了不低于 2 万英镑的巨款，除此之外，他还凿沉了一些价值较低的被俘船。然而，如往常一样，他对英国贸易造成的损失尚不足以弥补他这次出海的花费。

直至此时，这位不知疲倦的将军仍不打算结束他的行动。联合舰队没有任何消息传到他的手里，他因此认为他们仍被封锁在加迪斯，并基于这一假设制定了后续的行动方案。他补充了船员，装载了可以供三个月航行之用的补给；他决定先去马德拉群岛附近巡航一阵，打击英国的殖民地贸易与零散部队，然后再去葡萄牙沿岸扰乱那支封锁维尔纳夫的英国舰队的后方交通线。基于这些目的，阿勒芒在 11 月 19 日再次出海。但是，他在次日就发现了 7 艘陌生帆船，认为那是搜寻他的数支英国舰队之一。根据报告，敌人兵力处于劣势，他便组成了战斗队形展开追击，但那些陌生船只在夜间成功逃离。事实上，他周围并没有英国舰队，这些船只很可能只是一支惊险逃脱的商船队。三天之后，他在马德拉群岛附近捕获了一艘从英国西海岸驶出的商船。它的船长告诉法军，他在离开朴次茅斯时听说刚刚发生了一场大海战，纳尔逊在战斗中丧生，但他并不清楚其细节。阿勒芒没有再捕获船只，他随后就从马德拉群岛的巡航位置动身，但到 12 月中旬才抵达葡萄牙海岸。在 18 ~ 19 日，他捕获并凿沉了 3 艘英国船只。他从它们那里得知，附近有一支英国舰队正在搜寻他，而联合舰队业已被纳尔逊和斯特罗恩歼灭。阿勒芒说："传信者不慎重的言行在舰上造成了一片恐慌，使人们焦急地盼望返回港口。"这则消息最终将他与他麾下舰队的斗志完全浇灭，他由此决定返回罗什福尔寻求庇护。在这场冒险的末尾，他依然得到了好运气。从西方刮来的强风令他能以 10 节的高速北进，而糟糕的天气则提供了良好的掩护，使他一路未被英军觉察。他在平安夜安全地回到了母港，这场非凡的长途远征到此结束。阿勒芒在他的报告中做了这样的总结："（雪月）3 日①，在驶出港口的 161 天——其中有 148 天在海上航行——之后，我在埃克斯岛旁的航道中下锚，带回了陛下托付于我的舰队和敌人的'加尔各答'号战列舰。阁下，如果皇帝陛下和阁下您能屈尊批准我对所遇到的种种困难和不利局面所做的处置，我就会感到我所历经的艰苦已经得到了极好的酬谢。"[7]

是的，这就是这场海上战役的一切。倘若克雷格的远征军没有逼迫拿破仑动用舰队，倘若拿破仑坚持了最初的想法，他就会将他的舰队拆分为若干支游猎舰队，由阿勒芒这种年轻军官指挥，在冬季封锁松懈时溜入大海，对英国的殖民地与贸易利益造成无穷无尽的麻烦。然而，纳尔逊的决定性胜利阻止了这种情况的发生。皮特的攻势战略在无意中迫使拿破仑牺牲了自己的舰队，他在海上展开有效作战的所有希望也因此完全破灭。[8]

---

① 按照法国共和历与公历的换算，共和十四年雪月三日即 1805 年 12 月 25 日。——译者注

第二十六章 结局

特拉法尔加海战普遍被视作世界范围内最具决定性的会战之一，但是，没有任何一场伟大胜利的直接成果比它更加贫瘠。这场史上最为精巧复杂的海上战役已取得了一个胜利的结果，但作为一场海陆联合战役的组成部分，它的影响却几乎被人忘记。它让英国最终统治了海洋，却让拿破仑主宰了陆地。由于其战果的匮乏是如此令人费解，为填补空缺，便出现了它使英国免遭入侵的传奇。直到最近，这仍是通行的说法，但这只是对事件时序的简单排列，并无任何依据。在现代历史学方法的严密审视下，这种神话已经破灭。继之而起的问题是，为什么纳尔逊的最后胜利远未实现他自信地期望的结果？为什么皮特会将失败归于自己？

很显然，这并不是皮特的过错。他在随后的进攻中并未浪费任何时间。早在拿破仑改变进军方向的消息传来之时，陆军部就已开始准备将机动兵力立即投入作战。在10月的第一周，卡斯尔雷为英国的欧陆战役迈开了第一步。为了配合拿破仑的大规模行动，为了加入侵奥大军，贝纳多特（Bernadotte）将他的部队撤出了汉诺威。他只在哈默尔恩留下了一小支卫戍部队，守卫着跨过威悉河通往威斯特伐利亚地区的桥头堡。如此一来，趁拿破仑不在时将法军逐出北欧的诱人机会就出现在盟军面前。一支俄国军队正在开往瑞典的施特拉尔松德，皮特决定不待所有机动部队准备完毕，就立即派出英王德意志军团（the king's German legion）参与联合作战。[1] 冬季的临近与北欧海域的封冻使渡海行动冒着极大的风险，但皮特已决意承担。为了降低风险，他们决定将部队运到易北河口而非波罗的海；从库克斯港（Cuxhaven）和施塔德（Stade）出发的英军很快就能在威悉河畔的劳恩堡（Lauenberg）与从施特拉尔松德开来的瑞典及俄国部队会师。于是，他们让基思勋爵与陆军部保持着直接联系，命令他护送部队尽快渡海，康沃利斯则负责在布雷斯特港外提供掩护。

英王德意志军团再加上作为前卫部队的两个旅共计约1.1万人，由乔治·唐将军（General George Don）指挥。后续部队也会在他们之后尽快渡海，卡斯尔雷期望最终的总兵力能达到6万~7万。当然，皮特的胜利绝不仅仅倚仗于这一支部队。英国远征军只是在拿破仑左翼展开的大规模联合行动的一部分，这场联合作战的主力只能是普鲁士陆军。

此时，普鲁士对于反法同盟的态度尚未明朗。柏林的主战与主和两派仍处在胶着状态，皮特正加快派出第一批远征军，希望能鼓舞它的斗志，促使它变得强硬。如果普鲁士能振奋起来加入盟军，那么，到1806年春，算上从施特拉尔松德开来的瑞军、俄军以及若干德意志城邦部队，这支联军的总兵力就能达到10万。这样一支军队能对荷兰和法国北部边境造成相当可观的威胁，它势必会有力地牵制法军，掩护普鲁士主力部队的前进——他们应该能迅速穿过摩拉维亚（Moravia），向拿破仑的左翼发起攻击。这正是皮特希望施展的行动，他的父亲在七年战争中就曾以这种方法成功地援救了腓特烈大王，他正希望用同样的方式来利用英国的制海权。然而，这最终仅仅成了奥斯特利茨战役中一条早已被人遗忘的荒芜小径。拿破仑以令人难料的迅疾手法英勇地调转了阵线，使这一切变为泡影。

只有指挥陆军的惊人才华与陆军具备的确定性才能抵消这位伟大统帅在指挥海上战役时的无能和无知，拿破仑正是凭借它们侥幸地躲过了皮特的陷阱。就在特拉法尔加海战的那一天，就在纳尔逊与科林伍德在海面上如蜗牛般比拼着谁能率先投入战斗之时，驻扎在巴伐利亚（Bavaria）埃尔欣根（Elchingen）的拿破仑在大军团营地中发布了他著名的"第九号公报"。公报的内容一如纳尔逊的预言：两天之前，马克将军率3万名士兵在乌尔姆（Ulm）向法军投降。这个噩耗与先前的一系列战斗使得奥地利的本土军团几乎不复存在；而讽刺的是，它正巧发生在维尔纳夫被拿破仑的冷酷命令逼出加迪斯的同一天——从此之后，舰队就再也不需要冒死出击，再也不需要承担着被歼灭的风险了。

尽管这场猛攻令人震惊，但反法同盟并未因此瓦解。在乌尔姆战役期间，拿破仑明显违背了"军事行动应避免产生新敌人"的重要战略准则，正是他为此付出的代价使同盟得以存续。为了尽快截击马克将军，拿破仑不惜侵犯了普鲁士的疆界，这使柏林的主战派在犹豫不决的国王面前占得上风。其他交战国也加快了步伐，拿破仑左翼的朦胧威胁很快就开始成形。11月3日，正当斯特罗恩火热地追击着杜马诺阿之时，普鲁士与俄国签订了《波茨坦条约》。按照条款，普鲁士接受了英国的提议，并同意如果拿破仑不在四周之内接受它的调解，它就将以18万兵力加入反法盟军。

最终，皮特的伟大构想似乎即将实现。内阁成员哈罗比勋爵承担着推动普鲁士尽快参战的秘密使命被立即派往柏林。他在11月中旬抵达，此时，特拉法尔加海战的消息已经震彻全欧，唐将军的远征军也已在威悉河口登陆。[2]为了缔结全面同盟，哈罗比被授予了确定共同目标、协调战役计划的全权。他的主要目标是确保普鲁士立即参战，但普鲁士如之前的奥地利一样，仍胆怯地在武装调解上浪费时间。哈罗比甚至有权提出超出英国目前承诺的新条件。他向普鲁士许诺为其所有部队支付一大笔津贴，而且如果它能立即在摩拉维亚展开行动，英国还将提供威悉河周边的英军辅助部队的指挥权。他还被授权与瑞典、丹麦及威斯特伐利亚诸邦谈判，向它们承诺英国会在来年春天提供 7 万名士兵，用于大陆战事或盟友希望的海上远征。为了体现英国超然无私的形象，哈罗比还表示，如果反法同盟能迫使拿破仑实现全面和平，英国也愿意无条件地放弃已经夺取的、除马耳他与开普敦之外的所有战利品。谈判期间，在远征军中指挥一个旅的阿瑟·韦尔斯利爵士也曾作为军事专家提出意见。他给整个计划大泼冷水，不过这并非针对着任何战略层面的内在缺陷，而是出于如纳尔逊鄙视马克的那种军事直觉：他确信普鲁士军队无法及时完成动员，因而也就无法完成这一切。

目前的局势发展确实已使人们很难抱有许多期望。如果说拿破仑的第一场攻势在他的左翼捅破了马蜂窝，那么，右翼的成果则完全实现了他的意愿。考虑到在意大利受到的多面威胁，他被迫让圣西尔将军撤出南方，用他的部队为阿迪杰（Adige）的马塞纳（Masséna）所部提供增援。马塞纳的目标是阻滞由卡尔大公统帅的兵力更强的奥地利大军，而卡尔大公则要终结拿破仑的新王国，将法国人逐出意大利。马塞纳的任务事实上是防御性的，但在得知乌尔姆会战的消息后，他直扑向前，向奥军的大营发起猛烈的攻击。卡尔大公有力地将他击退，但考虑到奥地利本土的糟糕局势，他已不可能让成功继续下去。只有安全撤退才能保全他的大军，于是他迅速地退出了意大利，试图去挽救奥地利本土的危局。

卡尔大公的撤退使得克雷格与俄国人联合作战的希望完全破灭。10 月 30 日，就在马塞纳向奥军营地发起不成功的攻击的同一天，克雷格接到了与俄国远征军会师的召集令。两军计划在锡拉库扎（Syracuse）会合，但糟糕的天气使英军出征的行动推迟了十天，不愿等待的俄军率先进发，两支远征军最终在帕萨罗角（Cape Passaro）相遇——近一个世纪前，乔治·宾将军（George Byng）就是在这里击败了西班牙舰队，那同样也是英国为了防止西西里落入其他一等海军强国之手而发动的众多战事之一。①

克雷格的兵力已经提高到了 8000 人，但俄国人承诺的从黑海派出的增援部队并未抵达，这使得英俄联军实际上只有不超过 2 万人。那不勒斯国王刚刚在拿破仑的压力下屈服，他在绝望中签署了中立协定，这给联军的下一步行动增添了几片疑云。不过，俄国外交官很快就说服了意志坚定的那不勒斯王后，用保卫那不勒斯王国的承诺使她同意废除中立协定，并加入反法盟军。英方外交官艾略特一再表示，他反对这样明目张胆的违约，他担心这将导致某些不好的结果。他显然并未参与谈判，但俄英两国部队仍按照谈判结果接受了登陆邀请。11 月 20 日，装载远征军的运输船队在那不勒斯湾下锚，但他们在此接到的却是马克投降与卡尔大公撤退的惊人消息。[3]

---

① 1718 年 7 月，西班牙入侵奥地利治下的西西里。8 月 11 日，西班牙舰队在帕萨罗角与乔治·宾指挥的英国舰队相遇。由于英国已与奥地利等国签署盟约，便对西班牙舰队发起突袭，几乎将之全歼。——译者注

他们还能做些什么呢？在克雷格看来，法军随时可能转头入侵那不勒斯领土，当地部队与他们的盟友都无法抵挡敌军的强大兵力。艾略特也持同样的看法，他认为任何保卫那不勒斯的尝试都将以灾难收尾。他知道他的外交手腕远不如俄国人，但他相信英军将领对俄国的莱西将军拥有更强的影响力，英方的观点将能占得上风。[4]但是，这还远远无法解决他们面前的窘境。如果仅仅只是让部队重新登船，这就意味着让不幸的那不勒斯王后独自面对拿破仑极强的报复心。不过，重新登船的确有正当且紧急的理由。卡尔大公发来的一则消息请求远征军前往威尼斯，去马塞纳的后方制止他的追击。但这显然是不值得讨论的问题。英俄联军的兵力并不足以执行这种行动，而且时间也太晚，同时还超出了克雷格所接受的指令。因此，英俄两军将领决定扎营观望，为其骑兵与炮兵收集载具与马匹，等待着进一步的命令。

他们并不用等待多久。局势的发展异常迅速，在11月3日，也就是普鲁士签署《波茨坦条约》加入反法同盟的同一天，卡斯尔雷向英国的全部机动部队下达了准备出国参战的最后命令。一切都能在普鲁士所坚持的为期四周的调停期限结束时准备停当，不过，事态的发展也并非如此平稳顺遂。普鲁士表示它难以接受最后达成的协议，它仍垂涎于汉诺威，希望英国同意用它来交换弗里斯兰（Frisia）与威斯特伐利亚之一部，但英国内阁甚至拒绝向英王提出这个提议。至于武装调解，那本就无关紧要；现在这完全被视作争取动员时间的诡计。在11月底之前，皮特已经得到了普鲁士盟约的全部条款，哈罗比也得到了普军参谋部制订的详细战役计划，它满足了英方的所有要求，完全符合英国内阁的构想。除负责英军部队以外，英国还要负责守卫作为北欧联军的补给线的易北河、威悉河与埃姆斯河（Ems）的出海口，以及俄国向普鲁士输送弹药物资的路线。由于拿破仑的舰队已被歼灭，这些任务并不困难。至于陆上行动，战役计划完全延续了老皮特时代的传统，只要求在埃姆斯河和威悉河进行防御性作战。它们可以掩护内陆的主要战事，直至局势的发展需要采取更加激进的行动。

除了瑞典，一切都进展顺利——它拒绝在普鲁士做出参战保证前让军队前进。联合行动由各方协商展开，协调者主要包括联军总司令不伦瑞克公爵（Duke of Brunswick）、俄军司令官托尔斯泰（Tolstoi）以及普军参谋长布吕歇尔（Blücher）——黑森选侯威廉一世（Wilhelm I, Elector of Hesse）则是普军司令。乔治·唐指挥的英军前锋已经与托尔斯泰包围了哈默尔恩，由卡斯卡特勋爵（Lord Cathcart）指挥的英国远征军主力则仍在雅茅斯等待出航的风讯。[5]

很显然，拿破仑目前的阵线并不会维持太久，他显然也无法将之保留过冬。马克将军所率奥军的一些残部已成功地与普军会合，另一些则从阿尔卑斯山脉方向的蒂罗尔逃到了马塞纳的背后。无论付出什么代价，拿破仑都必须要发动另一场攻击；他决定无视左翼后方正在酝酿的威胁，孤注一掷地迅速向前推进，杀向距离法军营地尚远的俄军前锋。他的迅疾与勇敢收获了一场辉煌胜利。12 月 2 日，他在奥斯特利茨发起了致命的攻势，将皮特的宏大布局变成一片废墟。第三次反法同盟的确已就此瓦解，尽管人们没能立即意识到它的真实含义。

普鲁士坚持的调解时限刚刚结束，但它立即就软化了下来，并未信守承诺且抓住拿破仑因发动进攻而阵线不整的危险时机。哈罗比担心最糟糕的情况可能出现，他警告乔治·唐不要深入内陆太远。此时，唐的部队已开到了威悉河畔的费尔登（Verden），他在评估局势之后已经让空载的运输船返航执行其他任务。现在，他必须召回运输船准备撤退，他的部队也必须尽快转移。当卡斯卡特勋爵于 12 月 15 日抵达库克斯港时，这就是他所面对的形势。在那不勒斯焦急等待消息的联军将领也因此而大感震惊。

艾略特陷入了绝望。在奥斯特利茨会战的消息送达那不勒斯王宫的第二天，他向本土寄出了一封信，绝望地评估了当前的局势。他认为，奥军将领的不幸和疏失已经造成了超出所有推演的致命后果。在两军从科孚岛和马耳他抵达那不勒斯之前，奥地利皇室的强大力量已经不复存在。"我忍不住引用莎士比亚的话：'它已像一场虚无缥缈的幻梦那样消失无影。'维也纳、蒂罗尔与威尼托（Venetia）都已陷入敌手，据说卡尔大公率领着目前仅存的奥地利军队正在向匈牙利撤退。甚至有传闻说，法军已开始朝那不勒斯开进。"[6]

这则传闻并不完全准确，但也并非虚言。就在艾略特写下这封信的前一天，拿破仑告诉愈发焦虑的意大利督抚官欧仁亲王（Prince Eugene），他正打算派回圣西尔将军与 5000 名士兵。不过，抽出这支部队也并非易事。法奥两国已签署了停战协议，正在进行和平谈判，但维也纳的态度出乎意料地强硬。塔列朗严格要求将那不勒斯摒除在和约之外，但拿破仑对能否坚持吞并这块土地仍感怀疑。卡尔大公正从匈牙利向维也纳靠近，这使得马塞纳所部有必要加入拿破仑的大军。很显然，如果胆怯的普鲁士不被恐吓退出，奥斯特利茨会战就无法实现法国所需的和平。为了这一目标，拿破仑竭尽了他个人的全力，终于在该月中旬取得进展。12 月 15 日，普鲁士外交代表豪格维茨（Haugwitz）终于不堪重压，签署了卑劣的背盟协议。不过，事情并未就此结束。普鲁士国王拒绝批准豪格维茨的协议，奥地利的和平条款仍然悬而未决。

与此同时，英军仍在源源不断地渡过北海。若将英王德意志军团征募的新兵包括在内，卡斯卡特麾下已有约2.5万名士兵。他们正朝埃姆斯河进发，试图夺取仍被法军敞开在他们面前的荷兰（Holland）。[7]然而，哈罗比勋爵却发来了奥地利签署停战协议的消息，这使所有行动都被迫停止。虽然俄军并未参与停战，但在奥斯特利茨战败的沙皇已在返回圣彼得堡的途中，而普鲁士则请求不要再发起任何攻击。按照此前英方与普方的协商，卡斯卡特可以在需要时经由普鲁士领土撤退。但普方仍未做出承诺，它显然已不再可信。于是，卡斯卡特将部队留在原地，自己则立刻沿威悉河赶往宁布尔格（Nienberg），去与托尔斯泰进行商议。

俄国将领已经接到了旨意，他的主上仍希望在来年春天与普鲁士联合作战，但依照目前的形势，他们都同意只能全面退回防御姿态。对哈默尔恩的包围只得解除，卡斯卡特扣下了所有最近抵达的运输船；他从埃姆斯河召回了前哨，并开始在威悉河下游的不来梅（Bremen）附近集结部队。不过，他并不准备在本土发来明确命令之前抛弃忠诚的盟友。为了完成防御任务，他打算攻占不来梅。夺取这座城池是保障撤退的最佳方法，而即便浮冰将他困在陆上，他也能拥有最有利的防御阵地。[8]老实说，成功的希望似乎并不大。因此，他警告英国政府不要再派出远征军的第三批部队——他们曾在首次出航后被强风赶回，还造成了一些损失。在他看来，在这种形势下继续在德意志北部投入兵力实属不智。然而，运输船已经再次驶入大海，欧陆的局势也急转直下。第三批英军在 12 月 22 日再次出航，但在一天之后，一切便都已结束。普鲁士选择了退缩，奥地利接受了和平条件，俄军主力只得悻悻地撤退。

那不勒斯最先感到了这一剧变。就在和平协议达成的次日，圣西尔接到了进军的命令。12 月 25 日，法国与奥地利签署了《普莱斯堡和约》（Peace of Presburg）；拿破仑等不到第二天就向他的大军发布了一份公告，声称那不勒斯的波旁王朝统治已经由于它的罪行和背叛而终结。12 月底，法皇的兄长约瑟夫接到了去那不勒斯继承君权的命令，马塞纳则被派去指挥一支军队，辅佐约瑟夫登上王位。

那不勒斯王后注定难逃一劫，面对她的急切恳求，莱西将军和他的参谋决定先对那不勒斯王国的边境及其防御可能性进行侦察，然后再考虑克雷格的观点。他在来年 1 月 3 日返回军营，随即召集所有高级军官举行作战会议，做出最后的决定。莱西身边有三位参谋官，克雷格身边则有英军副司令斯图亚特（Stuart）与排位第二的旅长坎贝尔（Campbell）。俄国海军准将格雷格（Greig）与"卓越"号的索泽伦舰长也参加了会议。他们一致同意目前的可用兵力无法守卫边境，但在替代行动方面，双方则出现了分歧。分歧主要在于是否能守住那不勒斯王国的任何一部分领土，以及联军是否应登船离去。俄方明确提出应当放弃首都那不勒斯城，将所有部队——俄军、英军与那不勒斯军——撤入卡拉布里亚（Calabria），他们相信可以守住这片地区。他们得到了斯图亚特与英军军需主官亨利·班伯里的支持，但英军总司令持有不同的观点。按照克雷格接到的指令，不管他能否展开行动，他都必须保住西西里。在目前的危险局势中，他希望在国王的允许下占据西西里岛上的墨西拿，即便国王不同意也在所不惜。他与艾略特此前都没有参加俄国为保卫那不勒斯而举行的会议，他们不愿像俄国人那样轻易以英国的名誉做出保证。不过，就像卡斯卡特对托尔斯泰那样，作为军人的克雷格也不愿抛弃莱西将军。这使他的处境变得十分困难。他坚持认为现在必须按照他的指令去保卫西西里，他应当立即向拿破仑无法企及的墨西拿转移；但与此同时，他又不能一意孤行，不顾多数人的决定。因此，他以书面形式提交了个人的独立见解，声明他强烈反对守卫卡拉布里亚，认为这无益于那不勒斯与同盟军。即便如此，他基于个人荣誉的考虑也不会抛弃俄国盟友，他将与盟友共同承担英方所承诺的行动风险与危机。[9]

　　会议的决定立即被发往那不勒斯宫廷。君臣们已经陷入了绝望，但更糟的消息即将到来。就在纷乱的争吵声中，沙皇的一位副官从奥斯特利茨赶来，给莱西带来了一封措辞强硬的命令：沙皇要求从意大利撤军。[10]除了规模有所差别，这实在无异于普鲁士可耻的背叛罪行；而且，这种行动并没有什么必要性。在一片混乱中，克雷格的头脑仍然保持着清醒，他知道英军的行动已经自由，便毫不迟疑地开始执行他的指令。他的部队再次开往他们的登陆点卡斯泰拉马莱（Castellamare）①，俄军则开往巴亚（Baia）。那不勒斯的君臣们徒劳地恳求他们再等一会，他们正试图通过教皇避免拿破仑的报复，但这完全是没有希望的花招。祈求拿破仑的慈悲比他们进行抵抗更无胜算。俄军在几天的迟疑后返回了科孚岛，克雷格也在 1 月 20

---

①　今意大利斯塔比亚海堡（Castellammare di Stabia），坐落于那不勒斯湾岸，距那不勒斯约 20 公里远。——译者注

日让远征部队下锚于墨西拿港外。

同样的悲惨状况也已在北海方向出现。就在克雷格向卡斯泰拉马莱进发之时，伦敦接到了普鲁士即将背弃同盟、为自己争取最有利条款的确切消息。更加糟糕的是，皮特已被奥斯特利茨会战的噩耗击倒，他的生命所剩无多。他刚刚从温泉疗养地巴斯（Bath）返回，但病情反而较之前更加恶化，无力处理任何工作。但是，目前的形势十分危急。第一批派出的部队主要是为强化普鲁士对拿破仑的强硬姿态，可它目前显然已对法国千依百顺。在英国的大臣们看来，普鲁士随时都可能被拿破仑用汉诺威收买，转而与英国为敌。如此一来，约占英国机动部队总兵力一半的卡斯卡特所部就将深陷险境。1月3日，卡斯卡特占领了不来梅，并在周边地区集结起了所有的兵力。但是，如果普鲁士转为敌对姿态，即便威悉河口保持畅通，他也很难长期保有这片阵地。很显然，能拯救卡斯卡特的只有两种方法：要么派出援军，要么在冬季浮冰将他封锁之前立即撤离。

即便皮特已绝望地倒下，英国的大臣们仍不敢在未得到他的许可之前擅自改变他的政策。于是，陆军大臣卡斯尔雷与内政大臣霍克斯伯里决定承担起去床边请示的职责，而这次交谈也是皮特所经受的最后一场打击。直至此时，他还是很有康复的希望，但到了第二天，他显然已失去了生机。他在最后一刻努力地收拾着他那英勇战略的残局，这是他为国家所尽的最后一份力。发给卡斯卡特将军的命令并不是让他马上撤退，而是在原地做好让所有部队登船的准备工作，等他得到柏林的消息后再采取行动。皮特必须抓住最后一丝希望，但卡斯卡特并未等待多久，哈罗比勋爵的发来的信件几乎立即浇灭了最后的几点火星。就在克雷格在墨西拿下锚之时，英国向卡斯卡特发出了明确的紧急命令，让部队立即登船出发，在基思的掩护下撤离。

就这样，这位濒死的大臣在他的大同盟上寄托的最后一丝希望破灭。现在，英国只能通过单边行动来保护自己。睿智的皮特已经预见到了这一点，他为此派出了克雷格与贝尔德的两支小规模远征军。他们在这场战役结束时仍安然无恙，在欧陆的阴云间为英国保留下几缕让人略感欣慰的胜利的光明。

在墨西拿港外下锚的远征军已经保住了西西里。克雷格随时都能保卫被托付给他的要地，因此并不急于登陆，而是静候那不勒斯王室的许可或其他迫使他必须登陆的情形。这种状态并未持续多久。在他抵达三天之后，皮特逝世的消息打破了伦敦城的平静；与此同时，圣西尔的进军已迫使那不勒斯国王登上了"卓越"号，这艘战列舰随即起锚，纳尔逊在一年多之前嘱咐它的时刻已经来临。国王被转移到了巴勒莫，阿克顿正等候在那里，他身边的老幕僚都清楚地知道克雷格下一步的行动。"卓越"号返航去搭载王后，她同样也接受了纳尔逊的庇护。一两天后，她便与国王再次会合，一切都尘埃落定。他们立刻向克雷格发出了登陆邀请，英军随即在2月16日占领了墨西拿。

这就是特拉法尔加战役的最后一击，而且恰好发生在整场战役所围绕的中心地域。这座城市似乎在欧陆的大规模战事中不值一提，然而，它已足够重要，就连拿破仑也明白并很快承认了它的重要性——尽管他此前一度认为，只要皮特不再掌舵，他就能对英国为所欲为。

战时领袖的悲剧性死亡迫使乔治三世改换政府。由于反法同盟的崩溃，他只能让反对派主导组阁，巴勒姆与打造这场战役的其余旧臣只得退出。自乔治·安森时代以来，无人能在控御舰队的高明技巧上与巴勒姆相比；但他并未得到表彰与认可，便从皮特的紧急召唤中悄然隐去。我们找不到任何一句话可以显示国家对他的完美工作的最起码的肯定。他严苛地拒绝让任何积弊拖累皮特托付他的战争机器，他对裙带关系冷酷无情，对普通任务的嘉奖颇为保守，这都让那些试图在社会与海军中博取名声的利己主义者与他为敌。康沃利斯的舰队参谋长的妻子在一封信中写道："我听说现在的海军部正在做离职前的安排……我绝不相信他们留得下来，整个海军都向他们报以暴怒的叫喊。他们对待贝克、理查德·斯特罗恩爵士以及其他人就像对待罪犯。我听说巴勒姆勋爵曾放出这句话，'他的职责就是让其他人尽责，因为那是他们的职责'。这听起来真是好极了，高尚极了，但对我们来说纯粹是无意义的荒唐话……乔治·汤森勋爵①曾写信给巴勒姆勋爵，要求给他的小儿子詹姆斯·汤森勋爵（Lord James Townshend）一个尉官。如果我告诉你他竟然被拒绝了，你会说些什么？想想汤森勋爵的资历，他的名望，这是不是令人难以置信？汤森夫人气极了，这简直是要了她的命！"[11]这封信是如此琐碎，但它足以解释巴勒姆作为英国最伟大的战略家与管理者之一的名望何以遭到了如此全面的掩盖。在那个时代，这种态度即便出于高尚的动机，即便出于时势的需求，也不可能得到人们的谅解。他在社交与政治领域的刚直不阿、他思想观念中的激进色彩和他不屈

---

① 乔治·汤森，汤森侯爵（George Townshend, Marquess Townshend, 1724 ~ 1807 年），英国陆军将领。曾参与奥地利王位继承战争、七年战争，1767 年起任爱尔兰总督，1772 年任军械总局局长，1782 年晋升上将，1784 年退休，1796 年晋升陆军元帅。——译者注

不挠的个性都与他的生活环境格格不入。他没有多少朋友，身边只能是孤独和寂寞。除了皮特和海军将领们，很少有人真的明白他曾做出过多么伟大的工作。[12]

外交部也发生了与海军部同样彻底的改变，拿破仑的机会正在这里出现。在极为糟糕的形势中，乔治三世最终同意福克斯加入内阁。福克斯选中的职务是外交大臣，正如人们的预料，他在坐稳位置之后很快就开始争取和平。拿破仑同样乐见于此，在皮特去世两周后，福克斯就与塔列朗建立了直接联系。1806 年 5 月，双方已在占领地保有原则（uti possidetis）的基础上缔结了正式协议，但最终使他们分道扬镳的阻碍正是西西里。事实上，为和平而狂热的福克斯已竭力消除它的影响；拿破仑完全有机会将它列入有利的条款，却因对胜利的执迷而错过了时机。[13]这完全是刚愎自用的疯狂之举，然而，对于正处在权势巅峰的拿破仑来说，他的自尊心无法忍受在大海上颜面扫地的同时还在欧洲给英国留下任何一丁点胜利。在约瑟夫登基之后，拿破仑发去的第一道命令就是攻占西西里。他无视当地的混乱情况就轻率地派出部队，显然没有从之前的失败中吸取什么教训。事实上，约瑟夫还远远不能执行他弟弟的命令，他甚至无法向卡拉布里亚进军。在西德尼·史密斯爵士所率英国舰队的支援下，那不勒斯西北部沿海的加埃塔（Gaeta）仍然飘扬着波旁王室的旗帜，所谓的"暴徒"仍占据着城外的山地。拿破仑一直在催促他们采取更有力的措施，雷尼埃将军（General Reynier）已经派出 7000 名士兵上山作战，但他们仍未取得多少实质性进展。

考虑到与福克斯的秘密谈判，战场上的拖延使拿破仑异常恼怒，他给软弱的约瑟夫施加着越来越强大的压力。6 月中句，法皇在信中写道："英国人很愿意承认你为那不勒斯国王，但如果拿不下西西里，他们就不会承认你。如果你能征服西西里，就可以实现和平。"然而，约瑟夫的回答显然窘迫之极。此时，克雷格已经因病回国；接掌指挥权的副司令斯图亚特忽然率 5000 名士兵渡过墨西拿海峡，在马伊达（Maida）大败雷尼埃率领的法军。拿破仑的部队首次与英国陆军进行了刺刀战，并在弱势的敌人面前败北。更加烦恼且丢人的是，整个卡拉布里亚似乎立即被这场战斗点燃。约瑟夫面对着一场针对自己的强大反击，他不仅远未能夺取西西里，甚至一度可能像他迅速登基那样迅速地被赶下台去。

从这一天起直到 1814 年战争的终结，拿破仑攻占这个地中海心脏的所有尝试都以失败告终。它在最后一刻仍掌握在英国手里，这个事实足以显示皮特的伟大战役构想的正确性。他没能拯救欧洲，但保卫了英国的海外领地。除了西西里这个关键前哨，他还在遥远的南方赢得了另一个同等重要的据点。1806 年 1 月中旬，贝尔德的部队完全占领了开普敦。这两处阵位正是英国海军将领用无与伦比的海上工作换得的丰厚回报，两者结合在一起，使得大英帝国坚不可摧。

这就是特拉法尔加战役所取得的功业。它不仅使不列颠群岛免遭入侵，而且建立了一道延伸到世界两端的防线；它不仅摧毁了法国的海军力量，而且通过确保地中海与通往东方的基地，使得拿破仑海军的任何复苏都无法再对英国的海外领地造成严重威胁。如果英国对抗的是拿破仑之外的任何人，如果英国的盟友是普鲁士之外的任何国家，它都会赢得比这多得多的成就。海洋已经提供了海洋所能提供的一切，但对于欧洲来说，这场战役却是以失败完结。

附录 I：纳尔逊勋爵的备忘录，
1805 年 10 月 9 日

　　本文转录自纳尔逊的手稿，未签署姓名。原件上有他的私人牧师斯科特博士（Dr. Scott）订正的痕迹，斯科特加入的字词标示为斜体。① 文章分段与原始文本相同。篇幅为 2 张大纸，或者 8 页四开纸。原件现藏于大英博物馆（the British Museum）。

备忘录

"胜利"号，加迪斯港外，1805 年 10 月 9 日

　　考虑到在多变的风向、有雾的天气或其他可能的情况下，让一支拥有 40 艘战列舰的舰队组成战列线几乎必然会损失时间，这种方式有可能错失让敌人投入战斗并取得决定性战果的时机——

　　因此，我想把航行阵型当作战斗阵型，让舰队维持其原本的航行位置（除了总司令和副司令的旗舰）。舰队会被分成两支各有 16 艘战舰的舰列，还有一支拥有 8 艘最快的双甲板战舰的前锋舰队。后者可以按照总司令的指挥，随时使一支舰列拥有 24 艘战舰。

　　在了解我的意图之后，副司令将全权指挥他的舰列向敌人

---

① 斯科特的订正主要在语法方面，绝大部分难以用中文标示。——译者注

发起攻击，继续战斗直至他们投降或毁灭。

如果发现敌舰队在上风处组成战列线，而两支舰列和前锋舰队仍能与之交战；敌阵可能会延展过度，使其前卫无法支援后卫。

那么，我会向副司令打出信号，让他穿过从舰队后端数第12艘战舰（或者与敌舰交战的任何位置，如果他无法那样靠前的话）。我的舰列会穿过他们的中军，前锋舰队则会在其中央之前的三四艘战舰处突破，以保证攻击到他们的总司令——我们必须尽一切努力将他俘获。

英国舰队的总体目标，是制服从敌方总司令（假设位于中军）之前第二或第三艘战舰到舰队末端之间的敌舰。我假设敌军战列上还有20艘战舰未遭攻击，他们在执行机动、驶近攻击英国舰队的任何部分或支援友舰之前一定会耗费一些时间，因为他们定会被卷入交战中的战舰之间。① 有些东西必须留给运气来决定，没有什么能比海战的情况更不确切。炮弹将会打坏友舰或敌舰的桅杆和横杆，但是我有信心在敌军前卫能支援后卫之前赢得胜利，然后，大多数英国战舰就能准备好迎击他们的20艘战舰。如果他们试图逃跑，英军就会进行追击。

如果敌军前卫朝上风转向，已俘获的敌舰就应逃到英国舰队的下风处。如果敌军朝下风转向，英军必须挡在敌舰与俘虏舰和受损舰之间。如果敌军驶近，我毫不担心最终的结果。

---

① 斯科特在这里插入了一个星号，用来引述纳尔逊写在背面上缘的一条注记："假设敌军拥有46艘战列舰，英军拥有40艘。不管实际兵力多少，被分割的敌舰数量都要遵循这个比例。发起攻击的英军舰队要比被分割的敌军舰队强四分之一。"

副司令应在条件允许的情况下尽可能指挥其舰列紧贴敌人。舰长们应当将指定的敌军战列视为他们的集中点。但在无法看到信号或无法正确理解信号的情况下，如果将他自己的战舰靠在一艘敌舰旁边，舰长就绝不会犯下大错。

①从上风发起预想的攻击。敌人已组成战列线，准备迎接进攻。

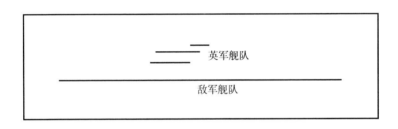

英军分队将首先行驶至接近敌军中军的火炮射程之处。之后最可能打出的信号是让下风舰列升起包括转向帆（steering-sails）在内的所有风帆，一齐驶向下风，从而尽快抵达敌军战列，从后方第 12 艘敌舰开始穿越。② 一些战舰可能无法在他们的准确地点穿越，但他们总是能支援友军，只要任何战舰在敌军后卫周围，他们都能有效地完成歼灭 12 艘敌

---

① 原稿在此分行，并在文字前有一空格。"从上风发起的预想攻击"独占一行，因此这半句话前很可能还有其他内容。下方的示意图原本画得非常粗略，线条并非如此图这般笔直，也不完全平行。但此图完全保留了原图的相关比例和距离。

② 抄件上缘的注记这样写道："参见黄底蓝边旗的信号旗指令。第 17 页，第 18 面旗，参照附录。"所谓"附录"是海军部在 1804 年刊发的额外信号手册，但其中并没有这则信号。因此，这应该是纳尔逊自己增添到附录中的信号。（科贝特的推测已得到了新文献的证明，详见本节末译者说明。）

舰的任务。

如果敌舰一齐倒转航向或大张风帆驶向下风，最初位于敌军后卫末端的 12 艘战舰仍然是下风纵队的攻击目标，除非总司令另有指示，但这几乎不用指望。因为在总司令表达了他的意图之后，他就准备让这支舰队的指挥官全权负责相关决策。

敌舰队中剩下的 34 艘战舰则留给总司令来对付，他会努力尽量不干扰副司令的行动。

译者说明：

在科贝特撰写此书时，他并未看到纳尔逊为执行上述攻击而特别制定的信号指令，他推测这是纳尔逊自己增添到附录中的信号。1990 年，英国海军战术史的权威研究者布莱恩·滕斯托尔在其《风帆时代的海战：1650～1815 年的战术演进》一书中首次刊布了这则指令，它的存在印证了科贝特的推测，但也对其后续论证造成了小幅度的冲击。现抄录如下：

> 纳尔逊勋爵向低级军官发布的信号。
>
> 黄底蓝边信号旗。突破敌军战列并在另一侧与其交战。
>
> 提示：所有舰只都应重复这一信号。信号会标出从敌舰队末端往前数的序号，从而为先导舰指定它将要从其舰尾突破并与之交战的那艘敌舰。准备进攻的战舰应当尽可能升起所有风帆（同时尽可能保持其相对方位与密集阵型），从而使整支舰队能尽快地同时穿过敌军。如果升起了翼帆（studding sails），建议在突破后将它们降下，以

免起火或造成混乱。如果形势许可，每艘战舰当然应该在自己将要对战的那艘敌舰的舰尾后进行穿越，否则就参照《指令》第 160 页第 31 条（即普通的突破战列线指令——译者注）。在打出这个信号之前，将军可能会让他的舰队向前行驶到敌军前卫的位置，以此来欺骗敌人，使他们认为他想对他们的前卫发动攻击。①

---

① Brian Tunstall, *Naval Warfare in the Age of Sail: The Evolution of Fighting Tactics, 1650 – 1815* (Naval Insitute Press, 1991), p. 251.

附录Ⅱ：参加特拉法尔加海战的英国军舰

舰名	原文名	标准炮数	说明
战列舰：			
"勇莽"号	Téméraire	98	
"胜利"号	Victory	100	纳尔逊的旗舰
"尼普顿"号	Neptune	98	
"征服者"号	Conqueror	74	
"利维坦"号	Leviathan	74	
"阿非利加"号	Africa	64	
"不列颠尼亚"号	Britannia	100	
"埃阿斯"号	Ajax	74	
"俄里翁"号	Orion	74	
"阿伽门农"号	Agamemnon	64	
"米诺陶"号	Minotaur	74	
"斯巴达人"号	Spartiate	74	
"亲王"号	Prince	98	
"玛尔斯"号	Mars	74	
"皇家君权"号	Royal Sovereign	100	科林伍德的旗舰
"雷鸣"号	Tonnant	80	
"贝尔岛"号	Belleisle	74	
"柏勒洛丰"号	Bellerophon	74	
"巨像"号	Colossus	74	
"阿喀琉斯"号	Achille	74	
"无畏"号	Dreadnought	98	
"波吕斐摩斯"号	Polyphemus	64	
"复仇"号	Revenge	74	
"敏捷"号	Swiftsure	74	
"防御"号	Defence	74	

续表

舰名	原文名	标准炮数	说明
"雷神"号	Thunderer	74	
"挑战"号	Defiance	74	
巡洋舰：			
"欧律阿罗斯"号	Euryalus	36	巡航舰
"那伊阿得"号	Naiad	38	巡航舰
"菲比"号	Phoebe	36	巡航舰
"天狼星"号	Sirius	36	巡航舰
"皮克尔"号	Pickle	8	双桅纵帆船
"大胆"号	Entreprenante	10	单桅纵帆船

附录Ⅲ：特拉法尔加海战前的旗语信号

信号		发出者	针对者	资料来源		说明
信号簿中的指令	旗语编号			日志	时间	
组成两路纵队的航行阵型。	72	"胜利"号	全军	"贝尔岛"号 M & C "柏勒洛斐"号 C "埃阿斯"号 M "俄里翁"号 C "挑战"号 "玛尔斯"号 M & C	5：40 ? 6：00 6：00 6：00 6：09	
迎风停船，遵照旗舰的动作或信号指示的方向转舵，大张风帆，驶向下风。	76 东北偏东 罗经旗	"胜利"号	全军	"贝尔岛"号 M & C "柏勒洛斐"号 C "埃阿斯"号 M & C "玛尔斯"号 M & C "俄里翁"号 M & C "挑战"号 M	6：00 ? 6：10 6：14 6：15 6：15	

续表

信号簿中的指令	旗语编号	发出者	针对者	日志	时间	说明
准备战斗。	13	"胜利"号	全军	"贝尔岛"号 C "柏勒洛丰"号 C "埃阿斯"号 C "挑战"号 M & C "征服者"号 M "那伊阿得"号 M "尼普顿"号 M "欧律阿罗斯"号 M	6：00 6：20 6：20 6：30 6：35 6：40 7：00 7：00	
迎风停船，遵照……信号指示的方向转舵，大张风帆，驶向下风。	76 正东罗经旗	"胜利"号	全军	"柏勒洛丰"号 C "埃阿斯"号 C "阿喀琉斯"号 M "那伊阿得"号 M "挑战"号 M & C "欧律阿罗斯"号 M	6：42 6：45 6：50 6：50 7：00 7：00	"阿喀琉斯"号、"那伊阿得"号、"挑战"号的记录没有提到罗经信号。
战舰可以采取最便利的位置，无须遵照指定的航行阵型。	265	"胜利"号	"亲王"号 "无畏"号	}"勇武"号	7：23 7：25	

续表

信号		发出者	针对者	资料来源	时间	说明
信号簿中的指令	旗语编号			日志		
召唤舰长登上旗舰。	一	"胜利"号	"欧律阿罗斯"号 "天狼星"号 "天狼星"号 "菲比"号 "那伊阿得"号 "那伊阿得"号	"勇莽"号 M "欧律阿罗斯"号 "天狼星"号 N } "勇莽"号 M "那伊阿得"号 M	7：40 8：00 7：45 7：46 7：50	
战舰可以采取最便利的位置，无须遵照指定的航行阵型。	265	"胜利"号	"不列颠尼亚"号 "亲王"号 "无畏"号	} "贝尔岛"号 M	8：00	"亲王"号航长海军日志："转向左舷，为舰队结阵腾出空间。回复信号'后驶向下风。'"
迎风停船，遵照旗舰的动作……转舵，大张风帆，驶向下风。	76	"胜利"号	"亲王"号	"勇莽"号 M "那伊阿得"号 M	8：33 8：40	
舰队中的战舰相互间保持左舷迎风的斜阵，尽管驶向右舷。	50	"皇家君权"号	左舷分队	"防御"号 M & C "阿伽门农"号 M	8：45 ？	"阿伽门农"号将之记录为发往全军。

续表

信号		发出者	针对者	资料来源		说明
信号簿中的指令	旗语编号			日志	时间	
组成左舷迎风的斜向阵列，转往指定航向。说明："战舰应按照它们未来航向的罗经点相互展开，如果向左舷转向形成一支纵队，要与风相差一个罗经点。"	42	"皇家君权"号	左舷分队	"防御"号 M & C "勇莽"号 M	8：46 8：47	这则信号很快就取代了前一则信号，因此前一则有可能是打错了。
升起更多的帆，如果在战列线或战行阵型中，则由领航舰行驶开始。	88	"皇家君权"号	左舷分队	"贝尔岛"号 M & C "防御"号 M & C "勇莽"号 M "复仇"号 M	8：45 8：46 8：47 9：00	
一齐朝左舷转向1个罗经点。	82（？）	旗舰	全军	"贝尔岛"号 M & C	9：00	这似乎是误记，其他战舰都没有提到这则信号与类似的转向。
交换在战列或战行阵型中的位置。说明："打出此信号时会指示出要改变位置的战舰。"	46 "贝尔岛"号与"雷鸣"号的舰艏旗	"皇家君权"号	"贝尔岛"号 "雷鸣"号	"贝尔岛"号 M & C "勇莽"号 M	9：20 9：23	

续表

信号		发出者	针对者	资料来源		说明
信号簿中的指令	旗语编号			日志	时间	
升起更多的帆。	88	"皇家君权"号	"贝尔岛"号	"贝尔岛"号 M & C "勇猛"号 M	9:20 9:35	
指定的战舰,分队或分舰队按照给出的罗经信号与旗舰保持方位。	267 西南罗经旗	"皇家君权"号	"贝尔岛"号	"贝尔岛"号 M & C "勇猛"号 M	9:30 9:35	
进入指定战舰身后的位置,该信号得到回复后将会给出指定战舰号与旗舰的信号旗。	269 "勇猛"号的舰旗	"胜利"号	"利维坦"号	"勇猛"号 M	9:36	
指定的战舰……按照给出的罗经信号与旗舰保持方位。	267	"皇家君权"号	"复仇"号	"勇猛"号 M	9:40	"复仇"号的舰长也记录了这则信号,但两者都没有提到罗经旗。
升起更多的帆。	88	"皇家君权"号	"复仇"号	"勇猛"号 M "复仇"号 C	9:40 ?	
进入指定战舰身后的位置……	269 "皇家君权"号的舰旗	"胜利"号	"玛尔斯"号	"勇猛"号 M "玛尔斯"号 M "征服者"号	9:58 10:05 10:10	该信号并未得到回复。

续表

信号簿中的指令	旗语编号	发出者	针对者	日志	时间	说明
准备战斗。	13	"胜利"号	全军	"米诺陶"号 M	10：00	
一齐向左舷转向，驶向上风。	102	"防御"号	"菲比"号	"皮克尔"号 M	10：40	可能是混淆了107、108、109号要求"靠近"的信号。
升起更多的帆。	88	"防御"号	"俄里翁"号	"防御"号 M & C	10：41	
为舰队或指定的纵队领航……	97	"胜利"号	"玛尔斯"号	"防御"号 M & C "玛尔斯"号 M	 10：45	"玛尔斯"号回复了信号并升起了翼帆。"俄里翁"号记录说，"玛尔斯"号与"俄里翁"号分别在12：15接到信号。但此时纵队前端已开始交战，这个时间并不可能。
只要安全，尽可能在桅杆上升起所有的帆。（纳尔逊的附加信号）	307	"胜利"号	"防御"号 "阿非利加"号	"勇猛"号 M "阿非利加"号 M "那伊阿得"号 M "俄里翁"号 M "俄里翁"号 C "勇猛"号 M	11：02 10：53 11：05 11：15 11：25 11：55	

续表

信号		发出者	针对者	资料来源		说明
信号簿中的指令	旗语编号			日志	时间	
"一齐朝左舷转向1个罗经点。"	82	"防御"号	"俄里翁"号	"俄里翁"号 M & C	11：32	
"升起更多的帆。"	88	"皇家君权"号	全军	"玛尔斯"号 M / "柏勒洛丰"号	11：40 / ？	"柏勒洛丰"号将准之记在63号之后，备下锚，且锚号变成了80号
"我准备袭击或穿过敌军战列的末端，防止他们逃回加迪斯。"	拼词旗语	"胜利"号	"皇家君权"号	"欧律阿罗斯"号 M	11：40	
"保持紧密阵型。"	56	"皇家君权"号	"贝尔岛"号	"贝尔岛"号 M & C	11：50	
"只要安全，尽可能在桅杆上升起所有的帆。"	307	"胜利"号	全军	"勇莽"号 M	11：55	
"英格兰希望所有人都将尽到他的职责。"	拼词旗语	"胜利"号	全军	"俄里翁"号 C / "那伊阿得"号 M / "尼普顿"号 M / "防御"号 M & C / "欧律阿罗斯"号 M & C / "挑战"号 M / "复仇"号 M	11：25 / 11：35 / 11：40 / 11：48 / 11：56 / 12：00 / 12：10	

续表

信号		发出者	针对者	资料来源		说明
信号簿中的指令	旗语编号			日志	时间	
准备在白昼结束后下锚。	准备信号 8 执行信号 63	"胜利"号	全军	"阿非利加"号 C	11：32	"征服者"号的日志把信号编号错写成了 62。
				"尼普顿"号 M	11：46	
				"柏勒洛丰"号 M	12：00	
				"那伊阿得"号 M	12：00	
				"俄里翁"号 M & C	12：00	
				"欧律阿罗斯"号 M	12：00	
				"无畏"号 M	12：00	
				"埃阿斯"号 M & C	12：05	
				"防御"号 M	12：05	
				"勇莽"号 M	12：10	
				"征服者"号 M	12：10	
				"挑战"号 M	12：15	
进入指定战舰舰身后的位置……	269 "胜利"号的舰旗	"胜利"号	"勇莽"号	"尼普顿"号	11：50	
				"勇莽"号 M & L	12：00	
				"征服者"号 M	12：25	
在更近的距离上与敌军交战。	16	"胜利"号	"阿非利加"号	"阿非利加"号 M	12：00	
				"征服者"号 M	12：25	

续表

信号		发出者	针对者	资料来源		说明
信号簿中的指令	旗语编号			日志	时间	
在更近的距离上与敌军交战。	16	"胜利"号	全军	"贝尔岛"号 C	11：55	
				"尼普顿"号 N	11：56	
				"勇莽"号 M	12：10	
				"埃阿斯"号 C	12：10	
				"柏勒洛丰"号 C	12：13	
				"俄里翁"号 M & C	12：15	
				"阿喀琉斯"号 M	12：15	
				"阿非利加"号 M	12：15	
				"埃阿斯"号 M	12：18	
				"阿伽得"号 M	12：20	
				"欧律阿罗斯"号 M	12：20	
				"征服者"号 M	12：30	
只要安全，尽可能在桅杆上升起所有的帆。	307	"胜利"号	"阿非利加"号	"征服者"号 M	12：25	
				"勇莽"号 M & L	12：26	
				"阿喀琉斯"号 M	12：30	
				"那伊阿得"号 M	12：30	

说明：表中的"M"意为航海长日志（Master's Log），"C"意为舰长日志（Captains' Journal），"L"意为尉官日志（Lieutenants' Journal），"N"意为在《纳尔逊书信集》中引用但未找到原作为原件的文件。信号的时间仅排列到中午全面交战开之前。（在纳尔逊舰船时代，海军舰船上的计时方法较为原始，各舰之间的计时存在较大的误差。而这一误差又被信号传达过程时间和记录者的笔误所放大。因此，表中的时间仅能被视作大致时间。——译者注）

注　释

第一章　小皮特的大战略

[1] 近来法国对拿破仑战争责任的研究，参见 P. Coquelle, *Napoleon and England*, translated by G. D. Knox, 1904。

[2] Fortescue, *The county lieutenancies and the army*, p. 10.

[3] 亨德森上校（Colonel Henderson）在执掌参谋学院时曾归纳出这样一条规律："英国陆军的首要任务是支援海军夺取制海权。"在这个例子里，这种支援是实在而持久的。

[4] J. Holland Rose, *Select Despatches relating to the Third Coalition* (Royal Historical Society, 1904), p. ix.

[5] Warren to Harrowby, July 24, 1804: J. Holland Rose, *Select Despatches relating to the Third Coalition* (Royal Historical Society, 3rd Series), vol. vii, p. 25.

[6] Ibid., p. 32, August 14.

[7] Harrowby to Gower, October 10: Rose, *Third Coalition*, p. 45.

[8] Nelson to Marsden, October 10, 1804: Nicolas, vi. 227. 另可见 Earl Camden to Nelson, August 29（Ibid., p. 228n），信中说，在冬天到来前向地中海地区发起一场远征就能避免法军侵英的威胁，同时他们已派出官员前往撒丁通报。

[9] Leveson-Gower to Harrowby, November 28: Rose, *Third Coalition*, p. 72.

[10] 在受威胁地区的海滩上建造马特洛炮塔（Martello Towers）也是当时采取的办法之一。这并非仅为消极防御，还是为了有效地解放

卫戍部队。此外还有海斯军事运河（Hythe Military Canal），这本是为了阻拦渡海登陆的敌人，但在当时遭到了人们的奚落和嘲笑。1805 年 9 月，前任内政大臣查尔斯·约克（Charles Yorke）在写给爱尔兰总督的信中说："我们每天刨土挖掘的这条大沟叫作皇家军事运河，据说是为了拦住入侵内地的法国人……这样，他们就要多穿过一条更宽、更难走的沟渠。"Rt. Hon. Charles Yorke to Earl of Hardwicke：*Add. MSS.* 37506. 从专业的军事角度看来，这些批评都过于肤浅。挖掘运河的目的显然是为了迟滞登陆敌军的侵入，同时缩短运送防御兵力的时间，正如马特洛炮塔是为了迟滞敌军的登陆行动一样。

[11] 最初的兵力布置还包括：玛格丽特海道（Margate Roads）：1~2 艘战列舰；王后海道（Queen's Channel）：2 艘；国王海道（King's Channel）：2 艘；格达摩尔海门（Goldamore gate）：1 艘；泰晤士河口的粗滩浮标（Buoy of Rough）：1 艘"通信用的巡航舰"（通过旗语信号的方式）；霍利斯湾（Hoseley Bay）：1 艘"强大的战舰"。最终，这些布防被撤销，其水手被派往操作那些临时雇来的巡洋舰。*Admiralty Sec. In-letters*, p. 537.

[12] Barham to Cornwallis, August 15：*Cornwallis Papers*, *Hist. MSS. Com.*, *Various Collections*, vi. 411.

[13] 皮特曾试图将这一指挥权交给圣文森特勋爵约翰·杰维斯，但杰维斯回复道："我蔑视他的任命，除非皮特先生没有在下议院说过那些攻击我的话。"*Cornwallis Papers*, ibid., p. 418.（1801~1804年，圣文森特曾在阿丁顿内阁出任海军大臣，因此在议会曾遭到当时在野的皮特的攻击。——译者注）

[14] Melville to Cornwallis, July 29, 1804：*Blockade of Brest*（Navy Record Soc.）, ii. 38.

[15] 此前的类似情况已由 1588 年的西班牙舰队与 1744 年试图从敦刻尔克入侵的法国舰队所证明——前者的遭遇广为人知，而后者也

只是因偶然的海流庇护才勉强逃离被歼灭的命运。

[16] Draft, "Instructions to Admiral Cornwallis: Secret, Aug. 24, 1804," signed by Melville, Gambier, and Colpoys. *Barham Papers*. 康沃利斯自己对这份长指令的摘要可参见 *Blockade of Brest*, ii. 48。

[17] 1804 年 8 月，根据对海峡沿岸大军团及其运兵船队的最后回报，其准备状态如下：

港口	船队			完成准备的军队	
	船只数量	运载能力			
	艘	人	马	人	马
埃塔普勒	365	27000	1390	20000	1200
布洛涅	1153	73000	3380	45000	1500
维姆勒	237	16000	769	13000	—
昂布勒斯特	173	15000	673	15000	—
		131000	6212	93000	2700

引自 Desbrière, *Projets et Tentatives de Debarquement Aux Iles Britanniques*, v. 465。

[18] 对此的权威证据来自 *Memoires de Miot de Melito*, ii. 244, 法国总参谋部的研究认为它可信。关于对此的讨论以及对当时情境值得敬佩的总结，参见 Desbrière, *Projets et Tentatives de debarquement*, iv. 336 et seq。

[19] Rose, *Third Coalition*, p. 90.

[20] De Martens, *Recueil des Traites*, Vol. ii, pp. 110 - 111. 对于整个谈判可参见 ibid., p. 75 et seq。

[21] 他是一位爱尔兰出身的军官，据他自己的签名，他叫 Lacy, 但其他国家的人常将他拼成 Lasci 或 Lascy, 可参见 his letter of July 8th, enclosed in Elliot's despatch of August 9th, *F. O. Sicily*, 25。

[22] Rose, *Third Coalition*, pp. 110, 143, 151.

[23] Rose, *Dumouriez and the Defence of England*, p. 260.

第二章　拿破仑首次受挫

[1]　*Blockade of Brest* （N. R. S. ）, ii. 158 – 166. Desbrière's *Projets et Tentatives*, iv. 306. For the Admiralty's criticism, see *Barham Papers*, iii. 251.

[2]　*Admiralty Secretary*, *Out-Letters* （Secret Orders）, 1363.

[3]　Nelson to Marsden, Dec. 26, 1804; Nicolas, *Nelson's Letters and Despatches*, vol. vi.

[4]　Nelson to Orde, Dec. 29.

[5]　Nelson to Ball, Feb. 11th, and see also same to Melville, Feb. 14th.

[6]　Villeneuve to Decres, Jan. 21; Desbrière's *Projets et Tentatives*, iv. 299.
一个忽视纳尔逊原则的例子是美西战争中桑普森将军（Admiral Sampson）对波多黎各的赛维拉将军（Admiral Cervera）几乎致命的截击。（在 1898 年的波多黎各战役中，桑普森为歼灭西班牙舰队而从哈瓦那贸然出击，结果却扑了个空，西班牙舰队则成功驶入古巴圣地亚哥湾，给美军造成巨大威胁。——译者注）正因这种永不更改的原则被"沉着冷静地遵守着"，一切试图将英国舰队从海峡入口那个久经考验的掩护位置引开的企图都徒劳无功。

[7]　Napoleon to Decres; Desbrière, iv. 325. *Correspondance de Napoleon*, x. 117.

[8]　Desbrière, *Projets*, vol. v, part iii, chap. 4.

[9]　Desbrière, *Projets*, v. 371.

第三章　战役开局

[1]　其中包括 98 炮战列舰"无畏"号，80 炮战列舰"雷鸣"号（Tonnant），74 炮战列舰"玛尔斯"号（Mars）、"光辉"号（Illustrious）与"米诺陶"号（Minotaur）: *Blockade of Brest*, ii. 203。

[2] Desbrière, v. 473.

[3] For Gravina's opinion, see *Barham Papers*, iii. 262: *Correspondance*, xi. 72.

[4] 1805 年，英军有两种 98 炮二级战列舰。较新的一种被称为“18 磅式”，载重量超过 2100 吨，侧舷火力投射量约 1050 磅，但只有 3 艘入役：“无畏”号、“尼普顿”号、“勇莽”号（Téméraire），其中 2 艘在特拉法尔加海战中紧随在旗舰身后。还有 2 艘更大的战舰将在年内完工，其载重量达 2277 吨。其他 8 艘在役的 98 炮战舰则是“12 磅式”，这意味着它们在上甲板所装备的是 30 门 12 磅炮，而非新式战舰的 18 磅炮。它们的载重量在 1870 吨至 2000 吨之间。以上投射量数据不包括卡隆炮。

[5] Bigot de Morogues, *Tactiqtie Navale*, p. 27. 三甲板战舰的防御能力在特拉法尔加海战中的“胜利”号身上体现得尤为突出。在纳尔逊的私人牧师 Rev. A. T. Scott 一封未公开的、写于 10 月 27 日的信件中有这样的描述：“后甲板、艉楼与艏楼上是一片残酷的杀戮，其他甲板都无法与之相比。下甲板仅有 2 人受伤，而且奇怪的是，竟然是被火枪击中所致。”（但是，据与“胜利”号对敌的法舰“敬畏”号舰长吕卡自述，“敬畏”号的作战策略是放弃下层炮甲板的火炮对战，把水兵集中于上甲板进行轻武器战与接舷战。这才是“胜利”号下层炮甲板几乎无人员伤亡的真正原因。——译者注）

[6] *Barham Papers*, iii. 323; Cf. Mahan, *Life of Nelson*, ii. 333. Possibly, however, Nelson meant to write “two-deckers alongside, &c.”

[7] Ganteaume to Napoleon, July 14th: Desbrière, iv. 640. 计算方法是：12 艘三甲板战舰与 18 艘其他战列舰等于 42 个单位，冈托姆的 3 艘三甲板战舰与 18 艘其他战列舰等于 24 个单位。海军部最终为康沃利斯舰队规定的最低兵力是 18 艘战列舰，其中三甲板战舰的登记数量为 5 ~ 8 艘。若取平均数 6 艘，那么这支舰队也相当于 24 个单位，与冈托姆舰队相当。与之类似的是，在密歇希返回罗什福

尔时，当时的西方舰队司令官加德纳派格雷夫斯前去封锁，自己则留下了 8 艘三甲板战舰与 7 艘其他战舰看守着规模如上所述的冈托姆舰队。加德纳舰队的兵力相当于 23 个单位，但他的旗舰是最新完工的"海伯尼亚"号（Hibernia）110 炮战列舰，也是英国海军最强大的战舰。而当斯特林（Stirling）与考尔德会合，前往截击从西印度返航的维尔纳夫与格拉维纳时，他们一共拥有 15 艘战列舰，其中 4 艘为三甲板战舰，相当于 19 个单位。巡洋舰的报告称联合舰队拥有 17 艘战列舰，但实际上是 20 艘，其中 6 艘为80 炮战舰，无一是三甲板战舰。在 5 月底，布雷斯特港外的加德纳拥有 10 艘三甲板战舰与 12 艘其他战舰，相当于 32 个单位，其中包括了科林伍德舰队的 2 艘三甲板战舰与 8 艘其他战舰，计 12个单位。他享有自由酌定权，最终分出了科林伍德舰队中的一半兵力，为自己留下 26 个单位来封锁冈托姆，但其中有 3 艘仅为 64炮战舰。*Blockade of Brest*，ii. 27. 许多类似的例子还将在下文中提及。

[8] See particularly "Barfleur," *Naval Policy*, p. 212.

[9] 许多较小的"18 磅式"74 炮战列舰也装备了 12 门 32 磅卡隆炮，如载重量 1815 吨的"龙"号（Dragon）装有 28 门 32 磅加农炮、34 门 18 磅加农炮与 12 门 32 磅卡隆炮。

[10] Napoleon to Decrès, March 13, 1805：*Correspondence*, x. 221.

[11] Napoleon to Decrès, ibid., June 2, 13, 22；July 6, 19.

[12] Bunbury, *Passages in the Great War*, p. 183. *W. O.* (6), 56, March 28.

[13] *Admiralty Secretary, In-letters（Secret Orders）*, vol. 1363, March 27.

[14] *Admiralty Secretary, In-letters（Secret Orders）*, vol. 1363, April 6 and 15.

[15] 克顿麾下有 6 艘三甲板战列舰、2 艘 80 炮战列舰与 9 艘其他战列舰，对应冈托姆的 3 艘三甲板战列舰、2 艘 80 炮战列舰与 16 艘 74炮战列舰。之后，加德纳勋爵又驾乘 120 炮战列舰"海伯尼亚"号加入他们，使其兵力对比——按照前文介绍的规则——达到了

25：24。冈托姆对双方兵力的比较见前文脚注。

［16］Ganteaume to the Emperor：*Desbrière*, v. 473. Cotton to Admiralty：*Blockade of Brest*, ii. 217.

［17］从纳尔逊许多信件的引用中，我们可以知道帕尔马斯是 98 号集结点，土伦南部的位置是 102 号，加泰罗尼亚的帕拉莫斯（Palamos）以北的圣塞巴斯蒂安角（Cape St. Sebastian）是 97 号。此时的地中海全部集结点的编号列表尚待搜寻，而 *Add MSS*. 34950, p. 49 保留了纳尔逊在 1805 年 9 月的集结点列表。这份官方列表一直在接下来的战争中沿用，但其中的编号与早期有所不同。例如，土伦外海在新的表格中变成了 93 号。

［18］纳尔逊显然在 97 号集结点——西班牙东北部的圣塞巴斯蒂安角外海——留有一艘巡洋舰，他也许认为，这足以在维尔纳夫试图偷偷溜过西班牙海岸时发现他的踪影。但是，法国土伦舰队一开始是在南方的巴利阿里群岛外侧行进，之后才转向内侧，这正好避开了 97 号集结点。

第四章　维尔纳夫出逃

［1］For Nelson's "Order of Battle and Sailing" issued here, March 26th, see Hubback, *Jane Austen's Sailor Brothers*, p. 132. It is for twelve ships, including the *Excellent*, in two divisions.

［2］Auriol, *La France*, *l'Angleterre*, *et Naples*, vol. ii, pp. 33 – 6.

［3］Ibid. , chap. v and p. 222（Alquier to Talleyrand, March 29th）；and Nicolas, vi. 377.

［4］新的巡洋舰布置如下：一艘在加里特岛，一艘在非洲沿岸，一艘在加里特与非洲海岸之间，同时担负着从突尼斯获取情报的任务。这三艘巡洋舰的目的是防止维尔纳夫沿着非洲海岸偷偷航向东方。还有两艘在纳尔逊与特洛岛之间，一艘负责弄清敌舰是否通过了博尼法乔海峡，另一艘在那不勒斯，随后又被召回，被派去打探法国舰

队是否已返回土伦。Nelson to Ball：Nicolas，vi. 399.

[5] March 27：Nicolas，vi. 383 n.；*Barham Papers*，iii. 303 – 4.

[6] Strachan to Nelson，April 30：*Nelson Papers*，*Add. MSS.* 34929.

[7] 这些有意思的机动可以在奥德的旗舰"光荣"号（Glory）的航海日志中读到，但奥德在发出的信件中对此只字不提。他只提到自己因背风而无法赶往圣文森特角。

[8] Orde to Nelson，*Add. MSS.* 34929，April 11.

[9] 奥德的信件及其巡洋舰的命令，可参见 *Admiralty Secretary*，*In-letters*，410，March 19，April 10，11，12，15，17，19；而完全确证以上内容的其旗舰长的报告，可参见 Ralfe，*Naval Biography*，ii. 75；"猎兔犬"号的航行线路，可参见 *post*，pp. 122 – 3。

[10] Log of the *Glory*. For the *Melampus*，see her *Log*，and Gardner to Marsden，April 22：*Blockade of Brest*，ii. 236，and *post*，p. 81.

[11] 回国之后，奥德被解除了指挥官职务，此后再也没能恢复原职。但他与巴勒姆的往来信件表明，这与他在加迪斯港前的撤退并无关系。他在抗议解职命令时提醒巴勒姆，"在我荣幸地向海军部中的您表达个人敬意之时，你曾以那样的奉承姿态对我的行动表示完全赞许"。他的不幸完全是由于 3 月 27 日发出的那封轻率的信件。在那封信中，他对海军部要求他与纳尔逊分享战利品的命令感到怨恨。奥德认为这封信纯粹是私人性质的，但巴勒姆则认为一定要提交海军部会议讨论，最终结果是奥德被解职。巴勒姆曾劝他申请重返旧职，但他坚决拒绝了这一提议。*Barham Papers*，iii. 305 – 8.

第五章　巴勒姆勋爵登场

[1] Stanhope，*Life of Pitt*，i. 377；*Barham Papers*，ii. 323.

[2] Middleton to Pitt，Feb. 8 and March 15，1790：*Chatham Papers*，*Bundle III*. 他还交给皮特一份大篇幅的细致备忘录，讨论海军委员会的重组问题。Ibid. and *Bundle* 245. And see *Barham Papers*，iii. 337 – 50.

［3］ Ibid., 418 et seq.

［4］ Stanhope, *Life of Pitt*, iv. 287, and Wilberforce's *Life*, iii. 223. 在《巴勒姆文集》（*Barham Paper*）中有一封"给詹姆斯先生的短信"（Note for Mr. James），其中提及，在皮特再次当选首相后，他与梅尔维尔决定，所有关于整顿海军的事都要咨询查尔斯·米德尔顿爵士。历史学家尚不能确定这个詹姆斯先生的身份。

［5］ Woronzow to Czartoryski：De Martens, *Recueil de Traites*, xi. 109.

［6］ Stanhope, *Life of Pitt*, iv. Appendix, p. xxlii.

［7］ To Lord Hardwicke, Viceroy of Ireland, April 26：*Hardwicke Papers*, *Add. MSS.* 35706.

［8］ 它刚刚从护送纳尔逊的补给船前往第 97 号集结点的任务中返回。第 97 号集结点位于西班牙加泰罗尼亚海岸的圣塞巴斯蒂安角外海。Nelson to Capel：Nicolas, vi. 409.

［9］ Lord Mark Kerr to Nelson, April 9：*Nelson Papers*, *Add. MSS.* 34929.

［10］ 按照最早记录这一集结点的 1808 年版的《信号手册》（*Signal Book*），这里是第 52 号，位于"菲尼斯特雷西北方 6 里格处"，但詹姆斯说当时的集结点是在 38 里格处（vol. iv, p. 452）。两艘巡洋舰实际上是在菲尼斯特雷西南方 5～6 里格处相遇的。

［11］ Kerr to Gardner, April 23：*Blockade of Brest*, ii. 237.

［12］ *Out-letters*（*Secret Orders*）, 1363, April 25.

［13］ *Hardwicke Papers*, April 30：*Add. MSS.* 35706.

［14］ *Admiralty Minutes*, 152, April 27.

［15］ *Admiralty Minutes*, 152, April 27.

［16］ *Secret Orders*, 1363, March 6. 索马里兹在 3 月 27 日派出了"刻耳柏洛斯"号，基思则派出了"墨兰波斯"号与"不朽"号。

［17］ *Secret Orders*, 1363, April 27.

［18］ Bertrand, *Lettres de Talleyrand & Napoleon*, 1800 – 9, p. 118：Lyons, April 10.

[19] To Cambacérès, Lyons, April 13th: *Correspondence*, x. 315.

[20] *Correspondence*, p. 317.

[21] "Secret Intelligence from Paris," March 29th, April 17th: *Admiralty In-letters (Secretary of State)*, 4198, April 30th.

[22] Sir John Barrow, *Autobiographical Memoirs*, p. 264.

[23] *Admiralty Minutes*, 256, April 25th. 这封短信要求秘书马斯顿（Marsden）给他提供一份关于海军部人员架构与工作分配的详细备忘录。我们在后文还会介绍巴勒姆对海军部的重组。

[24] *Out-letters (Secret Orders)*, 1363, April 30th.

[25] *Admiralty Minutes*, 153, May 1st.

[26] *Trafalgar*, p. 3.

[27] *Admiralty Minutes*, p. 256. 巴勒姆亲手修订并签署了该备忘录，落款时间为 "5 月"。Printed in *Barham Papers*, iii. 76.

[28] *Autobiographical Memoirs*, p. 277. 巴罗是海军部的成员，在 1804 年 5 月被梅尔维尔勋爵任命为第二秘书。他在海军部工作四十年之后才写下了这本回忆录，他在那时已成了一个老人，因而在回忆细节上时有出入，但除此之外看上去还是可信的。当时的第一海务大臣是海军上将甘比尔。第二海务大臣是海军中将菲利普·巴顿（Vice-Admiral Philip Patton），他对海军人事有特别的研究，并预见到了 1797 年的海军大哗变。第三海务大臣是加利斯舰长（Captain Lord Garlies）。在两位秘书之后，是三位文职大臣，包括两位拥有特别能力和经验的前任秘书。其中之一是老兵菲利普·斯蒂芬爵士（Sir Philip Stephens），他曾担任安森勋爵的秘书，又在 1763～1795 年一直担任海军部秘书；另一位是埃文·尼皮恩爵士（Sir Evan Nepean），一位海军书记官，之前在外交部与陆军部担任次等秘书，从 1804 年起接替斯蒂芬在海军部的秘书职位。Sir J. K. Laughton in *Dictionary of Nat. Biog.*

[29] See *Barham Papers*, iii. pp. 98, 108. 在 8 月 3 日，他在写给皮特的

一封关于舰队缺员的信中说："我所肩负的职责是极重的，而且各方面的工作量已经大幅增长，非日前所能比拟。我在早上 8 点到下午 6 点之间忙得放不下笔，全是工作上的事，即便到此时还不能算完…… 这项工作已经远远超出了一个人理想的状态。" &c. Ibid., p. 95.

第六章　纳尔逊的困境

[1] 克雷格的命令以及与之联合行动的指令都在一封信件中发给了纳尔逊，落款时间为 3 月 27 日（*Out-Letters*, *Secret Orders*, 1363），但直至 5 月 1 日他才收到这封信（*post*, p. 107）。类似的情况还有，纳尔逊直至 4 月 15 日才收到海军部于 2 月 16 日发出的邮包。Nicolas, vi. 404.

[2] *Journal*, April 10 and 16. 在一份当年 9 月的集结点列表中，第 71 号是塔里法（Tarifa），第 80 号是福蒙泰拉岛西端。

[3] Phillimore, *Life of Sir William Parker*, i. 281. "十年"号在 4 月 9 日抵达那不勒斯，可见它是在 3 月 22 日或 23 日从英国出发的，也就是让纳尔逊与克雷格联合行动的命令被下达的 3 天或 4 天之前。See also Nicolas, vi. 406 n.

[4] Nicolas, vi. 406 n. 这封信落款时间为 4 月 9 日，是"十年"号抵达那不勒斯的同一天。由此可见它又花了近六天的时间寻找纳尔逊。

[5] Nicolas, iv. 406.

[6] Nelson to Thomas, H. M. Bomb *AEtna*, April 16th; Nicolas, vi. 404; and *Nelson's Journal*, April 16th.

[7] Phillimore, *Life of Sir William Parker*, vol. i, p. 284. Parker to Nelson, April 18th; *Nelson Papers*, *Add. MSS.* 34929, f. 170.

[8] Nelson to Capel, April 18th; Nicolas, vi. 408.

[9] Phillimore, *Sir William Parker*, i. 284.

[10] Nelson to Otway, April 26th; Nicolas, vi. 415.

［11］ To Marsden, May 1st: Nicolas, vi. 418.

［12］ Clarke and McArthur, *Life of Nelson*, II. Part, iii. 94.

第七章　纳尔逊何以确信？

［1］ FitzGerald to Mulgrave, April 13th and 14th: *State Papers*, *Foreign* (*Portugal*), vol. 47.

［2］ FitzGerald to Mulgrave, May 3rd: Ibid. , cf. *Barham Papers*, iii. 103.

［3］ See ante, p. 87.

［4］ FitzGerald to Mulgrave, May 5th: *S. P. Foreign* (*Portugal*), 47. Log of the *Orpheus*; *Captains' Logs*, P. R. O.

［5］ Fitzgerald to Mulgrave, May 8th.

［6］ Allen, *Life of Captain Sir William Hargood*, p. 110. Clarke and McArthur, iii. 489, and see *post*, p. 122.

［7］ To Rear-Admiral George Campbell, May 10th: Nicolas, vi. 431. 纳尔逊在这封信中似乎搞混了唐纳德·坎贝尔少将与他麾下"卡诺普"号的舰长乔治·坎贝尔。

［8］ Hardy to Mansfield, May 10th: *Nelson's Hardy*, p. 127.

［9］ Phillimore, *Sir William Parker*, p. 292.

［10］ Nicolas, vi. 430, and *note*.

［11］ Nelson to Earl Camden, May 14th: Nicolas, yi. 438. 他对奈特的指示可参见 ibid. , p. 433。

［12］ Phillimore, *Life of Sir William Parker*, p. 289.

［13］ Hardwicke to Charles Yorke, June 1st: *Hardwickt Papers*, *Add. MSS.* 85706. 纳尔逊放弃"皇家君权"号的部分原因是这艘战列舰迫切需要入坞修整，因而速度缓慢。但战列舰"华丽"号（Superb）也处在类似状态下，纳尔逊仍将它带在身边。他告知海军部的理由是，这能让卡塔赫纳舰队即便全体出动也无法威胁到奈特。我们在这里可以看到纳尔逊特别看重三层炮甲板战舰的进一步证据。

卡塔赫纳舰队由 6 艘双层甲板战舰组成，而纳尔逊认为奈特用 2 艘三层甲板战舰与 1 艘 74 炮战舰就足以应对。

第八章　科林伍德的快速舰队

[1] 关于"猎兔犬"号的行踪可参见布恩的报告 *Captains' Letters*，1535，*April 12 and 25*；and *Captains' Logs*，1530；and Chart，*ante*，p. 63。

[2] *Admiralty Minutes*，153，May 2nd.

[3] *Out-letters*（*Secret Orders*），1363，May 2nd.

[4] To Gardner and Collingwood：Ibid. ，May 4th. 这是巴勒姆最早签署的命令。发给加德纳的命令可参见 *Barham Papers*，iii. 244。

[5] Admiralty to Collingwood，Postscript：*Out-Letters*（*Secret Orders*），1363，May 4th.

[6] Ibid.

[7] To Gardner：*Out-Letters*（*Secret Orders*），1363，May 9th.

[8] Ibid. ，May 9th.

[9] Gardner to Marsden，May 9th，11th，and 15th：*Blockade of Brest*，ii. 255，258，260 – 1.

[10] *Secret Orders*，1363. To Hood，April 5th. To Captain Woodruff of the *Calcutta*，April 29th. To Collingwood and to Nelson，May 17th.

[11] *Secret Orders*，1363，May 14th：Camden to Admiralty，May 10th：*In-letters*（*Secretary of State*），4199：same to Barham，*Barham Papers*，iii. 309.

[12] *Secret Orders*，1363，May 15th and 16th.

[13] Mulgrave to Gower，June 7th：Holland Rose，*Third Coalition*，p. 165. *F. O. Russia*，58.

[14] De Martens，*Recueil de Traites*，xi. 109，and *ante*，p. 24.

[15] Mulgrave to Woronzow，May 7th：Rose，*Third Coalition*，p. 145.

[16] De Martens，op. cit. ，xi. Ill，and cf. ante，p. 24.

[17] Gardner to Marsden, May 7th; *Blockade of Brest*, ii. 278.

[18] Gardner to Marsden, May 19th, with enclosures; *Blockade of Brest*, ii. 266.

[19] See Gardner to Marsden, May 22nd; *Blockade of Brest*, ii. 275; and Maitland's report; *In-letters*, p. 128. 梅特兰在 5 月 11 日看到它们在"北纬 43°4′，西经 20°8′（航海记时仪测算为 20°6′）"的位置上。它们乘着西风，向 E. by S. 1/2S. 转舵——这显然是指南针表盘的标示法，大概是东西轴线偏南 22.5 度的方向。它们沿着这个方向将驶向费罗尔以南的菲尼斯特雷，但这对密歇希而言是不可能的。从西印度群岛返回比斯开湾的法国舰队似乎是在奥特格尔角以西 500 英里处沿着它的纬线行进，然后冲向目标发起登陆。这种航行方法被考尔德在那里的另一艘巡洋舰记录了下来。梅特兰还精确地记录了密歇希所打出的旗语信号的颜色。

[20] Gardner to Marsden, May 22nd, enclosing Calder to Gardner, May 15th; *Blockade of Brest*, ii. 275 – 7.

[21] Gardner to Marsden, May 22nd; Ibid., p. 275. 他扣下的战舰包括格雷夫斯的旗舰、80 炮战舰"闪电"号（Foudroyant），98 炮战舰"温莎堡"号（Windsor Castle），74 炮战舰"勇士"号（Warrior），64 炮战舰"却敌"号（Repulse）与"理智"号（Raisonnable）。5 月 25 日发给加德纳的命令已推测到他目前的兵力已经被削减至弱于法国布雷斯特舰队。命令特别提醒他，击败优势舰队的唯一希望在于"更强的技巧与行动"，这些优势只能通过持续的战术训练来取得。参见 *Barham Papers*，iii. 246。

第九章 拿破仑改变计划

[1] *Naval Chronicle*, xii. 205, and ix. 201, 里面有钻石礁的草图。

[2] Desbrière, iv. 607.

［3］ Napoleon to Decrès, April 12th, and to Lauriston, Cambacérès, Talleyrand, Murat, Pino, and Decrès, April 13th: *Corrctpondanct*, x. 312 – 320.

［4］ Napoleon to Lauriston, April 13th, and to Villeneuve and Decrès, April 14th: Ibid. , pp. 314, 321.

［5］ Decrès to Villeneuve, April 17th: Desbrière, vol. iv, p. 513.

［6］ Desbrière, iv. 518.

［7］ Napoleon to Talleyrand, and same to Decrès, April 23rd: *Correspondance*, x. 338 – 9. Same to same, May 4th: Ibid. , p. 375.

［8］ Napoleon to Decrès, April 23rd: *Correspondance*, x. 339 – 341, and Desbrière, iv. 522.

［9］ For all the above orders, see Desbrière, iv. iii. , chapters 7 and 9.

［10］ 典型的例子是 1653 年英国与荷兰海军间进行的莱戈恩海战（Battle of Leghorn），参见 *England in the Mediterranean*, i. 265 et seq。

［11］ Beurnonville (French ambassador at Madrid) to Talleyrand, May 14th and 16th: Desbrière, iv. 578 – 81.

［12］ 即小安的列斯群岛，英国官方文件中称之为"背风群岛"（Leeward Islands）。See *England in the Seven Years' War*, i. 352.

［13］ Napoleon to Decrès, May 25th and June 8th.

［14］ 关于上面提及的 5 月 25～28 日的信件可参见 *Correspondanece de Napoléon*, x. 441 – 454。英国舰队的射击可能是由于收到了普雷沃斯特在多米尼克击退敌军攻击的消息。

［15］ Desbrière, iv. 596. 德克雷特别指出了 5 月 9 日的《记事晨报》（*Morning Chronicle*）、16 日的《太阳报》（*Sun*）。5 月至 6 月刊号的《海军记事》（*Naval Chronicle*, vol. xiii. p. 484）也写道，拿破仑意图用 60 艘战列舰"清扫海峡"（balayer la Manche）并与英军作战，同时用巡洋舰队掩护陆军渡海。

［16］ Desbrière, iv. 596. 这份文件是一份未完成的手稿。

［17］ Desbrière, iv. 599. 德斯奇霍上校注意到了这份不同寻常的文件：

"尽管它对纳尔逊性格的推测是完全错误的，但这封信仍值得我们致以最高的敬意，它的预测几乎完全准确地成了现实。"德斯奇霍似乎把德克雷对纳尔逊的评价当真了，但这看起来是没有根据的。很难相信这样一个能够高明地指出拿破仑的战略失误、精确洞悉英方企图的人，会这样糟糕地误判敌方重要人物的性格。考虑到拿破仑身边的军官们对他的敬畏，德克雷不会去直接反驳皇帝对纳尔逊的肤浅看法，而会选择另一种更安全的、能够取得预想结果的方式。

[18] Beurnonville to Talleyrand, June 13th and 17th: Ibid. , p. 622.

[19] To Decrès, Jane 14th: Desbrière, iv. 612.

第十章　重掌费罗尔与直布罗陀海峡

[1] *Out-Letters* (*Secret Orders*), 1363, May 30th.

[2] *Out-Letters* (*Secret Orders*), 1363, June 4th. 他被告知，海军部得到情报，土伦舰队已在 4 月 10 日离开加迪斯，"尽管概率极低，但它们要前往东印度或者开普敦的可能性目前已有所提高"。海军部此前也曾向他发送过类似的警告。

[3] To Decrès, June 16th.

[4] *In-Letters*, 410, Bickerton to the Admiralty, May 14th and 16th. Knight to same, May 15th. 比克顿的上一封信已被记录在案："准许他按照他所处的局势行事。"

[5] Craig to Lord Camden, May 16th: *W. O.* (*1*), *In-Letters*, 280. All Craig's despatches go to confirm the judgment of his enthusiastic young admirer, Ensign Charles Boothby. "The name of my new chief I had long known; for his fine person and dark flashing eye had been pointed out to me when a boy as belonging to the finest officer in the service. " *Under England's Flag*, p. 3.

[6] Bickerton to Admiralty and Collingwood to same, May 27th, off

Finisterre：*In-letters*，410.

[7] *Secret Orders*，1363，June 8th.

[8] Collingwood to the Admiralty and Bickerton to same，June 24th：*In-letters*，441. 比克顿麾下的战舰包括98炮战舰"王后"号、80炮战舰"雷鸣"号、74炮战舰"柏勒洛丰"号（Bellerophon）与74炮战舰"米诺陶"号。卡塔赫纳舰队据称拥有2艘一级舰、3艘74炮舰与1艘64炮舰。另外，比克顿从未将"卓越"号收入麾下。他在7月30日致纳尔逊的信中说："我尚未从那不勒斯调走'卓越'号，此外，我也不确定要让它在哪里与我会合。我不愿破坏您的部署。"参见 *Nelson Papers*，*Add. MSS.* 34930。自1805年1月17日至1806年2月11日，除了偶尔出海操练或进行炮术训练，"卓越"号都一直待在它原先的锚地。*Log of the Excellent.*

[9] Knight to the Admiralty，June 17th，enclosing Fox and Craig to Knight，June 13th，Fox's information，and Craig to Knight，June 15th：*In-letters*，441. Craig to Lord Camden，June 17th：*W. O.*（1），*In-letters*，x280. Boothby，*Under England's Flag*，p. 20. Bunbury，*The Great War*，p. 189. Knight to Nelson（enclosing his journal），July 16th：*Nelson Papers*，*Add. MSS.* 34930.

[10] Beurnonville to Talleyrand，Madrid，June 18th：Desbrière，iv. 625.

[11] Bickerton to Admiralty，July 28th：*In-letters*，411.

第十一章 西印度群岛的行动

[1] To Marsden，April 14th：Nicolas，vi. 437.

[2] To Marsden，April 14th：Nicolas，vi. 439.

[3] Phillimore，*Life of Sir William Parker*，ii. 289.

[4] Clarke and McArthur，ii. 427（4th edition）. 将这则备忘录系于1803年的理由，参见 Laughton，*Nelson's Letters and Despatches and Fighting Instructions*（*Navy Records Society*），pp. 280 - 1。事实上，我们完全

能推测，这封文件是在圣文森特勋爵仍然担任海军大臣时写下的，那是在 1804 年的 5 月之前。而到 1805 年，下野后的圣文森特正忙着对抗他的政敌，纳尔逊并不会就此与他联系。

[5] Allen, *Memoirs of Sir William Hargood*, p. 111.

[6] Cochrane to the Admiralty: *In-letters*, 326. April 5, 8, 9, 14, 17.

[7] Desbrière, iv. 539 – 5. 维尔纳夫在这里写下的地名是"Barbade"而非"Barboude"，因此造成了一些理解上的困难，好像他要去攻击相反方向上的巴巴多斯。我们可以在他后来的信件中清楚地看到，他所说的"Barbade"就是靠近安提瓜的那个岛屿。由于之前攻打钻石礁的经历，他不可能再想去攻击巴巴多斯，因为那至少要花上一个月，他的物资储备无法支持。纳尔逊后来写道："如果巴巴多斯是他们的目标……一支舰队从马提尼克去那里平均要四到五天，他们何必用十五到十六天再驶向北方呢。"Nicolas, vi. 458. 考尔德在后来战斗中俘获的西班牙人承认他们当时的目标是安提瓜。*Blockade of Brest*, ii. 323.

[8] 这一情节参见 *Life of Sir William Parker*, i. 294, 其中声称莫里斯用 90 人的兵力造成了法军 800 人的损失。Desbrière, iv. 541 给出了维尔纳夫的统计数据。The *Naval Chronicle*, xv. 123 给出了莫里斯给纳尔逊与科克伦的报告以及法军指挥官给马提尼克军事长官维拉莱·乔伊斯（Villaret-Joyeuse, 他正是 1794 年光荣的六月一日海战中的法军指挥官）的报告，以及其他的当地文件。莫里斯发给纳尔逊的报告原文见 *Admiralty In-letters*, 411, June 6th。

[9] 布里尔顿将军在圣卢西亚得到的情报被迈尔斯抄送给纳尔逊，其下方有这样一条注记："由威廉·迈尔斯阁下的秘书梅杰·迈尔斯（Major Myers）从将军的信中抄录。梅杰·迈尔斯对这则情报的可靠性没有疑义。（签名）"Nelson and Bronte, June 4th: *Adm. Sec. In-letters*, 411, and Nicolas, vi. 446.

[10] 这个战斗阵型可见于哈布柏克（Hubback）所著 *Jane Austen's Sailor*

Brothers，p. 138，那是来自路易斯将军（Admiral Louis）的转抄本，但有几处明显错误。下表则是"华丽"号舰长济慈（Keats）的抄本，可参见英国海军档案局所编 *Greenwich Hospital Miscellanea*（Various），No. 141。这显然是按照拥有 30 艘战舰的舰队的官方格式起草而来：

航行与战斗阵型

前卫舰队	1	"卡诺普号"（Canopus），80 炮，路易斯	右侧分队
	2	—	
	3	—	
	4	"华丽"号（Superb），74 炮	
	5	—	
	6	"胜利"号（Victory），100 炮，纳尔逊	
	7	"多尼戈尔"号（Donegal），74 炮	
	8	—	
	9	"斯宾塞"号（Spencer），74 炮	
	10	—	
中卫舰队	1	—	
	2	—	
	3	"虎"号（Tigre），74 炮	
	4	—	
	5	"诺森伯兰"号，80 炮，科克伦	左侧分队
	6	—	
	7	"利维坦"号（Leviathan），74 炮	
	8	—	
	9	—	
	10	—	
后卫舰队	1	—	
	2	—	
	3	—	
	4	—	
	5	—	左侧分队
	6	"贝尔岛"号（Belle-isle），74 炮	
	7	"征服者"号（Conqueror），74 炮	
	8	"敏捷"号（Swiftsure），74 炮	
	9	"斯巴达人"号，74 炮	
	10		

"华丽"号是极为强大的新型 74 炮舰，仿造自土伦战役中俘获的法国战列舰"庞培"号（Pompee）。算上卡隆炮，它的单舷投射量可达 1000 磅。"卡诺普"号原本是在 1798 年尼罗河口海战中被俘获的法国战舰，其单舷投射量为 1092 磅，比最初未加装卡隆炮时的"胜利"号的投射量（1068 磅）还略重一点。"多尼戈尔"号也是 1798 年在爱尔兰俘获的法舰，它比"华丽"号还要大，装配卡隆炮之后有时也被算成 80 炮战舰。纳尔逊分队末尾的"虎"号也是一艘 1798 年俘获的大型法舰，与"华丽"号实力相当，而"贝尔岛"号与"斯巴达人"号也是如此。余下的战舰都是小型的 74 炮舰。这种不均等的布局显然不同于以往的舰队组织。在实际航行中，纳尔逊并没有待在自己的位置上，而是在最前方引领着右侧分队。他在 6 月 5 日的日记里写道："我让'卡诺普'号跟在'胜利'号的后面，让'诺森伯兰'号引领着下风的舰列，大家一致同意了这种航行与战斗阵型。"如果我们把特拉法尔加海战的实际情形考虑进来，纳尔逊恐怕不会在接敌之时回到他原本的位置上去。

［11］ To Lord Seaforth, June 8th.

［12］ Desbrière, iv. 679.

［13］ Desbrière, iv. 680.

［14］ Captain Nourse of the *Barbadoes* to the Admiralty (*In-Letters*, 2231), enclosing the merchants' memorial and the governor's request.

［15］ Carr to Nelson, June 13th, enclosed in Nelson to Marsden, Jane 14th: *In-letters*, 411. See below p. 169 n. James gives the name of the *Netley*, commander as Richard Harward and says Nourse was with him. There seems no authority for either statement. Vol. iv, p. 351. For Carr's previous exploits see Ibid. , pp. 248 – 9. He was still in command of the *Netley* in 1807 when she was captured by a French frigate and brig. Ibid. , v. 466.

［16］ *Journal de Reille*：Desbrière，iv. 681.

［17］ Letter from an officer on board one of Lord Nelson's ships：
Add. MSS. 3430，June 19th；Nelson to Marsden，June 14th：*In-letters*，411. Nicolas missed this letter and it seems never to have been printed. It runs："*Victory* at sea，June 14th. The *Netley* schooner joined me yesterday morning about an hour after the fleet got under weigh（*sic*）from St. John's Road，Antigua，when Lieutenant Carr came on board and showed me the accompanying despatches from Captain Nourse of the *Barbadoes*，addressed to you（which in his hurry to return to the *Netley* he omitted to take with him）. I therefore judge it proper to forward them to you in the state they were left，and also beg leave to transmit you for their Lordships' information a letter from Lieutenant Carr giving his reasons for having opened the said despatches. " The letter was not holograph，but signed by Nelson.

［18］ 这句话的可靠性无法确定。克拉克与麦克阿瑟以这一事例来说明其要旨，他们称这一事件发生在追击期间，他将所有舰长召集到"胜利"号开会之时，但他们并没有给出信息出处。这里还有另一则从未公布过的昔日传闻，它与后来成为圣赫勒拿总督的艾略特和后来成为海军上将的安东尼·霍斯金斯（Anthony Hoskins）尉官相关。霍斯金斯曾将此复述给他的旗舰尉官，即文中曾经提到的马克·克尔舰长（Captain Mark Kerr）；而克尔又将此记录了下来，因而能为我们所知："在从西印度群岛返航的途中，纳尔逊曾多次走上艉楼甲板，与负责瞭望的军官交谈。那位军官说：'我希望我们能遇到维尔纳夫，长官。'纳尔逊答道：'是的，如果能知道他在哪里就太好了。'那位军官又说：'我们将迎来一场极其光荣的战斗，长官！'纳尔逊答道：'我不认为我要与他交战。'军官说：'不交战？那我们为什么要千方百计地找到他呢？'纳尔逊说：'若是往外逃，他就会越来越强，而我军就会越来越弱。若往本土

航行，我军就会越来越强，而他们就会越来越弱。如果我们现在遭遇敌人，我毫不怀疑我们能够打败敌人，并由此而赢得非凡的个人荣耀，但这对我们的国家将是一个巨大的错误。我知道，我们在一周之内就能得到增援，而他什么也没有。到那时，我一定会歼灭敌人。'"这个故事的主旨是十分清楚的，不过有几处细节难以理解。向外海航行将使维尔纳夫更强，这或许是指英军的船只状况将越发糟糕。但纳尔逊越来越弱又是因为什么呢？英军在西印度群岛还有一支舰队，而法西联军没有。

[19] *In-letters*, 326, June 25th.

[20] *In-letters*, 326, July 13th and 17th; *Admiralty Minutes*, 154. 海军部让科克伦派回 2 艘闲置战舰的命令落款于 7 月 11 日，而在那一周里，科克伦也自行做出了派回战舰的决定。

第十二章　巴勒姆直面危机

[1] From Bologna, June 22nd：*Correspondance*, x. 556.

[2] To Marmont and to Decrès, Parma, June 27th：*Correspondance*, x. 566 - 8.

[3] To Decrès, Milan, June 6th：*Correspondance*, x. 482.

[4] June 14th：Ibid. , p. 563. Lacour-Gayet, *Louis XVI*, p. 661.

[5] Gourdon to Beurnonville, July 7th：Desbrière, iv. 627. Calder to Gardner; July 5th, and Gardner to Marsden, July 6th：*Blockade of Brest*, ii. 298 - 9.

[6] Knight to Nelson, July 16th, and same to Collingwood, August 5th：*Nelson Papers*, *Add. MSS.* 3430. Napoleon to Decrès, June 22, 25, 27：*Correspondance*, x. 555, 564, 568.

[7] To Decrès, June 28th：*Correspandance*, x. 573.

[8] *Admiralty In-letters* (*Sec. of State*), 4199, July 1st.

[9] *Admiralty Minutes*, 153, July 1st.

［10］ To Dr. Carlyle, July 2nd：*Blockade of Brest*, ii. 296.

［11］ *In-letters*, 410, June 8th, endorsed "Approved, July 7th."

［12］ *Barham Payers*, iii. 355. 这份文件所署时间为"7月"，但其中特别
　　　提到了科林伍德向纳尔逊派出 2 艘战列舰的信息，因此其肯定完
　　　成于 7 日到 8 日这两天之间。到了 9 日，正如我们会看到的，他
　　　的计划又因新的情报而改变。我们看到的计划主线在巴勒姆的头
　　　脑中酝酿了相当长的一段时间。

［13］ Facsimile in *Barham Papers*, iii. 257. 最后一段插入的字句显然是在
　　　手记写完之前加上的，倒数第二段也是如此。因此，关于罗什福
　　　尔舰队的重要改变肯定也是在手记完成之前由他独立做出的。

［14］ Draft in *Barham Papers*, iii. 259 and note. 其中只有巴勒姆的签名
　　　是亲笔书写。这显然是仓促之下的不正规做法，这则命令也并未
　　　收入档案局编订的机密命令集中。这只能被视为巴勒姆不愿浪费
　　　任何时间再给秘书进行誊写。这则命令的简短形式也说明它并没
　　　有经过秘书之手。

第十三章　康沃利斯敞开布雷斯特

［1］ 这并非罗德尼在 1782 年圣徒岛海战中俘获的同名的法军旗舰，而
　　　是于 1795 年在查塔姆船厂新建的一级战列舰。在装备卡隆炮之前，
　　　它的侧舷投射量为 1236 磅；装备了 68 磅卡隆炮之后，其投射量已
　　　超过 1500 磅。

［2］ *Barham Papers*, iii. 393.

［3］ July 13th：Desbrière, iv. 639.

［4］ July 16th：Desbrière, iv. 642.

［5］ Desbrière, iv. 640, July 14th. 冈托姆的估算是基于一份表格，日
　　　后发表于 *Naval Chronicle*, vol. xiv。其标题为"英国海军实际兵
　　　力概要"（Abstract of the British Efficient Naval Force），声称其有效
　　　期直至 7 月 20 日，但其实并不准确。其中"英吉利与爱尔兰海

峡"一栏（包括康沃利斯所部、斯特林所部与爱尔兰舰队）写着 30 艘战列舰，其中 11 艘为三层甲板战舰。在"港口内与修理中"一栏（即所谓预备队）写着 9 艘战列舰，包括三层甲板的"皇家君权"号，另外还有 6 艘"海防舰"（guard-ships）。法国情报部门可能是从某些英国报刊上得到了这个表格，实际上爱尔兰舰队已不再独立存在，被并入了西方舰队。

[6] 这里显然是把三层炮甲板战舰计算为 2 个单位。因此英军包括 12 艘三甲板战舰在内的 30 艘战列舰就等同于 42 个单位。冈托姆所部拥有 22 艘战列舰，仅有 1 艘是三甲板战舰，等同于 23 个作战单位，但其中只有 21 艘战舰做好了出海准备。

[7] Saint-Cloud, July 18th：*Correspondence*, xi. 22.

[8] Desbrière, iv. 465 – 6.

[9] *Appareillage général de la flottille impériale.* August 3rd（Desbrière, iv. 398）. 编者对此写道："这样的报告实在让人无法评论。矛盾之处和资料错误实在是太多、太明显。"据基思勋爵的估计，布洛涅的船队要乘着 6 次潮水才能全部出港。*Barham Papers*, iii. 141, 181.

[10] Ibid, p. 466.

[11] Cornwallis's *Journal* and *Log of the Ville de Paris*.

第十四章　考尔德的战斗

[1] *Log of the Glory.* Letters of First Lieutenant of *Egyptienne*：*Blockade of Brest*, ii. 313. 在军事法庭上，斯特林说他记不清具体日期，但同意是 12 日的说法。

[2] "马耳他"号即法国 80 炮战列舰"威廉·退尔"号，它是尼罗河口海战最后的幸存者，于 1800 年被英国战列舰"闪电"号俘获。按照英国计算标准，它的载重量达 2255 吨，而 98 炮战舰的平均载重是 2000 吨，尽管后者的排水量要更大。加装卡隆炮之后，"马耳他"号的侧舷投射量达 1200 磅，比 98 炮战舰还多 200 磅。

［3］Court-martial, Calder's defence; *Naval Chronicle*, xv. 164. Lords of the Admiralty to Cornwallis, July 9th: *Barham Papers*（*ante*, p. 200）.

［4］See the chart in Desbrière, *Trafalgar*, p. 50.

［5］信号 52："保持紧密阵型，朝先导舰或旗舰靠拢。"当时的舰队处于巡航队形中，并非正式的航行阵型。在巡航队形中，各分队跟随其旗舰行动，不设固定阵位。

［6］据 1799 年的《信号指令簿》（*Signal Book Instructions*），xix. p. 121，密集阵型下的战舰间距为 1.5～2 链（1 链为 1/10 海里。——译者注），即 300～400 码。据 Art. ii., p. 127，这一距离是 2 链，平行纵队的横向间距是 1.5 英里，但 Plate I 所标示的、与考尔德舰队兵力相当的 15 艘战舰的纵队横间距又只有 1 英里，故其实际距离可能因舰队规模而有所变化。参见 *A System of Naval Tactics*, 1797, p. 170。战列舰的长度平均为 60 码，如果一支纵队由 8 艘战舰与 7 个 2 链的间隔距离组成，其长度就是 3280 码，约为 1.64 英里，那么处于这种阵型下的考尔德舰队足以覆盖 1.5 平方英里。松散阵型的间距为 3～4 链，8 艘战舰组成的纵队长度将会超过 3 英里。

［7］Galiano, *Revista General de Marina*, 1908, p. 477 *note*.

［8］信号 52："保持紧密阵型。"据 Instruction xix., p. 121，每次打出这一信号，战舰队形间距都应缩短半链。

［9］双方战列线如正文表格所示。

［10］Signal and Instructions（Navy Records Society）, pp. 77, 108, 120, 134, 173, 319, 328 - 9.

［11］威廉·詹姆斯认为，他在 3:22 打出了全体转向的命令，这表明他想抢得上风。实际上那只是预备转向的命令，而且在 3:30 撤销。3:33 时，他向右舷纵队打出了 93 号信号——"在不破坏阵型的前提下升起尽可能多的帆"——同时还打出代表西偏南的航向命令。这是让上风纵队驶向下风舰队前方、由此组成战列线的常规机动。到 3:43，他打出了"组成松散的战列线"的信号。

[12] Duro, *Armada Española*, viii. 291.

[13] 这要归功于格拉维纳的参谋长艾斯卡尼奥舰长的先见之明。参见 *Elogio de Don Antonio Escaño*, quoted by General Galiano。

[14] 其含义是，参照风浪情况，将原本一链的距离缩短到半链，即将间距减半。

[15] 詹姆斯所著海军史（vol. iii. 360）认为"埃阿斯"号在 5:45 转向，没去支援加德纳，而立即驶向了旗舰，他因此而谴责其舰长布朗（Brown）的行为。但布朗的日志表明，"埃阿斯"号在 5:35 投入战斗，在 5:50 转向。他与身边的另一艘英舰组成了航向相反的平行横队，此时仍在"与驶出雾气的敌舰交战"。他的人员损失显然比同尺寸的任何战舰都要大。

[16] 从正文表格的伤亡统计中，我们可以看出哪里是战斗的焦点。

[17] 目前对这场海战最好的叙述来自詹姆斯所著海军史，iii. p. 360 et seq.。而埃金斯将军（Admiral Ekins）的作品（*Naval Battles*, p. 662）则十分荒诞。他说除了他们一致同意这是一场糟糕的战斗之外，他无法从参战舰长那儿找到任何足够清楚的描述。德斯奇霍上校也和埃金斯一样，认为格拉维纳是迎风转向而不是顺风转向，他的态势图因此也是误导性的。加利亚诺将军（General Galiano）在其 *El Combate de Trafalgar* 的态势图中修正了这一错误。他与德斯奇霍都注意到了艾斯卡尼奥舰长——格拉维纳的参谋长——的宝贵报告，它是使对这场海战的可信叙述成为可能的最为重要的材料（*Trafalgar*, *Appendix of Documents*, p. 3）。维尔纳夫及其他人的叙述可参见其 *Projets et Tentatives*, iv. chapter xiv。格拉维纳的说法、波帕姆尉官（Lieut. Popham）的证词与考尔德写给巴勒姆的私人信件则可参见 *Barham Papers*, iii. 259 et seq.。利兰先生（Mr. Leyland）在其 *Blockade of Brest*, vol. ii 中收录了考尔德的证词，以及两份由通信巡洋舰军官所抄录的更全面的报告。考尔德的个人日记已经遗失，但参战舰艇的日志都保存在档案局。加

利亚诺将军曾发表过由被俘的西班牙战舰——"圣拉斐尔"号（San Raphael）与"坚决"号（Firme）——的舰长所撰写的两篇报告。

［18］*Blockade of Brest*，ii. 312. 他的私人信件可参见 *Barham Papers*，iii. 259。

［19］Nelson to Gambier，Oct. 2，in Chatterton's *Memorials of Gambier*，ii. 4.

第十五章　战后的行动

［1］*Nelson Papers*：*Add. MSS.* 34930.

［2］Collingwood to Nelson，off Cadiz，Jane 18th：*Nelson Papers*，*Add. MSS* 34930. Printed in Nicolas，vi. 472.

［3］To Marsden，Gibraltar，July 20th：Nicolas，vi. 473.

［4］这并非通常位于菲尼斯特雷西北 6 里格处的 52 号集结点，而很可能是詹姆斯所提到的西北 38 里格处，这一位置大概与奥特格尔角位于同一纬度，在费罗尔以西 100 英里。

［5］法军的这一集结点位于英军集结点西南方 30 英里处，即位于菲尼斯特雷角的西北方 38 里格处。

［6］August 14th：Desbrière，iv. 759.

［7］Rapport du capitaine Allemand，July 20th：Desbrière，iv. 759. 从这天起一直到 8 月 16 日驶入比戈，他发现了 91 艘船只，其中有 3 艘英国船只与至少 22 艘中立国船只被击沉。Ibid. ，p. 785.

［8］Rapport d'Allemand：Desbrière，iv. 759.

［9］Instructions pour le commandant de l'escadre de Rochefort，June 9th：Desbrière，iv. 606. 第二处集结点的位置是北纬 46°5′、西经 7°8′；and see Ibid，p. 765，and chart，ante，p. 184.

［10］Rapport de la *Gloire* and Rapport d'Allemand：Desbrière iv. 763 – 5.

［11］关于英国巡洋舰"那伊阿得"号的惊险脱逃，可参见 Captain

Dundas to Cornwallis：*Blockade of Brest*，ii. 332；以及 Rapport du Capitaine de *l'Armide*：Desbrière，iv. 766。"那伊阿得"号是康沃利斯在 8 月 6 日派出的，其任务是去南方和西方搜集联合舰队的信息：*Blockade of Brest*，ii. 331。

[12] Ibid.，p. 766. 康沃利斯在回到布雷斯特港外不久就派出了"凤凰"号，这是为了按照巴勒姆的指令与在费罗尔的考尔德保持联系。

[13] See his *General Instructions*：*Blockade of Brest*，ii. 197.

[14] Desbrière，iv. 775，August 8th.

[15] Desbrière，iv. 776，August 6th.

[16] Desbrière，iv. 729，note 1.

[17] Cornwallis to Marsden，July 29th：*Blockade of Brest*，ii. 328，and *Log of the Phoenix*. Fitzroy's orders are printed by James，vol. iv，p. 451 – 2，Appendices 1 and 2.

[18] 米利厄斯舰长的报告称这一意外事件发生于 8 月 8 日。詹姆斯则根据"埃俄罗斯"号的航海日志，将之记于 8 月 7 日，并称其地点在北纬 43°1′、西经 10°1′处。这个位置比德斯奇霍上校的示意图更靠南方（*Projets et Tentatives*，v. 731）。菲茨罗伊的行为引起了学者们的激烈争论。对战略问题毫无兴趣的詹姆斯在他的海军史第一版中指责菲茨罗伊的胆怯。布兰顿（Brenton）的《海军史》（*Naval History*）则支持了菲茨罗伊，随后詹姆斯在其海军史第二版中用更大篇幅论述了他的指控，批评更为严厉。菲茨罗伊是一个专断而不受欢迎的军官，但在这个案例中，他的上级似乎并未提出任何责难。由于两者都承担着传递关键情报的任务，现代海军思想或许会完全认可菲茨罗伊与米利厄斯在此的避战行为。相反，詹姆斯却表彰了"尼俄伯"号，后者在并未得到特别情报就对一艘可疑船只追击了三天三夜，结果没能与考尔德取得任何联系。可是，他后来又批评米利厄斯不该与"凤凰"号交战。整个

争论可参见 James（ed. 1902），iv。

[19] 詹姆斯在其海军史中给出了此次战斗的简要统计（iv. p. 70），其中有以下比较：

	单舷火力	船员	吨位（载重）
"凤凰"号	21 门炮,444 磅	245 人	844
"迪东"号	23 门炮,563 磅	330 人	1091

36 炮舰与 40 炮舰的说法来自官方书面登记的数据，这一数据只将长炮计算在内，而"凤凰"号恰恰是卡隆炮武备优越性的典型。在重新武装后，"凤凰"号拥有 26 门短管 18 磅加农炮、4 门 9 磅加农炮与 12 门 32 磅卡隆炮，使其侧舷投射量几乎翻倍——它最初的侧舷投射量仅有 265 磅而已。

[20] For further details see James，iv. 65 et seq.，and Captain Baker to Cornwallis：*Blockade of Brest*，ii. 338.

第十六章 危机全局

[1] Intelligence from Holland，July 10th，13th，and 18th：*Admiralty In-Letters（Secretary of State）*，4199.

[2] Minutes of July 22nd：*Barham Papers*. 命令中具体的战舰是"防御"号（Defence）、"歌利亚"号（Goliath）与"热情"号（Zealous），这则消息是通过"好奇"号发往康沃利斯的。*Cf.* p. 199.

[3] Keith to the Admiralty，July 22nd：*In-Letters*，551. 此时基思勋爵的旗舰设在拉姆斯盖特（Ramsgate）沿岸的"圣奥尔本斯"号（St. Albans）封锁舰——它原本是一艘建造于四十年前的 64 炮战列舰。

[4] *Admiralty In Letters（Secretary of State）*，4199. Received July 26th.

[5] Marsden to Cornwallis（two despatches），July 26th：*Barham Papers*.

与此同时，内政大臣霍克斯伯里正力图让海军部派尉官接管在爱尔兰海岸建造的一系列信号站，但海军部很难满足这一要求。这些信号站从爱尔兰东海岸一路修筑到西南端，再沿着西海岸修到最北端，共计 72 处。参见 *Admiralty In - Letters*（*Secretary of State*），4200，August 5th。

[6] Keith to the Admiralty, July 28th：*In-Letters*, 551. 此时基思麾下共有六位将军：驻扎在利斯的瓦雄；乘着 50 炮战舰"豹"号（Leopard）监视布洛涅的绰号叫"比利"的道格拉斯（"Billy"Douglas）；率领雅茅斯 - 泰瑟尔分舰队的拉塞尔；弗利辛恩沿岸的西德尼·史密斯爵士（Sir Sidney Smith）；驻扎在唐斯，负责加莱到奥斯滕德（Ostend）沿岸的霍洛威（Holloway）；以及驻扎在诺尔（the Nore），负责泰晤士河口的罗利（Rowley）。不过，海军部对这些战舰的分布与这一区域的总体战略一直都保持着很直接的控制。基思也习惯于将他发布给下属将领的指令提交给海军部，如果得到批准，他有时似乎还要求海军部直接向相应的将领发布命令。参见 *In-Letters*, 551 - 2，July 22nd；August 15th, et passim。

[7] Secret Orders：Out-letters, July 21st. 相关行动可参见 James, iii. 318 - 323；Desbrière, iv. 418 - 425；Keith to the Admiralty, July 18th - 23rd；*In-Letters*, 551。

[8] 它们分别是：74 炮战列舰"奥兰治公主"号（Princess of Orange）——其前身是被俘的荷兰战列舰"华盛顿"号（Washington）；64 炮战列舰"红宝石号"（Ruby）；64 炮战列舰"波吕斐摩斯"号（Polyphemus）。参见 Cornwallis to Marsden, August 4th：*Blockade of Brest*, ii. 330。

[9] Minute of July 30th：*Barham Papers*：*Admiralty Minutes* 153, July 31st.

[10] *Admiralty Secretary*（*Secret Orders*），1363. 此后不久，康沃利斯还向斯特林与考尔德发去了密令，但其主旨已无从得知，因为它们

并没有被送到其对象的手里。在基思得到的增援兵力方面，还有一些信息需要厘清。"歌利亚"号与"防御"号在 7 月 30 日抵达了唐斯，巴勒姆当天便让它们返回。第二批的 3 艘战列舰则在 8 月 6 日抵达，基思重申了让它们返航的命令。但这一命令在第二天被撤销，这些战舰被派往泰瑟尔沿岸的拉塞尔所部，最后留在了那里。参见 *In-Letters*, 551, July 23rd, 30th. Ibid., 552, August 6th, 7th, 8th。

[11] Barham to Cornwallis, Aug. 15th: *Hist. MSS. Com.*, *Various Collections*, vi. 411.

[12] Gower to Mulgrave, June 10th: *Foreign Office*, *Russia*, 58. Endorsed, "Received July 3rd." Printed in Holland Rose: *Third Coalition*, p. 174.

[13] Gower to Mulgrave, June 29th. Endorsed, "Received July 29th." *Foreign Office*, *Russia*, 68. Printed in Holland Rose: *Third Coalition*, p. 183.

[14] Novosilzow to Worontzow, Berlin, July 18th: Holland Rose: *Third Coalition*, pp. 182 and 186 – 7.

[15] Hawkesbury to the Admiralty, July 27th: *Admiralty In-Letter* (*Secretary of State*), 4199.

[16] Gower to Mulgrave, June 29th: Rose: *Third Coalition*, p. 185.

[17] *In-Letter* (*Secretary of State*), 4200, July 25th.

[18] Castlereagh to Cornwallis, September 10th. (Copy communicated to the Admiralty.) *Admiralty In-Letters* (*Secretary of State*), 4200.

第十七章　高妙之举

[1] Desbrière, iv. 778.

[2] Nelson's *Journal*, and *Log of the Victory* (Hardy).

[3] 我们很难弄清康沃利斯此时拥有的三甲板战舰的准确数量。除却

"胜利"号与"光荣"号，我们可以确定他拥有 9 或 10 艘。根据《巴勒姆文集》中一篇签署时间为 8 月 20 日的回信，本土舰队当时有 10 艘三甲板战舰正在外海服役，还有 5 艘正在修理。

[4] P. Bertrand, *Lettres inédites de Talleyrand à Napoléon*, 120. 法国外交部此时成立了一个处理海军情报的专门部门，根据其签署时间为 7 月 20 日的最新报告，他们认为英军在西班牙和法国海岸拥有 44 艘战列舰。塔列朗当晚就向皇帝送去了英军当时的兵力分布状况（Ibid.，第 122 页）。两周后，拿破仑在写给他的信中说道："外交部关于敌军舰船活动的工作非常有用，但还需要更加完善。" *Correspondance*, xi. 146, August 27th.

[5] August 4th; *Correspondance*, xi. 69.

[6] Desbrière, iv. 736.

[7] Ibid., p. 739, note.

[8] See Desbrière, iv. 749 and *ante*, p. 256.

[9] 关于这个故事与其真实性的争议，参见 Auriol, v, p. 452 脚注与 p. 493 脚注。他引用 *Mémoires de Ségur*, p. 158, 认为此事件发生在 8 月 13 日。梯也尔（Thiers）在《执政府与帝国的历史》（*Consultat et Empire*, v.464）中将这一事件写在 8 月 23 日之后，但并未给出任何依据。

[10] August 13th; *Correspemdance*, xi. 81.

[11] August 13th; *Correspondance*, xi. 80.

[12] Barham to Cornwallis, August 15th, *ante*, p. 257.

[13] *Blockade of Brest*, ii. 344, 347.

[14] 参见 Captain Hallowell (*Tigre*) to Nelson, August 17th: *Add. MSS.* 34930. 据他所说，考尔德的报告认为阿勒芒已经在费罗尔与维尔纳夫会合，康沃利斯据此认为联合舰队拥有 25 艘法国战舰与 13 或 14 艘西班牙战舰。康沃利斯的旗舰长也曾对纳尔逊表示："在我看来，您在那里与我们会合是再及时不过的了，这使得

将军能够派出那支大型分舰队。这对目前的敌舰队态势非常必要——如果罗什福尔舰队驶入了费罗尔，敌军在那里就会拥有 30 艘战列舰。"（Captain John Whitby to Nelson，August 19th；Ibid.）巴勒姆也认为"罗什福尔舰队无疑正待在费罗尔"。参见 Barham to Cornwallis，*Hist. MSS. Com.*，*Various Coll.*，vi. 410；same to Pitt，*Barham Paper*，iii. 97。

[15] Ganteaume to Decrès，August 23rd；Desbrière，iv. 806.

[16] To Decrès，August 29th；*Correspondance*，xi. 160.

[17]《海权对法国大革命和帝国的影响》（*Influence of Sea Power on the Revolution and Empire*），ii. 176；《剑桥近代史》，ix. 226；《封锁布雷斯特相关信件》，ii；Introduction，p. xxxix；莱尔德·克劳斯（Laird Clowes）的《皇家海军史》（*The Royal Navy*），v. 119。我相信，除了马汉上校之外，目前还没有海军军官采纳过这一观点。科洛姆将军（Admiral Colomb）、于连·德·拉格拉维埃（Jurien de la Gravière）与德斯奇霍都没有采用这种说法，约翰·K. 劳顿爵士（Sir John K. Laughton）更是明确否定了这一点。

[18] To Captain Keats，August 24th；Nicolas，vii. 16.

[19] 在考尔德加入舰队前后，康沃利斯已专门为他派出了"那伊阿得"号（Naiad）、"灵敏"号（Nimble）与"鸢尾花"号（Iris）。而"冒险"号（Hazard）、"革命者"号（Révolutionnaire）与"墨兰波斯"号（Melampus）也随后被派往南方。*Blockade of Brest*，ii. 337，345.

[20] Ibid.，ii. 343，August 16th.

[21] *In-Letters*（*Secret Orders*）1363. Signed "Barham，Gambier，Garlies."

[22] Barham to Pitt，August 9th，*Barham' Papers*，iii. 97；and same to Cornwallis，August 10th，*Hist. MSS. Cam.*，*Various Collections*，vi. 410.

[23] Mahan，*Sea Power*（*French Revolution*），ii. 576. 对于这位博学而刻

苦的作者（A. T. 马汉），我们必须要指出，他在写下这一观点时还没有任何的战争指挥经验。当他有过相关的经验之后（马汉在美西战争中担任美国海军战略委员会委员。——译者注），他对"集中"做出了一个似乎与先前对康沃利斯的批评相反的定义："就像开开合合的风扇，如此有组织地联结在一起的舰船构成了一股影响范围巨大的力量，这使得它们能越过广阔的洋面而发挥作用，能在同一时间相互支持，因为它们从属于一个共同的中心，并被这个中心所控制。这就是对'集中'的合理阐释——并不是像一群绵羊一样挤成一团，而是为着共同的目标而分布于各处，并被统一的意志有效地联结在一起。"马汉：《海权的影响及其与1812 年战争的关系》（*The Influence of Sea Power and Its Relations to the War of 1812*），第 316 页。

[24] Bourchier, *Memoirs of Codrington*, i. 66, October 16, 1805.

[25] *Hist. MSS. Coll.*, Far. Coll., vi. 410.

[26] 参考 1 艘三甲板战舰顶得上 2 艘双甲板战舰的公式，康沃利斯舰队的战斗力系数为（10×2）$+ 8 = 28$，而维尔纳夫舰队则是（1×2）$+ 28 = 30$。

[27] 一位最为平和、审慎的批评者在康沃利斯独自遭遇维尔纳夫的问题上采用了一种不同的见解。他认为："在这种情况下，康沃利斯似乎只有逃跑这一种选择，50 艘战列舰在海峡之内的大集结就很可能实现。" *Blockade of Brest*, ii. xxxix。但是，康沃利斯毫无疑问将会选择那个由德雷克首次应用，并由豪和肯彭菲尔特最近使用过的传统阵位，如果敌军试图进入海峡，他就会在上风位置跟随敌人。他很可能在时机不利时拒绝交战，但逃跑违背了所有的传统和实践方式。

[28] *Barham Papers*, August 20th.

第十八章　化解危机

[1] Lieutenant Delafons to Cornwallis, August 15th：*Blockade of Brest*,

ii. 334, and *Log of the Nimble*, *P. R. O.*

[2] Desbrière, iv. 730.

[3] Desbrière, iv. 778.

[4] Desbrière, *Trafalgar*, *App.*, p. 38, and see Thiers, *Consulat et Empire*, v. 439.

[5] Desbrière, *Trafalgar*, *App.*, pp. 106, 108. 这封信的写作时间不早于 8 月 21 日,那时他们已回到加迪斯。但这封信很好地展示了舰队中的普遍看法。纳尔逊在 5 月 7 日写给海军部的信中曾提到过利用这种印象的问题。Nicolas, vi. 428.

[6] Desbrière, *Trafalgar*, *App.*, p. 105.

[7] Thiers, *Consulat et Empire*, v. 442. 这是我们唯一所知的关于这一时刻(8 月 13 日)的信件。梯也尔从杜伊勒里宫取得了他所需的材料,但德克雷的回信在后来毁于巴黎公社的杜伊勒里宫大火。(1871 年 5 月 23 日,法国政府军攻入巴黎,公社当局下令焚毁巴黎的各主要建筑,包括卢浮宫、卢森堡宫、巴黎歌剧院、巴黎市政厅、内政部、司法部、王宫。杜伊勒里宫遭到焚毁。——译者注)不过,还有一封信件能让我们看到其中的蛛丝马迹。拿破仑在 9 月 8 日向德克雷写道:"在接到维尔纳夫的信之后,你就再别假设他会去布雷斯特了。他已经告诉我'我要前往加迪斯'。"之后,他还提到了洛里斯东的信。*Correspondance*, xi. 183. 但德克雷在 9 月 1 日认为,维尔纳夫的信件表示其目的地尚未确定。Desbrière, iv. 822.

[8] Desbrière, *Trafalgar*, *App.*, p. 7, and Report of the *Nimble*. 试图为老友辩护的德克雷也是同样的观点。他在写给拿破仑的报告中说:"舰队在 8 月 10 日起锚,几艘船发生了碰撞,造成了损坏。许多侦察舰正在全神贯注于敌军的行动。维尔纳夫将军得知考尔德与纳尔逊已经会合,这加剧了他的焦虑。他的补给品只够用 40 天。他最终在 13 日驶出港湾,驶向西北偏西,并在 15 日决定驶向加迪斯。从维尔纳夫的信件来看,他或许早在 11 日就下定了决心。"

Desbrière, *Projett*, iv. 726 n.

[9] Desbrière, *Projets*, iv. 786.

[10] "鸢尾花"号爱德华·布雷斯舰长（Captain Edward Brace）的报告
与布莱克伍德舰长 8 月 16 日的急报都刊载于 *Captains' letters*,
1534。他给出的维尔纳夫的航向是西略偏北（W. by N. 1/2N., 约
为正西方偏北 5 度——译者注），位置是北纬 44°17′, 西经 9°26′。

[11] *Captains' letters*, 1534 and *Phillimore's Life* of Sir W. Parker, i. 303.

[12] Cornwallis to Calder, August 19th：*In-Letters*, 129. "那伊阿得"号
带着原件，而"冒险"号则带着副本。另可参见 Marsden, August
19th：*Blockade of Brest*, ii. 346. 他写这封信的目的是将分离舰队的
行为通知海军部，而巴勒姆此时正在做出同样的决定。

[13] Cornwallis to Marsden：*In-letters*, 129, August 20th.

[14] To Decrès and to Ganteaume（by telegraph）, August 21st：*Correspon-
dance*, xi. 105 – 6.

[15] 它报告的这一航向仍然存疑。它以及其他权威人士，包括艾斯卡
尼奥，都说联合舰队在东北风下驶向西北偏西；但雷耶（Honoré
Reille，法国将领，联合舰队中洛里斯东的陆军部队指挥官——译
者注）却说，他们在 8 月 15 日中午时位于菲尼斯特雷角西北偏西
的 40 里格处，也就是费罗尔正西方的 55 里格处。一种调和二者
矛盾的办法是，我们可以假设位置信息没有错，而航向信息则受
到了地磁变化的影响。1805 年，菲尼斯特雷附近的地磁偏角是偏
西 22.5 度（即罗经显示的正北方向比真实的正北方向往西偏了
22.5 度——译者注），那么，将西北偏西的罗经航向折算之后，得
出的真实航向正好是正西。由此可以进一步佐证，他的航线正是
朝阿勒芒的第一处集结点驶去。不过，维尔纳夫给出的当天夜里
的位置是菲尼斯特雷西北偏西的 80 里格，但他显然不可能在这么
短的时间内驶过这么远的距离。另一种解释是，尽管他的确转向
到西北偏西，但比斯开湾中南偏东方向的海流与偏航的综合作用

使其实际航向变成了正西。不管怎么样，他都不可能像法国参谋地图（Desbrière, iv. 782）所示的那样航行到那么北的地方，因为他在转向南方之后只用了八十个小时就抵达了加迪斯港外。如果他从费罗尔以西 60 里格处向南航行，前往加迪斯的距离就是 550 英里，他的行进速度就是每小时 7 节。由于他还必须等待落后的舰船，这已是他的舰队所能达到的最大航速。

[16] 在那些后来驶向他东北方的英国巡洋舰的报告中并没有这些船只的踪影。

[17] 德斯奇霍上校认为，这 8 艘船"肯定是阿勒芒"。但根据雷耶的记述，这些船经过查验都是中立国的船只。8 月 14 日凌晨 2 时，维尔纳夫在普莱尔角附近转向，而在凌晨 4 时，阿勒芒在东北方看到了 3 艘可疑船只。德斯奇霍上校认为它们肯定是维尔纳夫的巡洋舰，但据阿勒芒所说，他的位置在北纬 45°39′、西经 13°31′——格林尼治经度的西经 11°1′（当时的法国以穿过巴黎天文台的经线为 0 度经线——译者注），也就是说，他位于普莱尔角西北方 150 英里。*Projets*, iv. 783; *Trafalgar*, 100.

[18] 格里菲斯舰长很可能是数错了。天色已渐渐昏暗，他很可能没有看清整支联合舰队。

[19] *Log of the Dragon*（Griffith's）. James, iii. 374; Lauriston to the Emperor, August 21st; Desbrière, *Trafalgar*, App., p. 107.

[20]《雷耶日志》（*Journal de Reille*）记载："中午时……位于菲尼斯特雷角西北偏西的 40 里格。"Desbrière, *Projets*, iv. 785. 这一位置也可以将维尔纳夫从费罗尔起航后的航向修正为正西。

[21] Allemand's Journal: Ibid., 784.

[22] Desbrière, *Trafalgar*, App., p. 108, August 21st.

[23] Desbrière, iv. 646.

[24] Desbrière, *Trafalgar*, App., p. 7.

[25] Desbrière, p. 108. 维尔纳夫在报告中说，他是在菲尼斯特雷西北

偏西的 80 里格处转向。但这显然不可能，这里距离他中午的位置约 120 英里，他不可能在七八个小时内驶过这么远的距离。

[26] *Lift of Parker*, p. 303. 不待下锚，帕克转而驶向乌桑特。他"携带着一份副本，以防'那伊阿得'号因任何难测的意外而没能通知到康沃利斯将军"。Ibid. , p. 304.

[27] 德鲁里的这一行为后来遭到了海军部的批评，海军部还告诫他，在未来派巡洋舰执行通信任务时要更加小心。*In-Letters*, 620, August 2nd, 11th, 14th, 16th.

[28] 这则消息大致准确，但斯特兰福德的消息来源却不得而知。

[29] *S. P. Foreign*, *Portugal*, vol. 47: Strangford to Mulgrave, August 7th. 马尔格雷夫在 9 月 9 日收到了这封信，随即将此转发给海军部，并批示道："给纳尔逊勋爵发一份副本。"*In-Letters*, *Secretary of State*, 1200.

[30] Blackwood to the Admiralty, August 16th and 18th: *Captain's Letters*, 1534. Logs of the *Iris* and *Euryalus*.

[31] *Masters' Logs*, 3673（*Prince of Wales*）. 我们找不到相关信息来说明他在何时再次转变航向。但在 21 日中午 11 时，他遇到了一支并未遭到袭击的运输船队，或许他由此推测维尔纳夫已经返航。他也可能是想占据更偏上风的方向，以便在必要时折返以与康沃利斯会合。

[32] 这是俘虏交换船"特里默"号（Trimmer）。详情可见朴次茅斯运输官巴顿舰长（Captain Patton）的信。*War Office*, i. 712, Aug. 31st, 以及 Log of the *Defence*, Aug. 21st。

[33] Log of the *Nimble*, Calder to Cornwallis, August 22nd: *In-Letters*, 129. 圣多明各正遭到黑奴起义军围困，拿破仑当时正试图组织一支救援圣多明各的远征军。Napoleon to Decrès, August 5th: *Correspondwnce*, xi. 63.

[34] Calder to Cornwallis, Aug. 24th: *In-Letters*, 129, and Log of the

Prince of Wales.

[35] *Blockade of Brest*，ii. 356 n.；*Life of Collingwood*，95.

第十九章　回归攻势

[1] 这两个事件间的联系只是一种推测，因为我们并不知道拿破仑得知克雷格抵达马耳他的准确时间。克雷格抵达于 7 月 19 日，那不勒斯的艾略特得知这一消息是在 8 月 1 日（Auriol，i. 387）。8 月 8 日，法国驻柏林大使提出了出让汉诺威的议题。圣西尔在 8 月 15 日提到了这一事件，但他肯定在更早的时间接到了消息（Ibid.，318）。拿破仑首次提到这件事是在 8 月 19 日命令增援圣西尔之时。

[2] To Talleyrand，Aug. 22nd；*Corresponiance*，xi. 107.

[3] *Correspondence of Castlereagh.* To the Duke of York，July 26th，vol. ii，p. 6.

[4] *Correspondance*，xi. 117，Aug. 23rd.

[5] August 22nd，Desbrière，iv. 814. 这里提到的是 1780 年秋法国与西班牙舰队大规模但并不成功地集结于加迪斯港的情况。德埃斯坦在 11 月 6 日出航，到 1781 年 1 月 3 日才下锚于布雷斯特。他在圣文森特角花了一段时间进行巡航，实际用在驶向布雷斯特的时间是 58 天。参见 Lacour-Gayet，*Marine tout Louis XVI.*，p. 322。

[6] *Correspondance*，xi. 134.

[7] Ibid.，146，Aug. 27.

[8] *Correspondance*，xi. 157，Aug. 28.

[9] *Castlereagh Correspondence*，ii. 6. 还有一份与此类似的未署时间的《可用兵力备忘录》（*Memorandum for Moving the Disposable Force*），可参见 *Pitt Papers*，Bundle 243。其中显示有 4.5 万名步兵、6700 名炮兵与 1.2 万名骑兵，按照每人 1.5 吨位的运输需要，共需要载重量为 30.8 万吨的运输船。当俄国提出与西班牙和谈时，皮特正在考虑将这支军队用于伊比利亚。

[10] *Correspondance*, xi. 169, Aug. 29.

[11] To Duroc (Postscript), *Correspondance*, xi. 15.

[12] Blackwood to the Admiralty: *Captains' Letters*, 1534. 这次行动的交通
费用，据他的日记记载，是 15 镑 19 先令。这是由于远程信号站
在夜间和浓雾天气时无法使用。

[13] 4 月 10 日，雷尼尔和韦尔斯利从马德拉斯（Madras）启程，并于
6 月 21 日抵达南方大型船队的集结点圣赫勒拿。几艘从中国驶来
的商船和捕鲸船在此加入了他们，使其护航队拥有 29 艘船，价值
1500 万英镑。根据海军部指令赋予他的自由酌定权，他于 7 月 12
日再次出航；在出航前，他强迫所有中立国船只锚定于要塞炮口
之下，以防他们发现并泄露其秘密航线。Rainier to Marsden, "Off
the Start, Sept. 8": *In-Letters*, 176; and *Log of the Trident*.

[14] *Secret Order*; August 27th: *Barham Papers*, iii. 279, Aug. 28th.

[15] Vol. xiv. 157.

[16] Clarke and McArthur, ii. 116. 档案局收藏了这份日志的副本，其封
面附有纳尔逊写给海军部首席秘书威廉·麦斯登（William
Marsden）的一封从未公开发表过的信："默顿，1805 年 8 月（原
文如此）。你在 19 日发来了海军部长官所提的要求，作为答复，
我会向你提交一份他们需要的日志。我恳求你允许我申辩，此前
从来没有要求（或者习惯）让一位舰队总司令向长官们提交行程
日志。我并没有为此专门保留的日志，只有一些我率领舰队追击
敌人时在不同时段留下的记录，一份从 1805 年 1 月 19 日到 3 月
12 日，另一份从 4 月 4 日到 20 日。我将它们附随此信一起交给海
军部长官。"

[17] Gower to Mulgrave, July 21st and 22nd, received Aug. 12th:
F. O. Russia, 58. Printed by Holland Rose, *Third Coalition*, pp. 188 –
93.

[18] Gower to Mulgrave, July 31st (two despatches), received August

23rd：Ibid.

[19] 直至 9 月 3 日，海军部才向内阁通报了比克顿曾看到远征军驶过博纳角（Cape Bona）的消息。*War Office*，i. 712. 早在 8 月 1 日，艾略特已经写下了一份关于克雷格抵达并与俄军联合行动的报告，并向罗马发出。通过陆路邮递，这封信直到"9 月 17 日夜间"才抵达英国。*Foreign Office*，*Sicily*，25.

[20] Elliot to Mulgrave July 9th and 16th received August 14th and 22nd. *Foreign Office*，*Sicily*，25.

[21] Nelson to Pitt, 6 a. m. , Aug. 29th, and same to Lord Minto, Aug. 31st：Nicolas, vii. 20, 25. Castlereagh to Nelson, Sept. —：*Castlereagh's Letters and Despatches*，2nd series，i. 88. Nelson to Ball, Sept. 30th：Nicolas，vii. 55.

[22] Gower to Mulgrave, Aug. 14th, received Sept. 1st：*F. O. Foreign*，68. Holland Rose, *Third Coalition*，p. 197.

[23] Same to same, August 14th：*F. O. Russia*，58. Received September 1st.

[24] Mulgrave to Gower, September 3rd：*F. O. Foreign*，58.

[25] Clarke and McArthur, ii. 117. 纳尔逊的看法当然也不能太当真。马克是一个从普通士兵中成长起来的将军，至于是由于他的能力还是由于罗利（Ralegh）所说的"大胆的花言巧语"，则有许多看法。英国陆军部倾向于信任他，拿破仑则认为他是个假内行。

[26] To Sir A. Ball, Sept. 30th. Nicolas, vii. 55.

[27] Clarke and McArthur, ii. 117.

[28] Croker, *Diary*，ii. 233.

[29] Rose and Broadley：*Dumouriez and the Defence of England*，p. 453，Sept. 11th, citing *Add. MSS.* 34931, f. 100；该书第 207 页记载了迪穆里埃在 1801 年 4 月 20 日写给纳尔逊的信："如果你能执掌地中海，我们就能一起将民主暴行逐出意大利和法兰西。"第 208 ~ 210

页还有其他两封信。他在得知维尔纳夫正在拉科鲁尼亚，并误以为考尔德将把他封锁于此之后写下的评估见该书第八章。

[30] 纳尔逊在 8 月 24 日写给济慈的信末附言道："你看我的印戳就知道，我还没被任命为舰队总司令。"Nicolas，vii. 16.

[31] *Add. MSS.* 34930.

[32] 在 8 月 29 日的一份会议纪要里，海军部命令"胜利"号一旦完成出海准备就应加入康沃利斯所部，并通知纳尔逊，"胜利"号不再受他指挥。*Admiralty Minutes*，p. 154.

[33] Admiral Lord Radstock to Nelson，September 3rd：*Add. MSS.* 34931.

[34] Admiralty Minutes，154，Sept. 2nd.

[35] 9 月 4 日肯定是海军部历史上工作最繁重的时刻之一。当天只有 7 位"高级书记员"与 17 位"初级书记员"负责处理所有在役战舰的航线，他们在四天前刚刚提出加薪意愿（*Minutes*，154，Aug. 29th）。在 7 月时，巴勒姆曾试图用印刷的回信格式纸来减轻他们的纸头工作量，其中包括回复命令的信纸与回复书信的信纸，后者包括三个部分：日期、信的主题和结果，例如行动已经结束，或即将采取措施。范例可见 *In-Letters*，552，August 2nd and 4th。

[36] *Out-Letters*，1363，Sept. 4th. 海军部秘书马斯顿在 9 月 6 日告诉他，商船队已经做好了准备，并要求他前去迎接。*Add. MSS.* 34931.

[37] Paget toMulgrave，August 10 and 17，received Sept. 5th（at night）：*F. O. Austria*，74.

[38] Elliot to Mulgrave，July 23rd，received Sept. 5th（at night）：*F. O. Sicily.* Printed in Auriol，ii. 368.

[39] Admiralty In-Letters（Secretary of State），4199，Sept. 6th.

[40] *Admiralty In-Letters*，552，Sept. 5th. 这则消息在第二天便转发给了陆军部。*W. O.*（i.），712. 顺便一提，这段时间内每一份海军情报都会被尽快转发给陆军部。

[41] Castlereagh to Nelson：*Letters and Despatches*，2nd series，vol. i,

p. 124. 这封信是在纳尔逊战殁的消息传到伦敦之前写下的。

[42] 乔治·坎宁是当时的海军财政主管,罗斯则是海军军需部长兼贸易委员会副主席。

[43] Desbrière, iv. 823.

[44] Napoleon to Decrès, Sept. 1st: *Correspondence*, xi. 170.

[45] 对于此种传说的生命力,可参见 Gabriel Darrieu 上校的《海上战争》(*La Guerre sur Mer*),1907 年出版,第 63 页。该书写作时,法国方面的参谋战史已在 7 年前出版,但这位战略学教授仍然引用了拿破仑的这篇文献,还写道:"这是一个伟大战略的范例,其中的原理无可挑剔,这样规模宏伟的计划可以也应当被继承下去。"他全盘接受了拿破仑颠倒的事实和拿破仑对其敌人的忽视,并将巴勒姆的布局视为全凭运气。之后,他更好的判断力和他的专业知识似乎恢复了过来,他随即指出整个计划建立在拿破仑对其敌人的严重忽视之上,没有成功的可能性。

[46] Napoleon to Villeneuve, St. Cloud, Sept. 11th: *Correspondamx*, xi. 196.

[47] To Decrès, Sept. 15th, and Rosily's Instructions, Sept. 17th: *Correspondance*, xi. 204, 217.

第二十章　保障交通线

[1] "刻耳柏洛斯"号(Cerberus)就是一个典型案例。在密歇希从罗什福尔出逃后,索马里兹在 3 月 27 日从他的舰队中派出这艘巡航舰,让它去马德拉群岛巡航一个月,然后立即返回。但它一直拖到 7 月 15 日才迟迟归队。索马里兹径直谴责它的舰长"对海军部极不服从"。*In-Letters*, 223; Secret *Orders*, 1363.

[2] 纳尔逊显然早已采用了这种方法与他的战列舰长进行沟通(see *e. g.* his letter to Hargood, Aug. 5th: Nicolas, vii. 3)。巴罗在其回忆录中写道,这种信号刚刚得到了改良和增订,这种描述是误导性

的。根据其导言和各版序言，第一版信号簿是私人印制，出版于
1800 年，随即被波帕姆用于波罗的海，主要是用于他在哥本哈根港
外的座舰——50 炮战舰"罗姆尼"号（Romney）——与位于埃尔
西诺（Elsinore）的迪克森将军（Admiral Dickson）之间的交流。此
后，他又将之沿用到了红海。由于后来的海军大臣斯宾塞勋爵的鼓
励，他在返回本土时编订了新版信号簿，增加了两个新章节。信号
簿的第一部分，也就是最初的版本，包括约 1000 个单词；第二部
分又新添了 1000 多个；第三部分则增加了一些句子和短语。这个
版本为四开大小，发布于 1803 年。此后直到 1809 年，它被多次重
印为较便宜的八开本，但内容并无改变。

[3] Gardner to Admiralty, Sept. 9th: *In-Letters*, 620. 他称命令发布于 9
月 6 日；而在 *Barham Papers*, iii. 210, 其只是一份未标日期的草稿。

[4] 例如，康沃利斯就没有从这种部署中看出任何特别的新意，甚至对
他的常用方式表示了些微不满。在收到发给爱尔兰舰队的命令副本
与波帕姆的信号簿时，他这样回复道："命令中的指示与之前给过
我的一般指示几乎完全相同。我不明白为什么还要把这则命令的副
本发给我。"To the Admiralty, Sept. 28th: *In-Letters*, 129.

[5] 这封重要的信仍未公开发表。来自肯特郡比尔斯特德（Bearsted）
的斯卡思女士（Mrs. Scarth）曾在 1907 年的特拉法尔加纪念日将之
展出于达特茅斯的英国皇家海军学院。汤普森先生是海军大臣的私
人秘书。至于让洛布舰队将葡萄牙港口作为行动基地的外交困难，
可参见 Barham to Mulgrave, *Barham Papers*, iii. 310, Aug. 15. ［署
名中的"布龙泰"指 1799 年那不勒斯与西西里国王费尔迪南三世
为纳尔逊授予的"布龙泰公爵"（Duca di Bronté）之封号，用以表
彰他在当年的那不勒斯革命中为保护王室做出的贡献。——译者
注］

[6] *Out-Letters*（*Secret Orders*）, 1184. For his working of the line see
Captain' Letters, 2075.

[7] Drury to Admiralty：*In-Letters*，640，Sept. 9th. *Admiralty Minutes* 154，Sept. 3rd，9th，11th. 10 月 5 日的一份会议纪要显示他们还向西印度群岛和北美送出了信号簿，还给纳尔逊再送去了 20 份。

[8] *Log of the Diadem*（Sir Home Popham），*Captains' Logs*，1743. 他在 8 月 28 日起锚，但直至 31 号才驶出科克港外。

[9] Cornwallis to Marsden，Aug. 20th：*In-Letters*，129. 雷尼尔的航线是先驶向亚速尔群岛（Azores）以西 200 英里，再驶向利泽德半岛。

[10] Cochrane to the Admiralty，July 17th：*In-Letters*，326. 7 月 11 日的海军部会议纪要要求他将"光辉"号与"拉米利斯"号派回本土。科克伦则安排"拉米利斯"号随着第二支商船队返航。

[11] See *ante*，p. 325.

[12] Barham to Gardner：*Barham Papers*，这封信写于 8 月 17 日到 23 日之间。为了实现这一目的，他已在一个多月前的 7 月 11 日命令牙买加的戴克斯将军派回他麾下最重型的 4 艘巡航舰。*Secret Orders*，1363.

[13] Secret Orders，1363.

[14] 斯特林的旗舰是 98 炮战列舰"光荣"号，此外还有 74 炮战列舰"却敌"号、74 炮战列舰"凯旋"号、74 炮战列舰"龙"号、74 炮战列舰"勇士"号以及 30 炮巡航舰"新月"号（Crescent）。此外，"墨兰波斯"号与其他巡洋舰已被派出搜索敌军。

[15] To Decrès，Sept. 4th：*Correspondance*，xi. 176.

[16] Cornwallis to Marsden，Sept. 2nd：*Blockade of Brest*，ii. 352. 康沃利斯直接发给斯特林的命令如今已不存在，因此，我们并不能确定他是否让斯特林前往巴勒姆指定的位置——锡利群岛西偏南 100 里格处的海域。

[17] 英军索敌失败部分是由于巡洋舰的糟糕表现。9 月 6 日，"墨兰波斯"号前来报告，称它一天前在勒桑（Le Saint）外海的雾气中遭到 4 艘战列舰的追击。但最后查明，这些船只是康沃利斯下属的 2

艘巡航舰与 2 艘轻帆船。*Blockade of Brest*，ii. 358 – 361.

[18] Stirling to Cornwallis, Sept. 16th. "Scilly bearing N. E. by E. 26 leagues," enclosed in Cornwallis to Marsden, Sept. 27. *In – Letters*，129.

[19] 8 月 30 日，帕克向他的母亲写道："在上述行动后，我加入了康沃利斯将军的舰队，他拥有最好的意愿和最出色的处置方法。他派我去西面巡航三周时间，以保护驶向本土的商船。" Phillimore，*Life of Sir W. Parker*，i. 305.

[20] Parker to Cornwallis：*Blockade of Brest*，ii. 359. "拉巴斯亲王"号是一艘西班牙私掠船，但其指挥官是法国人弗朗索瓦·贝克（François Beck）。他已经劫取了里斯本派往英国的邮船与一艘英国私掠船，后者的船员和数量可观的香料都被他弄上了自己的座舰。

[21] *Log of the Glory*（Stirling's flag），*Captain's Log*；1644. Cornwallis to Admiralty with Stirling's Report，Sept. 22 – 27. See also "Proceedings of the Fleet." *Nelson Papers*，*Add. MSS.* 34973，and Nicolas，vii. p. 46. Stirling rejoined on Sept. 22nd.

[22] Admiralty Minutes，154，Sept. 3rd.

[23] 阿勒芒说这是从直布罗陀驶向格林纳达的"腓比斯"号（Phœbus），而英国海军的任何舰船表中都没有这个名字，可见它必然只是一艘商船。

[24] Allemand's *Journal*：Desbrière，iv. 794.

[25] 参见彩插图示 5 的航迹图。这些事实可以从波帕姆舰队中"王冠"号（Diadem）的日志（*Captains' Logs*，1743）与阿勒芒的航海日志（Desbrière，v. 793.）得到佐证。当阿勒芒俘获那艘双桅帆船时，他的位置是北纬 35°0′，西经 11°8′（格林尼治经度西经 9°8′），这是在 9 月 11 日下午 6 时。接着，他"驶向西北方，再往东方折返"。如果他沿着这一航线继续向前，他很可能是直接穿过北纬 39°2′，西经 14°2′，也就是波帕姆 17 日中午时所在的位置。如果采用中等航速，他不可能早于 13 日太长时间穿过英军的航

线，也有可能晚于 13 日，然而，他的日志对这几天的记载却残缺不全。此时，波帕姆手中的兵力只有 64 炮战列舰"王冠"号、64炮战列舰"好战"号（Belliqueux）、50 炮战舰"迪奥梅德"号（Diomede）、32 炮巡航舰"那喀索斯"号（Narcissus）与 36 炮巡洋舰"勒达"号（Leda）。随后，"勒达"号在 9 月 15 日被派往马德拉群岛。

［26］James, iv. 47. Allemand's *Journal*：Desbrière, iv. 795.

［27］*Moucheron's* Report, enclosed in Cornwallis to the Admiralty：*In-Letters*, 129.

［28］Hawes's Report, ibid. 作为告警，他向康沃利斯捎去了那艘捕鲸船的日志的抄写稿。

［29］这支舰队包括 80 炮战列舰"恺撒"号、74 炮战列舰"英雄"号、74 炮战列舰"那慕尔"号（Namur）、74 炮战列舰"勇气"号（Courageux），以及 2 艘巡航舰。

［30］Cornwallis to Marsden, October 5th, 8th, and 9th：*In-Letters*, 129.

［31］Allemand's *Journal*：Desbrière, iv. 795

［32］此时的局势并不十分明晰。据"阿伽门农"号舰长爱德华·贝里爵士（Sir Edward Berry）说，在凌晨 3 时 30 分，他位于菲尼斯特雷的南偏西 70 度，这个数字显然受到了地磁偏角的影响（依照前文，1805 年菲尼斯特雷附近的地磁偏角是偏西 22.5 度——译者注）。阿勒芒说，他在凌晨 4 时发现英舰"在很近的正前方"，但他同时声称自己在 10 月 7 日距离比戈仅有 12 里格，这将使他当时的位置太靠近菲尼斯特雷的正南方。这里的"12"肯定是一处打字错误。如果他在 10 月 8 日距离比戈这么近，他就不可能在第二天发现"阿伽门农"号，而且肯定会在一天直穿过斯特罗恩舰队的航线。

［33］For Captain Sir E. Berry's despatch see Newbolt, *Year of Trafalgar*, p. 40, and Nicolas, vii. 117 *note*. 阿勒芒将"阿伽门农"号错认作

"龙"号，认为那是"英国最快的战舰"。

[34] 一份由一位新晋海军见习生写下的关于"和蔼"号逃脱的有趣报告，可参见 Newbolt, *Year of Trafalgar*, p.40。

第二十一章　加迪斯僵局

[1] Keith to Admiralty, July 12th：*In-Letters*, 557. 巴勒姆在收录信件时认为基斯建议进行的封锁是外交部的一个问题，于是将纪要发给了外交部，对方不予同意。

[2] *Foreign Office（Sicily）*, 25. Elliot to Mulgrave, August 1st（*via* Rome）, endorsed, "Received Sept. 17th at night." Paget to same, August 29th and 30th, "most secret," received the same day：*Foreign Office（Austria）*, 74. Craig's despatches are in *War Office（1）250*, July 20-1.

[3] Castlereagh to the Admiralty, September 21st：*In-Letters（Sec. of State）*, 4200.

[4] *Secret Orders*, 1363, September 21st.

[5] Maurice, *Diary of Sir John Moore*, ii. 109. Castlereagh to Moore, September 23rd. Barham to Castlereagh, September 25th. Pitt to same, October 6th. *Castlereagh Correspondence*, *2nd Series*, i. 86-117；and Stanhope, *Life of Pitt*, iv. 337："沃尔默堡（Walmer Castle），1805年10月6日——亲爱的卡斯尔雷——你将从莫尔将军那里得知我们交流的内容，这使我确信任何附带的登陆企图都太过冒险。我仍在积极考虑采取什么有效措施的可能性，同时，我相信你不会再因为基斯勋爵与海军部对此的反对而感到为难。你在回复巴勒姆勋爵时对这个问题的看法非常正确……除此之外，欧洲大陆还没传来任何的新消息，这让我十分失望。——您真诚的，W. 皮特" See also *Barham Papers*, iii. 155 et seq.

[6] Escaño（Gravina's Chief of the Staff）to Don Enrique MacDonnell,

Captain of the *Rayo*：Desbrière, *Trafalgar*, *App.* , p. 98.

［7］Villeneuve to Decrès, Oct. 8th：Ibid. , p. 96.

［8］"Procès-verbal du Conseil du guerre, &c," and Escaño's letter to Captain MacDonnell：Ibid. , pp. 97 – 9.

［9］Bourchier, *Life of Codrington*, i. 53. Codrington wrote Duplex instead of Decrès.

［10］Nicolas, vii. 85 – 6, 107. 在他的申请中，8 艘巡航舰和 2 艘轻帆船用于辅助战列舰队，2 艘巡航舰和 4 艘轻帆船用于保持直布罗陀和里斯本之间的交通线。对于侦察和贸易封锁任务，他申请用 3 艘巡航舰分别布置在斯帕特尔角、圣玛丽角和马德拉群岛，再用 2 艘轻帆船布置在圣文森特角，1 艘巡航舰与 1 艘轻帆船布置在卡塔赫纳港外。此外，直布罗陀港区司令还要求用 2 艘巡航舰和 3 艘轻帆船保卫海峡，地中海内的其他区域还要求 3 艘巡航舰和 6 艘轻帆船，克雷格的远征船队也申请 3 艘巡航舰作为护航兵力。

［11］依照森豪斯尉官（Lieutenant Senhouse, Humphrey Fleming Senhouse）——后来的汉弗莱爵士（Sir Humphrey）——的看法，纳尔逊的位置选择是基于以下几个目的："首先，要给敌人留出逃跑的机会；其次，要防止我军舰队被冬季从西方涌来的潮水冲入直布罗陀海峡……最后，还要能在布雷斯特舰队前来与加迪斯舰队会合，而加迪斯舰队尚未出港支援之时截击布雷斯特舰队。" *Macmillan's Magazine*, vol. 81, p. 415.

［12］To the Right. Hon. Sir George Rose, Oct. 6. 这封信常被视作纳尔逊偏好用许多战舰对抗单个目标的证据，但应当注意的是，他要求罗斯派来的是"那支早已说好的兵力"。除了他们已经派出的"胜利"号、"皇家君权"号与另外 2 艘 74 炮战舰，他所期待的预定兵力还包括"伦敦"号与"巴夫勒尔"号这 2 艘 98 炮战舰、"阿伽门农"号 64 炮战舰与"贝尔岛"号 74 炮战舰。这 8 艘战舰中有一半是三甲板战舰。（To Blackwood, Oct. 8 and 9, Nicolas vii. 88

and 90.）在他发给巴勒姆的正式信件中，他从未谈及"数量"，只提到"从英国派来的战舰"。（Oct. 5，Ibid.，p. 75.）在这封发给罗斯的信中的表述也是如此。

[13] Nicolas，vii. 81 note.

[14] Hubback，*Jane Austen's Sailor Brothers*，p. 149；James，*Naval History*，iv. 380；Log of the *Canopus*。布莱克伍德的消息来自一艘瑞典船。

[15] Nicolas，vii. 110，October 10th.

[16] 值得一提的是，如果维尔纳夫按纳尔逊最早预计的时刻出海，那时的纳尔逊还没有准备好他的战术备忘录。

[17] Log of the *Cæsar*.

[18] Nicolas，vii. 121 and 126 – 7 – 9. 在 18 日，我们还能找到另一则证据表明纳尔逊对三甲板战舰的态度。科林伍德在谈到让战舰从淡水运输船处搬运淡水时说："我想，您会想要装满三甲板战舰。" Ibid.，note. 在他看来，战舰质量似乎比数量更加重要。

[19] Hubback，*Jane Austen's Sailor Brothers*，p. 152. 在 10 月 17 日，位于特图湾的路易斯从一艘巡航舰那里接到了命令。他在此时派 74 炮战舰"多尼戈尔"号（Donegal）驶入直布罗陀港，补充舱底的补给品。

[20] 弗朗西斯就是著名的美国发明家罗伯特·富尔顿（Robert Fulton）的化名。他发明了多种水下爆炸装置，将之命名为"鱼雷"（Torpedo）。其中一种设计是用一根较长的系带连接着两个雷头，可以顺着潮水放出，让系带缠在下锚战舰的锚链上，待雷头被潮水推到战舰下方，定时装置就会引爆炸药。1804 年 10 月，这一设计已在实验中取得成功。

[21] Nelson Papers，*Add. MSS.* 34968.

[22] 其中之一是纳尔逊刚刚派来的 74 炮战舰"多尼戈尔"号，它"被迫进入港口两天时间"。Nelson to Collingwood，Oct. 19th；Nicolas，vii. 127. 另一艘可能是 74 炮战舰"热情"号，与它一起的还有 40

炮巡航舰"恩底弥翁"号（Endymion），它们都是路易斯最初派去护送马耳他商船队的舰只，但"都成了受损难行的船"。

[23] Villeneuve to Decrès, Oct. 18th（two letters）：Desbrière, *Trafalgar*, *App.*, pp. 101 – 2.

第二十二章　主力舰队相遇

[1] 对于纳尔逊此时的具体位置还存有一些争议。他在日记中写道："南风，加迪斯位于我方罗经东北偏东的 16 里格。"这里需要考虑地磁变化，根据西班牙战舰"蒙塔涅斯"号（Montañés）的日志，附近的地磁偏角是偏西 20 度（Desbrière, *Trafalgar*, *App.*, p. 374），因此，东北偏东实际上就是东北方。然而，在南风迎面吹来时，他不可能朝正东南方行进（风帆战舰无法驶入与风向夹角小于 6 个罗经点即 67.5 度的范围，而东南方与南方间的夹角是 45 度——译者注），这个位置与这个航向也不可能让他驶向海峡。纳尔逊打出的信号是升起单旗，鸣炮两响，再升起东南罗经旗，其含义是"全舰队向东南面（south-east quarter）展开追击"。我们可以将他的航向理解为东略偏南，这个方向仍可算在罗经的东南半弧（quarter）里。不过，还有一种可能是纳尔逊记载的位置有误。当天中午，"胜利"号的航海日志显示其位置是北纬 36°6′、西经 7°30′，加迪斯位于其东方 19 里格。这正是他的常规驻地，若从此出发，驶向东南方的确可以前往海峡。没有任何资料说明纳尔逊曾转移舰队驻地，因此，日记中的"东北偏东"可能是"东南偏东"的笔误。按照"勇莽"号的航海日志，英军的航向在风向为南偏东时是东偏南；当风向变为西南偏西时，英军航向才转向东南。

[2] Nelson to Collingwood, October 18th and 19th：Nicolas, vii. 127, 129. 纳尔逊发布给路易斯的指令已经佚失，但据纳尔逊说，他让其"不要错过任何从东面吹来的风"，即使让商船队必须等待下一支护航舰队。

[3] 早在 1790 年，地中海舰队便曾组建过前锋舰队，这并非纳尔逊的独创，很可能是从法军那里借鉴而来。参见 *Signals and Instructions* (*Navy Record Society*) p. 72. 此时的这支前锋舰队的兵力部署并不明确。柯德林顿在给妻子的信（*Life*, i. 57）中写道："以上 4 艘 ['阿伽门农'号、'防御'号、'巨像'号（Colossus）、'玛尔斯'号] 和其他更多的战舰现在组成了一支前锋舰队，我相信我们明早就能（与路易斯）会合并发现敌人。"他还说，他的座舰"俄里翁"号与另一艘战舰"贝尔岛"号也在其中，并被派往舰队前方。"防御"号和"阿伽门农"号是最靠近加迪斯港的战舰，而"玛尔斯"号与"巨像"号则作为通信舰。"勇莽"号记载了一则发往"贝尔岛"号、"俄里翁"号、"利维坦"号、"波吕斐摩斯"号与"柏勒洛丰"号的第 155 号信号："在便于使用夜间信号进行交流的距离上，点亮舰尾的灯笼，在夜里保持对前方的小心监视。"参见 *Masters' Logs*, 3706. 而曾经在"贝尔岛"号指挥陆战队的欧文上校（Colonel Owen）也说，有 5 艘战舰被派往前方。参见 Allen, *Memoirs of Sir W. Hargood*, p. 137. 因此，前锋舰队必定拥有 9 艘战列舰，这也意味着它占据了纳尔逊总兵力的三分之一，这是非同寻常的极大比例。

[4] *Private Diary*, Nicolas, vii. 133, and *Téméraire's* Signal Log, *Masters' Logs*, 3706. 这则命令造成了一种有趣的后果，它使法军相信，这三艘战列舰被组成了一支见机行事的分舰队。

[5] Log of the *Queen*. Hubback, *Jane Austen's Sailor Brothers*, p. 152.

[6] Bourchier, *Life of Codrington*, i. 58.

[7] Nicolas, vii. 76.

[8] 贝蒂医生（Dr. Beatty）写道："8 时，'胜利'号顶风停航，科林伍德将军……来到舰上接受指令。"柯德林顿则这样写道："周日早晨，为表示对科林伍德的尊重，纳尔逊勋爵打出了向他咨询的信号，召唤他登上旗舰。纳尔逊向哈迪开玩笑说，他不会听从科林伍

德的观点，除非他自己也同意。在征询意见时，科林伍德的看法倾
向于立即发起攻击。但纳尔逊勋爵决定暂不执行攻击计划，直到联
合舰队行驶得更远，直到他们看起来不会再改变想法返回加迪斯，
而是坚持其原先目的。"这是柯德林顿在多年之后口述给女儿鲍彻
女士（Lady Bourchier）的若干片段之一。参见 *Life of Codrington*，
i. 59。

[9] Hardy's Journal：*Captain's Logs*，414.

[10] Log of *Euryalus*：Great Sea Fights，ii. 167. "在 4 时 10 分，向'胜
利'号打出第 413 号信号，北方，鸣炮两响。"这一信号位于信号
簿的附录章节，根据霍普舰长（Captain Hope）的信号簿复印件，
其含义是"敌舰队先导舰航行在随后展示的罗经方位"。"欧律阿
罗斯"号的记录时间比"胜利"号早了三刻钟，"胜利"号记录
的信号时间是在 3 时 30 分左右，"勇莽"号则说是"那伊阿得"
号在 3 时 34 分打出了信号。

[11] Lieutenant Senhouse to his mother：*Macmillan's Magazine*，vol. 81，
p. 416.

[12] See Colonel Owen's letters. Allen：*Memoirs of Hargood*，p. 138

[13] 其早年的战术备忘录可参见 *Fighting Instructions*，p. 315. "另一种
方法是在可以操控的满帆下直接驶向对方最前端的战舰，这样可
以使敌人无法得知我要驶向他的上风还是下风方向。"

[14] 此时已经入夜，他打出的是夜间信号的第 31 号，随后焚起蓝光以
标示自己的位置：*Téméraire's Signal Log*.

[15] 森豪斯尉官向他母亲写道："'阿非利加'号在夜间离开了舰队。"
参见 *Macmillan's Magazine*，1900。它并非如某些人说的那样是被
派往前方侦察。

[16] 此问题可参见德斯奇霍在其著作中引用的大批指挥官报告，特别
是法国舰队参谋长普利尼绘制的示意图。另外，从不同英舰的日
志对敌军方位的不同记述中也可以看出彼时英国舰队的混乱。"胜

利"号记载敌军位于东方到东南偏东。"皇家君权"号的记载是东南偏东到东偏北,它肯定是位于"胜利"号以南。"不列颠尼亚"号的记载是东南偏东,它位于"胜利"号前方。"勇莽"号记载为东南方,更加靠前。"尼普顿"号的记载是东偏南,接近"胜利"号。科林伍德纵队的"无畏"号看到敌人在东北偏东,它因此位于"胜利"号的西南方,处于上风位置。纳尔逊纵队的"斯巴达人"号则认为是北偏东,"征服者"号记载为东北方,这两艘战舰显然都在纳尔逊身后,但"米诺陶"号、"阿伽门农"号、"埃阿斯"号与"阿非利加"号则位于前方。

第二十三章 纳尔逊的攻击计划

[1] To Lord Garlies, Oct. 28th: Bourchier, *Life of Codrington*, i. 60 and 77.

[2] Captain Moorsom to his father, November 1st, 1805: *Great Sea Fights*, ii. 242.

[3] The *Principles of Naval Tactics*, exemplified with Tables for facilitating the several evolutions. By Captain C. R. Moorsom, R. N. London, 1843.

[4] 1900 年,将军的女儿森豪斯小姐将这篇出色的文章交给了《麦克米兰杂志》(*Macmillan's Magazine*)。森豪斯小姐认为它写成于 1827～1830 年,但查尔斯·埃金斯爵士也曾得到这篇文章,并在 1824 年刊发了其中的一部分(参见 *Naval Battles*,p. 271)。由此可见,它最初的创作时间还要更早,或许是应埃金斯邀请所作。不过,森豪斯小姐的这份手稿是一份增订稿,其中更小心地回避了可能贬低纳尔逊的说法,因此可能是较晚的作品,有可能写作于他担任地中海舰队旗舰舰长期间。在特拉法尔加海战时,他仅是一位在职三年的尉官,并不知道纳尔逊的攻击计划或意图(参见他在 1805 年 10 月 27 日的信:Ibid.,p. 415)。他说攻击计划得到了很好的安排,唯一需要的临场信号就是改变航向,但他之后又认为科林

伍德的任务是突破敌军战列或在任何便利之处穿过敌舰的首尾，纳尔逊则从上风一侧夹击那些与科林伍德交战的敌舰。

［5］*Naval Battle*，p. 268. 埃金斯写于 1821 年。

［6］*Signals and Instructions for the use of H. M. Fleet*，1816. Signal I. 7，p. 28.

［7］Fernandez Duro：*Armada Española*，viii. 353.

［8］1816 年信号簿的作者显然采纳了这种看法。那则"特拉法尔加信号"的指示写道，在没有打出特殊信号时，"下风分队在突破战列线之后，可以考虑交给它的司令官来指挥"。

［9］在这里打出的信号是正式信号簿并未作出规定的"一面旗"。他选中的是第 17 页的第 8 面旗，即黄底蓝边旗。这面旗从未被用作战术信号，纳尔逊却为之赋予了含义："截断敌军战列，在他们的另一侧近距离作战。注意——所有战舰都要重复打出这一信号。"这些词句见于"胜利"号舰长哈迪的信号簿印刷本，现由皇家海军少校马尔科姆·麦格雷戈爵士（Sir Malcolm Macgregor）收藏。

［10］参见本书第十一章。

［11］*Signals and Instructions*（N. R. S.），p. 73. 尼古拉斯在纳尔逊书信集（vii. 94）刊印了另一份与前述表格类似但有所不同的"航行与战斗阵型"，虽然没有签名也没有写明时间，但被系于 10 月 9 日，其可能是一个被放弃的早期草稿。其中只划分了前卫和后卫，并没有分队组织形式；每支分舰队的第 5 个位置都有战舰占据，而不像诺塞斯克勋爵的版本那样被空出来。那个表格也并未提及"肯特"号，它的位置被柯德林顿的"俄里翁"号占据，而"俄里翁"号最终的位置是跟在纳尔逊分舰队的"埃阿斯"号之后。

［12］哈里斯·尼古拉斯爵士在纳尔逊书信集（vol. vii. 301）中的一幅示意图上就把"无畏"号放在了这个位置上。它显然不可能继续作为殿后舰，因为它是纳尔逊授权其自行选择便利阵位的三艘三甲板战舰之一。

[13] Nelson to Ball, Oct. 15th: Nicolas, vii. 123.

[14] "贝尔岛"号本是一艘法国战列舰,于 1795 年被俘,最初在英国海军舰船表上被登记为 80 炮战舰。它拥有 30 门 32 磅炮、30 门 24 磅炮、18 门 9 磅炮、14 门 32 磅卡隆炮与 4 门 24 磅卡隆炮。其舰员编制为 700 人,仅比 98 炮二级战列舰少 50 人。

[15] Harvey to his Wife: *Great Sea Fights*, ii. 225, and Senhouse to his Mother: *Macmillan's Magazine*, vol. lxxxi. 117.

[16] Nicolas, vii. III, October 11th.

第二十四章　特拉法尔加海战

[1] 风向的不断变化非常重要,尤其是最近有人试图用风向来精巧地论证纳尔逊并非垂直发起攻击(Thursfield, *Nelson and Other Naval Studies*)。这种说法假定风向一直如"胜利"号航海日志在中午记载的那样是西北方,但科林伍德的说法就与此相反,他说风来自西方附近。英军与法军的报告也一致印证了这一点。"亲王"号的航海长日志说风向是西方到西南方;"尼普顿"号的舰长日志则分别记录为北偏西 5~8 个罗经点、北偏西 8~12 个罗经点(即西偏南)以及北偏西 12~6 个罗经点;"雷神"号在中午时记录的风向是西南偏南。总体而言,这些证据的说法是风向从西偏北转为西方,时而转为西偏南。"柏勒洛丰"号依次记下了"西偏北""东北偏北""西北偏北""西"。"无畏"号的记录是"由西北到西","复仇"号的记录是"变化,静止,变化"。

[2] "侧舷迎风的斜向阵列"可以用高度技术化的语言描述为航向与风向相差 7 个罗经点、所有战舰航向相同但首尾相错的直线阵型,如果全体逆风转向,就可以组成左舷或右舷顶风航行的战列线。因此,"侧舷迎风的斜向阵列"的航向已经被规定为确定的罗经点。

[3] See "Instructions respecting the Order of Sailing": *Signal Book*, 1799, article ii, p. 127. "纵队应相互平行,每艘战舰都应跟随其纵队先导

舰转向。" Cf. *Signals and Instructions*（*Navy Records Society*）, pp. 75 –
77.

[4] 纳尔逊首先打出的是 72 号信号："组成两路纵队的航行阵型。" 对
应的指令可见于 *Signal Book*, No. 4, p. 101, 内容是 "当组成任何
舰列或航行阵型信号的打出" 并附有罗经信号时, 信号的意思是
"按照指定方向组成阵型"。如果罗经信号是在主信号得到回复之后
才挂出, "这表示舰队将要转舵的方向"。而在这里, 纳尔逊并未在
打出组成航行阵型信号的同时挂出罗经信号, 而是随后将之与另一
个信号一齐打出。76 号信号的意思是 "迎风停船, 遵照旗舰的动
作或信号指示的方向转舵, 然后大张风帆, 驶向下风"。在这里,
东北偏东就是 "信号指示的方向"。这有时会被理解为 "同时转向
下风", 但对应指令（No. 14, p. 132）的开头是 "当舰队逐次大张
风帆, 驶向下风", 随后又说明每艘战舰的行动应如何注意它之前
与之后的战舰。这是纳尔逊在舰队尚未结阵时惯于使用的信号, 例
如, 他在《9 月 30 日的舰队行动》（*Add. MSS.* 34973）中写道："1
时, 顶风缓行; 6 时, 打出全体信号, 让停航船只开始航行（76
号）; 6 时 35 分, 依次转向; 6 时 35 分, 大张风帆, 驶向下风（再
次出 76 号）; 6 时 42 分, 全体组建航行阵型。" 让舰队组建 "战
列线或航行阵型" 的信号是 79 号到 82 号。79 号和 80 号是让战舰
逐次向左舷或右舷转向一个罗经点, 或者转往罗经信号明确标示的
航向。81 号和 82 号则是一同转向。这里没有信号能让未结阵的舰
队一同驶向下风。如果没有组成起战列线或航行阵型, 这个信号就
不可能打出, 因为这将使整支舰队失去便于快速结阵的宽松的巡航
阵型（cruising order）。

[5] *Masters' Logs*, P. R. O. 不幸的是, 尼古拉斯的纳尔逊书信集和《大
海战日志汇编》（*Logs of Great Sea Fights*）都没有收录这份日志, 否
则, 十分谨慎的历史学家科隆布将军（Admiral Colomb）就绝不会
冒险推测舰队是同时驶向下风（*The Battle of Trafalgar*, 1905,

reprinted from the *United Service Magazine*）。森豪斯对此的说法也很清楚：“英国舰队依次驶向下风……随之组成了两路纵队的航行阵型，直至发起攻击。”（*Macmillan's Magazine*, vol. lxxxi. 422.）“依次”这一概念不仅能用于纵队，同样也能用于松散的巡航阵型，意即每艘战舰在前方战舰行动之后才能转往新的航向，这是为了防止混乱和意外的发生。

[6] Nicolas, vii. 137. 科林伍德在他的日记里清楚地记录了此时发生的情况：“6时30分，组建两路纵队的航行阵型……驶向下风。英国舰队以两路纵队驶向他们。”（*Great Sea Fights*, ii. 201.）他最初的航向是南偏东80度，可能是为了与“胜利”号拉开一个合理的距离（*Royal Sovereign*, Captain's Log）。另可参见莫尔森舰长和哈维舰长的叙述以及组波特先生的《特拉法尔加之年》。（*Year of Trafalgar*, pp. 83 – 4.）英军信号簿中的“纵队”（Column）是来自法语的术语，这个词在所有关于组成航行阵型的信号中都没有出现。

[7] 一些战舰似乎预测到了纳尔逊的信号，如往常那样事先驶近了它们的位置。See Logs of *Conqueror* and *Ajax*：*Great Sea Fights*, ii. 257 and 285.

[8] See Desbrière, *Trafalgar*, pp. 184 – 6 and in his *Appendix*, Report of Villeneuve, p. 129; Dumanoir, p. 150; Magendie, p. 178; Lucas (*Redoutable*), p. 197; Philibert (Magon's chief-of-staff), p. 233; Epron (*Argonaute*), p. 249; L'Achille, p. 263. Two French vessels, *Neptune* (p. 192) and *Fougueux* (p. 214) report the enemy forming *en échequier* (*i. e.* line of bearing) and then in column.

[9] Desbrière, *Trafalgar*, p. 129.

[10] Ibid. , p. 192, *Neptune's* report. See also p. 166, Report of the *Héros*, 其写道“敌人形成舰群”。

[11] Clarke and McArthur, ii. 146, and Nicolas, vii. 138.

[12] 格拉维纳的参谋报告记载得非常明白："8 时，打出同时调头的命令。为了朝着左舷船舷后侧组成战列，各舰依次向下风转去。"

[13] 有趣的是，在 17 艘记录了之前准备信号的战舰中，只有 7 艘提到了组建航行阵型的命令。

[14] To Pasley, December 16th；Nicolas, vii. 241.

[15] "胜利"号的日志这样记录了航向的改变："7 时，航向是东北偏东。8 时（一直到中午），是东偏北。""尼普顿"号的记录是："7 时，东北偏东。8 时（一直到中午），东偏北半点。"科林伍德的日志记录了一则信号："7 时 40 分，驶向东方。""皇家君权"号给出的航向大概是"南偏东 80 度"，它身后的"雷鸣"号则是"东偏南"。"尼普顿"号之后的"征服者"号记录的是"东偏南半点"。接敌过程中的实际航向十分令人困惑，这是由于一些战舰只记录了最初的一则罗经信号，另一些战舰只记录了两则；而且，只有"埃阿斯"号是唯一正确记录了两则信号的战舰。

[16] 由于"皇家君权"号日志未得到妥善保管，这则战斗中最为重要的战术命令一直被系于 11 时左右。"雷神"号同样也记录这一信号，它将之记在下午。然而，"勇莽"号和"防御"号的两份信号日志足以准确说明其时间，令人惊奇的是，许多以这场海战为题的作者都没有注意到这些材料。"勇莽"号的航海长日志写道："8 时 47 分，'皇家君权'号向左舷分队打出 42 号和 88 号信号。""防御"号的舰长日志和航海长日志都写道："8 时 45 分，'皇家君权'号发来 50 号信号；8 时 46 分，又打出 42 号和 88 号信号。"50 号信号的意思是"向右舷转向，但应维持左舷迎风的斜向阵列"。纳尔逊分队中的"阿伽门农"号以为这是发给全军的信号，便做出了回应。但这或许是信号官的失误，随后打出的 42 号立即撤销了之前的信号，它的意思是"组成左舷迎风的斜向阵列，转向标示的方向"。而 88 号的意思是"升起更多的帆，如果在战列线或航行阵型中，则由领航舰开始"。

[17] See *Signals and Instructions* (*Navy Records Society*), p. 77, and
Signal Book, 1799, Instruction xv. 120.

[18] 这则信号所附的指令 (*Signal Book*, 1799, p. 149, Instruction vii.)
是:"战舰应当让自己处于这样一种位置:如果它们在业已组建的
斜向阵列中一齐向上风转向,它们能立即组成一道航向与斜向阵
列展开方向相一致的战列。为此,每艘战舰必须驶向若组成战列
线则将位于它之前的那艘战舰,然后靠近舰队将要采取的航向,
也就是与来风方向相差 7 个罗经点的方向。如果信号要求'紧靠'
风向,则是相差 6 个罗经点。"

[19] Signal 81, and Instruction viii. 150.

[20] "胜利"号的日志写道:"仍然驶向敌军前卫 (van)。"但按照其
记录,这是驶向第 14 艘战舰,而且它从未再改变其东偏北的航
向。因此,这应当是指"前半支舰队"(the van half of the fleet)。

[21] 由于有人试图用联军正在向北航行来论证纳尔逊并非以垂直姿态接
敌,联军的静止姿态就十分关键。对阵双方都能给出有力的证据。
在《大海战日志汇编》(*Logs of Great Sea Fights*) 中,我们可以看
到:"白天,敌人正在组建战列线迎接我们的攻击。"(Britannia,
p. 211.)"白天,敌人顶风停航,组建战列。"(Spartiate, p. 262.)
"12 时 10 分,敌舰队组成纵队,顶风停航。"(Colossus, p. 265.)
"中午时……联合舰队顶风停航。"(Entreprenant, p. 320.)"柏勒洛
丰"号上的见习生沃克尔 (Walker) 写道:"当我们乘风驶向他们
时,他们组成了战列,以极大的勇气等待着我们。" (Ibid.,
p. 323.) 森豪斯说,敌人"在顶风停航时还挂着主桅的上帆,结果
无法保持准确的位置"。(*Macmillan's Magazine*, vol. lxxxi, p. 421.)
在法军记载方面,很明显,他们唯一的动作就是组成战列所必需的
动作。"前卫的战舰被迫停留了很长时间。" (Prigny's Abstract,
Desbrière, p. 285.)"战斗舰队"也是一样,"其他战舰在战斗开
始时都没有动"。(Ibid., p. 186,另可参见他引用的报告。)"布

森陶尔"号也顶风慢行（Ibid.，p.187）。我们还可以从"胜利"号的转向情况中得知这一事实，尽管它在整个接敌过程中都是驶向联军前方第14艘战舰，但直到最后一刻之前，它都没有任何转向的记录。由于其他战舰每个小时都会记录其航向变化，我们可以认为"胜利"号从未转向。

[22] Clarke and McArthur, ii. ch. xii. p. 148. 贝蒂医生说"胜利"号向"勇荐"号和"利维坦"号打出信号，让它们驶向它的前方。Nicolas, vii. 146."勇荐"号的航海长日志记录了9时36分发给"利维坦"号的269号信号，让它待在"勇荐"号身后。本应在此的"尼普顿"号此时显然是落在了后面。

[23] "皇家君权"号的日志："11时，升起翼帆。"（翼帆指在桅杆纵轴中央的横帆两侧附加的帆，主要用于在微风天气下增大帆面，提供更多动力。——译者注）

[24] 所有法方的态势图都显示了这一点，纳尔逊舰队中部分战舰所记录的航向也与此相符。

[25] 维尔纳夫自称在9时看到了这一情况，而官方简报则将之推迟到11时。

[26] "尼普顿"号给出的风向是西偏南，"雷神"号在12时15分的记录是西南偏南。

[27] "胜利"号的 G. L. 布朗尼尉官（Lieutenant G. L. Browne）写道："11时，我们距离敌人约3英里。" *Great Sea Fights*, ii. 197.

[28] 此时最快的战舰航速也很难高过3节，较慢的战舰航速则为2节。非常缓慢的"亲王"号记录的航速为2节，在9时到10时之间仅有1节。"尼普顿"号最初超过3节，在9时之后就减到了1.4节，之后也一直如此。"米诺陶"号最初也是1.4节，到9时提高到了2节。其后的"斯巴达人"号始终都是2节。另一艘低速三甲板战舰"无畏"号在10时之前航速仅有1节，到中午时增加到了2节。"雷鸣"号的航速为2节，随后略有提高，在投入战斗时

到了 2.4 节。快速的"复仇"号航速则从最初的 1.5 节提高到 2.4 节，并在投入战斗时提高到 3.4 节。之前被用作信号通讯舰的"防御"号必须从北方驶来，航速仅有 1 节。"征服者"号航速始终保持了 2 节。"敏捷"号的航速在 11 时由 2 节提高到 3 节。"胜利"号和"皇家君权"号最终阶段的航速都显然是 3 节。

[29] *Life of Codrington*，ii. 60. 与之类似的是"挑战"号的日志，简单地记着"驶向敌舰队"，而没有通常对航向的说明。

[30] 一些战舰记录了它们的具体航向。在下风舰队，"雷鸣"号的航向一直是东偏南。"复仇"号在接到科林伍德的信号后从东偏北转向正东，之后再无改变。"敏捷"号在 7 时的航向是东北，在 8 时是东北略偏东，在 10 时是东北偏东，到 11 时接到科林伍德最后的信号指挥转为东南偏东。"防御"号从北方驶来，其航向是西南偏南、南偏西，到 10 时转为东南偏南。"亲王"号的航向依次是正东、东偏北、东北偏东，到 10 时又转向正东。"无畏"号在 7 时为东北偏东，8 时为东偏北，10 时转为东偏南 1.5 个罗经点，一直保持到投入战斗。保管不善的"皇家君权"号的日志给出的航向一直是南偏东 80 度。而在纳尔逊分队，"勇莽"号只记录了北偏东 34 度。"尼普顿"号在 7 时是东北偏东，8 时之后改为东偏北半个罗经点。"征服者"号也一直是东偏北半个罗经点，一直到中午。"俄里翁"号在 7 时是东偏北，在 8 时是正东，9 时是东偏南，之后的两个小时又是东偏南 1.5 个罗经点，到中午时是东南偏东。"斯巴达人"号保持东北略偏东一直到中午，"米诺陶"号肯定与它相同。"不列颠尼亚"号驶向正东，一直到中午再转向东南偏东。

[31] 所有联合舰队中军的报告，包括法国官方的简报，都认同这一观点。但德斯奇霍上校认为（*Trafalgar*，p. 208），就总体证据而言，纳尔逊的分队是驶向联军战列的最前端，再在联军舰炮射程的中央、顶着前卫的炮火以相反的航向驶向后方，直至其在"布森陶

尔"号之后的位置转向。但他仅仅引述了"勇敢"号和"西皮翁"号的报告，而事实上，如果看过普利尼对舰队划分的提示，他就会发现这两者并不支持这一结论。"西皮翁"号说，纳尔逊的纵队"驶向前卫的中央"，这显然是指前半支舰队的中央，也就是"至圣三一"号的前方。"勇敢"号的说法只是纳尔逊"用机动切断了'布森陶尔'号"。杜马诺阿所说同"西皮翁"号一样，纳尔逊"驶向我军前卫的中央"，意指"胜利"号计划在"至圣三一"号之前转向突破。而除了柯德林顿的说法之外，我们无法为纳尔逊意欲发动佯攻找到任何证据。

[32] Vol. iii. 397.

[33] 参见布莱克伍德致他妻子的信（Nicolas, vii. 226）："如果上帝能让他活着看到他的战利品和他俘虏的将军——总共有三位——其中就有法军总司令，但我只能抱歉地说，那是维尔纳夫而非德克雷。"纳尔逊的私人牧师斯科特的一封尚未刊印的信件也能佐证纳尔逊当时主要想俘虏敌人的总司令。他写道："这是他主要的目标，然而，那个法国人却从未升起他的将旗。（当纳尔逊死去时）他并不知道他已经俘虏了那位将军。"在这里，斯科特所述显然不对。他说："我从未去过中甲板以上的地区……我在医生下面的房间里。"他肯定是在维尔纳夫升起将旗之前就去了那里。参照法方和西方的报告，联军显然打出了将旗。纳尔逊麾下的战舰也能应证这一点，他纵队中位于末尾的"斯巴达人"号记录道："12 时 59 分，'胜利'号驶向一艘西班牙四甲板战舰和法国双甲板战舰之间，法国战舰的主桅上挂着将旗。"（*Captains Logs*, *P. RO.*）它的航海长日志记录道："按照钟表记录的开战时间似乎快了 34 分钟。"事实上，它的计时比"胜利"号还要快半个小时，这 12 时 59 分相当于"胜利"号的 11 时 55 分。

[34] See Nicolas, vii. 154, note. 对纳尔逊转向的唯一描述是他转向了右舷，参见"雷神"号的日志："观察到'胜利'号转向领航……朝

着敌人的中军。"Ibid. , 202, note.

[35] 这里的时间似乎与"胜利"号的计时相一致，但"欧律阿罗斯"号记载转发"英格兰希望所有人履行职责"的信号是在 11 时 56 分，而"胜利"号信号官帕斯科（Pascoe）则说是在 11 时 45 分。

[36] Vol. iii. 392.

[37] 当时最好的法国历史学家（同时也是一位旧日战争的老兵）在对这场海战进行了谨慎而睿智的研究后认为，这就是纳尔逊的意图，尽管他自然会将之视作一种佯攻。"纳尔逊首先向联合舰队的前卫和后卫发起佯攻，之后重新将其兵力集中于中军，将战斗的成败交到了他那些机智的舰长们的手里。"Mathieu Dumas, *Précis des Evénéments Militaires*, xiv. 408.

[38] Lieutenant G. L. Browne of the *Victory*: *Great Sea Fights*, ii. 196. 布朗尼尉官的记录称它是在 10 时 40 分打出，而詹姆斯在其海军史中则称是"在战斗开始的几分钟前"。但布朗尼说得十分明白，而且他还是旗舰上的辅助旗语官。

[39] "尼普顿"号的航海长日志记录道："11 时 50 分，'勇莽'号占据了'胜利'号后方的位置，下一艘就是'尼普顿'号。"而"勇莽"号的舰长日志写道："中午时，'胜利'号向'勇莽'号打出了 269 号信号并挂起了三角旗。""勇莽"号的计时比"胜利"号快了 20 分钟，哈维舰长说他在"胜利"号开火前 15 分钟接到了信号，因此这应当是 11 时 45 分左右。

[40] "尼普顿"号的日志将之记载为 11 时 50 分（Nicolas, vii. 186）。这是在"皇家君权"号开火的 7 分钟前，而根据"胜利"号的时间记载，"皇家君权"号在 11 时 40 分开火。

[41] Rapport du Capitaine de vaisseau Lucas（*Redoubtable*）: Desbrière, *Trafalgar*, *App.*, p. 196.

[42] "至圣三一"号的报告（Desbrière, *Trafalgar*, *App.*, p. 365）对此时局势做出了描述："胜利"号转向联合舰队的中军，"与'勇

莽'号和'尼普顿'号一同组成了一道大致平行于'群雄'号、'至圣三一'号与'布森陶尔'号的舰列"。这似乎意味着纳尔逊与他的两艘僚舰也组成了大致平行于"至圣三一"号及其两艘后续舰的斜向阵列或者不规则横队。柯德林顿表示："我们的舰列彼此压得太近，以至于只能组成舰首与舰尾想错开的斜阵而非纵队。"*Life*，i. 64.

[43] 它是一艘 112 炮的一级战列舰，桅顶飘扬着西班牙海军中将德·阿拉瓦（Vice-Admiral de Alava）的将旗。按照德斯奇霍上校所言，它在实际战列中位于从后数的第 13 位（*Trafalgar*，p. 207）。

[44] *Macmillan's Magazine*，vol. lxxxi. 424.

[45] *Orions' Journal*：Nicolas，vii. 192，note. 柯德林顿此时写下的文字当然是很好的证据，与他晚年的回忆形成了鲜明对比。

[46] See the plan attached to Prigny's report，No. i，Desbrière，*Trafalgar*，*App*，p. 142.

[47] *Life of Codrington*，i. 61. 诺塞斯克勋爵在海战中的角色非常模糊不清。他自称在纳尔逊 10 分钟后投入战斗，"当我们进攻时遭到了 3 艘敌舰的射击"。"不列颠尼亚"号的日志写道："3 时，穿过战列。"这意味着他在两个小时中都在相当远的距离上射击。科林伍德在他的官方表格中将之排在最后，但"斯巴达人"号与"米诺陶"号显然还在他之后。"布森陶尔"号的舰长马戎第（Magendie）在他的战斗形势图中将"不列颠尼亚"号放在第 4 位，或许这是它在战斗阵型中的真正位置。但最权威的列表则将之放在第 6 位，位于"埃阿斯"号与"俄里翁"号之前。

[48] *Thunderer*，Captain's Log，P. R. O.

[49] 科林伍德的日志，*Great Sea Fights*，ii. 203。他说他在 3 时 30 分之后打出了信号。另可参见"米诺陶"号与"斯巴达人"号的日志，Ibid.，pp. 250，270。"雷神"号表示，它在 3 时 30 分之后接到了口头命令（Nicolas，vii. 202）。对于杜马诺阿的报告，参见

Desbrière：Trafalgar，App.，p. 152。不幸的是，"欧律阿罗斯"号没有记录这些信号的时间，而"勇莽"号在 12 时 30 分之后已没有任何记录。

[50] "无畏"号的日志称："在 4 时 5 分，向全军转发 101 号信号。"（由于各舰计时存在极大差别，此处时间约等于"胜利"号计时的 3 时 35 分。）巡航舰"菲比"号（Phoebe）说，它在 3 时 20 分从"胜利"号那里转发了这则信号（约等于"胜利"号计时的 3 时 40 分。）"胜利"号的后桅此时并未倒下，因此可能也转发了这则信号。信号的意思是："在先导舰之后，逐一向左舷转向驶向上风，抵达其后方。"与相应指令对读，便可以知道这是一则让每支分队按照局势所需进行转向来重组战列线的命令。

[51] "不列颠尼亚"号称它在 4 时 30 分遵守了这一命令（相当于"胜利"号计时的 3 时 40 分）。

[52] Diario del navío Príncipe de Asturias（Gravina's flagship）：Desbrière，Trafalgar，App.，p. 387. The passage is a note added subsequently.

第二十五章　海上战役的落幕

[1] Collingwood to Cornwallis，Oct. 26th：Hist. MSS. Com.，Various Collections，vi. 412.

[2] Nicolas，vii. 231：Euryalus off Cadiz，Oct. 24th.

[3] Hist. MSS. Com.，Various Collections，vi. 412，Oct. 26th.

[4] Cornwallis to Marsden，October 29th：In-Letters，129. 这封信中附上了一份由巡航舰"不倦"号的舰长发来的报告。"不倦"号是一艘由 64 炮战舰改造而成的 44 炮巡航舰，此前，它曾被派到英吉利海峡以西掩护归航的商船队。9 月 20 日，它在北纬 48°57′、西经 18°19′的位置上发现了阿勒芒的舰队。在与敌军失去接触之后，它赶回通知了康沃利斯，并在斯特罗恩刚刚开始搜寻阿勒芒时与之相遇。斯特罗恩将它留在自己手中，并将其带到了比戈。

［5］ Captain Baker's Journal enclosed in Strachan's despatch：Ibid.，Nov. 5th.

［6］斯特罗恩把他们当成了敌舰队中的 2 艘军舰。他在写给康沃利斯的信中说："我们曾看到 6 艘船，没法弄清其他 2 艘去了哪儿。" *Hist. MSS. Com.*，*Var. Coll.*，vi. 413.

［7］Desbrière，*Projets et Tentatives*，iv. 798 – 800.

［8］阿勒芒继续在海上扰乱英军战略。海军部特别担心在特拉法尔加海战中受损的"胜利"号和其他舰船会在返回本土的途中遭遇阿勒芒的截击。*Barham Paper*，iii. 289 – 291.

第二十六章　结局

［1］在拿破仑战争中，这支英国部队在欧洲各处建立了赫赫功勋。它主要由原先的汉诺威部队构成，他们不承认 1803 年 6 月 3 日的《索林根条约》（Convention of Suhlingen）并逃到了英国，随后就留在英王麾下作战。参见 Beamish，*History of the King's German Legion*。

［2］哈罗比从柏林发出的第一封信与唐将军从库克斯港发出的第一封信都落款于 11 月 17 日，参见 Rose，*Third Coalition*，p. 222，and *War Office*（1）*In-Letters*，186。

［3］ Craig to Castlereagh，November 2nd and December 9th：*War Office*（1），280.

［4］ Elliot to Mulgrave，Dec. 10th：Auriol，ii. 693. Napoleon to Prince Eugène，and Berthier to St. Cyr：Ibid.，pp. 704 – 6.

［5］整个出击计划的细节可见于 despatches of Don, of Brigadier Decken（chief intelligence officer with Don），and of Lord Cathcart, the British Commander-in-chief，all in *War Office*（1）*In-Letters*，186. Castlereagh's are in Ibid.（6），*Out-Letters*（*Secretary of State*），13，and in his *Correspondence*，*Second Series*，vol. ii. Harrowby's are in Rose，*Third Coalition*.

［6］ Elliot to Mulgrave, December 10th：Printed by Auriol, ii. 693.

［7］ 一封落款于 1806 年 1 月的回信给出的总兵力是 27000 人，其中英王德意志军团为 11000 人。五个旅的指挥官分别是邓达斯（Dundas）、弗雷泽（Fraser）、韦尔斯利、舍布鲁克（Sherbrook）与希尔（Hill）。W. O.（1），186，January 2nd and 14th.

［8］ Cathcart to Castlereagh, December 25th（enclosing Harrowby to Cathcart, December 20th）, and Cathcart to Castlereagh, January 1st：W. O.（1），176.

［9］ Auriol, ii. 745：Protocol of the Council of War.

［10］ Elliot to Mulgrave, January 13th（Auriol, ii. 778）. 这一命令的原因似乎不得而知，但或许和法国与奥地利的停战协议相关，残余俄军也的确被允许不受骚扰地撤退。按照托尔斯泰对卡斯卡特的说法，召回莱西或许是由于俄国想在波兰集结兵力，准备来年再与普鲁士联合作战。Cathcart to Castlereagh, December 25th：W. O.（1），186.

［11］ Mrs. Nugent to Cornwallis, Jan. 23, 1806：*Hist. MSS. Com.*, *Various Collections*, vi. 417.

［12］ 退休后的巴勒姆一直活到胜利前夜，在 1813 年 6 月 7 日去世，享年 87 岁。一种传言认为，他的继任者是圣文森特勋爵，他还同时兼任着"统摄从菲尼斯特雷角到苏格兰极北端海面的海军统帅阁下"。但这显然不合乎英国的传统。巴勒姆的继任者是文官出身的查尔斯·格雷（Charles Grey），也就是在 1830 年代出任首相、以改革政府而闻名的格雷伯爵（Earl Grey）。

［13］ 他们的谈判可参见 Coquelle 的 *Napoleon et Angleterre*, part ii, Translation by G. D. Knox。

图书在版编目（CIP）数据

特拉法尔加战役/（英）科贝特（Corbett，J. S.）著；陈骆译.
—北京：社会科学文献出版社，2016.4（2018.8 重印）
ISBN 978 - 7 - 5097 - 7997 - 2

Ⅰ.①特… Ⅱ.①科… ②陈… Ⅲ.①海战 - 战争史 - 史料 -
英国 - 1805 Ⅳ.①E561.53

中国版本图书馆 CIP 数据核字（2015）第 203005 号

特拉法尔加战役

著　者 / 〔英〕朱利安·S. 科贝特
译　者 / 陈　骆

出 版 人 / 谢寿光
项目统筹 / 段其刚　董风云
责任编辑 / 张金勇　李　洋

出　　版 / 社会科学文献出版社·甲骨文工作室（010）59366551
　　　　　　地址：北京市北三环中路甲 29 号院华龙大厦　邮编：100029
　　　　　　网址：www. ssap. com. cn
发　　行 / 市场营销中心（010）59367081　59367018
印　　装 / 三河市东方印刷有限公司

规　　格 / 开本：889mm × 1194mm　1/32
　　　　　　印　张：18　插页：1　字　数：406 千字
版　　次 / 2016 年 4 月第 1 版　2018 年 8 月第 5 次印刷
书　　号 / ISBN 978 - 7 - 5097 - 7997 - 2
定　　价 / 79.00 元

本书如有印装质量问题，请与读者服务中心（010 - 59367028）联系